JN306613

新潮文庫

夢　判　断

上　巻

フ　ロ　イ　ト

高　橋　義　孝　訳

新　潮　社　版

1900

目　次

夢判断
(上)

天上の神々を動かしえざりせば冥界《めいかい》を動かさむ

„FLECTERE SI NEQUEO SUPEROS, ACHERONTA MOVEBO“

原著序言

私は、ここに夢判断について述べようと思うが、神経病理学的関心の埒外《らちがい》には出なかったつもりである。なぜなら夢は、心理学的に吟味してみると、一連の異常な心的形成物中のいちばん最初のものであることがわかるからである。夢にひき続いて、実際的理由の数々から医師が取扱わなければならないものには、ヒステリー性の恐怖症、強迫観念および妄想《もうそう》観念などがある。ところで夢は——のちにわかるように——それらがもつのと同様の実際的（臨床的）意義を要求しうるものではない。しかしそれだけいっそう模範例としての夢の理論的価値は大きいのであって、夢形象の発生をときあかしえない者は、また恐怖症や強迫観念や妄想観念を理解できないであろうし、結局はまたそれらの治療に成功することもないであろう。

しかし、それあるがゆえにわれわれのテーマの重大性が生れてくるところの、その同じ関連に、以下の論究の持っている数々の欠陥もまた帰せしめられなければならない。この叙述中にはしばしば論議の中断が見られると思うが、その切断面の数は、夢形成の問題が精神病理学のさらに広汎《こうはん》な諸問題につらなってゆく接触点の数と相同じなのである。しかしそれらの諸問題をここで論ずることは不可能であった。そのための時間と能力とが十分に与えられ、材料もさらに集まったならば、それらの諸問題は将来別の著述において論究したいと思っている。

私が夢判断の解明を試みるに当って用いた材料の持ついろいろな特殊性はまた、この書の発表をも困難ならしめた。文献に記録されている夢や、未知のひとから集められるような夢は、私の目的にとっては役にたたなかったのであったが、その理由は本書を読まれるならばおのずと明らかになるであろう。そこで私の手持ちの夢といっては、自分自身の夢と、それから私が精神分析治療を行なった患者たちの夢とに限定されることになった。患者たちから得られた材料を使用することは、それらの夢では夢形成が神経症的諸特性の混入を受けて、望ましからざる複雑化をこうむっているという事情のために、これを使用することを妨げられたし、また、私自身の夢を使用するとなると、どうしても私は私自身の心の内幕を他人の眼に、自分が好ましいと思った以上に、また詩人ならぬ自然探究者であるところの著者にとって普通その任務と考えられる以上にさらけ出さなければならないことになる。これは私としてはあまり愉快なことではないが、しかし避けうべからざることであった。結局私は私の提出する心理学的諸帰結一般を証明するためには、この避けうべからざる事情に屈服せざるをえなかった。とはいえ私が、省略や入れ換えなどによって多くの秘事をぼかしたいという誘惑に抗しえなかったのは当然のことである。省略や入れ換えをするたびごとに私の使用した実例は著しくその価値を減ぜしめられた。私としては、この研究書の読者諸君が、私に代ってちょっと私の微妙な立場にたってみて、私を遇するに寛大な態度をもってしてくれることを、また、ここに報告された夢のためになんらかの形で被害をこうむる人々すべてが、すくなくとも夢の営みに対しては思考の自由を拒まれないであろうことを期待すると希望しうるのみである。

〔一九〇〇年〕

Ⅰ　夢の問題の学問的文献

私は以下本書において、まず第一にこういうことを証明してみようと思う。すなわちここにひとつ、夢をときあかすことのできる方法があって、この方法を用いると、どんな夢も、眼覚《めざ》めているときの人間の心のうごきの中の、ある一定の位置に据えおくことのできるような、そういうはっきりとした意味を持った心の所産なのだと納得されるということを証明してみようと思う。第二に私は、夢というものがなぜわれわれの意識とつながりのない、奇妙なとりとめもないものなのか、その理由を説明して、そこから逆に、人間の心が持っているいろいろな力の正体を明らかにしてみようと思う。夢というものは、そういういろいろな力が協力しあったり、反撥《はんぱつ》しあったりしてできあがるものなのである。以上二つのことをなしおえたら、私はこの論述をうち切るつもりである。なぜかというと、それからさきは、夢の問題は、夢以外の、別の材料を使って解決されなければならないような、もっと規模の大きな諸問題につながってゆかざるをえないからである。

そこでさしあたり私は、従来いろいろな人がこの領域でどういう仕事をしてきたか、また現下の学問では夢の問題がどう考えられているか、これをまずざっと見ておくことにする。これからさき話を進めてゆくあいだには、この問題にたち戻る機会はそうたびたびはないだろうからである。夢を学問的に研究するということは大昔から行われているのにはちがいないが、成果の見るべきものがまことにすくない。これは夢の研究家たちすべてが認めている事実であって、一人ひとりの研究家の意見をいちいち引用してみたところで、そうたいして意味はないように思われるほどなのである。

大昔の原始民族が夢というものをどう考えていたか、また、夢は原始民族が世の中や心についていだいていた考えを作りあげてゆくさいにどういう影響を及ぼしたか、これはたいへんおもしろいテーマであるが、この叙述においてはこのテーマについて考究することは残念ながら差控えよう。私は単にラボック卿《きょう》やH・スペンサーやE・B・タイラーその他の人々の著名な研究をここに指摘し、当面の研究課題たる「夢判断」の仕事が済まなければ、そういう諸問題や考察の本当の意義というものも正しくは理解されないだろうということを付け加えておくにとどめる。

ギリシア、ローマ民族の夢の見方は、どうやら明らかに夢に対する原始時代の考え方の名残《なごり》をとどめているようであって、*彼らは、夢というものは彼らの信じていた超人間的存在者の世界と関係を持っていて、神々やデーモンたちのお告げだと頭からきめこんでいた。さらに、夢というものはどうやら普通はその夢を見る人に対してその人の未来を告げ知らせるという大切な役目を果すらしいと考えはじめたのも彼らであった。しかし夢はその内容からいっても印象からいっても、なにぶん千差万別だから、夢というものをまとまったひとつのものとして考えてみることは困難だったわけで、そこで従来は夢の価値や信憑性《しんぴょうせい》のいかんに応じてやむをえずいろいろに区分けしたり分類したりせざるをえなかった。古代の哲学者たちは、これはいうまでもないことだが、彼らが占卜術《せんぼくじゅつ》というものに与えようとしていた位置をいつも念頭に置いて夢というものを考えていたのである。

＊　以下の記述はビュクセンシュッツの懇切なる記述に従う（『古代における夢と夢判断』ベルリン、一八六一年）。

アリストテレスには夢を扱った論文が二つあるが、夢はそのさいすでに心理学の研究対象となっていた。夢は神から送られるものでもなく、神的な性質のものでもない、つまり超自然的な啓示に発するものではなくて、人間精神の（人間精神はいずれにしろ神性に近いものなのだが）諸法則から出てくるものだというのである。夢は、人がねむっているあいだの魂のはたらきとして定義された。

アリストテレスは、夢というものの特性若干にも通じていた。それはたとえば夢は睡眠中に起る些細《ささい》の刺激を拡大して解釈するというようなことであって(「からだのどこかがほんのちょっと温かくされると、火の中を通って熱く感ずるというような夢を見るものである」)、アリストテレスはこのことからつぎのような結論を引出した、すなわち医者は、おそらく昼のあいだは気づかれないような体内の変化の最初の徴候を夢によって推知することができるだろうというのである。*

* ギリシアの医者ヒッポクラテスは病気に対する夢の関係をその有名な著書の一章に論じている。

アリストテレス以前の人たちは、夢を、明らかに夢みる魂の作り出したものとは考えずに、神のお告げだと考えた。そして夢が問題になる場合はいつでも現われてくる二つの対照的な面がすでに古人の観察するところとなっていた。つまり当時人はすでに、警告したり予言したりしようとしてねむっている人に贈られる、本当の価値ある夢と、その人を迷わし堕落させようとする意図を持った、価値のない、まやかしの、くだらない夢とを区別していた。

グルッペは（『ギリシアの神話と宗教史』三九〇ページ）マクロビウスおよびアルテミドロスの夢の分類を紹介している、「夢は分けて二種類とされた。第一の部類はただ現在（ないしは過去）によってのみ影響を受けているが、未来に対しては何の意義をも持たない。こういう夢は、飢えであるとか飢えをいやすことであるとかいうような、与えられた表象あるいはその反対表象を直接に再現するところの半睡状態と、夢魔とか、うなされることであるとかいうように、与えられた表象を空想的に拡大する幻想とを含む。第二の部類は未来に関係する夢とされて、（一）夢の中で受ける直接の予言、（二）目前に迫った出来事の予言、（三）象徴的な、夢判断を必要とする夢などがこれに属する。この理論は数世紀のあいだ生命を保ってきた」

「夢判断」というものの効用は、夢がこういうふうにいろいろに評価されることと関連していた。なるほど一般的にいうと夢には重大な事柄の糸口があるらしいが、そうかといってすべての夢が直接にときあかされるわけのものでもなし、またひとつのわけのわからぬ特定の夢がはたして何か重大なことを告げ知らせているのかどうかもこれを知ることはできなかったから、この事情が、夢の不可解な内容を、別のもっと筋の通った、意味深い内容に置き換えようという努力にきっかけを与えたわけである。この方面における古代後期最大の権威者は、ダルディスのアルテミドロスであった。

アルテミドロスの詳密な著作は、それ以外の散佚《さんいつ》した同内容の著述のつぐないをつけてくれる。*

＊その後、中世紀では夢判断はどういう状態であったかについてはディープゲンを、また、特殊研究ではM・フェルスターやゴットハルトその他を参照せられたい。ユダヤ人仲間での夢判断についてはアルモリ、アムラム、レーヴィンガー、および最近では精神分析的立場にたったラウアーなどの研究がある。アラビアの夢判断についてはドレクスル、F・シュヴァルツ、宣教師トフィンクジの研究があり、日本の夢判断についてはミウラ、イワヤの報告があり、シナの夢判断についてはゼッカー、インドではネーゲラインの著作がある。

古代の前学問的夢解釈（夢とはどういうものかということに関する見解）は、明らかに彼らの全世界観にぴたりと合っていた。つまり彼らは、心の中にしか存在しないものを、現実と考えて、これを外部の世界へ投影するのをつねとした。そのうえまた、朝眼が覚めてからも残っている夢の名残の与える印象の主なものをも、それなりに説明しようとした。実際のところ、眼が覚めてから夢を思い出すと、夢は何か別世界からやってきたような、妙な不可解なものとして、それ以外の心の諸内容に対立する。夢が超自然的な世界からのものだという考え方をする者は、今日ではもういないと思うのは間違いであろう。敬虔《けいけん》主義的な、あるいは神秘的な文筆家たちは別としても——この種の人たちは、いつの時代にも存在しているところの、自然科学では説明のつかない超自然的な世界にしがみついているのであるが——いっさいのあやふやなことをきらって鋭く物事を考える人であって、しかも同時に、超人間的な精神力の存在と活動とに対する彼らの宗教的信念を、ほかならぬ夢の現象の不可思議性によって根拠づけようとする人がいる（ハフナー）。たとえばシェリング派の人たちのような、哲学者の側からの夢の尊重は、古代にあっては何人にも疑われることのなかった夢の神性の明瞭《めいりょう》な名残というべきで、未来を予言する夢の占卜的な能力についても現在すでにはっきりとした結論が出ているわけではない。それというのも、心理学的な説明の試みは、これまでに集められてきた材料をすっかり消化しきるまでにはいたっていないからである。科学的な考え方をする人間は誰しも、そういう主張に対しては、これを否定し拒みたいのはやまやまなのではあろうが、事実は今述べたとおりなのである。

夢に関する諸問題の研究史を書くことが困難なのはなぜかというと、この学問的認識は個々の点でははなはだ立派な仕事をしているが、ある種の方向に添っては少しの進歩をも示していないからである。ここまではっきりこうだということができ、そしてその土台の上につぎの時代の研究者がさらに研究を積み重ねてゆけばいいというふうではなくて、一人ひとりの新しい研究者が同じ問題をそもそもの初めからまたやり直しの格好で研究してみなければならないといった具合なのであるから。私が夢を研究した学者文人たちを年代順にあげて、各々《おのおの》の説を簡単にでも説明しようと思ったならば、夢の学問的な認識が現在どの程度進んでいるかを概観することは諦《あきら》めざるをえないであろう。だから私はこの書物を書くにあたって、研究者本位ではなくて、問題本位にしてゆこうと思う。そして、夢に関する問題の一つひとつについて、その問題解決のためにどういう材料が文献中に求められるかをそのつど引用することにしよう。

しかしなにぶんにも、この問題を取扱った文献は広い範囲にわたっていて、まことに多種多様であり、他の問題にひっかかってもいるわけであるから、全文献を渉猟することはできなかった。だから、基本的な事実や重要な見方だけは私のこの論述中に洩《も》らさなかったということで、読者には我慢をしていただきたいと思う。

ついさきごろまでは、とかく多くの学者たちは、睡眠と夢とを同一の関連中に取扱い、夢の議論に、夢以外の似たような（精神病理学関係の）状態や、また（幻覚や幻像などのごとき）夢に似た事象の説明をもいっしょにくっつけるのがつねであった。ところが最近の研究では、テーマを狭く限定して、夢というものの中から個々の問題を取出してこれを研究対象にするような傾向が生じている。この研究傾向の変化は大いに歓迎すべきものであると思う。なぜかというと、夢のような、こういう未開拓の研究領域を研究して、各意見のあいだに一致を見いだしてゆこうと思うならば、どうしても小さな問題の研究をたくさん積み重ねてゆかなければだめだからである。私がこれからこの書物の中で読者にお目にかけるものも、そういった意味の細部研究のひとつにほかならない。しかもとくに心理学的な性質の細部研究である。私はこれまでに睡眠の問題と取組む必要を見なかった。というのも、睡眠の問題（睡眠状態の特性描写のうちには、心の構造にとっての諸機能条件の変化が当然いっしょに含まれてこないわけにはゆかないとはいえ）はもともと生理学上の一問題だからである。したがって睡眠に関する文献もここでは度外視する。

夢の諸現象そのものに対する学問的関心は、部分的には重複するところの、つぎのようないくつかの問題設定へとわれわれを導いてゆく。

A　覚醒《かくせい》状態に対する夢の関係

素人《しろうと》は素朴にこう考える、つまり夢というものは――たとい夢そのものは別世界からやってきたものではないにしろ――眠っている人を別世界へ連れていってしまうと。夢の諸現象を細かに丁寧に記述した古い生理学者にブルダッハという人がいるが、このブルダッハの著名な一文にも、そういう考え方がよく現われている（四七四ページ）、「……いろいろな努力や享楽《きょうらく》や喜びや悲しみを持った、眼の覚《さ》めているときの生活は（夢の世界では）決して繰返されない。むしろ夢は、われわれをそういう覚醒時の生活から解放しようとする。われわれの心があることでいっぱいになっていたとしても、また、深い悲しみが心を千々に切り裂いているときも、あるいはある仕事のためにわれわれの全精神力が緊張せしめられているときも、夢はわれわれに何かまったく見知らぬものを与えてくれるか、あるいは現実から個々の要素のみを採って夢の結合に利用するか、あるいはただわれわれの気分の一般的な調子のみを採るかして、現実を象徴化する」――J・H・フィヒテ（一の五四一）は同じ意味で直接に補充夢ということをいい、この補充夢というものをわれわれの精神の、自分で自分を治癒《ちゆ》する性質を持ったひそかな恵みのひとつであるとしている。同じような意味でL・シュトリュムペルは（正当にも各方面から非常に高く買われた）夢の研究論文中に、夢の性質と発生とについてこういっている、「夢を見る者は、覚めた意識の世界に背を向けているのである」（一六ページ）。……「夢の中では、覚めた意識の秩序ある内容に関する記憶と意識の正常な活動とは消滅しているも同然である……」（一七ページ）、「目覚めた生活の規則正しい内容と流れとからの、夢における心のほとんど記憶を持たぬ遮断《しゃだん》状態……」（一九ページ）。

しかし夢について考察した人々の大部分は、夢の覚醒生活への関係についてこれとは正反対の考え方をしている。たとえばハフナー（一九ページ）はこういっている、「まず夢というものは覚醒生活の続きである。われわれの夢はいつもついすこし前の意識の中に存在した諸表象に結びつく。夢をすこし正確に観察すると、その夢を前の日の出来事に結びつけている糸が見つかるはずである」ヴァイガント（六ページ）などは上に紹介したブルダッハの見解に対して真っ向から反対している、「なぜなら、どうやら大部分の夢において、つぎのようなことが頻繁《ひんぱん》に観察される。つまり夢はわれわれを日常生活から解放するかわりに、まさに日常生活の中へと舞い戻らせるという事実である」モーリ（『睡眠と夢』五六ページ）は手短かにこういっている、「われわれは、われわれが見たりいったり欲したり為《な》したりしたことを夢に見る」イェッセンは一八五五年刊の『心理学』（五三〇ページ）でやや詳細にこう述べている、「どのみち夢の内容というものは、つねに、個性、年齢、性別、身分、教養度、不断の生活の仕方、それまでの全生活中の出来事や経験によって左右されるものである」

この問題に対してもっともはっきりとした態度を示しているのは、哲学者I・G・E・マース（『情熱について』一八〇五年）である、「われわれはもっとも頻繁に、われわれのもっとも烈《はげ》しい情熱が向けられている事柄についての夢を見るという私の主張は経験の立証するところである。夢を作るさいに有力なはたらきをするのはわれわれの情熱であるということがこれでよくわかる。功名心に駆られた人間は、（おそらくただ想像上で）獲得されたかないしはこれから獲得されようとする月桂樹《げっけいじゅ》を夢みるし、恋人は夢に相手の姿を見る。……心の中にまどろんでいるいっさいの感性的な欲望と嫌悪《けんお》とは、もし何かの事由で刺激を受けると、それらといっしょになっているいろいろの表象を材料にしてひとつの夢を作りあげるか、あるいはこれらの諸表象がすでに存在する夢の中にまじりこむということになる」（『精神分析中央機関誌』中のヴィンターシュタインの引用による）。

古人も、覚醒時の生活への夢内容の依存については、やはりこんなふうに考えていたようである。ラーデシュトック（一三九ページ）から引用しよう、「クセルクセスは、ギリシア遠征をある人の忠告によって思いとどまったが、夢では幾度もその気になったとき、ペルシア人の賢い老夢判断師のアルタバノスはクセルクセスに向ってずばりとこういった、『夢の中に出てくるものは、多くの場合、人間がすでに覚醒時中に考えていたことを含んでいる』」

ルクレティウスの教訓詩（『自然界について』）中に（第四、九五九行以下）こういう箇所《かしょ》がある。

大概ひとは夢の中に
自分が執着してるものや
自分の心をしばしばわずらわしたことや
自分の心を満足させてくれないものを見る。
弁護士は訴訟のことを考え、法律を作り、
帝王は戦争を起そうとする……等々

キケロ（『神託について』二）は、のちにモーリがいったのとほとんど同じことをいっている、「われわれの心の中には、われわれが眼を覚ましているときに考えたり行なったりした事柄の残滓《ざんし》がもっとも多くはたらいている」

夢の生活と覚醒時生活との関係についての、こういう意見の対立は実際に解消しがたく見える。だからこのあたりでF・W・ヒルデブラント（一八七五年）の意見を紹介しておくのがよかろうと思う。ヒルデブラントはこういっている、夢のいろいろな特性は「一見するに矛盾とさえ思われるような、一連の諸対立」によって以外にはそもそも記述されがたい（八ページ）。「これら諸対立中、その第一のものは、まず、夢が、現実のかつ本当の生活から完全に切り離されたもの、あるいは夢は夢だけでひとつのまとまったものであるとする見解と、夢と現実とは交錯し、つねに依存しあっているとする見解との対立である。――夢は、眼を覚ましているときに体験される現実からはまったく切り離されたあるもの、むしろある越えがたい溝《みぞ》によって現実の生活から分離せしめられたところの、それ自体においてまとまりを持ったひとつの存在なのである。夢はわれわれを現実から解き放つ、そしてわれわれの中にある、現実への正常な記憶を消し去り、われわれを別の世界の中へ、究極において現実の生活史とは何のかかわりも持たない全然別の生活史の中へ連れてゆく……」ついでヒルデブラントは、われわれがねむりこむと同時に、その独自の存在形式を持ったわれわれの全存在がいかに「まるで眼に見えない落し戸のうしろへ消えるように」消えてゆくかを説明する。たとえばある人がこういう夢を見たとしよう。彼はセント・ヘレナへ船旅をする、そしてこの島にとらわれの身となっているナポレオンに優秀なモーゼル葡萄酒《ぶどうしゅ》を売りつける。元皇帝から大いに歓待されて、眼を覚ましてから、夢のさめたのが口惜しいくらいの気持になる。しかし夢の光景を日常の現実と比較すると、そういう夢を見た本人は葡萄酒商だったことなどなく、またこれまでそうなろうなどとは思ったこともない。船旅をしたこともないから、セント・ヘレナを旅行の目的地に選ぶなどとは思いも寄らぬことである。それからナポレオンはどうかというと、彼はナポレオンが好きどころか、彼に対しては愛国的な烈しい憎悪《ぞうお》をいだいているくらいなのである。かてて加えて、ナポレオンが孤島で死んだのは、この御本人がまだこの世に生れてくる以前のことだった。ナポレオンとのあいだになんらかの個人的なつながりを想定するということなどは全然不可能である。そういう次第でこの夢は、ひとつの流れとして流れてゆく連続的な生活の流れをいわば中断して、その中断したところに挿《さ》しこまれた何か縁もゆかりもない異質物だということになる。

「ところが」とヒルデブラントは続ける、「一見その正反対の説明も、また同様に真実で正しいのである。夢のこういうまとまりと断絶性には、紙の表裏のごとく、〔現実との・訳者〕もっとも緊密な関係と結合とがつながっているのである。われわれはまさしくこういって差支《さしつか》えない、夢に何を見ようとも、夢の材料というものは現実、およびこの現実において展開される精神生活から採ってこられたものである。……夢がどんなに奇妙なことをやろうとも、夢は結局のところ現実の世界から絶対に遊離することはできないのであって、夢のどんなに微妙な、どんなにばかげた事物にしても、感性界においてわれわれわれの眼前に出てきたものにその材料を仰ぐか、あるいはわれわれの覚醒時の思考過程中にどんなふうにかしてすでに位置づけられているところのものにその材料を仰ぐかの、そのいずれかでなければならないのである。言葉を換えていえば、夢はわれわれが外的ないしは内的にすでに体験したところのものを材料にせざるをえないのである」

B　夢の材料──夢の中での記憶

夢の内容を作りあげる材料は、どんなものであろうとも、ひとがそれまでに体験したものから、なんらかの方法で採ってこられたものであるということ、だからその材料は夢の中で再生産され、思い出されるということ、これは疑おうにも疑うことのできない事実と見てよかろう。とはいえ、夢と現実とを比較してみれば、両者の関連は一目瞭然《りょうぜん》になるというふうに考えてはいけないであろう。むしろ夢と現実との関連は、われわれが注意深く探ってみてはじめてわかるものであって、非常に多くの夢ではこの関連が永いあいだ不明のままであることもある。なぜそういうことになるかというと、それはわれわれの記憶能力が夢の中で示すところの若干の特性のためなのであって、これらいくつかの特性は、人がよく知ってはいるものの、まったくその説明がつかずに今日にいたったものなのである。これからこれらの諸特性をすこし詳しく見てゆこうと思う。

まずこんな場合がある、眼が覚めてから考えてみても、知りもせず経験したこともないようなことを夢に見ることがある。夢にそういうことを見たということはむろん憶《おぼ》えているのだが、自分がそういうことをこれまでに経験したという記憶もなければ、いつそれを経験したかに関する記憶もないという場合である。そうなるといったいどこからその材料が出てきたのかはわからずじまいであって、そのためもあろうが、夢というものは自分ひとりでいろいろなものを生み出す力があると信じたくもなるわけである。ところが、よくあることであるが、そういう夢を見てからしばらくして、何かひとつの新しい体験をする。するとその新しい体験が、ずっと以前の体験に関する（失われていた）記憶を呼び戻してくれる。そして夢のみなもとがわかるということになる。そうなるとわれわれはこういわざるをえない、つまり覚醒時《かくせいじ》の想起能力の支配圏外にあった何物かが、夢の中でわれわれに知られかつ思い出されたのだ、と。*

* ヴァシドは、夢の中では外国語が覚醒時におけるよりも流暢《りゅうちょう》にかつ正しく話せるということがしばしばいわれているとも主張している。

デルベフは自分の経験中の、きわめて印象的な、この種の夢の一例を語っている。彼は夢の中に、雪をかぶったわが家の中庭を見た。蜥蜴《とかげ》が二匹、半ばこごえて雪の下にいた。動物好きだった彼はこれを手にとって温めた。そして壁の小さな穴の中へ入れてやった。そのうえ、壁の上に生《は》えていた小さな歯朶《しだ》の葉を二、三枚とって蜥蜴に与えた。蜥蜴は歯朶を好むことを彼は知っていた。夢の中で彼はこの植物の名前をアスプレニウム・ルタ・ムラリスと覚えていた。――夢はさらに進行して、再転して蜥蜴に戻った。すると驚いたことに、歯朶ののこりをがつがつ食べている新しい蜥蜴二匹を発見した。それから野原の方を見ると、五匹目、六匹目の蜥蜴が壁の穴の方へ向って進んできた。とうとう道は蜥蜴でいっぱいになった。どの蜥蜴も同じ方向に進んでいった。

夢から醒《さ》めて気がつくと、デルベフは自分が知っている植物のラテン名はごくすこししかなく、その中にアスプレニウムというのは含まれていないことを発見した。しかしそういうラテン名の歯朶が実際に存在するのを知って、デルベフはひどく驚いた。アスプレニウム・ルタ・ムラリアがその正しい名称で、夢の中ではこれがすこしちがっているにすぎなかった。これは偶然の一致などと説明することはできない。いったいどうして夢の中でこのアスプレニウムという名称を知りえたのか、デルベフにはこれが不可解だった。

この夢を見たのは一八六二年のことで、それから十六年ののちにこの哲学者は、訪《たず》ねていった友人のところで一冊の小さな押し葉アルバムを見た。スイスのあちこちで外遊客に旅行記念品として売られているアルバムである。するとある記憶が蘇《よみがえ》ってきた。彼がその押し葉アルバムを開くと、そこに以前夢に見たアスプレニウムを見いだした。そのわきには自分の筆蹟《て》でこの植物のラテン名が記《しる》されていた。そこで夢と現実とのつながりがついた。この友人の妹は一八六〇年――蜥蜴の夢より二年前――に新婚旅行の途中デルベフを訪問した。当時この女性は、兄のためのお土産《みやげ》としてこのアルバムを持ち歩いていた。そしてデルベフは、この押し葉アルバム中の植物全部に、ある植物学者に教わりながら、わざわざいちいちラテン名を書き加えてやったことがあったのである。

この夢をこれほどにも報告に値すべきものとした偶然の恩恵は、蜥蜴の夢の中のもうひとつ別の事柄の正体をときあかしてくれることになった。一八七七年、彼は偶然ある絵入り雑誌の古い一冊を手に入れた。その中には彼が一八六二年に夢に見たような蜥蜴の行列の絵があった。この雑誌の年号は一八六一年であって、デルベフは自分がこの雑誌の創刊号以来、その月極め読者であったことを思い出した。

夢が、人間の覚醒時においては、全然覚えのないような記憶を自由に駆使するという事実は、きわめて注目すべき、また理論的にいって意義重大な一事実で、私はこれ以外の、「超記憶」的な夢を読者にお伝えして、この事実に対する読者の注意を喚起したいと思う。モーリの語るところによると、彼はしばらくのあいだミュシダンという言葉が日中いつも頭の中に浮んできた。これがフランスのある町の名だということはわかっていたが、彼にはそれ以上のことは何もわからなかった。ある晩彼はある女のひとと話をする夢を見た。女は、自分はミュシダンの出だと彼にいった。彼が、その町はどこにあるのかとたずねると、ミュシダンはドルドーニュ県のひとつの市だという返事であった。夢から醒めたモーリは、夢の中で与えられた解答は信ずるに足りないと思ったが、地理の辞典を見ると、事実はまさに夢で知ったとおりであった。この場合は、夢のほうが覚醒時の意識よりもよけいに物事を知っているということがたしかめられたわけだが、しかしこの知識の忘れられたみなもとが探り当てられたというわけではなかった。

イェッセンは、これとよく似た古代の夢について報告している（五五ページ）、「これに属するものには、なかんずく大スカリジェル（ヘニングス、同書三〇〇ページ）の夢がある。スカリジェルはヴェローナの著名人を称《たた》える一編の詩を書いた。そのとき、夢にブルニョルスと名乗る男が出てきて、自分が忘れられていることを嘆いた。スカリジェルはそういう人間のことをきいた覚えはなかったが、それでも詩の中でその男のことも歌っておいた。ところがのちに小スカリジェルはヴェローナで、この地に昔ブルニョルスという有名な批評家がいたことを知った」

二番目の夢で、最初の夢ではそれと確認されなかった記憶が承認されるという一風変った超記憶的な夢を、デルヴェー・ド・サン・ドニ侯爵《こうしゃく》（ヴァシド、二三二ページによる）が語っている、「あるとき、私の妹と話をしている金髪の若い女の夢を見た。刺繡《ししゆう》細工を妹に見せている。夢の中で私は、この女はよく見た顔だと思った。夢から醒めてからも、ありありとその顔を思い出せたのだが、誰だったか、どうしてもわからなかった。私はふたたびねむりこんで、また同じ人間の夢を見た。この二番目の夢で、私はその女に話しかけて、どこかでお会いしたでしょうかときいてみた。相手は答えた、『ええ、どうぞポルニの海水浴場を思い出してくださいまし』私はすぐまた眼が覚めた。するとこの美しい夢の顔に結びついているこまごましたことをきわめてはっきりと思い出すことができた」

同じ人（ヴァシド、二三三ページによる）にこういう報告もある。

知合いの音楽家があるとき、夢であるメロディーをきいた。これまでにきいたことのないものだった。数年経《た》ってはじめて彼はこのメロディーが古い楽曲集中に記されてあるのを発見した。この楽曲集をかつて持っていたということは相変らず思い出すことができずにいた。

残念ながら入手しえない文献に（『心理研究協会会報』）、マイアーズがこの種の超記憶夢の実例をたくさんあつめて公《おおやけ》にしているということである。夢は覚醒者が自分で持っているとは思わないような知識や記憶を持っていることを証拠だてるということは、夢を観察した人々にはきわめてありふれた現象として承認されるであろうと思う。神経症患者の精神分析をしている私は、毎週なんども、患者たちに向って、彼らが引用文句や猥褻《わいせつ》な言葉などを本当はよく知っているということ、彼らはそういうものを覚醒時には忘れ去っていても、夢の中では大いに使っているということを、彼らの夢から証明してみせるようなことになる。ここではもうひとつだけ、超記憶の無邪気な一例をあげておこう。この例では、夢だけが手に入れることのできる知識のみなもとが非常にたやすく発見できるから。

私の患者のひとりが、ある大きな夢のつながりの中で、喫茶店で「コントゥスゾフスカ」という品を注文するということを夢に見た。この夢の話をしてから彼は私にいったいこれは何だろうとたずねた。そんな名前はきいたこともないというのである。

私は、それはポーランドの火酒《ウオトカ》の一種だ、と答えてやることができた。患者には夢の中でそれがわからなかったのである。私は、広告でもうずっと前から自分はそれを知っているからと答えた。患者は最初私のいうことを信用しようとはしなかったが、それから二、三日して、彼は実際に喫茶店でこの品を注文し、また外の一枚の広告板の上にその飲み物の名前を見つけ出した。しかもその広告板は、彼が数カ月来すくなくとも日に二回は通りすぎなければならなかった街角にあったのである。

私自身、自分の夢で知ったことであるが、夢の中に出てくるいろいろなもののみないもとを知るのは偶然によることが実に多い。現に私はこの書物を書く以前の数年間、きわめてあっさりとした形の教会の塔のことが頭にこびりついていた。それをどこで見たのかはどうしても思い出せなかった。あるとき、突然はっきりとその塔がわかった。場所はザルツブルクとライヒェンハルとのあいだの小さな駅であった。九十年代後半期のことである。私がその線をはじめて通ったのは、一八八六年のことであった。その後、私がすでに積極的に夢の研究にとりかかっていた年月のあいだ、ある妙な風景を繰返しくりかえし夢に見て、これがそろそろ煩《わずら》わしくなりかけていた。私は自分のからだからいってある一定の方向、つまり左手に、薄暗い空間を見た。そこにはたくさんのグロテスクな石像がぼんやりと光って見えていた。私には納得しがたいぼんやりとした記憶によると、それはあるビア・ホールの入口らしかった。しかしこの夢の光景に一体全体どういう意味があるのかもわからなかったし、またこの光景がどこから出てきたものであるかも、依然としてわからずじまいでいた。一九〇七年、私は一八九五年以来行きたいと思いながら行かれずにいたパドゥヴァへ偶然出かけることになった。この美しい大学町を最初に訪れたときには、マドンナ・デラレーナのジョットのフレスコ画が見物できなかった。その寺院へ行く道の中途で、今日はしまっているときかされて、引返してしまったのである。十二年後の第二回目の訪問のとき、私は前回のつぐないをつけようと思って、何はともあれマドンナ・デラレーナ寺院へ行ってみようと思って、その道を歩いてゆくと、道の左手に、おそらくは一八九五年私が道を引返したその場所ではなかったかと思うが、ひとつの風景を発見した。例の石像もいっしょについている、夢でよく見たあの場所がそれだった。実際そこは一軒の料理屋の庭の入口になっていた。

夢が再表現のための材料、部分的には、覚醒時の思考活動では思い出されもせず使われもしないような材料、そういう材料をとってくるみなもとのひとつは幼年時代の生活である。この事実に注目して、これを強調した何人かの研究家について述べることにする。

ヒルデブラント（二三ページ）、「夢がときおり、不可思議な再現能力を発揮して、遠い昔の、縁遠くなってしまった、いやまったく忘れられてしまった事どもを心の中に呼び戻すということは、人々にはっきりと承認されてきた」

シュトリュムペル（四〇ページ）、「のちの諸時期が、もっとも早い幼少時の体験の上に積みあげた巨大な堆積物《たいせきぶつ》の中から、あれこれの場所の光景や事物や人物などが、そっくりそのまま、元どおりの活《い》きいきとした趣で、よく夢の中にふたたび引出されてくることを認めると、事情はますますはっきりしてくる。その印象が与えられたときに明瞭《めいりょう》に意識されたような、あるいはまた、強い心的価値がそこに結びついていたような、そういう印象にのみこのことが起るのではない（そしてのちになってそれらの印象は本来の記憶として夢の中に舞い戻ってきて覚醒している意識はその記憶の蘇ったことをよろこぶ）。夢の記憶の深みには、ごく遠い過去の人物や事物や風景や体験もまた沈澱《ちんでん》している。それらは当時ほんのわずか意識されたにすぎないか、あるいはなんらの心的価値をも持つことがなかったようなものなのである。あるいはまた、そのどれもこれも消え失《う》せていて、その過去のみなもとが発見されるまでは、だからこそ夢の中でも覚醒時でも何か全然自分に縁のない、未知のもののように見えるわけなのである」

フォルケルト（一一九ページ）、「ことに注意すべきは、幼少期の記憶がいかにしばしば夢の中に出てくるかということである。われわれがずっと前からもうまったく忘れ去ってしまっているようなこと、とうの昔にわれわれにとって全然無価値になっているようなこと、そういうことを夢は根気よくわれわれに思い出させる」

周知のごとく大部分は意識的な回想能力の隙間《すきま》に隠れているような幼時の材料を、夢が自己の掌中に握っているということは、興味ある超記憶的な夢の成立へのきっかけを与える。ここでもその例若干をあげてみよう。

モーリ（『睡眠』九二ページ）は語っている、彼は子供の時分、自分の生れ故郷の町モーからしばしば近くのトリポールへ出かけた。トリポールでは父親がある橋梁《きょうりょう》工事の指揮をしていた。ある夜の夢で彼は自分がトリポールにいるのを見た。彼はまた昔のように表通りで遊んでいた。制服めいたものを着た男がそばへやってきた。彼はその男の名前をきいた。男は自己紹介して自分はCという者で、橋番だといった。夢から醒めて、どうも怪しいと考えたモーリは古い女中に、そういう名の男を思い出せるかどうかきいてみた。この女中は彼が子供のころから家にいるのである。女中は答えた、「ええ、おりました、当時お父様がおかけになった橋の橋番でございました」

夢の中に出てくる幼時の思い出の正確さを示す同様にはっきりと説明のつく一例を

モーリはF氏について報告している。このF氏は子供のころをモンブリソンで過した。この町をあとにして二十五年経って、F氏は生れ故郷の町や、そこの知合いたちを訪問しようと決心した。出発の前夜、彼は実際に旅に出て、モンブリソン近くで、父の友人のT氏という、今までに見たこともない人間に出会うという夢を見た。彼は自分が子供の時分にそういう名の人を知っていたということを夢の中でも知っていたが、夢から醒めて、その人の様子がもう思い出せなかった。それから二、三日して本当にモンブリソンに到着したとき、夢の中の、これまでにまだ見たこともないと思った場所に実際に出会い、また、ひとりの男に出会ったが、彼にはすぐそれが夢の中のT氏だということがわかった。ただ実際のT氏は夢で見たT氏よりもずっと老《ふ》けていた。

ここで私は自分の夢をひとつ話しておこう。この夢では、思い出さるべき印象がひとつの暗示的な一事情によって置き換えられている。夢でひとりの人を見た。私は夢の中でその人が誰であるかを知っていた。それは私の故郷の町の医師だった。顔かたちははっきりしなかった。しかしこの人は、今でもときどき会うことのある中学校の先生のひとりと混同された。この人と中学校の先生とのあいだにどういう関係があるのか、夢から醒めても私にはそれがわからなかった。ところが母に、この昔の医者のことをきいてみると、この人が片眼だったことがわかった。夢の中でこの人と混同された中学校の先生もやはり片目だった。私はもう三十八年間この人に会っていなかったし、私の知るかぎり不断この医者のことを考えたことはただの一度もなかったのである。

ところが多くの夢の研究家たちは、たいていの夢にはごく新しい過去の含む諸要素が指摘されると主張している。まるで夢における幼時期の印象の大きすぎる役割をすこし訂正しなければいけないというような具合である。ロベルトなどはこういっているくらいである（四六ページ）、「一般的にいって普通の夢はただごく最近の印象だけを材料にする」しかしいずれこういうことがわかるであろう、すなわち、ロベルトが樹《た》てたような夢の理論はもっとも古い印象を無理やりに押しのけて、そのかわりに最近の印象を引入れようとするものにすぎないということがわかるであろう。とはいえロベルトがいっているような事実は実際にあるのである。これは私自身の研究によってたしかにそうだということができる。アメリカの学者ネルソンは、夢の中に出てくるものは、その夢を見る日の前の日か前々日のことがいちばん多い、その当日の印象は、夢の中に出てくることができるためにはまだ十分に弱められていず、あるいはまだきれいに整理されてもいないからとでもいうように、といっている。

夢の内容と覚醒《かくせいじ》時の生活との密接なつながりを想定する学者の多くがいっているが、

目覚めた思考を積極的にはたらかせているような印象は、思考活動がそれをわきの方へ少々押しやってしまったのちにはじめて夢の中に現われてくる。そんなわけで親しい人が死んだ直後、人々がまだ悲しみの真っ只中《まただなか》にあるあいだはその人の夢は見ない（ドラージュ）。ところが最近ハラム嬢はその反対の実例を蒐集《しゅうしゅう》して、この点においては個人の心理的特性がものをいうとしている。

夢の中における記憶の、第三の、もっとも不可解で、もっともおもしろい特性は、これからそれを夢の中で再現させようという材料の選択の仕方だといわなければならない。つまり夢は、覚醒時におけるように、意義の大きなものばかりを尊重せずに、むしろその反対にどうでもいいような些細《ささい》なものを尊重する。この特性を大いに不思議がって述べたてている学者の言葉を引用してみよう。

ヒルデブラント（一一ページ）、「なぜならじつにおもしろいことだと思うが、夢はその材料を概して大事件や深刻な事件、前日の力強い烈《はげ》しい関心の中から取ってはこないで、ごく近い過去ないしは遠い過去のどうでもいいような添え物や無価値な断片の中から取ってくる。家族のひとりが死んで、夜もねむられぬほどに悲しんで、それでもどうやらやっとねむりにつくと、その夜の夢では死んだ人のことなど綺麗《きれい》さっぱり忘れられてしまっていて、また眼を覚ましたときに改めて強い悲しみを覚えるというような有様なのである。これに反して、行きずりの通行人の額にあった疣《いぼ》などが夢の中に事々しく出てくる。しかも通りすぎたのち、われわれはただの一度ももうその通行人のことなどは考えなかったのに……」

シュトリュムペル（三九ページ）、「……夢を分解してみると、その夢を組みたてている諸要素のうちには、むろん前日ないしは前々日の体験からとられたものではあるが、しかし覚醒時の意識にとってはひどく些細で無価値であるようなものがある。現にわれわれはそれを体験した直後すぐそのことを忘れてしまったほどなのだ。たとえば偶然耳に入った他人の言葉だとか、ちらっと見た仕草だとか、事物や人間の瞬間的な認知だとか、ある本のちょっとした箇所だとか」

ハヴロック・エリス（七二七ページ）、「覚醒時の生活の深刻な感情や、われわれが自発的な主要心的エネルギーをそれに与えるような疑問や問題が、すぐ夢の中に出てくるのが普通だというようなことはない。直接の過去に関していうならば、われわれの夢が再現してくれるものは、たいていは日常生活中の些細事であって、偶然的な『忘れられてしまった』印象である。覚醒時におけるもっとも深刻な心的活動は、睡眠時においてはもっとも深くねむってしまうのである」

ビンツ（四五ページ）は、彼自身も支持した夢の解釈に対する不満を物語るいきつかけに、ほかならぬこの（夢の中における記憶の）特性にふれてこういっている、「そして日常の夢はわれわれに似たような問を提出する。なぜわれわれは必ずしもごく近い過去の出来事を夢に見ないのか。なぜ夢の中には、これというもっともらしい理由もないのに、遠い過去、もう消えかかっている過去が出てくるのか。なぜ夢の中で意識はしばしばどうでもいいような記憶像の印象を蘇《よみがえ》らせるのか。しかも脳細胞は、体験されたもののもっとも刺激的な記録をちゃんと自分の中に持っているような、そんな場合に、概して寡黙《かもく》で不活潑《ふかっぱつ》なのである、覚醒時中の強い記憶行為が脳細胞をねむる直前に揺り動かすというのでなければ」

　夢の中での記憶は、覚醒時の生活の中にあったどうでもいいもの、だからさりげなく見すごされたものを好んでとりあげる。このことがわれわれに、夢と意識生活とのつながりを見誤らせたり、またすくなくともそういうつながりを一つひとつの場合に見いだすことを困難にしたりするのは、ここに改めていうまでもあるまい。だからこそホワイトン・カーキンズ嬢（原文のまま・訳者）の統計的研究においては、採りあげられた夢の総数（自分の夢および夫君の夢）のうち、一一パーセントが意識生活とのつながりのほとんど見られない夢であったというような結果も出てくる。つぎのようなヒルデブラントの主張はどうやら正しいと思われる。すなわち、もしわれわれがそのつど十分に時間をかけて材料を蒐集して夢の由来を探ろうとしたならば、すべての夢の中に出てくるものの素性の説明がつくというのである。これはいうまでもなく「きわめて困難な、報いられることのすくない仕事である。なぜならそういうことをやってみたところで結局多くの場合、記憶の部屋の隅《すみ》の隅に納《しま》われているところの、心的には全然無価値なありとあらゆる事柄をほじくり出したり、遠い過去の、全然無意味な、ありとあらゆる事どもを、当時たちまちにしてそれを覆《おお》った忘却の中から明るみへ引っぱり出したりするようなことに終るだろうからである」ヒルデブラントがせっかくこの方向に一歩足を踏み出したのに、その途《みち》をどこまでも歩いてゆかなかったのを私は残念に思う。もしそうしていたら、この道は彼を直ちに夢解明の中心点へと導いていったはずである。

夢の中での記憶のはたらき方は、記憶一般の理論にとって明らかにきわめて重要なものだと思う。それは「われわれが一度精神的に所有したものは、跡形もなく失われるということがない」(ショルツ、三四ページ)という事実を教えているのである。あるいはデルベフの言葉を借りるなら、「どんなにつまらない印象でも、それらはすべて、いつなんどきでも明るみへふたたび出てくることのできるような、変質するということのない痕跡《こんせき》を残す」のである。精神生活上の、きわめて多数の、それ以外の病理学的現象も、同じくわれわれをそういう結論へ導いてゆく。夢の中での記憶の示す、こういう異常な能力に着目するとき、われわれは後述する若干の夢理論に含まれざるをえないひとつの矛盾をはっきりと感じとることができる。それらの理論は、夢の荒唐無《こうとうむ》稽性《けいせい》と支離滅裂性を、覚醒時にわれわれに知られているものの部分的忘却ということによって説明しようとするのである。

たとえばつぎのように考えてみることもできそうである、つまり夢の現象を「思い出す」という現象（記憶の現象）に還元して、夢の中に、夜といえども休まずはたらいている再現活動の現われを見る。そしてこの再現活動は、それ自体にとってひとつの自己目的なのだというふうに。たとえばピルツの報告などはこの解釈にぴったり合っている。それに従えば、夢を見ている時期と夢の内容とのあいだにある緊密な関係は、深いねむりの最中には、もっとも遠い過去の事柄が現われてくるし、暁近くの浅いねむりの中へは最新の印象が現われてくるということによって証明されるというのである。しかし、夢がその再現しようとする材料をどう取扱うかを見れば、こういう解釈は全然成りたつまい。シュトリュムペルは正当にもこういう事実を指摘している。すなわち夢の中では体験の繰返しということは起らない。なるほど夢はそのきっかけを与えるのだが、しかしあとが続かないのである。体験はまったく姿を変えて登場してくるか、あるいはその体験のかわりに全然見も知らぬものが現われるかの、いずれかなのである。夢は再現の断片を示すにすぎない。このことはたしかに一般性があるとしていいのであるから、われわれはこの事実を理論上で利用してゆくことができる。ところが例外もある。つまり夢が体験をそっくりそのまま、ちょうど覚醒時のわれわれの記憶がやるように繰返すという場合もある。デルベフの報告によると、彼は大学の同僚のひとりが危うく災難に遭《あ》いそうになった危険な馬車旅行の有様を細々と夢の中で見た。ところがこれは現実そのままだったのである。カーキンズ嬢も、夢を見た日の前日起った出来事を正確に再現する二つの夢について報告しているし、私も後に幼時体験の、夢による完全な繰返しの実例を紹介することになるであろう。*

＊ あとになって知ったことだが、昼のうちのごくつまらぬ些細な行為が夢の中に繰返されることは決して思ったほど稀《まれ》ではない。たとえばトランクの荷造りをするとか、台所で料理するとかいったようなことである。しかし夢を見ている本人はそういう夢では「思い出す」ということの性格ではなくて、「現実」の性格を強調する。つまり「自分は昼のうち、そういうことをすべて本当にやったのだ」といいたいというのが本心なのである。

C　夢の刺激と夢の源泉

夢の刺激、夢の源泉という言葉で私が何をいおうとしているかは、「夢は五臓六腑《ごぞうろっぷ》の疲れ」という通り文句で説明できるかと思う。ひとがこういう概念をたてたについては、その背後にとにかくひとつの理論があるので、その理論によれば、夢は睡眠がなんらかの意味で妨害された結果生ずるものだというのである。睡眠がどういうふうにかして妨害されなかったならば、夢など見ないはずだ。だから夢はこの妨害に対する反応なのだと考えるのである。

各研究家がその書物の中でもっともたくさんのページをさいているのは、夢の刺激源に関する論議である。いうまでもないが、夢というものが生物学的研究の一対象となってからのち、ようやくこの問題が提起されるにいたったのである。古代人は、夢を神のお告げと見たから、夢を生ぜしめる刺激源を探索する必要を認めなかった。夢は神的ないしは魔力的な力の意志から生れてくるのだし、夢の内容はそういう力の知識や意図から与えられると考えられていた。ところが学問はやがてこういう疑問を提起するにいたった、それはつまり、夢を生み出す刺激物はいつも同じものなのかどうか、あるいはそこにいろいろの種類があるのかどうかという疑問で、それにつれて、心理学、それよりむしろ生理学にこそ夢の原因探求の任務がありはしないかという考えが生じた。多くの学者はこう考えているようである、すなわち睡眠障害の原因には、だから夢の源泉にはいろいろのものが考えられるし、また、身体的刺激も心的興奮も夢を作り出す原因の役割を演じるというのである。そういうふうに考えられた夢の源泉のうち、どれをとくに重要視するか、また、夢の発生に対する重要度に応じてそれらの源泉にどういう上下の差をつけたらいいか、そういう点で意見はひどくまちまちである。

夢の源泉を完全に数えあげれば結局四つのものがある。この四種類の原因はまた夢そのものの分類にも応用されてきた。第一は外的（客観的）感覚興奮、第二は内的（主観的）感覚興奮、第三は内的（器質的）身体刺激、第四は純粋に心的な刺激源である。

Ad（一）　外的（客観的）感覚興奮

すでに幾度か引用した夢に関する著書の筆者、哲学者シュトリュムペルの息子のシュトリュムペルは、ある患者を観察した周知の記録を報告している。この患者は、全身の皮膚の感覚脱失と、高級感覚器官のいくつかの麻痺《まひ》とに悩んでいた。この患者にまだわずかに残っている感覚の門戸を外界から遮断《しやだん》すると、彼はねむりに陥った。われわれもねむろうとするときは、シュトリュムペルの実験の患者の状況に似た状況に到達しようと努力するのがつねである。つまりわれわれは、外界に通ずる重要な感覚器官の門戸を閉鎖する。すなわち眼をとじる。そしていっさいの刺激を、あるいは感覚器官にはたらきかけてくる刺激の変化を、他の感覚器官からも遠ざけようとする。そうするとわれわれは、完全に意図どおりにではないにしろ、とにかくねむりこむ。人間は刺激を感覚諸器官から完全に遠ざけることもできなければ、また、刺激に応ずるという感覚諸器官の機能を完全に停止させることもできない。かなり強い刺激を受けるといつでも眼を覚《さ》ますことができるという事実は、「魂は睡眠中でもたえず身体《からだ》の外にある外界と結ばれている」ということを証明しているといってよかろう。睡眠中に受ける感覚刺激はいうまでもなく夢の重要な源泉となりうるのである。

そういう刺激にはいろいろなものがあるわけで、睡眠状態に必然的に伴うような、あるいはやむをえずときにはこれを受けざるをえないような不可避的な刺激から始まって、睡眠を中絶させてしまうのに適した、あるいは、そういう目的を持った偶然的な覚醒《かくせい》刺激にいたるまでいろいろとある。強い光線が瞼《まぶた》の上に落ちることもある。騒音がきこえることもある。匂《にお》いのするものが鼻の粘膜を刺激することもある。ねむっている最中、われ知らず手脚《てあし》を動かして冷たく感じたり、寝方によっては圧迫感や接触感をすら持つことがある。虫が刺すこともあろうし、夜の小さな出来事が、いくつかの感覚を同時に襲うこともあろう。注意深い幾多の観察者によって、刺激が夢の源泉として認められても無理とは思われない程度に、覚醒にさいして確認された刺激と夢内容の一片とが一致するような、そういうたくさんの夢の例が蒐集《しゅうしゅう》されている。

私はここにイェッセンに従って（五二七ページ）、そういう客観的な——いずれにしろ偶発的な——感覚刺激に帰せしめられる夢の実例蒐集を引用しておく。正体のわからぬどんな物音も、それに応じた夢の映像を生み出す。雷の音はわれわれを戦場の真《ま》っ只中《ただなか》へ連れてゆくし、鶏の啼《な》き声は人間のあげる悲鳴に翻訳されるし、戸のきしる音は強盗侵入の夢になる。

夜、掛けぶとんを落すと、裸で歩き回ったり、水の中に落ちこんだりする夢を見るだろうし、斜めに寝ていて足がベッドの外へはみ出していれば、断崖《だんがい》の縁に佇《たたず》んでいる夢を見るかもしれず、あるいは高いところから墜落する夢を見るかもしれない。偶然に頭が枕《まくら》の下に入ると、大きな岩に押しつぶされる夢を見るだろう。精液がたまりすぎると肉欲の夢を見るだろうし、どこか痛むと虐待《ぎゃくたい》されたり敵の攻撃を受けたり、からだに傷を受けつつあるような夢を見るであろう。……

「マイアー（『夢遊病解明の試み』ハレ、一七五八年、三三ページ）はあるときこんな夢を見た、彼は二、三人の男におそいかかられて、地面に仰向《あおむ》けに寝かされた。そして彼の足の拇指《おやゆび》とそのつぎの指のあいだに杙《くい》を打ちこまれた。と思ううちに眼を覚ますと、足の指のあいだに麦藁《むぎわら》が一本はさまっているのを見つけた。ヘニングス（『夢と夢遊病者について』ワイマル、一七八四年、二五八ページ）によればマイアーは別のとき、寝間着の襟《えり》を締めすぎて寝ていて、絞首刑《こうしゅけい》に処せられる夢を見たという。ホフバウアーは若いころ、高い壁から落ちる夢を見て、眼を覚ましたら、組みたてベッドが緩《ゆる》んで本当に床へ落ちていた。……グレゴリーの報告によれば、彼はあるとき足もとに湯たんぽを入れて寝ると、夢にエトナの山に登って、足の下の地面の熱をほとんど堪《た》えがたく感じた。またある人は頭に膏薬《こうやく》を貼《は》って寝たら、インディアンに頭の皮を剝《は》がれる夢を見た。また別の人は、しめった寝間着で寝たら、川の中を流されてゆく夢を見た。ねむっている最中に足痛風が始まったある患者は宗教裁判にかけられて拷問《ごうもん》の責苦《せめく》に堪える夢を見た（マクニッシュ）」

もしねむっている人間に、なんらかの感覚を計画的に与えることによって、その刺激に相応じた夢を見させることに成功すれば、刺激と夢内容との類似性の上にうちたてられたこの議論はその信憑性《しんぴょうせい》を増すわけである。マクニッシュによれば、ジロン・ド・ビュザラングがそういう実験をすでにやっているそうである。「彼は膝頭《ひざがしら》を覆《おお》わずに寝たら、夜、馬車旅行をしている夢を見た。旅行の経験者なら、夜は馬車の中で膝が冷えるのを知っているはずだと彼はいい添えている。また別のとき、後頭部をむき出しにして寝たら、戸外の宗教儀式に参加している夢を見た。そういう場合のほかは、彼の住んでいた地方ではいつも後頭部を覆っているのが風習だった」

モーリは彼自身が行なった実験的な夢に関する新しい観察を報告している（ほかの一連の実験は成功しなかった）。

(一)　唇《くちびる》と鼻のさきを羽毛でくすぐられたとき――怖《おそ》ろしい拷問、責め道具の面をかぶせられ、それが取去られるときに顔の皮もいっしょにとられる夢。

(二)　鋏《はさみ》でピンセットを叩《たた》いたとき――鐘の鳴る音、警鐘の音、それから一八四八年六月の夢。

(三)　オー・デ・コロンを嗅《か》がせたとき――カイロのヨーハン・マリーア・ファリーナの店、それから彼が再現できないもの狂おしいばかりの冒険の夢。

(四)　そっと頸《くび》をつねられたとき――膏薬を貼られる夢。子供のころにかかった医者のことを考える。

(五) 灼《や》けた鉄を顔に近づけられたとき——強盗の一隊に襲われて、みんな金を出させられる。強盗たちはそのとき、みんなの足を火鉢《ひばち》の中へつっこませる。するとそこへアブランテの公妃が現われる。彼は夢の中で公妃の秘書官である。

(八) (原書のまま・訳者) 額に水をひとたらしたらされたとき——イタリアで、ひどく汗をかいて、オルヴィエートーの白葡萄酒《ぶどうしゅ》を飲んでいる夢を見る。

(九) 蠟燭《ろうそく》の灯《ほ》影《かげ》を赤い紙越しに幾度も顔の上へ落されたとき——嵐《あらし》と暑熱の夢。かつて英仏海峡で経験したことのある暴風雨の中にいる夢。

夢を実験的に作る試みは、デルヴェイやヴァイガントその他によって行われている。

「感性世界からやってくる突然の印象を、それが夢の世界のなかで、すでに漸次準備されつつあった破局における画竜点睛《がりようてんせい》の役割を演じるように夢の世界の中に織り交ぜるという、夢の奇妙なはたらき」は、いろいろの面から人々によって指摘されてきた(ヒルデブラント)。「若い時分、私は毎朝きまった時間に起きるために、ときどき例の、たいていは時計仕掛けになっている目覚まし機械を使用した。この目覚ましの響は、夢を見ている私からすれば非常に永い、つながりのある夢の中にうまい具合に嵌《は》めこまれて、まるでその夢全体がただこの目覚ましの響を目がけて進行し、この響のうちにこその夢本来の、論理的に不可欠の山が、その自然的に与えられた究極目標があるかのごとき観を呈した。私は実に頻繁《ひんぱん》にそう感じた」

　私はさらに別の目的の下に、この種の目覚まし夢を三つ引用しよう。

　フォルケルト（六八ページ）の報告、「ある作曲家の夢。彼は音楽の授業をして、おりしも生徒たちに何か説明しようとした。大体説明も終って、生徒のひとりにこうたずねた、『わかったかね』すると生徒は憑《つ》かれた人間のように『もちろんです《オー・ヤー》』と大声で叫んだ。この叫び声をきいて彼はたまらなくなって、大声を出すのはやめろと命じた。するとクラス全体が叫びだした、『オルヤー』それから『オイルヨー』最後に『フォイエルヨー（「火事だ」の意）』夢から醒《さ》めると本当に往来で『火事だ』と人が叫んでいた」

　ラーデシュトックにガルニエの報告が引用されている（『心の諸能力に就いての研究』一八六五年）。ナポレオン一世が仕掛け爆弾の爆発で夢から起された。彼は馬車の中でねむって夢を見ていたのである。夢の中で彼はふたたびタリヤメント河を渉《わた》って、オーストリア軍の砲撃を受けた。ナポレオンは「危なかった」と叫びつつ眼を覚ました。

　モーリ自身の夢は有名である（『睡眠』一六一ページ）。彼は病気で寝ていた。そばに母親がいた。彼は革命当時の恐怖政治の夢を見ていた。むごたらしい殺戮《さつりく》の場を眼前に見、最後には彼自身も白洲《しらす》へ引っぱり出された。そこにはロベスピエール、マラー、フーキエ・タンヴィル、その他、あの怖ろしい一時期の悲しい英雄たちがみんな揃《そろ》っていて、彼が覚えていられなかったいろいろの突発事件があってののち、有罪の宣告を下され、無数の群衆につきまとわれつつ刑場へ引出された。彼は断頭台に上る。刑吏が彼を板に縛りつける。板がくるりと返る。ギロチンの刃が落ちる。彼は首が胴体から離れるのを感じて、怖ろしさのあまり眼を覚ました。すると――ベッドの板が落ちて、ちょうどギロチンの刃そのままに彼の頸椎《けいつい》にあたったことがわかった。

この夢には、ル・ロルランとエジェとが『哲学雑誌《ルヴュ・フィロソフィク》』で始めたおもしろい論争が続いた。すなわち覚醒刺激の知覚と覚醒とのあいだに流れたほんのわずかの時間に、一見こう盛りたくさんの夢の内容を圧縮するというようなことがはたしてできるものかどうか、できるとすればどうしてできるのかというのが論争のテーマであった。

こういう例を並べてゆくと、睡眠中の客観的感覚刺激が夢の源泉中もっとももたしかなものと思われるのも無理はない。またこの夢の源泉こそ、素人《しろうと》の知識の中でひとつの役割を演じている唯一《ゆいいつ》のものなのである。夢の研究文献などを読んだことのない普通の教養を持った人に、夢はどうして生れるかときいてみれば、彼はきっと、覚醒後それとわかった客観的な感覚刺激によって説明のつくような、自分のよく知っている夢の実例を引きあいに出して答えるであろう。しかし学問はそんなところで満足してはいられない。睡眠中に感覚にはたらきかけてくる刺激が、夢の中では周知のごとくその現実の姿で現われるということがなく、その現実の刺激になんらかの関係を持った別の表象によって代理されるという現象を知って、学問はそこにそれ以上のいろいろな問題への糸口を見つけ出すのである。夢を作る刺激と、夢の中でのそれに対する反応とを結ぶ関係は、モーリの言葉を借りるなら、「唯一無二のものではないにしろ、なんらかの親和関係」(『類推』七二ページ)である。たとえばヒルデブラントのあげた三つの目覚まし夢を見れば、なぜ同一の刺激がちがった夢の内容を作りあげるのか、なぜその刺激はこれらの内容を作りあげたのかという問の起るのを禁じえないであろう。

「さて私は、春の朝散歩をして、緑の萌《も》えだした野原をとなり村まで歩いていった。となり村のひとたちは晴着姿で、讃美歌《さんびか》集を腕にかかえている。みんな教会の方へぞろぞろ歩いてゆく。そうだ、今日は日曜日だった。朝の礼拝が間もなく始まるだろう。その礼拝に私も参加しようと思ったが、しかしその前に、からだがほてっていたので、教会のまわりにある墓地へ行ってすこし涼もうと思った。いろいろな墓石の銘を読んでいるあいだに、寺男が鐘楼に登ってゆく足音がきこえ、鐘楼の頂には、礼拝の合図をする村の小さな鐘が見えた。鐘はしばらくのあいだはまだじっとして動かなかったが、それから揺れだした。――そして突然冴《さ》えた音をたてはじめた。あまりその音が冴えてはっきりとしていたので、私は眼を覚ました。鐘の音とききなされたのは、実は目覚ましの音だった」（三七ページ）

「第二の組合せ。天気のいい冬の日。道には雪が高々とつもっている。みんなといっしょに橇《そり》にのる約束をしておいたが、橇がなかなかこない。やっとのりこむことになって――毛皮が敷かれ、足をくるむ袋も引っぱり出されて――どうやら自分の席に落着いたが、それでもまだ出発までには大分手間どった。橇が動きだした。力強く振られる鈴は、例のトルコ軍隊の響をたてた。その響があまり大きすぎたのか、眼が覚めた。それはいつもの鋭い目覚ましの音だった」

「それから第三の例である。下働きの女中が皿を幾枚も積み重ねて、廊下を食堂の方へ歩いてゆく。皿の塔は倒れそうだった。『気をおつけ』と私はいってやった、『下へおとすよ』むろん『馴《な》れておりますから』とか何とかいうような返答だったが、そのあいだも私ははらはらしながら歩いてゆく女中を見守っていた。はたして閾《しきい》のところで躓《つまず》いて、皿がみんな床へ落ちて、大きな音をたてて粉微塵《こなみじん》に砕けた。しかし――その音がいつまでも続く。これは皿の砕ける音ではない。何か鳴っている音だ。——むろんそれは目覚ましの音だった」

われわれの心は夢の中で、なぜ客観的な感覚刺激の性質を誤認するのかという疑問に対して、シュトリュムペル——ヴントもほぼ同様に——はこう答えている、われわれの心は、睡眠中に加えられる刺激に対して錯覚形成の諸条件の下にあるのだ、と。ある感覚印象がかなり強く鮮明で持続的である場合には、また、われわれが気を落着けて考えてみるのに必要な余裕がある場合には、その印象はわれわれの認識するところとなり、正しく解釈される。つまりそれは、すべての先行諸経験にしたがって、それが属すべき記憶の引出しにきちんと整理される。これらの諸条件が充《み》たされない場合に、その印象の源泉である対象をわれわれは誤認する。「野原を散歩していて、遠くになにかぼんやりとみとめると、初めはそれが馬だと思うこともある」近くに寄ってよく見ると、それは休んでいる牛だと解釈したくなり、最後にははっきりと、いやしゃがんでいる人間だとわかって、その部類にその表象が組み入れられる。ねむっている最中に心が外的刺激によって受けとる印象も似たような性質を持っていて、心はこれらの印象に基づいて（その印象のために大なり小なりある数の記憶像が呼び起されるから）錯覚を作りあげる。またそういう記憶像によって印象はその心的価値を獲得するにいたるのである。そのさい考慮されるたくさんの記憶群の中のどの記憶群から一定の像が呼び起されるのか、そして可能な連想諸関係のどれがそのさいはたらきだすのか、シュトリュムペルによればこれもまた不定であって、それはいわば心の営みの恣意《しい》にゆだねられているというのである。

われわれはここで二者択一の前に立っている。つまり、夢形成における法則性は事実上もうこれ以上は明らかにすることができず、感覚印象によって喚起される錯覚を解釈するに当っては、それ以外にも別の諸条件を考慮に入れなければならないのかどうかと問うことを諦《あきら》めてしまうか、あるいは、睡眠中に加えられる客観的な感覚刺激は夢の源泉としてはそう大した役割を演じてはいないのであって、どの記憶像が呼び覚まされるかを決定しているのはそれとは別の諸要素だと推察すべきか、という二者択一がそれである。事実、実験的に作られたモーリの夢を吟味すると（そのために私は詳細にそれを引用したのだが）、行われた実験は発生的にはもともとただ夢の諸要素のひとつだけにかかわるものであって、それ以外の夢内容はむしろあまりにも独立的だし、あまりにも細部にわたってはっきりとしたものを持っているから、それが実験的に導入された要素と吻合《ふんごう》するはずだというただひとつの要求によってはとうてい説明されそうもないといいたくなるのである。客観的印象がときによると実に奇妙きわまりない、思いもよらない形で夢の中に消化されているのを見るとき、以上説明したような夢理論や夢を作り出す客観的印象の力などには疑いを挿《さ》しはさまざるをえないような事情になっているのである。たとえばM・シモンの報告にこういう夢がある。彼は巨人が幾人も食卓についている夢を見た。たえず何か怖ろしい音がはっきりときこえる。それは巨人たちがものを食べるときに顎《あご》を打ちあわせる音だった。覚めて気がつくと、それは窓外を疾駆してゆく馬の蹄《ひづめ》の音であった。この夢で、馬の蹄の音が『ガリヴァー旅行記』の記憶群、ブロブディングナグの巨人たちや、道徳的な馬のところに滞在していたことの記憶群からの表象を呼び起したのなら――著者の言を待たずに私が自分でこう解釈してみるわけなのだが――その刺激に対して、選《よ》りに選ってこれほどにも風変りな記憶群が呼び起されたということは、むしろそれ以外の別の動機によって可能になっていたのではあるまいか。*

* 夢の中の巨人は、夢を見た本人の幼時の一場面を現わしているように考えられる。『ガリヴァー旅行記』の記憶という上記の解釈は、ある種の解釈がいかに間違ったものでありうるかを示す好例だと思う。夢を解釈する人は、自分自身の思いつきを活躍させて、夢を見た本人の思いつきを軽んずべきではないのである。

Ad（二）　内的（主観的）感覚興奮

いろいろと文句をつけることはできるが、しかし、夢の作り手としての睡眠中の客観的感覚興奮の役割は疑うことができないということは承認しなければなるまい。そして、これらの刺激が、その性質や頻度《ひんど》の上から見て、夢の内容のすべてを説明するに不十分のようであったら、そういう刺激と同じようなはたらきをする別の夢の源泉を捜し求めなければなるまい。外的な感覚刺激のほかに、感覚諸器官中における内的（主観的）興奮を顧慮するという考えを最初に持ったのが誰であるか、私はつまびらかにしないが、近世のあらゆる夢の原因論には多かれ少なかれこの考えがはっきりと出ているのは事実である。ヴントはこういっている（三六三ページ）、「さらに私の信ずるところによれば、主観的な視覚並びに聴覚は夢の錯覚形成にさいして大きな役割を演ずる。これら主観的な視覚並びに聴覚は、覚醒《かくせい》状態では、瞼《まぶた》を閉じたさいの光の混沌《こんとん》として、耳鳴りとしてわれわれに知られているものである。それらの感覚中ではことに主観的な網膜刺激が大きな役割を演ずるもののようである。非常によく似たものや全然同じものがたくさん眼の前に出てくるという夢の特徴はこれで説明がつく。無数の鳥、蝶《ちょう》、魚、真珠、花などがわれわれの眼前に繰りひろげられる。光を遮《さえぎ》られた視野に浮ぶ光塵《こうじん》がそういう空想的な形を採ったのである。そして光塵をこしらえあげている無数の光の点は、夢の中ではそれと同数の独立した形象となり、その形象が光の混沌の運動性のために活動する物体として眼に見られるのである。――夢の中によくありとあらゆる形の動物が出てくるのはこのためである。そういう動物たちの形が実に種々雑多なのは、主観的な光の像の特殊な形をなぞりがちなためである」

夢の中に出てくる形象の原因としての主観的感覚興奮は、明らかにそう見られて差《さし》支《つか》えないだけの利点を持っている。つまりそれらは客観的な感覚刺激のように外的偶然の左右するところとはならないからなのである。これらの(内部からやってくる)主観的感覚刺激は、夢の説明がそれらを必要とするそのたびごとに、いつでも役にたつ体勢を整えている。しかし(外部からやってくる)客観的感覚刺激に比して、それらの欠点と見られるのは、前者にあっては観察と実験とによって与えられるところの証明、すなわち夢の原因としての前者の役割には疑う余地がないという証明が、後者にあっては全然得られないか、得られたとしてもひどく困難だということである。主観的感覚興奮に夢を作り出す能力があるということに対する主な証明は、ヨーハン・ミュラーが「空想的視覚現象」として記述しているところの、いわゆる入眠時幻覚によって得られる。多くの人々において例外なく、まさにねむりこもうとするときに現われ、また眼を開いた後もしばらくはそのままになっているところの非常に活潑《かっぱつ》な、変化に富んだ映像がそれである。モーリにはこれがことにひどかったようで、彼はこの現象を詳細に観察して、この現象と夢の形象との関連、いやむしろその一致を（すでにヨーハン・ミュラーがそうであったが）主張している。彼はこういう現象を生ぜしめるためには心がある程度受動的になっていて、注意力の弛緩《しかん》が必要であるという（五九ページ以下）。別の素質の人間においては、この入眠時幻覚を見ようと思うならば、一秒間こういう嗜眠《しみん》状態に陥りさえすればいい。その幻覚から醒《さ》め、醒めてはまたその幻覚に陥りするうちに結局ねむりこんで万事が終る。もしあまり永い時間が経《た》たぬうちに眼を覚ましたならば、モーリに従えば、ねむりこむ前に入眠時幻覚として経験したところの映像を夢の中でも見ることにしばしば成功するという（一三四ページ）。モーリはあるとき、ねむりこむときに信じられぬほどの強さで、歪《ゆが》んだ表情と奇妙な髪の形をしたグロテスクな人物を幾人も見たが、ねむりから醒めたとき、夢の中にもそれが現われたとモーリには信ぜられたという。食を節していたために、お腹《なか》がすいてたまらなかったとき、モーリは入眠時幻覚にひとつのどんぶりと、そのどんぶりの中にある食べものをとり出すフォークを持った手とを見た。夢の中では彼は御《ご》馳走《ちそう》のたくさん並んだ食卓の前に坐《すわ》っていて、ものを食べる人たちの動かすフォークのたてる音をきいた。また別のあるとき、眼がちかちかして痛んでいたが、ねむりこむ直前、ひどく小さなマークをたくさん見た。非常に努力してその一つひとつを読み分けなければならないほど小さかった。一時間ほどねむっていたあいだ、夢に一冊の本の開かれるのを見た。そこには細かな活字が印刷されていて、苦心してやっと判読しなければならなかった。

これらの映像とまったく同様に、言葉や名前などの幻聴も入眠時に現われて、ついでそれが夢の中で繰返される。それとともに始まるオペラの主導楽句を告げ知らせる序曲のようなものである。

ヨーハン・ミュラーやモーリなどと同様の方法で、新しいところではG・トランバル・ラッドが入眠時幻覚を観察した。彼は訓練によって、ねむりこんでから二、三分間のちに強引に眼を覚まして、しかも眼をあけずに、まさに消えてゆこうとする網膜上の映像を、記憶に残っている夢の映像と比較した。網膜上の光る点や線がいわば(心的に知覚された夢の中の物の姿の)輪郭を成すようなふうに、それら両者の内的なつながりがつねに認められると彼は確言している。彼はある夢にはっきりと活字の印刷された書物のページを見た。そのページを彼は読み、勉強した。この夢が、網膜中の光る点々の配列にパラレルな線で一致していたという。彼の言葉でいうと、彼が夢で読んだ、はっきりと印刷されたページはひとつの対象の中へ解消された。その対象は、彼の覚醒した知覚には、本当に印刷された一枚のページのように見えた。すこしはっきりさせるために、あまりにも大きな距離から、一枚の紙にあけられたひとつの穴から覗《のぞ》いて見たページのように。ラッドは、こういってもこの現象の中心的な部分の価値を低く見積っているわけではないが、網膜の内的な興奮状態という材料を使わないような視覚的な夢を見ることはほとんどないといっている。このことはとくに、暗い部屋でねむりこんだ直後の夢に当てはまる。これに反して朝の、眼を覚ます前に見る夢では、（外部からの）客観的な、明るい部屋で眼に入ってくる光が刺激源となる。眼の自己光線刺激の、目まぐるしく交代し無限に変化することのできる性格は、われわれが夢で見る落着きのない形象の流れに正確に対応する。ラッドの観察を承認するならば、この主観的（内部的）刺激源の、夢に対する意義を低く見積ることはできない。なぜなら、視覚的な形象こそ周知のごとく夢の主要部分を成しているからである。聴覚を除いた他の感覚領域の意義はコンスタントなものではない。

Ad (三) 内的(器質的)身体刺激

夢の源泉を身体の外部ではなく内部に求めようとすれば、健康時にはほとんど自覚を持たぬわれわれの身体諸器官のほとんどすべては、刺激を受けている状態や病気のときには、多くの場合疼痛《とうつう》感覚の源泉になり、この源泉は外からやってくる疼痛刺激や感覚刺激の源泉と同じような意味を持つということを忘れてはならない。たとえばシュトリュムペルは「心は睡眠状態においては、覚醒時におけるよりも、自分のからだについてはるかに深い、また広い感覚意識を持つにいたるものであって、覚醒時にあっては心が全然あずかり知らぬような、自分のからだの各部分や諸変化に発するところの若干の刺激印象を受取り、自分の上にはたらかせるべく余儀なくされるものである」(一〇七ページ)といっているが、シュトリュムペルをしてかくいわしめた経験は、非常に古い時代から人々の注意を惹《ひ》いていたものである。人は夢で、覚醒時には全然気づくことのない病気の進行を知ることができるようだ、とすでにアリストテレスがいっている(それは夢が、諸印象に与えるところの拡大化によってであり、この拡大化ということについてはこの書の一四ページを参照せられたい)。医者で夢を研究したような人々は、夢の予言力というようなことを信じたとはむろん考えられないが、すくなくとも病気の予告という点では夢の意義を認めている（M・シモン、三一ページ、その他多くの古代の学者文人）*。

＊　われわれは夢のかかる診断学的利用（たとえばヒッポクラテスにおける）のほかに、夢の古代における治療学的意義を顧みるべきである。

ギリシアには、通例健康を求める病人が利用した夢占いがあった。病人は、アポロないしはアスクレピオスの神殿に行き、種々の儀式を執り行い、水を浴びせられ、からだを擦《こす》られ、香を焚《た》かれ、そういう興奮状態のうちに、犠牲に供された牡山羊《おやぎ》の毛皮の上にねかされ、ねむりこんで、夢を見る。患者は夢に治療手段を見る。これはそのままで夢に出てくることもあれば、象徴や比喩《ひゆ》の形で出てくることもある。それを司祭が判じ解するのである。

ギリシア人の夢治療に関するこれ以上のことについてはレーマン（第一巻七四章）、ブーシェ・ルクレルク、ヘルマン（『ギリシア古代の神事』第四一章、第三八章、第一六節）、シュプレンゲル『医学史』第二巻、一六三ページ以下のベッティガーの記述、W・ロイド『古代のマグネティズムのメスメリズム』ロンドン、一八七七年、デーリンガー『異教とユダヤ教』一三〇ページを参照せられたい。

夢にこういう診断学的なはたらきのあることについては近世にもたしかな実例がある。たとえばティシエはアルティグに従って（『夢の症状学的価値について』）、四十三歳の女について述べている。この女は一見まったく健康であったが、二、三年間引続き不安な夢に悩まされ、医師に診《み》てもらうと心臓障害が発見され、やがてこのために死亡した。

ある種の人間においては、内部諸器官のはっきりとした障害が夢の原因になる。一般に認められているところであるが、心臓や肺臓が悪いと頻繁《ひんぱん》に不安な夢を見る。この点は実に多くの学者によって強調されているから、私はここでは単に文献をあげるにとどめよう（ラーデシュトック、シュピッタ、モーリ、M・シモン、ティシエ）。ティシエなどは、病気に侵された器官は夢の内容に特別な性格を与えるといっている。心臓病をわずらっている人の夢は概して非常に短く、恐怖とともに眼を覚ます。ほとんどつねに怖《おそ》ろしい状態での死の状況がこういう場合の夢内容ではひとつの役割を演ずる。肺結核患者は窒息、圧迫、逃亡の夢を見る。そして彼らは、ほとんど例外なしにベルナーが、うつぶせに寝たり、呼吸器孔を覆《おお》ったりして実験的に作り出した周知の悪夢にうなされる。消化器系統の障害では、ものを食べたり吐いたりする夢を見る。最後に性欲興奮が夢内容に与える影響は説明するまでもなく誰にも明らかであろう。これは器官刺激による夢発生の全理論にもっとも強力な論拠を提供している。

夢の文献を調べてみると、個々の学者（モーリ、ヴァイガント）が彼ら自身の病気の諸状態の、彼らの夢の内容への影響によって夢の諸問題を研究するようになったことが明瞭《めいりょう》に理解される。

ところでこれらの動かしがたい諸事実によって、夢の源泉の種類が豊富になったということは、実はそう大騒ぎをするほどのこともないので、いうまでもなく夢というものは健康な人間――すべての健康な人間におそらく毎夜々々――に起る現象であるし、身体諸器官の疾病《しっぺい》は、明らかに夢が作られるための不可欠の条件ではありえないし、また、われわれが問題にしているのは、ある特別な夢の源泉がどこにあるかではなくて、ノーマルな人間のごくありふれた夢の源泉ははたしてどこに求められるべきかなのである。

さてこれまでのどの源泉よりも豊かな水量を持ち、ほとんどいかなる場合にも水の涸《か》れるということを知らないようなひとつの夢源泉がある。内部疾患が夢刺激の源泉になるということが確かなら、また、睡眠時は心が外界から逸《そ》らされて、覚醒時におけるよりも大きな注意を身体内部に向けうるということを承認するならば、なんらかの方法で、夢の形象になりうるような刺激をねむっている心に与えるのには、何もまず諸器官があらかじめ疾病に罹《かか》っているという必要のないことは見易《みやす》い道理であろう。

われわれが覚醒時において漠然《ばくぜん》とした一般的な感じで質的にのみ知覚するところのもの、医師たちの言によればこの漠然たる感情を作りあげるのにはすべての器官組織が協力しているわけであるが、それが夜になると、力強い影響力を持つようになって、その一つひとつの要素がそれぞれにはたらきはじめて、夢の諸表象喚起のもっとも強力な、同時にもっとも普通の源泉となると考えられているのだが、そうであるとすれば問題は器官刺激はどういう法則に従って夢の諸表象へと翻訳されるかという点にのみあるということになるであろう。

つまりわれわれは今、医師であって夢を研究しているすべての人々の賛同を得ている夢発生論に触れることになる。われわれの本体の中核部、ティシエのいわゆる内臓自覚《モフ・スプランクニク》がその中に包みかくされている暗闇《くらやみ》と、夢発生の暗闇とは、二つをいっしょにして考えてみないわけにはゆかないほどよく照合している。そのうえ、植物神経性の器官感覚を夢の源泉だとする考え方には、医者にしてみればもうひとつ別の魅力があるわけである。つまりこの考え方は、その現われ方において多くの一致点を示す夢と精神障害とを病因学的にも一致させるからである。というのは、からだ全体の漠然とした感じ（一般感覚）の諸変化と、内部諸器官から発する刺激とは、精神病の成立に大きな意義を有するからである。したがって身体刺激理論を唱えだした人間が幾人もいるということもあえて異とするには足りないのである。

若干の研究家たちは、一八五一年にショーペンハウアーが唱えた考え方に賛成している。われわれの世界像は、知性が、外から与えられる諸印象を時間・空間・因果律の形式に鋳直《いなお》すことによって形成される。有機体の内部からの、交感神経系による諸刺激は、日中は精々のところ、われわれの気分に影響を与えるにすぎないが、夜はしかし、昼間の印象の強烈な効果がやんでしまうから、からだの中から湧《わ》きあがってくる諸印象がわれわれの注意を惹く――ちょうど、夜になると、昼のうちはきこえなかった泉の水音がきこえてくるように。しかしそういう刺激に対する知性の反応は、知性が自己自身に特有の機能をはたらかす以外の途《みち》では考えられまい。つまり知性はそういう諸刺激を、因果の導きの糸に沿って動くところの、時間・空間を充《み》たす諸形象へと作り変え、その結果、夢が生ずる。初めにシェルナー、それからフォルケルトは身体刺激と夢の形象とのあいだにある緊密な関係をつかもうとした。この問題は夢理論の章で論ずることにする。

精神科医クラウスは、きわめて徹底的な一研究において、夢ならびに譫妄《せんもう》や妄想の発生を同様の要素、すなわち器質的に制約された感覚から説明しようとした。有機体の身体の各部分で、夢もしくは妄想の出発点となりえないようなものはほとんどありえないと彼はいう。器質的に制約された感覚は「しかしながら二種類に分けられる。その第一は全体的気分（一般感覚）、第二は植物神経的な生体の主要な諸系統に内在する特殊な諸刺激で、それをさらにわれわれはつぎのごとく五種類に分ける。（a）筋肉感覚、（b）含気感覚、（c）胃感覚、（d）性欲感覚、（e）末梢《まつしよう》感覚（第二章、三三ページ）

クラウスは身体刺激に基づいた夢形象発生の過程をつぎのごとく想定している。ある刺激を受けてある感覚が起ると、それはなんらかの連想法則によって、その感覚に似た表象を呼び起し、その表象とともにひとつのまとまりを持った形象を作り出すが、意識のほうではこの形象に対してノーマルな場合とはちがった態度をもって臨む。けだし意識は感覚そのものには注意を払わずに、もっぱらその感覚に伴うところの諸表象に注意を向けるからで、このことはなぜかかる事態が従来正しく捉《とら》えられなかったかを説明している（一一ページ以下）。クラウスはこの過程をまた、諸感覚の夢形象への変質という特別な言葉で表現している（二四ページ）。

夢形成への器質的身体刺激の影響は今日ひとしく人の認めるところとなっているし、両者の関係の法則は人によってさまざまに説明され、しばしば曖昧《あいまい》に解決されている。ところで身体刺激理論にとっては、ある夢の内容をその夢を作り出した器質的刺激に還元するという、夢判断の特殊な任務が生じてくるわけで、もしシェルナーによって見いだされた解釈法則を承認しないということになると、器質的刺激の存在そのものは夢の内容以外のものによっては窺《うかが》い知ることができないという、どうも具合のわるいことになってしまうのである。

しかしいろいろの夢の解釈は、大体において一致を見るようになされてきた。いわゆる「類型的」夢判断というのがそれである。それというのも非常に多くの人間において、実によく似た内容の夢が繰返し見られるからである。高いところから墜落する夢、歯の抜ける夢、飛行する夢、着物を身につけていなかったり、脱げそうになったりして困る夢などがそれであって、このいちばん最後の夢は、掛けぶとんを放り出してしまって裸で寝ているという、睡眠の知覚に基づくものとあっさり考えられている。歯の抜ける夢は「歯の刺激」に還元される。そうはいっても何もそれは歯の病的な興奮状態であることを要しない。飛ぶ夢はシュトリュムペルによれば、われわれの心が、上下する肺葉から出る刺激量をそれに置き換えるところの近似像であるが、その場合は同時に胸郭の皮膚感覚がすでに無意識化されていなければならない。この胸郭皮膚感覚の無意識化によってはじめて、漂い飛ぶ表象形式に結びついた感覚が生ずるのである。高所からの墜落は、皮膚圧迫感の無意識化が始まって、腕が片方からだから下へ垂れるか、曲げていた膝《ひざ》が突然のばされるかするときに見る夢であるが、ところがこうなることによって皮膚圧迫感がふたたび意識され、そのさいの意識化への移行が墜《お》ちる夢として心的に具体的な形をとるのである（シュトリュムペル、一一八ページ）。こういうもっともな説明の仕方にも明らかに弱点がある。それはこのやり方が、これという理由もなくしてある種の器官感覚を心的知覚から抹殺《まっさつ》してしまったり、あるいはまた説明に好都合な状態ができあがるまでは故意に心的感覚に押しつけたりする点である。類型的な夢とその発生については、いずれのちに論ずるつもりである。

M・シモンは若干の類似した夢をそれぞれ比較して、夢の成立に対する器官刺激の影響がどういう法則の下に行われるかを見極《みきわ》めようとした。睡眠中、普通あるひとつの感情表現に一役演ずるなんらかの器官が、なにか他の誘因で興奮状態にあると（そして通例上にいったあるひとつの感情によってその興奮状態へ投げこまれるとすると）、そこに生ずる夢は、その感情に相応じた表象を含むであろう（三四ページ）。また別の法則はこうである（三五ページ）、ひとつの器官が睡眠中活動したり興奮したり、機能障害を受けたりすると、夢はその器官が執り行う器質的機能の行使に関係する表象を含む。

ムルリ・ヴォルは、夢の成立に対する身体刺激理論によって想定される影響を個々の領域において実験的に立証することを企てた。彼は睡眠者の手足の位置を変えて、それによって夢の内容がどう変るかを研究した。彼はつぎのような事柄を結論として報告している。

（一）夢の中の手足の位置は、ほぼ現実のそれに照応する。すなわちひとは現実の状態に照応した手足の静的状態を夢に見る。

（二）手足の運動の夢を見るとき、その運動を行うにさいして現われる位置のひとつは現実のそれに相応ずるような、いつもそういう運動を夢に見る。

（三）ひとは夢の中の自分の手足の位置を他人のそれと思いこむことがある。

（四）その運動が妨害を受けているという夢を見ることもある。

（五）ある特定の位置における手足が夢の中で動物もしくは怪物の姿で現われることがある。その場合、両者のあいだに若干の類似点が作りあげられる。

（六）夢の中の手足の位置は、この手なり足なりになんらかの関係を持った考えを刺激することがある。たとえば指を動かしているとき、数の夢を見る。

こういう結論を見て私は思うのであるが、身体刺激理論もまた、作り出される夢の像の外見上の自由を完全には消し去ることはできないようである。*

* ヴォルはその後、二巻物の夢の研究を出したが、これに関する詳細は後述する。

Ad（四）心的刺激源

覚醒《かくせい》生活に対する夢の関係並びに夢の内容の由来を論じたさい、人間は昼のうちに行なったこと、および覚醒時に関心を持っていることを夢に見るというのが古代並びに晩近《ばんきん》の夢研究家の見解であることをわれわれは知った。覚醒時から睡眠中へと継続するこの関心は、夢を現実生活に結びつける心的紐帯《ちゆうたい》であるのみならず、この関心はまた、睡眠中に関心を持たれるようになったものと相並んで（つまり睡眠中にはたらきかけてくるいろいろの刺激と相並んで）いっさいの夢の形象の由来をときあかすに足るような、軽視すべからざる夢の源泉ともなっているのである。しかし上記の見解に対する反論もある。すなわち夢はねむる人間を昼間の諸関心から遠ざけ、われわれは多くの場合、昼のあいだもっとも強くわれわれの関心を惹《ひ》いていた事物については、それらの事物が覚醒時のわれわれにとって積極的な刺激を失ってしまったときになってはじめて夢に見るというのがその反論である。そんな次第でわれわれは、夢を分析していると、事ごとにこういう印象を受けざるをえない、つまり「よく」とか「概して」とか「多くの場合」とかいうような条件ぬきでは、つまり例外を認めずには、一般的な法則をたてることはできかねるという印象である。

内的睡眠時刺激、外的睡眠時刺激、それと覚醒時の関心、これら三つのもので夢の正体出所がすっかりわかるものならば、われわれは夢のいっさいの要素の出所を十分に説明できるはずであろう。夢の源泉の謎《なぞ》はときあかされ、残る問題といえば、心的刺激と身体的刺激とが個々の夢においてどういう配置状態にあるかを見ることだけになってしまうであろう。ところが実際には、こういうふうに夢を完全に解明するということはいかなる場合にも成功してはいないのである。そして、いついかなる場合といえども、その由来の説明のつかない夢の要素が（たいていの場合はふんだんに）残ってしまうのである。夢の心的な源泉としての覚醒時の関心は、「何人も夢の中で自分の仕事をさらに続けてゆく」という信頼すべき主張に従って期待して差支《さしつか》えないと思うほどには役にたたないのである。

そのほかの、心的な夢の源泉は知られていない。だから、すべて文献の上に現われている夢の説明は――後述するシェルナーは別として――ひとつの盲点を残しているわけである。夢にとってもっとも特色的な表象の材料の出所はどこかという問題がそれである。この解決がつかないものだから研究者の大多数は、夢の形成における心的なるものの関与――これがなかなかうまく捉《とら》えられないわけだが――をとかくできるだけ小さく見積ろうとしている。なるほど彼らは夢を大きく分けて、神経刺激夢と連想夢との二つにするが（後者はもっぱら記憶の再生にその起源を有する（ヴント、三六五ページ））、しかし彼らには、「ひょっとすると、きっかけになる身体刺激がなくても夢を見ることがあるのではなかろうか」（フォルケルト、一二七ページ）という疑問は解決できない。純粋の連想夢の性格も説明がつかない。「本来の連想夢においては、そういうはっきりとした核はもう問題にならない。そこではいろいろの事柄が大ざっぱにかたまって夢の中心部へ侵入してくる。そうでなくとも、理性や悟性の監督の眼を受けていない自由な表象世界は、ここではまたもっと強い身体刺激や心的刺激と、もはや事をともにしようとはせず、もっぱら自分自身の拘束なきたわむれに耽《ふけ》るのである」（フォルケルト、一一八ページ）。さてまたヴントも夢形成における心的なるものの関与を小さく見積ろうとして、こう論じている、「夢の幻像を純粋の幻覚と観《み》るのは誤りであって、おそらく多くの夢の表象は、睡眠時にも絶対に消滅することのない軽微な感覚刺激に発するところの錯覚なのである」（三五九ページ以下）。ヴァイガントも同意見で、さらにこれを一般化させ、彼はすべての夢の表象に対してこう主張する、「その第一の原因は感覚刺激であって、これにはじめて他の再現としての諸連想が結びついてゆくのである」（一七ページ）。ティシエの心的刺激源の軽視はさらに積極的である、「絶対に心的であるような、そういう夢は存在しない」

（一八三ページ）、「われわれの夢の想念は外部からやってくるのである……」（六ページ）。

有力な哲学者ヴントのごとく中間的立場を採る研究者たちは、多くの夢においては生理的刺激と、未知の、あるいは覚醒時の諸関心として認められる心的刺激とが、ともに活動して夢を作り出すということをいい添えるのを忘れていない。

のちに説くように、夢形成の謎は、意外な心的刺激源の発見によって解明されうるわけであるが、今のところはさしあたり、夢形成における、心的生活からやってきたのではない刺激が諸家によって過大に重視されていることに対しては何もいうまい。容易に見いだされ、のみならず、実験によってさえも実証されるのは、何もこの種の刺激に限ったことではないが。夢発生を身体の側から説明してゆくことはしかし、今日の精神医学の支配的思考方向によく合致している。有機体（身体）に対する頭脳の優位は、なるほど今日きわめて力強く主張されているが、しかし心的生活が実証可能な器質的諸変化から独立であるということや、あるいはまた心的生活のいろいろな発現における自主性などを証明しうるようないっさいの事柄に出会うと、今日の精神科医たちは驚き怖《おそ》れて、そういう事柄を承認しては自然哲学や形而上学《けいじじょうがく》的な心霊を考えた昔に逆戻りすることになりはしないかとうろたえる有様である。精神科医の不信は、人間の心をいわば財産管理の下において、心の動きのどのひとつでも、その心自身の財産であることを暴露するようなことがあってはならないとしているようである。しかしこういう態度はまさに、彼らが身体的なものと心的なものとのあいだに架《か》け渡されている因果の鎖を実はたいして信用していないことを物語っているとしていいであろう。心的なものが、実際の研究にさいしてある一現象の第一義的動因であることが認知される場合ですらも、さらにつっこんでみると、心的なものが実は、器質的なものに基礎づけられていることがいつかはわかるはずではあろうが、しかし、そうであるからといって、心的なものがわれわれの現在の認識にとってぎりぎりの終点を意味せざるをえないような場合に、何もそれを否定するには及ぶまいと思うのである。

D　眼が覚めると夢を忘れてしまうのはなぜか

ひとはよく「夢のようにはかなく消える」という。むろんわれわれは夢を思い出すことができる。なぜならわれわれは覚めてののちの夢の記憶によって夢というものをそもそも知るわけなのであるから。しかしわれわれはよくこう考えるものだ、夢を見ている最中はもっといろいろのことが出てきたはずなのに、今はその一部分しか思い出せない、と。朝のうちはまだはっきりと憶《おぼ》えていた夢が、昼のうちにいくつかの小さな断片になってしまうことは誰しも経験する。夢を見たことはわかっているのだが、どんな夢を見たかはわからないということは珍しくない。われわれは、夢を忘れるという経験には慣れっこになっているから、朝眼を覚ましたときに夢の中身も覚えていなければ、第一夢を見たという記憶さえ全然ないような、そういう人もやはり夜は夢を見たのだということさえありえないことではないといえるであろう。他面しかし忘れることのできないほどしつっこく記憶に残る夢もある。私は患者たちの夢で、二十五年あるいはもっと昔に見たような夢を分析したことがある。私自身の経験でも、今日から数えてすくなくとも三十七年以前見た夢で、いまだにありありと憶えているのがある。こういうことはみなはなはだおもしろく、また、今のところでは、なぜこういう現象が存在するのか、解《わか》らないわけである。

夢を忘れるということをもっとも詳しく研究したのはシュトリュムペルである。夢忘却は明らかに複雑な現象である。現にシュトリュムペルもこの現象を単一の根拠からではなく、多数の根拠から説明しようとしている。

第一に、なぜ夢を忘れるのかというと、それは覚醒時《かくせいじ》においては夢を忘れさせるようないろいろな要素がはたらいているからである。われわれは眼を覚ましているとき、無数の感覚や知覚をすぐさま忘れるのがつねであるが、それはそれらの感覚が微弱すぎるか、それらに結びついていた心の興奮度が低すぎるか、そのいずれかである。同様のことが多くの夢の像についてあてはまる。それらの夢の像が忘れられるのは、それらが微弱だったからである。これに反して強烈なものは記憶にとどめられる。とはいえ強烈度という契機は、それだけではたしかに夢の形象が記憶されるための決定的条件にはならない。シュトリュムペルはカーキンズなどと同様にこういっている、非常に活潑《かっぱつ》だったということがわかっているような夢の形象は、たちまち忘れられるが、感覚的に訴えるところのあまりない、ぼんやりとした夢がよく記憶の中にとどめられる。第二にわれわれは覚醒時において、ただの一回しか起らなかったものは忘れがちである。そして幾度も知覚しえたものをよく憶えている。ところで多くの夢の形象は一回限りの体験である。*この特性がすべて夢が忘れられることに均等にあずかって力があるのだろう。さて第三の理由は上ふたつのものよりはるかに重大である。感覚や表象や思想などが記憶されるための条件は、それらがばらばらになっていないで、それらに適した結合や団結の関係に入りこむということである。小さな詩句を語に分解してしまえば、そしてこの語をまぜこぜにしてしまえば、それが詩句であったことを知るのは困難である。「きちんと秩序だてられ、それ相応の順序において一語が他の語を助けあえばこそ、全体が意味深く容易に、かつ永く記憶に残るのである。一般にわれわれは辻褄《つじつま》の合わないことは、混乱したことや秩序のないことと同じようになかなか覚えていないものである」ところで多くの場合、夢というものには秩序もなければ論理もない。夢の構成はそもそも特に記憶されるという可能性を欠き、多くの場合すぐつぎの瞬間ばらばらに崩《くず》れてしまうから忘れられてしまうのである。――ところでラーデシュトック（一六八ページ）は、「われわれは荒唐無稽《こうとうむけい》な夢ほどよく覚えている」といっているが、このラーデシュトックの意見は上に述べたことに少々矛盾してくるわけである。

＊　周期的に繰返される夢は諸研究者によってすでにはっきりと指摘されている。シャバネーの実例蒐集《しゅうしゅう》参照。

夢が忘れられる契機のうち、以上見たものよりもっと有力なものとして、シュトリュムペルは夢と覚醒状態との関係から導き出される契機をあげている。覚醒した意識が夢をとかく忘れたがるということは、おそらくすでに述べたつぎのような事実の対比物にすぎないのであろう、つまり夢は（ほとんど）絶対に覚醒時の秩序だった記憶を再現せず、覚醒時の記憶中からただ細々した部分々々のみを取ってきて再生させる。

そして夢は、それらの部分が普通結ばれているところの心的関係から、それらの部分だけを切り放して持ってきてしまう。ところが正常の意識生活中ではそれら各部分はそういう結合関係の中においてのみ記憶されているのである。したがって夢の構成は、普通に心を充《み》たしているところの心的系列のまどいの中には自分の席を持っていないわけである。夢の構成には記憶の助けがいっさい欠けている。「かくて夢の形象はわれわれの心的生活の土台から浮きあがり、新たに起る風がたちまち吹き消す雲のごとく、心的空間のうちを漂い流れる」(八七ページ)。眼が覚めるや否《いな》やわれわれの注意は外から迫ってくる感覚世界のことに忙殺され、その結果、この力の前にあってなお自己を主張しうるような夢の形象は数えるほどしかないという事実も同じ方向に作用する。夢に出てくるものの姿は、新たなる一日の諸印象の前に、あたかも太陽の光の前に星の光が薄れるように、薄れてゆくのである。

最後に、夢がなぜすぐ忘れられるかを説明するものとして、つぎのごとき事実を想起する必要があろう、すなわち多くの人は夢というものに対してそうたいした関心を示さないという事実である。たとえばある学者がしばらくのあいだ、夢に興味を持ってこれを研究していると、彼はそのあいだは不断よりもよけいに夢を見る。それはつまり彼が自分の夢を不断より容易にかつ頻繁《ひんぱん》に思い出すということなのである。

ボナテルリ（ベニーニによる）がシュトリュムペルの説に付け加えたところの他の二つの理由は、すでにシュトリュムペルの説の中に含まれているといってよかろう。（一）覚醒時と睡眠時とでは一般感覚が変化するということが、覚醒時の意識に対しても、睡眠時の意識に対しても、相互が相互を再現するということを困難にする。（二）夢における表象材料の、覚醒時におけるのとはちがった配列が、覚醒時意識に対してこの材料をいわば翻訳不能なものとする。

シュトリュムペル自身が強調しているごとく、夢の忘れられる理由をいろいろと検討した末にどうも不思議に思われるのは、そうはいうものの、記憶に残る夢が実にたくさんあるということである。夢が記憶される手続きを究《きわ》めようというたくさんの研究家の絶えざる努力は結局のところ、ここにも何か謎《なぞ》めいた理解しがたいものが残らざるをえないということを告白しているようなものなのである。夢の記憶の特色若干が最近特に研究家たちの注目するところとなってきたのは当然の話である。たとえば眼を覚ましたときは忘れたつもりでいた夢を、一日のうちの何かの拍子に思い出す、その何かの拍子というのが偶然にも夢の内容に――ところがそれは忘れられているはずなのだが――触れるものだというような特色である（ラーデシュトック、ティシエ）。全部記憶されている夢というものがあったとしても、その夢がはたして元のままかどうかはすこぶる怪しい。夢のうちからあれほど多くのものを忘れてしまうわれわれの記憶が、はたして夢の内容を元のままの形で伝えるかどうか、それははなはだ怪しい。そこにはおそらく歪曲《わいきょく》が行われていはしないであろうか。

シュトリュムペルも、記憶によって再生された夢の信憑性《しんぴょうせい》を疑ってこういっている、「そうなると、目醒《めざ》めた意識が自由勝手に、夢の記憶の中へいろいろのものを入れこむということもきわめて容易に起る。つまりわれわれは、本当は夢に見もしなかったようないろいろなことを夢に見たと思いこむのである」

イェッセンの意見はことに強硬である（五四七ページ）。「しかし、つながりも筋もある夢の研究や解釈にさいしては、それ以外に、どうやら今まであまり人の顧みるところとならなかった一事情を顧慮する必要が大いにある。すなわちわれわれが夢を思い出そうとすると、自分ではそうとは知らずに、夢の形象の隙間《すきま》を埋めたり補ったりするから、なかなかその真相には近づきがたいという事情がそれである。いくらつながりを持った夢だといっても、われわれが記憶の中に再現する程度のつながりを持った夢というものは稀《まれ》にしかないか、あるいはおそらく絶対にないのである。自分の見たおもしろい夢を、そこに何も付け加えず、また、すこしも修飾せずに話してみるということは、どんなに真理を愛する人間にもまずほとんどできない相談なのである。いっさいを関連的に見ようとする人間精神の努力は、多少ちぐはぐな夢を思い出してみるときに、ちぐはぐなところを思わず知らず訂正したり補ったりしようとするほどに強烈なものなのである」

エジェのつぎのごとき見解は上記イェッセンとは、むろん別個独立にたてられたものなのだが、まるでイェッセンの言葉を翻訳したもののようにきこえる、「……夢を観察することには独特の困難がある。そして、ここでいっさいの誤謬《ごびゅう》を避ける唯一《ゆいいつ》の方法は、経験し見聞したてのことを直ちに紙に書きとめることである。でないと、すぐさま全面的な、あるいは部分的な忘却がやってくるのだから。全面的忘却は問題にはならないが、部分的な忘却が曲者《くせもの》なのである。なぜかというと、ひとが忘れなかったことをあとから話しはじめるとなると、記憶が供給してくれる支離滅裂な断片を想像によって補足する危険があるからである。……ひとはわれ知らず物語作者になってしまう。そして繰返して物語られる物語は、作者の信念を無理にも深め、作者は本気になって、しかるべき方法によってそれを、正当に認定された本物の事実のように話すということになってしまうのである。……」

シュピッタ（三三八ページ）も大体同じような意見で、われわれはそもそも、夢を再現しようと試みるときになってはじめて、ただざっとひとまとめになっていた夢の諸要素を改めて秩序づけてしまうと考えているようである。――「並列的なものを前後的なもの、別々のものにする。つまり夢の中では欠けていた論理的な結合の過程を、あとから夢に付け加えてしまうのである」

ところがわれわれはわれわれの追憶の真偽のほどを客観的な現実に照らして吟味する以外に吟味の方法を知らないし、しかしまた、われわれ自身の体験であり、それに対して源泉としてはただわれわれの記憶のみしか持たないところの夢においてはこういう吟味の方法が適用しがたいとなると、われわれの夢についての記憶にはいったいそのほかにどんな価値があるのであろうか。

E　夢の心理学的な諸特異性

夢の学問的考察にあたって、われわれはつぎのごとき仮定から出発する、すなわち夢はわれわれ自身の心の所産である。とはいうものの、夢はわれわれにとって、われわれとは何か縁のないもののように思われる。「夢を見た」というのと同じように、好んでわれわれはまた「夢で（これこれのことを）見た」ともいうほどに、われわれは自分が見た夢の責任を自分で負う気にはなれないのである。それほどに夢はわれわれわれと無関係であるように思われる。夢のこういうよそよそしさはどこからやってきたのだろうか。夢の源泉に関するわれわれの議論に従えば、それは夢の内容を作りあげている材料のせいではないということができそうである。その材料は覚醒時《かくせいじ》の生活にも夢にも共通のものだからである。ひょっとするとそれは、そういう印象を呼び起すような（夢における）心的過程の変化のせいではあるまいかと疑ってみることも可能である。そういう次第でわれわれは夢の心理学的性格描写を試みて差支《さしつか》えないわけである。『精神物理学の諸要素』（五二〇ページ、第二部）中の若干の見解におけるG・Th・フェヒナーほどに、夢と覚醒生活との本質的相違を強調した人はなく、また、この本質的相違に基づいてフェヒナーほどに重大な結論を引出した人もない。「意識的な心的生活を単に識閾《しきいきか》下に引下げること」も、外界印象から注意を逸《そ》らすことも、覚醒生活に対する夢の生活の諸特異性の解明には不十分だとフェヒナーはいっている。むしろ彼は、夢の舞台は覚醒時の表象生活の舞台とは別物なのだという考えである。「睡眠時と覚醒時とにおける精神物理学的活動の舞台が同一だということになると、私の考えるところによれば、夢は強度を一度下げられたところの、覚醒時の表象生活の継続にすぎないということになろう。そしていずれにせよ、その素材と形式とを覚醒時の表象生活と共有することになろう。しかし実情はまったくちがうのである」

フェヒナーが心的活動の移転という考えをもって念頭に浮べていたものは、その後、明らかにされたわけではない。また私の知るかぎりフェヒナー以外の何人も、彼が上記の見解において暗示したところの道を歩いてはゆかなかった。生理学的な大脳諸中枢《ちゅうすう》の局在の意味における解剖学的解明、もしくは脳皮質の組織学的な層構造を計算に入れたうえでの解剖学的解明は、おそらく除外しなければなるまい。しかしわれわれがこの考えを、一定の順序で並べられたいくつかの「法廷」から構成されているところの、心という機械に関係づけてみるときは、このフェヒナーの考えが意味深長で大いに役にたつものであることが判明するのである。

フェヒナー以外の研究家たちは、夢の営みが示すところのはっきりとした心理学的特異性の一つひとつをそれぞれに強調して、それを大規模な説明の試みの出発点とするということで満足している。

夢の営みの主要特性のひとつは、ねむりこむ状態においてすでに現われ、かつこれが睡眠を導き出す現象と見なされているのは正当なことである。覚醒状態の最大特色はシュライアーマッハーによれば（三五一ページ）、思考活動が形象によらずして概念によって行われるという点にある。ところで夢は主として形象によって思考する。睡眠状態に接近するにつれて、意識的諸活動が困難になるのと反比例して恣意的な表象が現われ、かつこの恣意《しい》的な表象はことごとく具体的形象のクラスに属するということが観察される。われわれが意図的に望んだ表象行為と感ずるところの、そういう表象行為を行うことができないということ、および通例この放心状態と結びついているところの具体的形象の登場と、これら二つのものは、いつでも夢に付着している二つの性格であって、われわれはこれを夢の心理学的分析にさいして、夢というものの本質的な性格として承認せざるをえない。形象については——入眠時の幻覚については——それら自体が内容の上からいって夢の形象と同一のものであることをわれわれは知っている。*

* H・ジルベラーは見事な実例をあげて、抽象的な思想すらも、ひとがねむ気に襲われた状態においては、その抽象的思想と同一のものを表現しようとする具象的・彫塑《ちょうそ》的形象に翻訳されることを示した（ブロイラー＝フロイト年鑑、第一巻、一九〇九年）。私は別の関連中にそれらの実例にたち戻ろうと思う。

つまり夢は概して視覚的形象によって思考するのであるが、いつでも必ずそうだというわけではない。聴覚形象や、また稀《まれ》には他の感覚印象を使うこともある。また夢の中では多くのことが、不断の覚醒時におけるとまったく同様に（おそらくはだから言語表象の残滓によって代理されて）思考されたり、ないしは表象されたりする。とはいえ、形象のような機能を持った内容諸要素、すなわち記憶表象よりも知覚に近いような内容諸要素のみが夢にとっては特色的である。幻覚の本質に関するところの、精神病医なら誰でも知っている論議のいっさいを無視して、われわれは事情に明るい専門家たちとともに、「夢は幻覚する、夢は思想を幻覚によって表現する」ということができるのである。この点、視覚的表象と聴覚的表象とのあいだにはいかなる相違もない。それを聴きつつ寝入ったところの、あるメロディーの記憶が、ねむりこんでしまうと、おなじメロディーの幻覚に変化して、幾度か覚めてはねむり、ねむっては覚めるときの、正気に戻った場合にはより微弱な、質的に変化した記憶表象になっているということはすでにひとの知るところである。

表象の幻覚への変身は、夢に照応した覚醒時の思想と夢との唯一の相違ではない。これらの形象をもって夢はひとつの状況を作りあげる。夢はあるものを現在のものとして表現する。夢はシュピッタのいい方を借りるなら（一四五ページ）あるイデーを戯曲化する。夢の生活のかかる面の性格描写は、ひとが夢を見ているときは――これも「概して」である。そしていくつかの例外はまた別個の説明を要求するのだが――自分が考えてはいずに、体験していると思いこんでいるということ、つまり何の疑いも感ぜずに幻覚を承認し受入れているということを考え併《あわ》せるときにはじめて完全なものになる。自分は何も体験したわけではないのだ、ただ特別な形式で考えたにすぎないのだ（夢を見たにすぎないのだ）という批判は、眼が覚めてののちに起ってくるのである。この性格は本当の睡眠夢を白日夢から峻別《しゅんべつ》する。白日夢は現実ととりちがえられることは絶対にない。

ブルダッハ（四七六ページ）はこのような夢の生活の特色をつぎのごとく要約している、「夢の本質特徴としては（a）知覚能力が空想の産物をあたかもそれが感性的刺激であるかのごとくに受取ることによって、心の主観的活動が客観的なものとして現われてくるということ……（b）睡眠は意識の活動の撤廃だということなどをあげることができる。だからねむりこむにはある程度の受動性が必要である。……まどろみのうちに姿を現わすいろいろのものは意識の活動の後退を前提とする」

ところで問題は、ある種の意識的活動の停止後にはじめて起りうる夢の幻覚を、どうしてわれわれの心がたやすく（それが現実だと）信じこんでしまうのかを解明することにある。シュトリュムペルはこういっている、心のその場合の行動は正規のものであって、心自身のメカニズムに応じたものである、と。夢の諸要素は決して単なる表象ではなく、覚醒時には感覚の媒介によって現われてくるような、本物の、そして現実の体験なのである（三四ページ）。心は眼が覚めているときは言語形象と言語とで表象し思考するが、夢の中では現実の感覚形象で表象し思考する（三五ページ）。そのうえ、夢の中では、覚醒時同様に感覚や形象が外的空間に移し置かれることによって、ひとつの空間意識がこれに加わる（三六ページ）。だから心は夢の中では、心の形象や知覚に対しては覚醒時と同様の状態にあるといわざるをえない（四三ページ）。しかも心がその場合思い違いしてしまうのはなぜかというと、それは心が睡眠状態にあると、それのみが外的に与えられた感覚知覚と内的に与えられた感覚知覚とを区別しうるところの規準を欠いてしまうからなのである。睡眠状態にある心は、それのみがもろもろの形象の客観的現実性を証明するところの吟味を形象に加えることができない。のみならず心は、自由に交換できる形象と、この自由のない形象とを区別することを怠ってしまう。心は、因果律の法則を自分が見ている夢の形象に適用しえないから間違えてしまうのである（五八ページ）。要するに心は外界に対して背中を向けているからこそ、主観的な夢の世界をたやすく信用してしまうのである。

　部分的にはこれとは違った心理学的な議論を展開させたのちに、デルベフもやはり同様の結論に到達した。われわれが夢に見る事柄を現実だと思いこむのは、睡眠中、他に比較すべき印象を持たず、われわれが外界から遮断《しゃだん》されているからである。だが、われわれが幻覚を真実だと思いこむのは、睡眠中われわれがそれを吟味しえないからではない。夢はわれわれにそういう吟味をすべてやらせてくれる。たとえばわれわれが眼で見ている薔薇《ばら》に手を触れさせてくれる。しかもそれが全部夢のなかでの出来事なのである。デルベフに従えば、実際の一般的な意味での覚醒の事実以外には、あるものが夢か現実かを判定する規準はない。眼を覚まして、自分が着物を脱いでベッドの中にいることを知ったときにはじめて、ねむりこんでから眼を覚ますまでのあいだに体験したことが全部夢だったと断言できるわけである（八四ページ）。ひとは睡眠中、夢に見ているものを真実だと思っている。それはひとが自分の自我を対置せしめるところの外界の存在を承認するという、ねむりこんでしまうということのない思考習慣のためなのである。*

＊　デルベフ同様に、無瑕《むか》の心的機構の、普通には正確な機能を、異常に制約することを結果する変化によって夢のはたらきを解明しようとする企てはハフナーによってもなされているが、ただハフナーはこの制約を少々ちがった言葉で呼んでいる。ハフナーによれば、夢の第一の特徴は空間と時間とを持たないこと、つまり個体に与えられる時空的秩序内の一定の位置からの表象の解放がそれである。この根本特徴に第二の根本特徴が結びつく。それは幻覚や想像や空想結合を外的知覚と混同するということである。「高級な心の諸力は、一面ことに概念構成、判断、推理を、他面自由な自己規定を感性的空想

像に結びあわせ、いつもこの感性的空想像を土台にするから、これらのはたらきはまた夢の表象の無法則性に参加する。参加するとわれわれがいったのは、われわれの判断力は意志力同様に睡眠中はそもそもどのようなやり方においても変化せしめられないからである。このはたらきによってわれわれは夢の中でも覚醒時同様に鋭く自由なのである。人間は夢を見ているときでも思考法則そのものを侵すことはできない。すなわちたとえば彼は対置せしめられたものとして現われてくるものを自己自身と同一視することはできない。彼は夢の中でもただ自分がいいことだと表象したもの（『善きことの批判の下に』）のみを欲求しうるのである。しかしかかる思考並びに意欲の法則を適用するにさいして、人間精神は夢の中ではある表象を別の表象ととりちがえることによって誤りを犯す。そんなわけでわれわれは夢の中で、一方ではもっとも鋭い判断構成ともっとも徹底的な推理を行い、もっとも道徳的な、神聖な決意をかためることができるのに、大きな矛盾を承認したり意欲したりするというようなことも起るのである。それをもってわれわれの空想が羽搏《はばた》くところの飛翔《ひしょう》の全秘密は、方向選択の欠如にあり、他者との意志疎通《そつう》の欠如と等しく批判的反省の欠如が夢の中におけるわれわれの見こみや願望や判断の、際限なき恣意《しい》の主要な原因なのである」

こんなふうに外界からの離反が、夢の生活のもっとも著しい諸特性を作りあげる決定的要素だということになると、ねむりつつある心の外界への関係に光を投げ、上に述べたような演繹《えんえき》的な考え方を、あまりにも重要視するのを防ぐ役割を果すところの老ブルダッハの精緻《せいち》な見解若干を顧みることも、決してむだではなかろう。「睡眠はただつぎのごとき条件下においてのみ起る」とブルダッハはいう、「すなわち心が感覚の刺激によってうごかされないという条件である。……しかし睡眠の条件は感覚刺激の欠如ではなくて、むしろ感覚刺激への関心の欠如である。*多くの感性的印象そのものは、それが心の安静に役だつかぎりにおいては必然的である。粉屋は粉挽《こなひ》き車が回っている音をきいていなければねむれないし、不用心だからと思って小さな灯をつけることが必要だと考えているひとは暗闇《くらやみ》の中ではねむりこむことができない」（四五七ページ）。

*　クラパレード（一九〇五年）がそこに「ねむりこむ」ことのメカニズムを見いだしている「無関心《デサンテレー》」を参考にせられたい。

「心は睡眠中に外界から孤立し、表層から内部に向ってしりぞく。……しかし外界との関連が失われてしまったわけではない。もしひとが、睡眠状態ではきくことも感ずることもできず、眼が覚めてはじめてきいたり感じたりするのだったら、ねむっているひとを起すなどということはそもそもできない相談ではないか。それ以上に、刺激の持続はつぎのような事実によって実証される、つまりひとは必ずしもある印象の単に感性的な強度によってではなく、その印象の心的関係によって眼を覚まさせられるということである。手当り次第の言葉で呼んだって起きなかったひとが、名前を呼ばれると眼を覚ます。……だから心はねむっているあいだでも刺激を選択しているのである。だからこそひとはある感覚刺激が表象にとって重要な事柄に関係していると、その感覚刺激の欠如によって眼を覚ますこともある。寝室のランプが消されると眼を覚ます、粉挽き車の音がやむと眼を覚ます。つまりある感覚活動の停止によって眼を覚まさせられるのである。そしてこのことは、この感覚刺激が知覚されたことを前提とする。しかしその感覚刺激がどうでもいいものであったならば、あるいはむしろ満足すべきものであったならば、心はその安眠を妨害されはしないのである」(四六〇ページ以下)。

われわれがこのかなり重要な抗議をすら無視しようと思ったところで、われわれはつぎのように白状しないわけにはゆかないであろう。それはつまり、これまで紹介してきたところの、外界からの離反ということから導き出された夢の世界の諸特性は、この世界の非日常性を完全に説明できはしないということである。ここでわれわれは、眼を覚ましたのち記憶を頼りに夢を復元するときのようにやってゆくわけである。この再翻訳が全面的に成功しようと、部分的に成功しようと、夢の謎《なぞ》めいた性格は旧《もと》に変らない。

研究家の多くはまたあっさりとこう考えている、すなわち、夢の中では覚醒時《かくせいじ》の表象材料に別の、もっと深い変化が起っているのだ、と。シュトリュムペルはそういう変化のひとつをあげてつぎのごとく論じている（一七ページ）、「心は、感性的にはたらく直観と正常な生活意識の停止とともに、心の感情や欲求や関心や行動がそこに根ざしている地盤をもまた失ってしまう。覚醒時にあっては記憶像に付着している精神的状態や感性や関心や価値判断などは、朦朧《もうろう》とさせる圧力の下に屈し、したがってそれらとその形象との結合は解かれ、覚醒生活の事物・人間・場所・事件・行為などは、ばらばらにならいくらも再生産されるが、しかしそれらのどのひとつも、覚醒時中に持っていたその心的価値を持たないことになる。心的価値は、それらから遊離して、それらはそれゆえ自分たちの手段を使って心の中をさまよい歩くのである。……」

形象がこういうふうにその心的価値を失ってしまうこと（そしてこのことそれ自体はまたさらに外界からの離反に帰せしめられる）こそ、シュトリュムペルによれば、われわれの記憶中に存在する夢が覚醒時の日常生活とそこにおいて対立するところの、突拍子もないという印象を起す大きな原因だとされている。

もしも、ねむりこんだだけでもう心のはたらきのひとつ、つまり表象の流れを自由気儘《きまま》に統制するというはたらきが断念されることになるならば、われわれが、睡眠状態は心のさまざまなはたらきの上にもおよんでゆくのではあるまいかと想像しても決して無理な話ではなかろう。そういうはたらきの中のある種のものは全然やんでしまうだろうが、しかしあとに残されたものが依然として活動しつづけるのかどうか、いったいそんな事情の下でも正常な活動を行いうるのかどうか、今問題になってくるのはこれである。夢の諸特性は睡眠時における心の諸能力の低下によって説明されるのではあるまいかという考え方も起ってくるのであるが、夢がわれわれの醒《さ》めた判断に与える印象はそういう考え方を否定する。夢は支離滅裂で、小気味がいいほどに矛盾だらけで、ありうべからざることを許し、われわれの意識生活において大きな影響力を持つ知識を疎《うと》んじ、われわれを倫理的にも道徳的にも鈍感なものたらしめる。夢の中でやるように振舞う人を見たら、われわれはそういう人間を気違いだと思うだろうし、日常生活で夢の中に出てくるような事柄をひとに話したり、夢の中で話すように話したりしたら、われわれはそういう人間を見て、これは少しおかしいぞと思うだろう。だからわれわれは夢の中における心のはたらきを非常に低いものに見、ことに高級な知的活動が夢の中では全然停止しているか、すくなくともひどく損《そこな》われていると説明してはじめて実情にそぐうように思うのである。

ほとんど異口同音に――例外については後述する――たいていの研究家は夢を以上のように判断している。そしてそういう判断はまた直接に、夢を解明する特定の理論なり説明なりの土台になってゆく。さてこの辺で、夢の心理学的諸性格に関する哲学者や医家の発言を集めて、私が今いったことを要約してみよう。

ルモワーヌによれば夢の中に出てくるもろもろの事柄が支離滅裂であるということこそ夢の唯一《ゆいいつ》の本質的性格である。

モーリも同意見である。彼はこういっている（『睡眠』一六三ページ）、「絶対に合理的であって、なんらかの不統一、なんらかの時代錯誤、なんらかの不条理を含まないような夢はない」

シュピッタによって引用されたヘーゲルによれば、夢にはいっさいの客観的な合理的な関連が欠けている。

ドガの意見はこうである、「夢、それは心的な、感情的な、精神的な無政府状態である。それはいっさいをみずからに委《ゆだ》ねられた、統制も目的もなしに活動する諸機能のはたらきである。夢の中では、精神《エスプリ》は心霊的自動人形である」

フォルケルトは睡眠中の心のはたらきは決して無目的的ではないとしている人だが、

このフォルケルトでさえ（一四ページ）「覚醒時において中心的自我の論理的権力によって統制せられた表象生活の弛緩《しかん》、解消、混淆《こんこう》」を承認している。

キケロ以上に（『神託について』第二）、夢の中に現われてくる表象結合の荒唐無稽性を鋭く衝《つ》いた人はほかにあるまい、「夢に現われるもののように不合理で、根拠なく、奇怪至極なものは考えてみることが不可能である」

フェヒナーはこういっている（五二二ページ）、「まるで心的活動が分別ある人間の脳髄からばか者の脳髄へ鞍替《くらが》えしたような有様である」

ラーデシュトック（一四五ページ）はこういう、「事実、この物狂おしい騒ぎの中に確固たる法則を認めることは不可能であるらしく思われる。目覚めた、分別ある表象の流れを指揮する意志という厳格な警察と注意力との眼をのがれて、夢は物狂おしいたわむれのうちにいっさいを万華鏡《まんげきょう》的にまぜこぜにする」

ヒルデブラント（四五ページ）、「たとえばその悟性的推理において、夢みる人間は何という奇妙な飛躍をあえてするのか。何という無邪気さをもって彼は周知の経験命題の逆立ちを眺《なが》めることか。夢は自然と社会の秩序の中へ実に嗤《わら》うべき矛盾を持ちこんで、夢を見ている人間にそれを堪えがたくするし、ばかばかしいことが積もりつもってついにひとは眼を覚ますほどである。三掛ける三が二十になったりすることだってあるし、犬が詩句を誦《ず》し、死者が自分で歩いて墓場へ行ったり、岩が水に浮んだりしても、われわれはすこしも怪しまない。われわれはまた重大な使命を帯びて大真面目《おおまじめ》にベルンブルク公国やリヒテンシュタイン侯爵領《こうしゃくりょう》へ出かけてゆき、その国の海軍戦力を査察したり、プルタワの戦闘の直前カール十二世麾下《きか》に志願兵として馳《は》せ参じたりする」

ビンツ(三三ページ)はかかる諸印象から生ずる夢理論に関連しつつこういっている、「十のうち九つは荒唐無稽《こうとうむけい》な夢である。われわれは全然何の関係もない人や物を結びあわせるが、そのつぎの瞬間には、まるで万華鏡のように、その結合がすっかり変って、たいていはもっともっと荒唐無稽にばかばかしくなる。不完全にねむる脳の目まぐるしいたわむれはこのように進行して、ついに眼を覚ます、そして額に手を当てて、己《おれ》にはまだ筋の通った表象と思考の能力があるのかしらとわれとわが身に問うようなわけである」

モーリ(『睡眠』五〇ページ)は、覚醒時の思想に対する夢の像の関係を、医師にとっては非常に印象深い比喩《ひゆ》で説明している、「覚醒時の人間にあって、もっともしばしば意志が生ぜしめるところの、かかる映像の生産と知性との関係は、舞踏病や麻《ま》痺《ひ》状態がわれわれに呈示するところのある種の運動の、可動性に対する関係に照応する。……」いずれにせよ彼にとって夢は「まったくのところ思考力と推理力の一連の衰退」（二七ページ）である。

　モーリの考えを個々の高級な心的諸能力について繰返している諸家の説を引用することは不必要であろう。

　シュトリュムペル（二六ページ）によれば、夢においては――むろん不条理が目だたない場合もまた――心の論理的な諸関連に基づくところのすべての作業は後退する。シュピッタ（一四八ページ）によれば、夢の中では、表象と因果律とは完全に沈黙するらしく見える。ラーデシュトックその他は、夢固有の判断力と推理力の弱化を強調しているし、ヨードル（一二三ページ）によれば、夢では知覚系列の、全意識内容によるいかなる批判もいかなる修正もなく、「あらゆる種類の意識活動は、なるほど夢の中にも現われてはくるのだが、不完全であり、妨害されており、相互に孤立的である」夢がわれわれの目覚めた知識に対して提示するもろもろの矛盾は、夢の中では事実が忘れられ、あるいは各表象間の論理的諸関係が失われているから生ずるのだとシュトリッカー（九八ページ）その他の学者は説明する、等々。

　一般に夢の中での心の業績を軽視する論者も、しかしつぎのようなことは承認している。つまり夢にも心的活動の若干の名残《なごり》はあるということである。他の夢の研究家たちに大変影響を及ぼしたヴントもはっきりとこのことを認めている。さて、夢の中にはたらくところの、正常な魂の活動の種類と様態とはどういうものかという問も起るわけであるが、かなり一般的には次のようなことが認められている。すなわち、再生能力、記憶は夢の中でも機能を減ぜられることがもっともすくないらしく、それどころか覚醒時の同様の機能に比して（上記二六ページ以下を参照）若干の優越性をさえ示すことがある。もっとも夢の荒唐無稽性の一部は、まさにこの夢の世界の忘れられやすさに基づくのであるが。シュピッタによれば、睡眠の手中に陥らずして、夢の指揮をとるところのものは、心の情緒生活だという。シュピッタのいわゆる情緒とは、「人間のもっとも内的な主観的本体としての諸感情の恒常的総括」ということである（八四ページ）。

ショルツ（三七ページ）は、夢の中にも現われる心の活動のひとつを、夢を構成する材料に加えられるところの「比喩的模様変え」にありとする。ジーベックは夢の中にも、心によってすべての知覚や直観に対して行われるところの「補足的解釈能力」（一一ページ）を想定している。夢の問題でことに面倒なのは、いわゆる最高の心的機能、つまり意識の機能をどう考えるかにある。われわれは夢についてただ意識によってのみ何事かを知るわけであるから、意識が夢の中でもはたらいていることはむろんなのであるが、「夢の中でもはたらきを続けているのは意識にすぎず、自意識ではない」とシュピッタはいっているし、デルベフは、こういう区別は不可解であると白状している。

諸表象を結合する連想法則は夢の諸形象にも妥当する。それどころかこの法則の支配は夢の中ではより純粋に、より強力に現われてくる。シュトリュムペル（七〇ページ）は、「夢はどうやらもっぱらありのままの表象の諸法則に従って進行するか、あるいはありのままの表象を伴った器質的刺激（すなわち反省や悟性、美的趣味や倫理的判断などのはたらく余地なき）の諸法則に従って進行するかする」といっている。ここにその見解を引用する諸家は、夢の成りたちをたとえばつぎのごとく想定している。すなわち、別の場所ですでに引用説明した諸種の源泉に発するところの、睡眠中にはたらく諸刺激の量は、まず心の中に、幻覚（ヴントによれば、その外的並びに内的刺激の由来からして錯覚と呼ばるべきもの）として現われる表象若干を呼び覚ます。これら若干の表象は互いに、周知の連想法則によって結びあい、しかるのち同じ法則に従って新しいひとつながりの表象（形象）を目覚ましめる。それからその全材料は、秩序づけたり思考したりする心の能力の活動の名残によって可能な範囲で加工される（ヴント、ヴァイガントなどの考え方）。外部に由来しない形象の喚起が、この、あるいはあの連想法則に従って行われるということは、いかなる契機によって決定されるのか、その契機の正体はまだ捉《とら》えられてはいない。

幾度もいったことであるが、夢の表象を互いに結びつける連想作用は、全然特殊のもので、覚醒時の思考中に活動している連想作用とはちがっている。現にフォルケルト（一五ページ）はこういっている、「夢の中ではいろいろな表象は偶然の類似性や、ほとんど知覚しがたい関連に従って追いつ追われつする。すべての夢は、こういうまとまりのない、無拘束な、連想作用を受けている」モーリは、夢の生活をある種の精神障害と比較することを可能にする表象結合のこういう性格を重視し、「精神錯乱」の二主要性格を承認する。その一は「精神の自生的な、いわば自動的な活動」その二は「諸観念の不完全かつ不規則な連合」（『睡眠』一二六ページ）がそれである。言葉の単なる同音が夢の表象の結合の原因となった、二つのすばらしい例をモーリはあげている。あるとき彼はイェルサレムないしはメッカへ巡 礼《ペルリナージュ》 pêlerinage する自分を夢に見た。それから彼は幾多の冒険ののち化学者ペルティィエ Pelletier のところにきて、ペルティィエがある会話ののち錫《すず》のシャベル pelle を彼にくれた。このシャベルがそれにつづく夢の一場面では彼の大きな陣太刀（一三七ページ）になった。別の夢で彼は国道にいて、里程標上にしるされてある里数 Kilometer を読んだ。それから彼は香料商のところにきた。香料商は大きな秤《はかり》を持っていた。ひとりの男が秤皿の上にキロ Kilo の分銅をのせて、モーリの体重を量《はか》ろうとした。すると香料商がこういった、「あなたはパリにいるのではなくてジロロ Gilolo の島にいるのです」それにいろいろな場面が続いて、その中で彼はロベリア Lobelia の花を見た。それからロペス Lopez 将軍に会った。この将軍の死を彼はつい先日何かで読んだばかりであった。最後にカルタでロットー Lotto をやっているところで眼が覚めた。*

* 同じ頭綴や同じような音を持つ言葉がいくつも出てくる夢の意味はのちに説明する。

夢の心的諸能力を低く評価することに対してはむろん反論がある。なるほどこの場合、反論することは困難であるように見える。夢の生活を蔑視《べっし》する人たちのひとりが(シュピッタ、一一八ページ)、覚醒時《かくせいじ》に支配している心理学的諸法則は夢をも支配すると保証しても、あるいはまた、別のひとりが(ドガ)「夢は不条理なものでもなければ、また純粋に非合理でもない」といっても、両者がかかる評価を、夢におけるいっさいの機能の(彼らによって描写された)無政府状態や解消と一致させる労をとらぬかぎりは、それはそうたいしたことではあるまい。しかし夢の荒唐無稽性はおそらくまったくの無方法なのではなく、おそらくは歪曲《わいきょく》、それもあのデンマークの王子ハムレットの狂気のごとき歪曲(ここに引用された賢明な判断はこのハムレットの狂気を引合いに出しているのだが）に似たものではあるまいかと考えはじめた論者もいるのである。これらの論者は、外観によって判断することを避けたのか、あるいは夢が彼らに示した外観が別のものであったかの、どちらかなのである。

そういう次第でハヴロック・エリスは、いつまでも夢の外観上の不条理性という点に停滞しようとせずに、夢を（その研究がわれわれに心的生活の原始的発展段階を教えうるような）「漠然《ばくぜん》とした情感と不完全な思考との、ひとつの原始的世界」と見ている。J・サリ（三六二ページ）は夢に関する同様の見解をさらに徹底的に鋭く表明している。サリだけはおそらく他の心理学者とは全然別に夢の持つ隠れた意味深さを固く信じていたということを併《あわ》せ考えてみるならば、サリの意見に対してはいっそうの関心が持たれてしかるべきであろう。「ところでわれわれの夢は、それらの継続的諸人格を保存するひとつの手段である。ねむっているときには、われわれは、ものを眺めたり感じたりする古い方法へたち帰るのである。大昔にわれわれを支配していた衝動と活動とへたち帰るのである」デルベフのごとき思想家は（むろん、矛盾する材料に対して反証をあげることなく、だから実は不当にも）こう主張する、「睡眠中においては、知覚を除いては、精神のあらゆる能力・知性・想像力・記憶力・意志力・道義心などはその未活動状態のうちにとどまる。ただしこれらの能力は架空の浮動的な対象には適用される。夢みる人は、愚者や賢者、死刑執行人や犠牲者、小びとや巨人、悪魔や天使を、思うがままに演ずる役者なのである」（二二ページ）。夢のなかにおける心的能力低下の論に対してもっとも熱烈に反駁《はんばく》したのはデルヴェー侯爵らしいが、モーリはデルヴェー侯爵に対して烈《はげ》しく挑《いど》みかかっている（このデルヴェー侯爵の著書はいろいろと手を尽してみたが入手しかねた）。モーリはデルヴェーについてこういっている（『睡眠』一九ページ）、「デルヴェー侯爵は睡眠中の知性に、その活動と注意とのすべての自由があるとしている。そして、睡眠はただ諸感覚機能の閉《へい》塞《そく》に、またそれらの外界との断絶に存するとしているようだ。したがって彼の見解によれば、ねむっている人間と、自分から感覚器官をとざして思考をめぐらせている人間との区別はつかぬわけだ。そこで、普通の思考と、ねむっている人間の思考とを区別する唯一《ゆいいつ》の相違は、後者にあっては観念が視覚的・客観的型態をとり、そして、外的な対象によって決定された感覚と見違えるほどに近似的だということに存する。記憶が眼前の事実の外観を呈するのだ」

が、モーリはこう付け加える、「もうひとつ、しかも根本的な相違がある。それはすなわち、ねむっている人間の知的諸能力は、目覚めている人間にあってそういう諸能力が保っているところの均衡を示さぬということだ」

デルヴェーの書物についてもっと詳細に伝えているヴァシドを見ると、デルヴェーは夢の外見上の支離滅裂性ということに関してつぎのように考えていたことがわかる、「夢の中の映像《イマージュ》は、観念の模写である。主体は観念であり、幻想《ヴィジオン》は付属物にすぎない。これを承知したうえで、観念のうごきを追うことを知らなければならないし、また、夢の構造を分析することを知らなければならない。そうすれば、夢の混乱も理解できるものとなるし、また、もっとも奇怪な想念といえども、単純な、まったく論理的な事柄になるのである」（一四六ページ）。また（一四七ページ）、「もっとも奇怪な夢でさえも、それを分析することができさえすれば、きわめて論理的に説明されるのである」

Ｊ・シュテルケは、同様な夢の支離滅裂性弁護の論がひとりの古い研究者、私の知らなかったウォルフ・ダヴィドスンという人によって一七九九年になされていると指摘している（一三六ページ）、「夢におけるわれわれの諸表象の奇妙な飛躍はすべてその原因を連想の法則に有しているが、ただそのさい、この結合がしばしば心の中でわれわれには不可解のまま行われるので、われわれは飛躍でもないものをつい飛躍だと信じこんでしまうのである」

心的所産としての夢の評価は文献中に種々雑多な度合を示している。それは、上に紹介したようなひどい蔑視から、今のところはまだ解明されていない価値がそこにありはしないかというような捉え方を経て、夢を覚醒時の心の諸業績以上に観《み》る過大評価にまでおよんでいる。夢の心理学的性格描写を三つの二律背反のうちに捉えたヒルデブラントは、これら諸対立の第三番目の対立のうちに、この系列の終局点を認めている（一九ページ）、「それは、心の生活の高揚、稀《まれ》ならず精妙の域にまで達する自己強化と、しばしば人間的なものの水準以下におよぶことのある、はっきりとした低下と弱体化とのあいだにある対立である」

「まず前者に関していうならば、誰しも自己の経験に徴して知っているはずだが、夢の精霊のはたらきのうちには、覚醒時のわれわれがそういうものを不断所有しているとは考えられないような、情意のある深さと切実さ、感覚の繊細、直観の明晰《めいせき》、観察の微妙、機知の活潑《かっぱつ》などがときおり現われる。夢は霊妙な詩を、すぐれた寓意《ぐうい》を、比類なきユーモアを、すてきな反語を持っている。夢は世界を、独特に理想化された光のうちに眺め、そして、この世界のもろもろの現象の効果をしばしばそれらの根底に横たわっている本性のもっとも意味深い理解のうちに強化する。夢は、地上的に美しいものを真に天上的な光耀《こうよう》のうちに、崇高なものを最高の尊厳のうちに、経験的に怖《おそ》ろしいものをもっとも怖るべき姿において、嗤《わら》うべきものをいい現わしようもなく切実な滑稽《こっけい》さのうちに示す。夢から覚めたのちも、それらの印象のどれかひとつがわれわれの心を満たして、そういうものはまだこの現実の世界ではかつて一度も経験したことがないとさえ思うほどなのである」

こうまで賞《ほ》めたたえられているものが、上に見たようにああまでくさされたものと同じものであるとは思われないではないか。一方はばかげた夢を見落し、他方はすばらしい夢を見落してしまったのであろうか。夢には事実そういう両極端のものがあるとすれば、夢の心理学的特性を描写してみようというのは無益の業《わざ》だと思われはしないであろうか。むしろこういっただけでも十分なのではあるまいか、つまり夢の中では一切合財《いっさいがっさい》のこと、心の生活の見るも無惨《むざん》な低落から覚醒時には出会うこともないような高揚にいたるまでの一切合財のことが可能なのだ、と。そういってしまえばなるほど事は簡単である。が、ここに無視することのできない一事がある。それは、すべての夢の研究家の努力の底には、「そういういろいろな矛盾撞着《どうちゃく》のすべてを苦もなく呑《の》みこんでしまうような、その本質的諸特性において普遍妥当的な、夢の性格というものがある」という前提が横たわっているということである。

精密自然科学ではなくて、哲学が人々の心を支配していたすこし前の知的な一時代にあっては、夢の心的業績は今日におけるよりもあたたかく好意的に容認されていたということは否定しがたい。夢は外的自然の圧力からの精神の解放であり、感性の桎《しっ》梏《こく》からの魂の解放であるという、シューベルトのごとき見解、また若いころのフィヒテその他の同種の見解は、*すべて夢を心的生活の、より高き段階への飛翔《ひしょう》と考えているが、そういう考え方は今日のわれわれにはほとんど理解しがたく見える。そういう考え方は今日ではただわずかに神秘主義者や信心家にのみふたたび見られるものである。**自然科学的思考方法の侵入とともに、夢評価における反動の風潮が現われた。ほかならぬ医家の夢の研究者たちは、とかく夢における心の活動を軽視しがちであり、哲学者と職業的でない観察家とは――つまり素人《しろうと》心理学者であるが（この人たちの研究はまさにこの領域においては決して軽視されてはならないのであるが）――民衆の漠然たる考えとよりよく一致して、多くは夢の心的価値を信じてきた。夢における心の業績を低く見積ろうとする者は当然のことながら夢の発生を考える場合に身体的刺激源を重要視するし、心は夢を見る場合といえどもなお覚醒時の能力の大部分を保有していると考える論者にとっては、魂が自分独力で夢を見ることもあるという事実を否定すべきいかなる理由もむろん存在しないのである。

* ハフナーおよびシュピッタを参照。

** この書物の古い版では参照しなかったことを詫《わ》びなければならない研究家が何人かいる

が、機知に富んだ神秘家ド・プレルもそのひとりで、彼は覚醒ではなくて、夢が、人間を問題にするかぎりでの形而上学《けいじじょうがく》への入口であるといっている（『神秘主義の哲学』五九ページ）。

冷静に比較したさいにも、こればかりは承認せざるをえないところの夢のすぐれた機能としては、記憶の機能がそのもっとも著しいものであり、われわれはこれまでこの能力を証明するような、決して稀とはいわれない実例を詳細に論じたわけであるが、しかし他の一特徴、これは昔の研究家たちがしばしば賞讃《しょうさん》している特徴であるが、夢が苦もなく時空を超越しうるということ、この特色のほうはあっさり錯覚として片づけられている。この特色こそヒルデブラントのいっているようにまさしく一個の錯覚的特色なのであって、「夢みる」ことも、覚醒せる思考と全然同じやり方で時空を超越するにすぎない。そしてそれというのも、まさしく夢みることは思考の一形式にすぎないからである。夢は時間性の点に関してはそれ以上に別の特色を持つとされている。別の意味でも時間の経過から独立だとされている。上の五三ページに引用した、モーリのギロチンによる自分の処刑の夢のごときは、夢が、われわれの覚醒時における心の活動が思考内容を処理しうる以上の知覚内容をきわめて短い時間内に圧縮しうるということを証明しているように思われる。しかるにこの推論に対してはこれまでに種々の議論において反駁が提起されている。「夢の外観上の持続性」に関するロランとエジェとの論文以来、この点に関しては興味深い論争が展開された。しかしこの論争も、この微妙で深遠な問題に最後の解決を与えたとは考えられない。*

* これらの諸問題に関するこれ以上の文献、並びに批判的論議はトボウォルスカのパリ大学学位論文（一九〇〇年）を参照。

夢が昼間の知的活動を引継いで、昼間には到達しえなかったような結論を出すことができ、疑惑や問題を解決し、詩人や作曲家にあっては新たな霊感の源泉となりうることは、種々の報告やシャバネの実例蒐集《しゆうしゆう》等によって疑いを容《い》れぬことのように思われる。しかし事実そのものではないが、その事実の解釈ということになると、原理的なものに通ずる多くの疑点につき当っているというのが実情である。*

* H・エリス『夢の世界』二六八ページの批判を参照。

最後に、世間でよくいわれている夢の予言力という問題はいろいろと議論のある問題であって、到底首肯しがたいという者もいれば、疑いを容れる余地はないとする者もあり、このテーマに関しては具体的なことは一切否定するというのも賢明ではない。かなり多くの例証は心理学的にあっさりと解決される可能性があるからである。

F　夢の中における倫理的感情

夢に関する私自身の諸研究を読者に見てもらったのちになってはじめて理解されうる諸動機からして、私は夢の心理学のテーマから、覚醒《かくせいじ》時の道徳的性向がはたして夢の中へ入りこむかどうか、入りこむとすればどの程度までそうなのかという従属的問題を分離した。他のすべての心の業績に対して怪訝《けげん》の念とともに認めざるをえないような、多くの研究家の叙述中に看取される同一の矛盾がこの従属的問題においてもわれわれを当惑させる。ある人たちは夢は倫理的要求など全然知らないと断々乎《だんだんこ》として主張するのに、別の人たちは人間の道徳的本性は夢の中でも保持されていると同じく断乎として主張する。

夜ごとの夢を顧みれば第一の主張には、そこに疑いをさしはさむ余地はないように見える。イェッセン（五五三ページ）、「ひとは夢の中でもよりよく、より道徳的にはならない。むしろ、夢の中では同情を感ぜず、極悪の犯罪、盗み、人殺し、なぐり殺しを完全な無関心と、それに後悔などともなわせることなしに行いうる有様だから、夢の中では良心は沈黙しているように見える」

ラーデシュトック（一四六ページ）、「反省や分別や美的好尚や倫理的判断がはたらくことなく、夢の中では連想が進行し、諸表象が結合しあう。判断力はひどく弱く、夢の世界には倫理的無関心が支配している」

フォルケルト（二三ページ）、「誰でも知っているように、性的諸関係の事柄は夢の中ではことに放恣《ほうし》をきわめる。夢みる人間が極度に恥知らずで、いっさいの倫理的な感情と判断とを失っているように、彼はすべての他人が、またもっとも尊敬している人たちが、覚醒時の彼にはそういうことを彼らに関係づけようなどとは全然思ってもみないような行為をやっているのを目撃する」

これに対してもっとも鋭く対立するのがショーペンハウアーのそれのごとき意見である、「何人も夢の中では自己の性格に完全に則《のつと》って行動し、語る」R・フィッシャー*は、「主観的感情と努力、あるいは激情と情熱は、夢の生活の恣意の中で自己を開示し、人間の道徳的諸特性はその人間の夢の中に反映する」といっている。

＊『人類学体系要綱』エルランゲン、一八五〇年（シュピッタによる）。

ハフナー（二五ページ）、「稀《まれ》な例外を除けば……道徳心堅固な人間は夢の中でも道徳的である。彼は誘惑に抵抗し、憎悪《ぞうお》、羨望《せんぼう》、怒りおよびあらゆる悪徳に対して自己をとざす。しかし悪い男は夢の中でもたいていは、覚醒時に彼が見ているような形象を見いだすだろう」

ショルツ（三六ページ）、「夢の中には真実がある。気高く、あるいは野卑に、その扮装《ふんそう》はとりどりだが、われわれが見いだすのは結局われわれ自身の姿なのだ。……実直な人間は夢の中でも決して不名誉なことはやらない。たといそういうことがあったとしても、彼は自己の本性に縁のないものとして、それに対して驚愕《きょうがく》する。皇帝の頸《くび》をはねた夢を見た臣下を死刑にしたローマ皇帝といえども、もしこの皇帝がその処置を、そういう夢を見る者は覚醒時にもまた似たような考えをいだくにちがいないという推量によって正当化しようとしたのだったら、その皇帝の採った処置は間違いとはいわれないのだ。われわれの心の中にありえないことについては、だからわれわれはことさらまた『そんなことは夢にも思いつかぬ』というのである」

これに反してプラトーは、「他人が目覚めているときにやらかすようなことを、ただ夢の中だけで思いつくような人は最上の人間である」という。

パフ*は例の有名な諺《ことわざ》をすこし変えてこういっている、「しばらく君の夢をきかせてくれたまえ、そうすれば私は君の内心がどうなっているかを君にいってあげよう」

＊『夢の生活とその判断』、一八六八年（シュピッタ、一九二ページによる）。

ヒルデブラントの小著は、ほかならぬ夢における倫理性の問題を中心的に取扱っている。ヒルデブラントもこう考えている、日常生活が清ければ夢も清く、不純ならば夢も不純だ、と（因《ちな》みに私がそれまで幾多の例を借用したこのヒルデブラントの著述は、私見によれば夢の問題を研究したものの中ではもっともまとまりがあり、かつ暗示に富む研究である）。

人間の倫理的本性は夢の中でもまたそのままである、「なるほどわれわれは夢の中で明々白々な計算違いを、ひどくロマンティックな方向への科学の転向を、非常に滑稽な時代錯誤を犯して平然としていたり、あるいはそれらを怪しむようなことさえもしないが、しかし、善悪、正邪、徳、不徳の区別だけはわれわれから失われてはいないのだ。われわれが眼を覚ましているときのことの多くが睡眠中には沈黙してしまおうとも――カントの定言命令は離れがたい同伴者としてわれわれのすぐあとにぴったりとくっついていて、睡眠中もわれわれはそれから離れることができないのである。……しかし（この事実は）、人間本性の基礎たる倫理的本性はあまりにも鞏固《きょうこ》に定められているので、空想や分別や記憶やその他の同等の能力が夢の中でそれに服属するところの万華鏡《まんげきょう》的混淆《こんこう》の影響をこうむることがないということからのみ説明可能になるのである」(四五ページ以下)。

さてこの同じ問題のそれ以後の討論においては、論者の両グループに奇妙なずれと非整合性とが現われてくる。厳密にいうと、夢の中では倫理性は失われるとする論者にとっては、こう宣言すると同時に彼らの非道徳的な夢に対しての関心は失われてしまうことになるであろう。彼らは、ある夢を見た人をその夢の責任者とし、その夢の道徳的な劣性からその人の本性の中にある悪い傾向を結論するという試みを、夢の不条理性によってその人の覚醒時における知的業績の無価値を証明するという一見同じ価値のあるような試み同様に、安んじて拒否しうることになろう。「定言的命令」は夢の中にも及ぶとする論者は、非道徳的な夢の責任を全面的に引受けねばならず、彼らに希望しうることがあるとすれば、それは、自分自身のそういうけしからぬ夢が彼らをして、自分自身の倫理性の、不断は安全だと思われている評価を疑わしめることのないようにということであるのみであろう。

しかしどうやら何人も自分の善悪についてははなはだ曖昧《あいまい》であって、何人も自分の不道徳な夢の記憶は否定しがたいようである。なぜなら、夢の道徳性いかんの論判における対立は対立として、両グループの研究者のあいだには、不道徳な夢の由来を解明しようとする努力が見られるからであり、不道徳な夢の源泉が心的生活の諸機能に求められるか、心的生活の、身体的に制約された影響に求められるかに応じて、ここに新しい対立が形成されてくるのである。ところが事実の強制力は、夢の道徳論者・不道徳論者の双方を、夢の不道徳性の源泉としての特殊な心的源泉を認めることにおいて一致させるのである。

夢の中にも道徳性が延長されるとするすべての人は、他面しかし、彼らの夢に対して全面的な責任はこれを負うまいとする。ハフナーはこういっている（二四ページ）、「われわれは夢に対して責任を持つ必要はない。なぜならその上にたってのみわれわれの生活が、真実性と現実性とを持つことのできる土台が、夢の中ではわれわれの思考や意欲からは取去られているからである。……だからこそまた、いかなる夢の意欲、いかなる夢の行為も、善あるいは悪ではありえないのだ」しかし人間は、彼が間接に不埒《ふらち》な夢を生み出したかぎりにおいては、そういう夢に対して責任がある。したがって彼にとっては、覚醒時においてもそうであるが、寝入る前にはことさらのこと心を倫理的に清らかにするという責務が生ずるのである。

ヒルデブラントは、夢の倫理的内容に対する責任拒否および責任容認の混淆を上に見た場合よりもはるかに鋭く深く分析している。ヒルデブラントは、夢の戯曲的表現方法・複雑きわまりない思考過程の最短時間中への圧縮・夢における表象諸要素の（ヒルデブラントも認めているところの）価値剝奪《はくだつ》および混淆などを、夢の非倫理的外観を考えるにさいしては差引かなければならないことを詳論したあげく、夢の罪悪や罪過に対するいっさいの責任を頭から拒否するのは大いに考えものだといっている。「われわれが何か不当な非難を、ことにわれわれの意図や志向に関するような不当な非難を却《しりぞ》けようとするとき、よく『そんなことは夢にも思いつかなかった』という。この通り文句でわれわれは一面、夢の領域こそ、われわれがわれわれの観念に対して責任を取らなければならないもっとも遠い最後の世界だということをいおうとするのである。けだし夢の世界では、これらの思想はわれわれの実際の本性とただやんわりとゆるく結ばれているにすぎないから、それらの観念をわれわれ自身のものと見るわけにはゆかないのである。しかし他面、われわれはまさにこの領域においてそういう観念の存在をはっきりと否定したい気持になるということによって、実はわれわれは間接に同時に、もし夢の世界にまでおよばなければわれわれの弁疏《べんそ》は完全なものとはいわれないということを白状しているわけなのである。そして私は、われわれは夢の世界では、たとい無意識にもせよ、真実の言葉を話しているのだと信ずる」（四九ページ)。

「その最初の動機がなんらかの形で願望や欲望や衝動として、前もって、目覚めている人間の魂の中を掠《かす》めすぎなかったような夢の行為は考えられない」(五二ページ)。この最初の衝動についてひとはこういわなければならない、それを発明したのは夢そのものではない。夢はそれをあとから写したのにすぎない。それを展開させたのにすぎない。夢はわれわれの中に前もって見いだした歴史的素材の極微量を戯曲的形式で仕上げたまでの話である。夢は「その兄弟を憎む者は、これを殺す者だ」という使徒の言葉を芝居に仕立てる。そしてひとは不埒な夢の細々と繰拡《くりひろ》げられた芝居全体を、眼が覚めたのちに自分の倫理的な強さの自覚の下に笑って忘れることはできようが、その元々の形成素材は決して笑って済まされるようなものではない。われわれは夢の中で犯す迷誤に対して、その全部に対してではないが、その若干のパーセンテージに対して責任を感ずる。「要するにわれわれは『悪《あ》しき考えは心よりきたる』というキリストの言葉をかかる攻撃困難な意味に解する。――とするとわれわれは、夢の中で犯されたあらゆる悪事は罪過の暗い極微量を伴っていると確信せざるをえないであろう」

誘惑的思想として昼いっぱいわれわれの心を掠めすぎる悪しき衝動の萌芽《ほうが》や暗示の

中にヒルデブラントは夢の不道徳性の源泉を見ているわけであって、この不道徳的な諸要素を人格の倫理的評価にさいしてあえて計算に入れようとする。これと同一の思想、人格を評価するにさいしての、これと同一の評価こそ、われわれの知るごとく、あらゆる時代の敬虔《けいけん》な人々や聖者たちをして「己は許すべからざる罪人だ」と嘆かしめたところのものなのである。*

＊ 宗教裁判がわれわれの問題に対してどういう態度を採ったかを見るとおもしろい。トーマス・カレナの『神聖宗教裁判所の刑罰について』（リヨン版、一六五九年）にはこういう箇所がある、「何人かが夢の中で異端のことを口にすれば、宗教裁判所はそれによって、彼の生活態度を糾明《きゅうめい》するきっかけを与えられる。なぜなら、睡眠時においては、日中その人間の心を領したことがふたたび現われてくるのがつねだからである」（ドクター・エーニガー、S・ウルバン、スイス）。

かかる対照的諸表象の一般的出現——多くの人間における、また、倫理的領域以外の領域における——についてはまったく疑うことはできない。これをどう解釈するかはときによるとあまり真剣に考えられていない。シュピッタには、A・ツェラー（エルシュ・グルーバー『科学百科辞典』の「狂人」の項目）のこれに関するつぎのような意見が引用されている（一四四ページ）、「ひとつの精神が、あらゆるときに完全な力を保有して、つまらぬ考えばかりでなく、またまったく滑稽《こっけい》な矛盾した考えによって幾度も幾度も自分の思想の恒常的な明晰《めいせき》な進行を中断させられることがないというように、うまい具合にできあがっている場合はごく稀なのであって、最大の思想家たちさえも、それが彼らのもっとも神聖にして真剣な思索を妨害するがゆえに、この夢に似た、ひとをからかうような、煩《わずら》わしい表象の群れについて苦情をいっている次第である」

ヒルデブラントの別の一見解は、かかる対照的思想の心理学的位置をはっきり照らし出している。彼によれば、夢は覚醒時《かくせいじ》には概してわれわれに対してとざされているところの、われわれの本性の深みやひだをときおりのぞかせてくれるというのである(五五ページ)。同じような認識をカントは人類学の一箇所で洩《も》らしている。彼はこういっている。夢は、われわれに隠れた素質を発見させるために、そしてまた、「われわれが現在それであるところのもの」ではなく、「もしわれわれが別の教育を受けていたならばそうなったであろうところのもの」をわれわれに示すために存在するのではあるまいか、と。同じことをラーデシュトックはこういっている(八四ページ)、「夢はわれわれにしばしばただ、われわれが自分自身にむかって白状したがらないものだけを示す。だからわれわれが夢を嘘《うそ》つきだのいかさま師だのといって非難するのは正しくない」Ｊ・Ｅ・エルトマンはこういっている、「夢が私に対して、ある人間をどう考えるべきかを教えてくれたことは一度もない。これに反して、ある人間を私がどう考えているか、また、彼に関して私がどういう態度を採っているかを私は今までに幾度か夢から学び知って、大いに驚かされた」Ｊ・Ｈ・フィヒテもやはり同じようなことをいっている、「われわれの夢の性格は、われわれの全体的気分のきわめて忠実な鏡だという点にある。その全体的気分については、われわれが覚醒時の自己観察によって知るよりも、夢のほうがずっと忠実にそれを教えてくれる」われわれの倫理的意識のあずかり知らないかかる衝動の出現は、覚醒時に欠けているところの、あるいは覚醒時においてはとるに足りない役割しか演じないところの他の表象材料を夢が自由に駆使するという、われわれにすでに知られている事実の対比物にすぎないということは、「自分で窒息して死んでしまい、すっかり使い果されたと思われるようなわれわれの性癖が復活してくる。埋没されてしまった、古い情熱がよみがえる。われわれの念頭に全然なかった事柄や人間が、われわれの眼前に出てくる」というベニーニの言葉（一四九ページ）や、フォルケルトの「ほとんど知らないうちに覚醒時の意識の中に入ってきていて、おそらくは二度とふたたび思い出されることのないような諸観念もまた、それが依然として心の中に住んでいることを夢の中でわれわれに告げ知らせる」（一〇五ページ）の言葉にさえも明らかである。最後に、シュライアーマッハーによればすでにねむりこむときに、欲せられざる表象（形象）が頭を擡《もた》げてくるということをここで想起しておいてよかろう。

さてわれわれは、不道徳な夢や荒唐無稽な夢の中に出てきてわれわれを訝《いぶか》らせるような全表象材料を総括して「欲せられざる表象」と呼ぼう。倫理的領域における欲せられざる表象は、われわれのその他の感情と対立するのであるが、そうでない表象はわれわれにただ訝しく思われるだけなのだ、という点のみが重大な相違なのである。この相違をより深い認識によって撤廃するような企ては従来ひとつもなされていない。ところで欲せられることのなかった表象の夢における出現はいかなる意義を持つのか。こういう正反対の倫理的衝動が夢の中に出てくるということからは覚醒時の心や夢を見る心の心理学にとっていかなる結論が導き出されるのか。この点で新たな意見の相違が起り、各研究者の別の組分けが行われる。ヒルデブラントの考え方およびそれを基にした人々の考え方を押し進めてゆけばこういうことにならざるをえまい、つまり不道徳な衝動には覚醒時においても若干の力はあるのであって、それが実際の行動にならないように抑止されているのであるが、睡眠時には、いわば抑止のごとくに作用してそういう動きの存在をわれわれに注意させまいとしていたところのあるものがなくなってしまうというふうに考えるわけである。だから夢は人間の全部の姿ではないまでも、ありのままの姿を示すということになる。つまり夢は、隠された心の内部をわれわれに知らせる諸手段のひとつだということになる。こういう前提に立ってはじめてヒルデブラントは、夢には警告者の役割があると考えたのである。つまり夢は、われわれの心のかくされた倫理的欠陥に対してわれわれの注意を向けさせる警告者であって、これはちょうど医師の証言によれば夢はそれまで気づかれずにいた肉体上の疾患を意識に告げ知らせるというのと同じことであろう。それからシュピッタも、思春期に心の中へ流れこんでくる刺激源を指摘して、もしひとが覚醒時にあって厳格に道徳的な行状をしていれば、そしてまた、罪深い考えが起るたびごとにこれを抑止して育たせないで、行為にならせないように努めるならば、それはその人間の最善をつくしたことになるといって、妙な夢を見る人を慰めているが、こういう意見の底にはやはり同じような考えがあったとしてよかろう。かかる見解に従って、われわれは「欲せられざる」表象を、昼のうちは「抑えつけられていた」表象と呼んでよかろうし、また、そういう表象の出現を、ひとつの本物の、心的な現象と見ないわけにはゆかないであろう。

他の研究家に従えば、われわれにはこういう結論を下す権利はないということになる。イェッセンにとって、夢の中や覚醒時や、また熱にうかされていったり、別の場合にいったりするうわ言などにおける欲せられざる表象は「はたらくことをやめた意志活動と、内的運動による形象や表象のある意味で機械的な過程との性格」を示している（三六〇ページ）。不道徳な夢がその人間の心の営みに対して証明しているのは、その人が今問題になっている表象内容についていつか耳にしたり眼で見たりしたことはあるが、しかしそれはたしかにその人自身の心の動きではないということ以外のものではない。モーリなどでは、はたして彼が、心の活動を無計画に破壊する代りに、それをその構成要素に従って分解するところの能力が夢の状態にありとしているのかどうかやや疑わしい。モーリは、ひとに道徳の枠《わく》を越えさせるような夢についてはこういっている、「われわれにものをいわせたり行動させたりするのは、われわれの性向であって、良心はときどき警告を発するだけであって、われわれを引きとめはしない。私には私の欠点と悪い傾向とがある。覚醒状態にあっては、私はそれらに対して戦おうと努め、またかなりしばしば勝利を得《う》ることがある。しかし夢の中では必ず負けてしまう。というか、私はそういう欠点や傾向に押されて悔いも懼《おそ》れもなく行動してしまうのである。……どうやら明らかに、私の脳裡《のうり》に繰拡げられて、夢を構成するもろもろの幻想は、私の沈黙せる意志がそれを抑圧しようと努めないところの、私がそれを感ずるところの、さまざまな刺激によって私に暗示されるのである」（『睡眠』一一三ページ）。

もしひとが、夢を見る人間の中に現実に存在するところの、しかし抑圧されたり隠されたりしている不道徳な性向をあばく能力が夢にあると信ずるとしたら、かかる見解をモーリ以上に鋭い言葉で表現した人間はいないだろう（一一五ページ）、「夢は人間に、人間の裸体とみじめさを示す。人間は自己の意志の行使をやめるや否《いな》や、あらゆる情欲の玩具《がんぐ》と化する。ところが覚醒時にあっては、良心や名誉心や恐怖心が、そういう情欲からわれわれを護《まも》っていてくれているのである」別のところで彼はつぎのように適切にいっている（四六二ページ）、「夢の中で開示されるのは、特に本能的な人間である。……人間は夢の中で自然に帰るのだ。しかし既得の諸観念がその人間の精神の中へ入りこんでいることが少なければ少ないほど、夢の中では、そういう観念と矛盾する諸傾向が精神に対していっそう大きな作用を持つのである」そうして彼はその実例として、彼が自分の著作中でもっとも烈《はげ》しく攻撃を加えてきたところの、まさにかの迷信の犠牲としての彼自身の姿を彼の夢が示すことも稀《まれ》ではないと述べている。

夢の生活の心理学的認識にとってのすべてこれら明敏な意見の価値は、モーリにおいてはしかしながらつぎのような事実によって損《そこな》われている。すなわち彼は、彼がこれほど正しく観察した諸現象中に、それが夢の生活を支配しているところの、彼のいわゆる心理的自動症の証明以外の何ものをも見てとろうとしないのである。彼はこの自動症を心的活動の完全な対立者と見ている。

シュトリッカーの『意識に関する研究』中の一箇所にはこうある、「夢はただただ迷妄《めいもう》のみから成りたっているのではない。たとえば夢の中で盗賊をこわがるという場合、なるほどその盗賊は幻像にちがいないが、こわがるということは現実なのである」こうしてわれわれは、夢の中の情動発生は、ひとがそれ以外の夢内容に与えるところの（迷妄だとする）批判を許容しないということを知るのであって、したがってつぎのような問題がそこに出てくる。つまり夢の中の心的諸過程の中で、どれが現実なのか、すなわち何が覚醒時の心的諸過程中に組み入れられる権利を要求しうるのか、というのがそれである。

G　夢理論と夢の機能

従来観察された夢の諸性格のできるだけたくさんのものをひとつの観点から解明し

ようとし、同時に広汎《こうはん》な現象領域に対する夢の位置を規定するような、夢に関する見解は、これをひとつの夢理論と呼んで差支《さしつか》えなかろう。個々の夢理論はそれらが夢の個々一つひとつの性格を本質的な性格に高め、その性格にいろいろの解釈やいろいろの関係を結びつけてゆくという点で区別される。夢の個々の機能、すなわち効用性とか、あるいはそのほかの業績能力とかは、必ずしもその理論から導き出される必要はないわけであるが、しかし通例目的論を目ざすわれわれの期待は、夢のひとつの機能への洞察《どうさつ》と結びついているような理論を歓迎したがるものである。

われわれはすでに夢に関するいくつかの見解を学び知った。それらはこの意味で多かれ少なかれ夢理論の名に値するものであった。夢は人間の行為を指導するための神のお告げだという古人の信仰は、夢に関して知るに値するいっさいのことを説明するところの、一個の完全な夢理論であった。夢が生物学的研究の対象となって以来、夢理論の数は増したが、しかしその中には実に不完全なものも少なくはない。

もし完全ということを断念するならば、夢理論は、夢における心的活動の度合と種類とに関する根本的な仮説のいかんによってざっとつぎのように区分けすることができる。

（一）　覚醒時《かくせいじ》の完全な心的活動は夢の中でも継続されるという説（たとえばデル

べフのそれのごとき)。そのさい心はねむらない。心の装置は無傷である。しかし覚醒時とは異なった、睡眠状態の諸条件の中に置かれた心は、それが正常にはたらいたとしても、覚醒時におけるとは別の結果を生み出す。この理論においては、それが覚醒時の思考と夢との諸相違点をことごとく睡眠状態の諸条件から導き出すことができるかどうかという点が問題になる。のみならずこれらの理論には、夢の一機能への入口が欠けている。ひとはいったい何のために夢を見るのか、また、心の装置の複雑な機構は、自分のために考えられていないように見える諸関係の中へ移し置かれたときもなお、なぜそのままはたらきつづけるのか、そういう点がこの理論では明らかにならない。夢を見ずにねむるか、あるいはもし妨害的な刺激がやってきたときは眼を覚ますか、これが唯一《ゆいいつ》の合目的な反応だということになって、第三の反応であるところの、夢を見るという反応の説明がつかないのである。

(二) 今述べた理論とは逆に、夢では心的活動が低下し、諸関連が弛緩《しかん》し、しかるべき材料が貧弱になるとする理論。この理論に従えば、睡眠についてたとえばデルべフのそれなどとは全然別の心理学的性格描写がなされなければならないことになろう。眠りは心の上一面にひろがって、外界からの心の遮断《しゃだん》を意味するのみか、眠りは心のメカニズムの中へ侵入していって、ときおりそれを使用に堪えぬものにさえしてしまう。精神病学の事柄にたとえていいのなら、こういうことができるであろう、第一の理論は夢を妄想症《パラノイア》のごとく構成するし、第二の理論は夢を精神薄弱ないしは譫妄《アメンテイア》の範例とする。

　夢の中には、睡眠によって麻痺《まひ》状態に陥った心の活動のただ一部分のみが出現するという理論には、医家のあいだでも、一般に学界でも大層人気がある。夢の解明はきわめて一般的に関心を持たれていると前提しうるかぎり、おそらく夢の支配的な理論はこれだといって差支えあるまい。ところでほかならぬこの理論がどんなにやすやすと夢解明の周知の難所、つまり夢によって具象化されているいくつかの矛盾のひとつを回避してしまうか、これは強調しておかなければならない。この理論からすれば、夢は部分的覚醒の産物なのであるから（ヘルバルトはその『夢の心理学』中に「漸次的な、部分的な、そして同時に非常に変則的な覚醒」といっている）、この理論は、次第に進行してゆく覚醒から完全なる覚醒にいたるまでの一連の状態によって、荒唐《こうとう》無稽《むけい》という点に暴露されている夢の劣等機能から完全に集中化した思考機能にいたるまでの全系列を説明することができる。

　生理学的叙述方式を不可欠なものと見なしていたり、あるいはそれがすなわち学問的だと考えていたりする人間は、ビンツの叙述によってこの理論を見ればいい（四三ページ)。

「この(麻痺の)状態はしかし暁方《あけがた》において次第々々に終りに近づいてゆく。脳蛋白《のうたんぱく》質《しつ》の中に集積された疲労素は次第に減少してゆき、次第にその分解度が高くなってゆき、あるいは絶えず活動する血液の循環によって洗い流される。そこここにすでに個々の細胞群が目を覚まして活動しはじめるが、しかし周囲はまだ麻卑状態の中にじっとしている。そのとき、個々の集団の孤立した活動がわれわれの靄《もや》のかかった意識の前に現われるが、この活動には他の、連想を支配監督する脳の各部分の統制が欠けている。だからできあがった形象は、近い過去の物質的印象を反映するものが多いが、荒々しく無秩序に入り乱れる。自由になった脳細胞の数は次第に多くなってゆき、夢の荒唐無稽性は次第に少なくなってゆく」

夢を見ることを、不完全で部分的な覚醒であるとする考え方、あるいはこの考え方の影響の痕跡《こんせき》は、たしかにすべての近世の生理学者や哲学者のうちに見いだされる。もっとも詳細にこれを説いたのはモーリである。まるでこのモーリには覚醒状態もしくはねむりこんでいる状態を、解剖学的部位によって自由に動かしうるように想定しているといった観さえある。むろんその場合モーリは一解剖学的部分はひとつの特定の心的機能と結びついていると考えるのである。しかし私はここではただつぎのことを指摘しておくにとどめる、すなわちもし部分的覚醒の理論が実証されるならば、この理論の細々した部分をかためてゆくには実に多くの問題を片づけなければならないであろうということである。

夢の営みをこの理論のように解釈すると、むろんのこと夢の機能などというものを考えることはできなくなる。むしろビンツの意見のほうが徹底的に夢の位置と意義とを判断している（三五七ページ）、「われわれの知るがごとくすべての事実は、夢を、身体的な、あらゆる場合において役にたたないところの、多くの場合においてはまさに病的な過程として規定することをわれわれに要求している。……」

夢に関連していわれる「身体的」という言葉は（この言葉が出てきたのはビンツその人のおかげなのであるが）、どうやら一つ以上の方向を指向しているようである。この言葉はまず第一に夢の発生に関係している。夢の原因論はビンツがことに興味を持った問題である。彼は毒物を投与することによって夢を実験的に作り出すことを研究した人であるから。いうまでもなく、夢の刺激源をできるかぎりもっぱら身体的な面に求めるというのは、この種の夢理論にとっては当り前のことである。極端な形でいうと、それはこうなる、われわれは刺激を遠ざけてわれわれを睡眠状態の中に移し置いてしまったならば、朝まで夢を見る必要はなく、またそのいわれもないわけであろう。朝になると漸次的な覚醒が新たにやってくる刺激によって夢の諸現象の中に反映することはありえはするが。ところが全然刺激を受けつけずにねむるということはできない相談である。メフィストが生命の萌芽《ほうが》について嘆いているように、四方八方から、外側から内側から、いや眼を覚ましているときは全然気にもとめなかったあらゆる身体部分から、ねむっている人間に向って刺激が攻め寄せてくる。そういう次第で睡眠は妨害され、あるときはこの端を、またあるときはあの端をつままれて揺り起され、そうなるとその目覚めた一部分がしばらくのあいだは活動を続け、やがてまたいそいそとねむりこむ。夢は刺激によって惹《ひ》き起された睡眠の妨害に対する反応である。しかしいずれにしろまったく無益な反応である。

どのみち心の器官の仕事であるにはちがいない夢というものを、ひとつの身体的な事象だと考えることには、しかしまた別の意味もある。そう考えることによって、ひとが夢に対して拒否しようとしているものは何かというと、それは心的事象というものの尊厳なのである。「音楽のことに全然通じない人間の十本の指がピアノの鍵盤《けんばん》の上を動く」という、これまでよく夢に適用されてきた古いことわざがあるが、おそらくこのことわざは、夢の仕事が精密科学の代表者たちのあいだにあってどういう評価をもっとも多く受けてきたかを見事に説明していはしないかと思う。この考え方に従えば、夢は何か全然解釈のつかないものである。なぜなら、音楽を知らない人間の十本の指が一曲の音楽を演奏しうるはずはありえないからである。

夢を部分的覚醒であるとする理論に対しては早くから反論が提起されている。ブルダッハは一八三〇年にこういっている、「夢は部分的覚醒であるというが、そういったところで第一に夢の説明にもならないし、覚醒の説明にもならない。第二にこれは、心のほかの力が休息しているあいだ、若干の力が夢の中で活動しているということ以外には何もいっていないのである。しかしこういう不均衡は全生活を通じて起るのである。……」(四八三ページ)。

夢を「身体的」事象とする支配的夢理論には、ひとつのきわめて興味深い夢解釈が結びつく。一八八六年にロベルトがいいだした意見で、これは夢にひとつの機能、ひとつの有益な機能があると見るので、われわれもついこれに耳を傾けたくなる。ロベルトは自己の理論の基礎に二つの観察事実を置く。われわれはこれについては夢の材料の評価に当ってすでに触れたことがある(二六ページ参照)。よく夢に見るのは、昼のうちの些《さ》細事《さいじ》だというのがその一つ、もう一つは昼のあいだ起った重大事はめったに夢のなかに出てこないというのがそれである。ロベルトが、正しいのはこれあるのみといっているのは、つぎのようなことである、つまりひとが十分に考えぬいた事柄は絶対に夢を作る原因にはならず、中途半端《はんぱ》で終ってしまったり、精神をちらりと掠《かす》めすぎたりしたような事柄だけが、夢を作り出す素《もと》になるというのである（二〇ページ）。――「夢がたいていの場合、解釈がつかないというのは、夢の原因が、その人間が十分に認識しないで終った前日の感覚印象にあるからである」だから印象が夢に採り入れられるための条件は、その印象が受容過程の中途で妨げられたか、あるいはその印象があまりにもくだらないものとして受容されるのに値しなかったかのいずれかである。

ところでロベルトは夢を「その精神的反応現象においてはじめて認識されるにいたるところの、ひとつの身体的分泌《ぶんぴつ》過程」と見る。夢は萌芽のうちに窒息せしめられた観念の分泌物である。「夢を見る能力を奪われた人間は、その場で気違いになるにちがいない。なぜなら彼の脳の中には、大量の未完成な、考え抜かれることのなかった観念と淡い印象とが蓄積せられて、その重圧のために、仕上げの終った全体として記憶に組み入れらるべかりしものが窒息してしまうであろうから」夢は荷を背負いすぎた脳に対して安全弁の役割を果す。夢は重荷を取去ってやる有益な力である（三二ページ）。

ではいったいどのようにして、夢の中で表象されることによって心の荷が軽くなるというようなことになるのか。こういう質問をロベルトに向けるのは、ロベルトのいっていることがよくわからない証拠であろう。彼は明らかに、上にあげた夢の材料の二特色から、つぎのような結論を出しているのである。すなわち、睡眠中、無価値な印象をそういうふうに分泌することはなんらかの仕方で身体的過程として行われるということと、夢は特別の心的過程ではなくて、われわれがかの排泄《はいせつ》作業から受けとる報告であるということである。いずれにせよ、かかる分泌は、夜間、心の中で起ることの唯一のものではない。ロベルト自身これに付け加えて、そのうえさらに昼間の諸刺激が受入れられて、「不消化のまま精神の中に残ってしまった観念素材のうちで、分泌されないものは、空想に依拠する観念の糸によって完成した全体へと結合され、こうして無害な空想画として記憶に組み入れられる」（二三ページ）といっている。

　しかしロベルトの考え方は、夢の源泉の解釈において、上記の支配的な理論に真っ向から対立する。上記の支配的な理論に従えば、もしも内外の諸刺激が心をたえず目覚まさなかったならば、人間はそもそも夢など見ることはないということになるのであるが、ロベルトの理論によると、夢の起因は心そのものの中に、心が荷を背負いすぎていて、これをふるい落そうと欲することのうちに存するわけであって、ロベルトは完全に論理的にこう判断を下している、すなわち、身体の状況の中に存するところの夢を作り出す諸種の原因は従属的な位置を占めていて、そういう諸原因は、覚醒時の意識から採ってこられた夢形成の素材を一つも持たないような精神を、夢を見るようにしむけることは絶対にできない。むろん、夢の中で心の深みから姿を現わしてくる空想像が神経刺激の影響をこうむることは認めなければならないが（四八ページ）、というのである。こういうわけでロベルトによれば、夢は身体的なものにただもうまったく依存しきっているというのではない。むろん夢は心的事象ではなく、覚醒時の心的諸事象中に自分のいるべき場所を持ってはいないのであるが、しかし夢は心のはたらきによって起る夜ごとの身体的な事象なのであり、この心という装置を過度の緊張から保護するという役目、またもしたとえを変えていいのなら、心を掃除するという役目を果さなければならないものなのである。

Y・ドラージュは、夢材料の選択のうちにはっきりと現われてくる夢の同様の諸性格の上に自己の理論をうちたてている。同じ事物を取扱っても、出発点にちょっとした偏向があると、最後にどんなにちがった結論が導き出されてくることになるかが、このドラージュの所論において興味深く観察される。

ドラージュは、身近かな人間が死んだのちに、自分の身の上にこういう経験をした、すなわち、ひとは一日中頭を占領されていたようなことは夜の夢に見ない。夢に見るとしても、それは昼間の関心がそれ以外の別のことに向いてしまってからのちのことである。彼は自分以外の人間について調査した結果、これが一般的な現象であることを知った。ドラージュは若夫婦の夢について、もしそれが一般的に正しいことだとわかったならば、この種のものとしてはまことにたくみな解釈を述べている。「若い男女は互いに熱烈に恋しあっている場合は、結婚の前や蜜月《みつげつ》のあいだほとんど決して、互いに相手のことを夢に見ない。よく彼らが猥褻《わいせつ》な夢を見たとしても、それは誰か無関係な、あるいは嫌《いや》な人間と不義をはたらく夢なのである」さてしかし何の夢を見るのか。ドラージュは、われわれの夢の中に出てくる材料は最近の過去や遠い昔の諸印象の断片や残滓《ざんし》から成りたっているとする。夢の中に出てくるいっさいのものは夢の営みの創造だとわれわれは最初考えたがるであろうが、それは、よく調べてみると、認識されなかったものの再現、「無意識の記憶」だということが判明する。しかしこの観念材料は共通の性格を持っている。この観念材料は、われわれの精神よりもわれわれの感覚をより強く打った諸印象、あるいはそういうものが現われた直後に注意がそこからほかへ逸《そ》れてしまったような、そういう諸印象に源を発する。ある印象が意識されることが少なければ少ないほど、しかしその場合その印象が強ければ強いほど、その印象がすぐつぎの夜の夢の中で一役演ずる可能性が濃いのである。

本質的にいってそれは、(ロベルトが強調しているような)同じ二つの印象のカテゴリー、すなわち些細な印象と、片のついていない印象という二つのカテゴリーであるが、ドラージュは、ある印象が夢の中に出てくる資格を獲得する条件は、それが些細なものだということではなしに、それがまだ片づいていないということだと考えることによって、全体の関連を新しい方向へずらしてしまう。些細な印象といえどもある意味では完全に片をつけられているとはいえない。そういう些細な印象もやはりその性質上、新しい印象としては「それだけ余分の、緊張した発条《ぜんまい》」なのである。その発条は睡眠中にほどけないともかぎらないわけである。そして、偶然その受容過程において阻止を受けたり、あるいは故意に抑圧されたりした強烈な印象には、微弱な、ほとんど顧みられなかった印象よりも、はるかに有力な夢の候補者たる資格があるわけであろう。昼のあいだ阻止や抑圧によって積み重ねられてきた心的エネルギーは、夜になって夢の原動力になる。夢の中には、心的に抑圧されたものが、その姿を現わすのである。*

* アナトール・フランスがこれとほとんど同じことをいっている、「夜、われわれが夢に見るものは、昼間われわれがなおざりにしたもののあわれな残滓である。夢はしばしば、軽蔑《けいべつ》された事実の復讐《ふくしゅう》であり、見棄《みす》てられた人々の非難の声である」(『赤い百合《ゆり》』)。

残念ながらドラージュの考えはここのところでぷつりと切れてしまう。彼は夢の中での独立的な心の活動に、ごくわずかな役割しか認めようとしない。だから彼の理論はここでふたたびまた「脳の部分的睡眠」という支配的な考えに結びついてしまう。「つまり夢は目的もなく方向もなく彷徨《ほうこう》する思考の産物であって、その思考はさまざまな記憶の上に次つぎと定着するが、そういう記憶はその思考の道の上に位置して、思考の進行を阻止するほどの強さを保っている。またその思考はそういう記憶相互間に、脳の現実的な活動が多かれ少なかれ睡眠によって禁止される度合に応じて、あるいは弱く曖昧《あいまい》な、あるいはもっと強くて緊密な関連を作りあげるのである」

(三) 覚醒時《かくせいじ》においては心がこれを全然行うことがないか、あるいはただ不完全なやり方で行うかするような、そういった特殊な心の仕事への能力と傾きとが夢みる心にはあるとする諸理論を夢理論の第三番目のものとしてよかろう。多くの場合、夢の有益な機能というものは、これらの諸能力のはたらきから生ずる。古い心理学者のあいだで夢に与えられていた価値評価はこの系列に属する。しかし私はそれらの意見を紹介する代りにブルダッハの見解を紹介することにする。ブルダッハに従えば、夢は「心の自然の活動であって、この活動は個性の力によって制限されるものではなく、自意識によっても妨げられず、自己規定によっても調節されることなく、感覚的中心点の、自由なたわむれのうちに現われる生命性なのである」（四八六ページ）。

ブルダッハその他の研究家たちは、心が自分の力を自由気儘《きまま》に使って活動することを、心が保養をして、昼の仕事のための新しい力をたくわえる状態、つまり明らかに一種の休暇のようなものだと考えている。だからまたブルダッハは詩人のノヴァーリスが夢を讃美《さんび》していったやさしい言葉を引用して、これを肯定している、「夢は昼間の人生の規則と平凡に対して築かれた防塁であり、縛られた空想の自由な休息である。夢の中で空想は人生のあらゆる形象をまぜこぜにしてしまうのだ。そして、成人の不断の真剣さは愉《たの》しい子供のたわむれによって中絶されるのだ。夢を見るということがなかったら、われわれはたしかに早く老《ふ》けこんでしまうにちがいない。だからひとは夢というものを、直接に神から与えられたものではないにしても、貴重な課題として、墓場への巡礼行におけるやさしい道伴《みちづ》れとして眺《なが》めることができる」

プルキンイェはもっとはっきりと、心をすがすがしく元気づける夢のはたらきについて述べている（四五六ページ）、「ことに、生産的な夢はこのはたらきを持っている。それは昼のあいだの事件とは何のかかわりも持たない想像の軽やかなたわむれである。心は目覚めた生活の緊張を続けようとせず、これを解こうとし、これから離脱しようとする。心はまず覚醒時の緊張に対して逆の状態を作り出す。心は悲哀をよろこびによって、憂《うれ》いを希望と明朗でおもしろい場面とによって、憎悪《ぞうお》を愛と友情とによって、怖《おそ》れを勇気と信頼とによって癒《いや》すのである。疑いは確信と鞏固《きょうこ》な信念によってなだめられ、あだな期待は充足によってなだめられる。昼のうちは閉じられることのないような幾多の傷口も、ねむりはこれを覆《おお》い、新たな刺激から守ってやることによってそっとしておく。時というものの苦しみをやわらげるはたらきは、部分的にはこれによっているのである」われわれは誰しも睡眠が心の生活にとっては恩恵であることを感じている。そして民衆の漠然《ばくぜん》たる叡知《えいち》は、睡眠がその恩恵を贈る途《みち》のひとつが夢であるという先入見をどうしても棄《す》てようとはしない。

睡眠状態においてはじめて自由にはたらきだす心の特殊な活動から夢を説明しようとして行われたもっとも独創的かつ広汎《こうはん》な研究は、シェルナー（一八六一年）のそれである。自分の取扱う対象にすっかり惚《ほ》れこんでしまって、著者に歩調を合わせることができなければ読者が不快を感ずるような、文体も晦渋《かいじゅう》誇大なシェルナーの書物はまことに分析困難であって、われわれとしてはむしろよろこんで哲学者フォルケルトがシェルナーの意見を引用しているもっと明晰《めいせき》で簡潔な叙述に従いたい。「実際のところ、神秘的な圧縮、華麗で光彩陸離たる波浪のうねりの中からは、意味深いものの予感に充《み》ちみちた輝きがきらめき光っているが、しかしこれによってこの哲学者の途は明るくはならない」シェルナーの叙述は彼の支持者たちのあいだですらこういう評価を受けている。

シェルナーは、心の諸能力がそっくりそのまま夢の中へ持ちこまれることを認めようとする陣営の人ではない。夢の中ではいかに自我の中心性や自動的エネルギーが失われてしまうか、またこの散漫化によっていかに認識力・感受力・意志力・表象力が変えられてしまうか、またいかにこれら魂の諸力の残滓物に真の精神的性格がありえないか、(そして、そこにあるのはただもう一メカニズムの性質のみである) 彼はこれらのことを詳しく説いている。しかしそのかわり夢の中には空想と名づけられるべき心の活動が、いっさいの悟性支配から自由になって、したがってまた厳格な尺度を免れて、無制限の支配権を掌握するにいたるのである。なるほどその心のはたらきは、土台になるものは覚醒時の記憶から借りてくるのだが、その土台の上に、覚醒時の作りあげたものとは雲泥《うんでい》の差のある建物を築きあげる。その心のはたらきはただ再生産的であるのみならず、また生産的でもある。そういう心のはたらきの諸特性は夢の生活にその特殊な性格を賦与《ふよ》する。その心のはたらきは不格好なもの、誇大なもの、途方もないものをことさら好む。しかし同時にそれは、妨害的な思考範疇《はんちゅう》のくびきを脱して、覚醒時におけるよりも大きな柔軟性とすばしこさと表現欲を獲得する。また、情緒の微妙な気分刺激や烈《はげ》しい感情に対して極度に敏感で、内面のうごきをただちに外部の彫刻的な具象性に作り変える。夢の空想は概念の言葉を持たない。夢の空想は、そのいおうとするものを具象的なもので現わす。ここでは概念に妨げられるということがないから、夢の空想はそのいおうとするところのものを、直観形式の許すかぎり思うさま自由闊達《かったつ》奔放に描き出す。したがって、夢の言葉は、はっきりとしてはいるものの、大げさであり、晦渋であり、とりとめがない。ことに、夢のいおうとするところのものを解《わか》りにくくするのは、夢の空想がある事柄をそれ本来の形象で表現するのをきらって、夢空想がいおうとしているところの事柄のある要素だけを、ある形象が表現しうるかぎりにおいて、むしろ好んでそのある別の形象を選んでいおうとしたがるからなのである。これが空想の象徴化活動である。……さらにきわめて重要なのは、夢の空想が対象を全面的に模写せずに、ただその輪郭だけを、しかもこの輪郭を自由気儘《きまま》に模写するということである。だから夢の絵は天才が一筆でさっと描きあげたように見える。しかし夢の空想は単に事物をそこに示すということで満足するものではない。それは内的にやむにやまれず、夢の自我を多かれ少なかれ対象とからみあわせ、こうしてひとつの芝居めいたものを作り出す。たとえば視覚刺激によって生ずる夢は、道に落ちている金貨を描き出す。夢を見ている本人は散らばっているその金貨を掻《か》き集め、ほくほくもので持ち去る。

夢の空想がその芸術的活動を行うに当って使用する材料は、シェルナーによれば、もっぱら昼のうちははっきりとしなかった器質的な身体刺激であり（本書五九ページ以下参照）、その結果、夢の源泉および夢の惹起者《じゃっきしゃ》の仮説においては、シェルナーのあまりにも空想的な理論は、ヴントや、その他の点ではシェルナーの反対者のような位置にある生理学者たちの、おそらく無味乾燥すぎる理論とここでは完全に一致するのである。しかし、生理学的理論に従えば、内的身体刺激への心の反応は、その刺激に照応するなんらかの観念が惹起されることにより、さらにこの観念が連想によって他の観念若干に助けを求めて、この段階をもって夢の心的過程追求は終ってしまうように思われるのであるが、シェルナーに従えば、身体刺激は、心が自分の空想的意図の役にたてることができるような材料を心に与えるにすぎない。シェルナーによれば夢の形成は、他の学者が思ってもみないようなところにおいてこそはじめて始まるのである。

むろんひとは、夢の空想が身体刺激をもって企てるところのものを合理的だと見ることはできまい。夢の空想は身体刺激をなぶりものにし、その夢の中でその刺激が発する源となる器官をなんらかの彫塑《ちょうそ》的な象徴化のうちに表象する。いや彼は（ここでフォルケルトその他の論者はシェルナーと袂《たもと》を分かつわけである）、夢の空想は人間の全身体に対してある一定のお気に入りの表現方法を持っていると考える。このお気に入りの表現方法というのは家である。しかしうまいことに夢の空想はその表現にさいして、この素材にばかり拘束されてはいないように見える。それはまた逆に、たとえば、内臓刺激に対して非常に長い街路をもって反応するように、一つひとつの器官を表示するためにたくさんの家を利用することもある。また別の場合には、家の各部分が個々の身体部分を表示する。たとえば頭痛の夢では、部屋の天井が頭を表現する（天井がいやらしいひき蛙《がえる》みたいな蜘蛛《くも》で覆われている夢を見る）。

家の象徴は度外視しても、任意の別の対象が、夢の刺激を送り出す身体各部分の表現のために利用される。「そこで、呼吸する肺臓は、空気のような陽炎《かげろう》を持った、燃えさかるかまどによって象徴され、心臓は中身の何も入っていない箱や籠《かご》で象徴され、膀胱《ぼうこう》は丸い、袋状の、もしくはただ凹《へこ》んでいる対象で象徴される。男性の性欲刺激は、道の上に、クラリネットの先の方とか、タバコのパイプの吸口とか、毛皮などの落ちている夢を見させる。クラリネットやタバコのパイプは、男根の近似的型態を、毛皮は陰毛を表現する。女性の性欲夢ではぴったり合わされた腿《もも》のあいだの隙間《すきま》は、家々に取囲まれた狭い中庭によって、膣《ちつ》は屋敷の前にある庭の真ん中に通じているところの、滑《すべ》りやすく柔らかな、非常に狭い小径《こみち》によって象徴される。そして夢を見ている女性は、たとえば一通の手紙をある紳士のところへ届けるために、その小径を歩いてゆかなければならないというような夢を見る」（フォルケルト、三九ページ）。ことに重要なのは、こういう身体刺激によって生ずる夢の最後に、夢の空想が、その興奮しつつある器官もしくはその器官の機能をあからさまに示すことによって、自分自身でいわば仮面をかなぐり棄てるということである。だからたとえば歯痛が原因で生じた夢は、その夢を見ている本人が口から歯を一本抜きとるという場面で終ることがよくある。

しかしながら夢の空想は、その注意をただ興奮している器官の形状に向けるばかりではなく、その器官に詰っている物質を象徴化の対象にすることもある。そこでたとえば胃腸刺激夢は、汚物のいっぱい落ちている街路によって、膀胱刺激夢は泡《あわ》だつ水によって自己を表現する。あるいはまた、刺激そのもの、刺激状態の性質、刺激が望んでいる対象なども象徴化されるし、あるいはまた夢の自我が自分自身の状態の象徴化と具体的に結合してしまったり（たとえば、われわれが苦痛の刺激を受けている場合は歯をむき出した犬や荒れ狂う牛と格闘する夢を見るように）、あるいはまた性欲の夢を見ている女性は裸の男に追いかけられたりする。細部は実にさまざまであるが、それを度外視するならば、そういうふうに万事を象徴化する空想のはたらきはいつの場合もあらゆる夢の中心的な力なのである。そしてフォルケルトはその見事な、懇切な書物において、かかる空想の性格をさらに精密に規定しようとし、周知の心的活動を哲学的思想の一体系内部に組み入れようとしているのだが、この書物は、早くから哲学的概念図式を予感的に把握《はあく》するように訓練されていないような人にとってはあまりにも難解である。

シェルナーの象徴化的空想のはたらきには夢の有益な一機能が結びついていない。心は夢みつつ心に提供された刺激とたわむれる。そのたわむれが無作法なものではあるまいかとは容易に想像されよう。しかしまた私が、その恣意性《しいせい》とあらゆる研究のしきたりからの離脱とがあまりにも目だちすぎるように思われるシェルナーの夢理論を詳しく紹介したのは、そこに何か目的があってのことではなかったのかと読者は推測するかもしれない。だとすれば、まさに今こそ、吟味などいっさいすることなくシェルナーの説を拒否するようなことを、あまりにも高慢な態度であるとして拒絶する絶好の機会であるといえよう。シェルナーの説は、曖昧模糊《あいまいもこ》たる心の中の事柄を感じとる特別の素質を授けられていて、しかも自分の夢をことに注意深く観察した人間が、その夢から得た印象の上にうちたてたような理論なのである。さらにこの理論が取扱っている問題たるや、人間が幾千年ものあいだこれを謎《なぞ》としながらも、しかし同時にそこに何か深い意味が秘められているにちがいないと考えてきた問題なのであるし、また、科学自身が白状しているように、厳格な科学といえども、一般的な感じとは正反対に、この夢という問題の対象に内容と意味深さとを拒否しようと努めた以外には、その解明になんらの寄与をもなしえなかった問題なのである。最後にわれわれは正直にこういっておこうと思う、すなわちわれわれは夢を解明しようとする試みにあたって空想をはたらかせてみることは、どうやら避けがたいことのように思われるということを。神経細胞の空想というようなものもある。上の一三三ページ以下に引用したビンツのごとき、冷静で精密な研究者の意見、すなわち、いかに曙《あけぼの》の女神が寝入っている脳皮質の細胞群の上にやってくるかを叙述したあの一箇所のごときは、その空想性において、その——不確実さ加減において、決してシェルナーの夢解釈の試みよりましなものではないのである。シェルナーの夢解釈の試みの背後には、何か現実的なものが隠れている。そしてこの何ものかはとにかくぼんやりとは認識されているのであって、残念ながらそれは夢に関する一理論がそれを要求しうるような、普遍性の性格を持ってはいない、ということをはっきりと示しえたらいいのだがと私は考えている。いずれにしろシェルナーの夢理論は、それに対立するところの医学的夢理論といっしょになって、今日の夢理論がどういう極と極とのあいだをまだ不安定に動揺しているかをわれわれに示しているのである。

H　夢と精神病との諸関係

精神障害に対する夢の関係を見るに当っては、つぎのような三つの事柄が考えられよう。第一は、たとえばある夢がある精神医学的状態を代表したり、その糸口となったり、あるいはそういう精神医学的状態の経過したのちに残っていたりするような場合の、病因学的および治療学的関係。第二は、夢の営みが精神病の場合にこうむるところの諸変化、第三は、夢と精神病とのあいだに存する内的諸関係、本質的近親性を物語る類比関係。両系列の現象間にあるさまざまな関係は、古い医学において――そして現代ではまた事新たに――シュピッタやラーデシュトックやモーリ、ティシエなどの著書のうちに集められた、この問題に関する文献が教えているように、医者たちのお気に入りの題目であって、最近ではサンテ・デ・サンクティスがこの問題に注目している。＊われわれとしては、この重要な問題に一瞥《いちべつ》を与えるだけでよかろう。

＊　これらの諸関係を取扱った新しい研究者にはフェレ、イーデラー、ラセグ、ピション、

レジ、ヴェスパ、ギースラー、カツォドウスキー、パカントーニなどがある。

私は、夢と精神病との治療学的・病因学的諸関係に対しては、つぎのごとき諸観察を模範例として報告しておきたい。ホーンバウム（クラウスに拠《よ》る）は、狂気の第一の症状が不安な怖《おそ》ろしい夢であることがしばしばあり、狂気の優勢な観念がこの夢と結合していることを報告している。サンテ・デ・サンクティスは妄想症《パラノイア》患者の同様な観察を報告し、それらの観察の個々のものにおいて、夢を「狂気を決定する真の原因」だといっている。精神病は、妄想的解明を含む活動的な夢とともに一挙に現われてきたり、また、まだいろいろと疑問の余地のあるいくつかの夢を通じて次第に現われてきたりすることがある。デ・サンクティスの一例では、ある感動的な夢に軽微なヒステリー的発作が続き、それから不安な鬱憂症《うつゆうしょう》的な状態が現われてきた。フェレ（ティシエに拠る）には、ヒステリー的麻痺《まひ》を結果した夢の報告がある。「精神障害はその最初の症状を夢の生活において示す、あるいはまず夢に現われる」といってもこの事情の説明にはなるのだが、今あげた説明では、夢が逆に精神障害の病原と考えられているわけである。他の例では夢の生活が病的な症状を含んでいる。あるいは精神病が夢の生活だけに限られて現われてくる。この意味でトーマイアーは、癲癇性発作《てんかんせいほっさ》の等価物と解釈されなければならないような不安な夢を指摘している。アリスンは、患者が昼のあいだは一見まったく健康だが、夜になると必ず幻覚や躁狂《そうきょう》の発作に襲われる夜間精神病について報告している（ラーデシュトック）。デ・サンクティスにも似たような報告がある（あるアルコール中毒者におけるパラノイア的夢等価物、妻に不義を責める声）。ティシエは新しいところで、病的特徴を持った行為（妄想的予断や強迫衝動からの）が夢から導き出されるたくさんの報告をしている。ギスランは夢が間歇的《かんけつてき》狂気によって代用される症例を報告している。

将来、夢の心理学と相並んで、夢の精神病理学が医師たちの研究課題となるだろうことは疑いを容れない。

覚醒時《かくせいじ》の健全正常な機能の下にあっても夢の営みのみはまだ精神病の支配下にあるというようなことは、精神病から治癒《ちゆ》しつつある症例においてことにはっきりとする。これに最初着目したのはグレゴリーだったようである（クラウスに拠る）。マカーリオ（ティシエに拠る）は、完全に治癒したのち一週間目に夢の中で観念奔逸と、元の病気の烈《はげ》しい症状とを再度経験した躁病患者について報告している。

長期の精神病者において夢のこうむる諸変化については、これまでごくわずかしか研究されていない。これに反して、それぞれの発現型態の大きな一致において看取されるところの夢と精神障害との内的親近性は古くから注目されてきた。モーリによれば、最初この内的親近性に注目したのはカバニ（『身体と精神とに関する報告』）であり、ついでレリュ、J・モーロー、ことに熱心にこの問題を取扱ったのはメーヌ・ド・ビランである。疑いもなく両者の比較考察はそれよりもずっと早くなされていたのであり、ラーデシュトックはこの問題を取扱った一章を、夢と狂気との類似点を比較した数々の意見の紹介をもって始めているし、カントはある著作中に「気違いは、眼を覚ましたままで夢を見ている人間である」といい、クラウスは「狂気は感覚が目覚めたままの状態内での夢である」といい、ショーペンハウアーは夢を短時間の狂気、狂気を長い夢と呼び、ハーゲンは譫妄《せんもう》を、睡眠によってではなく病患によって惹《ひ》き起された夢のいとなみといい、ヴントは『生理学的心理学』中に「実際われわれは夢の中で、われわれが精神病院の中で出会うほとんどすべての現象をみずから親しく体験してみることができる」と書いている。

われわれをしてとかく両者を同一視するように仕向ける根拠となっているところの個々の一致点をシュピッタはつぎのような順序で数えあげている（偶然非常にモーリに似ているが）、「（一）自己意識の消滅、といっていいすぎるなら自己意識の鈍化、したがってこういう状態そのものに関する無知、すなわち驚くことができないということ、道徳的意識の欠如、(二) 夢では微弱になった、また、狂気では一般に非常に高められた、感覚諸器官の変化せる知覚、(三) 単に連想法則や再現法則による観念相互の結合、したがって自動的観念系列形成、それゆえ(誇張、幻像等の)諸観念のあいだにおける関係のアンバランス、(四) 以上すべての結果としての人格やときとしては性格諸特性の変化ないしは逆転(倒錯)」

ラーデシュトックはこれにまだ若干の特徴、材料に見られる類比関係を付け加えている。「もっとも多くの錯覚や幻覚の見いだされるのは視覚・聴覚・身体感覚の領域である。嗅覚《きゅうかく》や味覚は夢におけると同様、ほとんど問題にならない。――熱病をやむ患者はうわ言に(夢を見る者と同様)古い昔のことをいう。目覚めている者や健康な者が忘れているように見えることを病人や睡眠者は思い出すのである」――夢と精神病の類似は、一族の人間と同じように、細かな身ぶりや、一つひとつの目だった表情の特徴にまで及んでこそはじめてその完全な価値を持つわけである。

「夢は肉体や精神の疾患のために苦しめられている人間に、現実が拒んだものを授ける富裕と幸福である。だから精神病者においても幸福や偉さや富や崇高さの軽やかな映像が現われてくる。金持だと思いこんだり、それが充《み》たされなかったり叩《たた》き潰《つぶ》されてしまったりしたために気が狂ってしまったところのその願望が叶《かな》えられたと思いこんだりすることが、譫妄の主内容を成していることが多い。可愛《かわい》い子供をなくした女は、母親としてのよろこびを表現するうわ言をいい、財産をなくした者は自分を途方もなく金持だと思い、男にだまされた少女は自分がやさしく愛されていると思いこむ」

（ラーデシュトックのこの箇所は、グリージンガー〔一一ページ〕の精緻《せいち》な議論の要約であり、このグリージンガーの議論はきわめて明快に願望充足を夢と精神病とに共通な表象行為の性格として暴露している。私は自分の研究によって、ここにこそ夢と精神病との心理学的理論の鍵《かぎ》が見いだされることがわかった）。

「夢と狂気とをもっぱら特色づけるところのものは、混乱した思想結合と判断力の弱化とである」冷静な頭脳から見ればばからしいと思われるような、自己の精神的諸能力の過重評価が精神病においても夢においても見いだされる。夢の迅速な観念交代に照応するのが精神病の観念奔逸である。自分が二つの人格に分裂して、夢の中で他人の「自分」が自分の「自分」を訂正するといったような、夢の中の人格分裂は、幻覚的妄想症《パラノイア》における周知の人格分裂とまったく同じ性質のものである。夢を見る人も、自分の考えを他人の声を通してきく。コンスタントな妄想さえも、同じものが何度も繰返される病的な夢（「うるさくつきまとう夢」）のうちに自己の一類比物を持っている。——譫妄から治癒した患者が、自分が病気であったあいだはまるで時とすると気分のわるくない夢を見ていたような気がすると告白することがよくあるし、また、普通の睡眠中の夢とまったく同様に彼らは病気のあいだじゅう、何これは夢を見ているにすぎないのだとぼんやり考えていたとも告白している。

だからして、ラーデシュトックが彼および他の研究家の意見を要約して、「狂気、すなわち異常な病的現象は、周期的に繰返される正常な夢の状態の高められたものだ」（一二八ページ）といっていても、別に驚くにはあたらないのである。

ところでクラウスは、外化する諸現象のこの類似点によって可能であるよりも、おそらくはもっと密接に、夢と狂気の親近性を、その病因において（むしろ、刺激源というべきか）基礎づけようとした。彼によれば両者に共通の根本要素は、すでにいったように、器質的に制約された感覚・身体刺激感覚・すべての身体器官からの持ち寄りの結果できあがる一般感覚（モーリの七七ページに引用されているペイスを参照）である。

夢と精神障害との疑うべからざる一致、個々の具体的な特色にさえ及ぶところの一致は、夢の生活を捉《とら》える医学的理論のもっとも力強いよりどころとなっており、この医学的理論に従えば、夢は無益な妨害的な事象として、また、低下せしめられた心のはたらきの現われと考えられる。しかし、夢に対する最後的な解明は精神障害の側からなされるだろうと期待することはできまい。いうまでもないことであるが、この精神障害そのものがまだほとんどよくわかっていない有様だからである。とはいうものの、おそらく夢に関するもっとちがった考え方は、精神障害の内的メカニズムに関するわれわれの意見にも必ずや影響を及ぼすであろうし、こうしてわれわれは、夢の秘密に迫ろうと努めるときにこそ同時にまた精神病の解明に寄与することになるといって差支《さしつか》えないのである。

一九〇九年の補足　私が夢の問題に関する文献を、この書物の初版から第二版までの期間以上にわたってあげ示さなかったことについては、ひと言釈明しておかなければなるまい。この釈明は読者をおそらく満足させないだろうが、私はそれにもかかわらず釈明しておかずにはいられない。そもそも私が文献に現われた夢の研究を紹介する気になったいわれは、この書物の冒頭に掲げた序論に明らかであって、さらにこの文献紹介という仕事を続けてゆくことは私にとって厖大《ぼうだい》な骨折りを意味し――その割に得《う》るところはすくなかっただろうと思われるのである。なぜなら今問題になっている九年という期間には、実際の新材料のうえから見ても、夢の解釈上の観点についていっても、新しいものや顧みるに足るべきものは何も出なかった。私の研究は、爾来《じらい》、公《おおやけ》にされた出版物中にあっては黙殺されたり、無視されたりした。学者たちに特有の、何か新しいものを学び知ることを嫌悪《けんお》する見事な実例を示したいわゆる「夢研究家」たちのあいだでは、これはいうまでもないことだが、私の説はほとんど顧みられることがなかった。嘲笑家《ちょうしょうか》アナトール・フランスの言い草ではないが「学者は好奇心を持たない」。学問にも復讐《ふくしゅう》というものがあっていいのなら、私のほうでもこの書物の初版以来世に出た文献を無視して差支えなかろう。学術雑誌に掲載されたわずかばかりの批評を見ても、それらは私の所説に対する無理解と誤解に充ちみちていて、それら批評家諸君に対しては、もう一度この本を読んでみてくれというよりほかは何とも答えようがないくらいなのである。ひょっとしたら、こう要求しても差支えないのかもしれない、「一度は読みたまえ」と。

精神分析的治療手段の適用を決心した医者たちやその他の人々の研究は、豊富な夢の実例を報告して私の指示に従ってこれをときあかしている。これらの諸研究が、私の提起した説を確かめてくれているかぎりにおいては、私はそれら諸研究の結論を私の叙述中に取入れた。巻末の第二書目（B）で、本書初版以後のもっとも重要な夢文献をあげておいた。刊行後ほどなくドイツ語訳の出たデ・サンクティスの内容豊富な夢研究の書物は、その出版が私の『夢判断』とちょうど時期的にかちあったので、これを参看することをえなかったのは、デ・サンクティスが私の書物を参看しえなかったのと同様である。だが私は残念ながら、デ・サンクティスの勤勉な労作も内容的には非常に貧弱であって、読者はそこからは私の取扱った諸問題の可能性すら予想しえまいといわざるをえない。

ここに言及するものがあるとすれば、それは私の夢問題の取扱い方に近いものを示している二冊の書物である。若い哲学者H・スウォボーダはヴィルヘルム・フリースが最初発見した生物学的周期性（二三日および二八日を一周期とする）の考えを心的事象にまで及ぼして、一冊の空想的な書物の中でこれを鍵としてとりわけ夢の謎《なぞ》を解こうとした。*そこでは、夢の意義があまり重視されていない憾《うら》みがあるようである。夢の内容材料は、その夜にはじめて、あるいは何度目かに生理学的周期のひとつを完了するあらゆる記憶の合致によって説明されるのではあるまいかと思う。著者の個人的な一報告は最初私に、著者自身この説をもう真面目《まじめ》に主張しようとしていないのではあるまいかと想像させた。この私の結論は間違っているように思われる。私は別の箇所でスウォボーダの所見に対する若干の考察を報告することにしよう。それよりずっとうれしかったのは、私の説の核心と完全に一致する夢解釈を思いがけないところで見つけたことであった。時代の事情から考えて、その意見が私の書物を読むことによって影響されてできあがったものだとはとうてい思われないから、私はその夢解釈をもって、私の夢理論の本質と、独立的思想家との、文献的に実証しうべき唯一《ゆいいつ》の一致だとしてこれをよろこばなければならない。私が注目したその夢解釈を含んでいる書物は、一九〇〇年（第二版）『あるリアリストの空想』という標題でリュンコイスがこれを公にした。**

* H・スウォボーダ『人体の周期』、一九〇四年。

** ロンドン版フロイト全集十三巻中の『ヨーゼフ・ポッパー＝リュンコイスと夢の理論』（一九二三年）を参照。

一九一四年の補足　以上は一九〇九年に書かれた釈明だが、それ以来とにかく事情は変ってきた。私の『夢判断』研究は文献上もはや無視されないようになってきた。しかるに新しい情勢は私に上記の研究報告を続けることを今こそ本式に不可能ならしめる。『夢判断』が提出したたくさんの新しい主張や問題は、今や多くの研究家によっていろいろに論じられている。研究家たちによって問題にされている私自身の諸見解を述べきってしまわないうちは、それらの諸研究を紹介論評するわけにはゆかないから、私は晩近《ばんきん》の文献で重要だと思ったものは、これからのちの私の議論のつながりの中で論じておいた。

II 夢判断の方法――ある夢実例の分析

私がこの章に与えた標題は、私が夢の考え方におけるいかなる伝統の流れに棹《さお》さすものであるかを物語っている。私は、夢が判断され解釈されうるものだということを示そうと思い定めているのである。これまで取扱ってきた夢の諸問題の解明への寄与は、私にとってはただ、私の本来の課題を解決するさいに得られた副産物のごとき意味しか持たないであろう。夢は解釈可能であるという前提を踏まえると、私は直ちに支配的夢理論、いや(シェルナーの説を除く)いっさいの夢理論と正面衝突をすることになる。なぜなら「夢を解釈する」とは夢に「意味」を与えることになり、われわれの心的諸行為の連鎖の中へ、夢を完全な同資格の一項としてつなぎあわされ組み入れられるところのあるものによって置き換えるということを意味するからである。ところがすでに見たように夢に関する学問的理論は夢判断(夢解釈)の問題に対して空席を用意してはいない。というのが夢は学問的理論にとってはそもそもいかなる心的行為でもなく、心の装置においてあるやり方で自己を知らしめるところの一個の身体的事象にほかならないからである。ところが素人《しろうと》は昔から別の考え方をしてきた。素人の考えは物事を学問のように厳格には採らないというその良き権利をたのしんでいる。素人は、夢はわけがわからないし、また、支離滅裂だと認めはするものの、夢に意味なんかは全然ないといいきる勇気を出しかねている。漠然《ばくぜん》とした予感に導かれて、夢には、それがどういう意味かはわからないが、それにしてもある意味がある、夢にはある別の思考過程の代りをつとめるという任務がある、だから、夢の隠れた意義を見つけるには、この代用物が何を代用しているかを正しく発見することこそ問題なのだ、と考えているように思われる。

そこで昔から素人は、夢を「ときあかそう」と苦心してきた。で、そのさい、性質のまったくちがった二つの方法を用いた。第一のやり方はこうである。夢の内容をひとつの全体として捉《とら》えて、この内容を、別のもっとわかりやすい、そしてある点ではそれと類似の内容に置き換えてみるというのである。これが象徴的夢判断である。むろんこのやり方は、わけがわからないばかりか、内容の混乱しているような夢の前に出ると最初から役にたたない。たとえば、旧約聖書に出てくるヨゼフがパラオの夢に与えた夢判断はこのやり方の一例である。肥えた七頭の牛のいるところへ、痩《や》せた七頭の牛がきて、前にいた七頭の牛を食ってしまうというのであるが、これはエジプトで七年の豊饒《ほうじょう》な年々が作り出したありあまる物資を、七年の飢饉《ききん》年がやってきて元の木阿弥《もくあみ》にしてしまう、という予言の象徴的代用物である。詩人たちが描く人工的な夢の多くは、こういうふうな象徴的解釈を予想しているものである、というのは、そういう夢は、詩人の思想を、われわれが自分たちの経験からよく知っている夢の諸性格にうまくあっていると考えるような扮装《ふんそう》において読者に伝達するからである。* そして、夢は未来がどうなるかを知っていて、もっぱら未来のことに関係するという意見――かつて夢に対して承認されていた予言的意義の名残《なごり》――は、象徴的解釈によって見いだされた夢の意味を「何々となるだろう」という言回しによって未来のこととする契機になるのである。

＊ W・イェンゼンの小説『グラディーヴァ』の中に私は偶然たくさんのフィクションの夢を見いだした。それらはまるで本当の夢のように描かれていて、本当の夢のように解釈される。詩人が案じ出したのではなくて、実際の人間が見た夢のようにうまく描けている。私がたずねてみると、詩人は私の夢に関する議論を全然知らないということが判明したから、私としては、私の研究と詩人の創作とのこの偶然の一致を私の夢分析の正しさの証拠と見たい（『W・イェンゼンの「グラディーヴァ」における妄想《もうそう》と夢』、私が刊行した『応用心理学研究論稿』第一冊、一九〇七年、一九二四年第三版、全集第七巻所載）。

ではどういうふうにしてそういう象徴的解釈への道を見いだすか。これにはむろんのことこれこれの方法というようなものがあるわけではない。成否はうまい思いつき、とっさの直観にかかっているのであるから、だからこそ象徴による夢判断はひとつの技術、芸のようなものになったわけである。これは特殊の才能がなければやれないように見えた。* さてもう一方の古来よくやられている夢判断はそういうむずかしいものではない。この方法は「解読法」といってもいいであろう。つまり、夢を一種の暗号文のように見るのである。きまった解読のキーがあって、それを使えば、その夢の暗号はすらすら解けて、本当の意味がわかるという具合である。たとえば私がある手紙の夢、葬式の夢を見たとする。そこで私はキーの書いてある『夢判断』の本のページを繰ると、「手紙」は「厄介《やっかい》な事件」、「葬式」は「婚約」というふうに答が出てくるという仕組である。そういう解答の言葉から、一つの関連、しかも未来に関するなんらかの事件を組みたてるというのが私の仕事になるわけである。この解読法の純機械的翻訳という性格をやや緩和修正するような、いわば改訂解読法というおもしろいやり方がある。ダルディスのアルテミドロスの夢判読の著書にあるのがそれである。** この新しい方法では、夢の内容ばかりでなく、夢を見るその人間やその人間の生活事情にも顧慮が払われる。それゆえ、夢に見た物が同じものでも、それが金持、既婚者、雄弁家に対して持っている意味と、貧乏人、未婚者、それからたとえば商人に対して持っている意味とではそこにちがいがあるとするのである。さてこの方法のもっとも肝心な点は何かというと、夢の全体がときあかされるのではなくて、夢というものが、その中ではどの石塊でも、各々《おのおの》別個に説明されなければならないような子持石（礫《れき》石《せき》）ででもあるかのように、夢の内容の一つひとつが、それだけで解釈されるということである。この解読法が創《つく》り出されたのは、疑いもなく、支離滅裂で混乱した夢を、それでもどうにかしてときあかそうとしたからなのであろう。***

＊　アリストテレスはこういっている、最上の夢判断家は、類似点をしっかりと捉える人である。なぜなら夢に出てくるいろいろのものは、水に映った物の姿のように、動きによって歪《ゆが》んでいるからだ。そして歪んだものの中に本当のものを見分けることのできる人がもっとも正しく夢判断を行うことができる（ビュクセンシュッツ、六五ページ）。

＊＊　おそらく二世紀初頭に生れたと思われるダルディスのアルテミドロスは、ギリシア・ローマの世界における夢判断の有様をもっとも完全かつ詳細に後世に伝えた人である。Th.・ゴムペルツが強調しているように、彼は夢占いを、観察と経験とに基づかしめることを重要視し、自分の夢判断術を他のいかがわしいものとは厳格に区別した。彼の夢判断の原理は、ゴムペルツの叙述によれば、魔術と同様に連想の原理であった。夢に出て

くるものは、ひとにあることを思い起させるようなあるものなのである。誤解してはならないが、それは、夢を占う人にそれを思い出させるような、そういうものなのである。ところが夢に出てくるものは占い師に種々雑多なものを思い出させるし、また人によって思い出すそのことも千差万別だから、そこにどうにもならないような、混乱と不確実さとが生ずる。私が以下において説くところの方法は、古代の方法とはつぎの一点において決定的に相異なる。すなわち私のやり方は、夢判断・夢占いをその当人にやらせるのである。私の方法は、夢判断をする人間がある夢の内容を見て思いつくことは無視してしまう。逆に、その夢を見た人が自分でその夢の内容から思いつくことを重要視するのである。宣教師トフィンクドジット(『アントロポス』一九一三年)の新しい報告によると、東洋の近ごろの夢占い師もまた、夢を見た当人にも大いに協力させるのだそうで、彼はメソポタミアのアラビア人たちの夢占い師についてこう報告している、「上手な夢占い師は、夢を正しく判断し解釈するために、見事な説明をするのに必要だと思われるようなすべての事柄を、相手の口からきき知る。……要するにこれらの夢占い師は、どんな事情をも相手から探り出し、ききたいと思うことを全部きいてしまってからでないと、求められた判断を下そうとはしない」そういう質問の中には、(両親・妻・子供などの)家族についての詳細なデータや「昨夜ねむる前か、また今朝、同衾《どうきん》したかどうか」という典型的な質問が必ずあるのである。——「夢占いにおける主要な観念は、夢をその反対物によってときあかすということである」

＊＊＊ドクター・アルフレート・ロビツェクは、われわれのそれがその貧弱な模倣であるとこ

ろの東洋の夢の本が夢判断を概して言葉の音の同一性や類似性によって行うということを私に教えてくれた。しかしこういう類似性はヨーロッパ語に翻訳すると消え失《う》せてしまわざるをえないところから、おそらくヨーロッパの通俗的な夢占いの翻訳本の不可解が生じたのかもしれない。——古代東洋文化圏の言葉合せや言葉の洒落《しゃれ》が持っていた大きな意義を知ろうとする人は、フーゴー・ヴィンクラーの書物についてこれを見ればよろしい。古代から伝わり遺《のこ》っている夢占いのいちばん見事な例は言葉の洒落に基づいたものである。アルテミドロスはこう書いている（二五五ページ）、「しかしまたアリスタンドロスがマケドニアのアレクサンドロスに与えた夢占いは非常に見事なものだったと私には思われる。すなわちアレクサンドロスがテュロスの包囲陣をしいて、いつまでたっても埒《らち》があかず不機嫌《ふきげん》でむしゃくしゃしていたとき、自分の楯《たて》の上に一人のサテュロス神が踊っている夢を見た。アリスタンドロスは王に随《したが》ってたまたまテュロスの付近にいた。王はシリア人を攻撃していた。さてアリスタンドロスはサテュロスという語を『サ』と『テュロス』とに分解してみせることによって、王を動かし、王をして包囲攻撃を強化せしめるのに成功し、ついにこの町を陥落させた」（サテュロスは、「テュロスは汝《なんじ》のものなり」の意）。——いずれにせよ夢というものは言語表現にきわめて緊密に結びついているので、フェレンチが「どの国語にもそれ固有の夢の言葉がある」といったのは正しい。夢はたいていの場合、他の国語に翻訳しがたい。だからこの書物なども翻訳されえないだろうと私は考えていたのだが、最初はニューヨークのドクター・A・A・ブリル、それに続いてほかの国々の人々がこの『夢判断』の翻訳に成功している。

われわれの研究主題の学問的取扱いにとって、上記ふたつの夢占いの方法が役にたたないということは改めていうまでもなかろう。象徴的方法はその適用が制限されており、一般的説明にはならないし、解読法では何よりも「キー」つまり夢占いの本そのものが信用するに足るということが肝要であって、そういう書物が信用するに足るという保証があるわけではさらさらない。そういう次第で、なるほど哲学者や精神病医のいうとおりで、われわれも彼らとともに夢判断の問題を幻想的な仕事として抹殺《まっさつ》したくなるというのも人情というべきであろう。*

* この本の原稿を書きあげたのちに、「夢には意味があり、解釈可能だ」ということを示そうという意図において私の仕事と合致するシュトゥムプの著書を入手した。しかしこの本の夢判断は、判断方法の普遍妥当性への保証がなく、比喩《ひゆ》的《てき》象徴によるものである。

しかし、私はそういう誘惑にうち克《か》つことができた。この場合も、例のあまり珍しからぬ事情のひとつが問題なのだということを私は認めざるをえなかった。つまり今日世間に通用している学問よりも、昔からの、頑固《がんこ》に信じられている民間の迷信のほうが事の真相に肉薄しているように思われるという事情がそれである。私はこう主張せざるをえない、「夢には実際に『意味』がある。そして夢判断の学問的方法というものは可能なのだ」と。私はこういう方法の存在を、ざっとつぎのごとくにして知りえたのである。

私は年来、若干の精神病理学的形成物、すなわちヒステリー性の恐怖症・強迫観念その他の、治療学的意図における治癒《ちゆ》に従事してきた。すなわちヨゼフ・ブロイアーの重要な一報告によって、病気の症状として感ぜられるこれらの形成物にとっては、解消せしめることと解決することとが一に帰するということを知って以来のことである。＊こういう病的表象は、それが患者の精神生活中でそこから出てきたところの諸要素へ還元されてしまうと、この表象は消滅し、患者はその表象から解放される。われわれの治療学的諸努力は一般的にいって無力であり、精神病的諸状態は幾多の謎《なぞ》に包まれているから、私はブロイアーが歩きはじめた道を万難を排して、事態がはっきりするまではとことんまで進んでいってみようと考えた。このやり方の技術が結局どういうところに落着いたか、また、この努力の成果がいかなるものであったかについては別の機会に詳述しなければならないであろう。この精神分析的研究の途中で私は夢判断の問題にぶつかったのである。ある一定の事柄に関して念頭に浮んだことは細大洩《も》らさず私に伝えろと命ぜられた患者たちは、私にその夢を話してくれた。そして、夢というものは、ある病的な観念から逆に記憶を遡《さかのぼ》って追尋することのできる心的連鎖の中に組み入れられるものだということが私にわかった。すると、夢そのものを一病的症状のごとくに取扱い、精神病のために編み出された解釈の方法を夢に適用してみたらどうかと考えはじめた次第であった。

＊ブロイアー＝フロイト『ヒステリー研究』ヴィーン、一八九五年、第四版一九二二年。

ところでそれをするには、患者の側に多少の心理的な準備がなければならない。つまり患者は第一に自分の心的知覚に対して注意力を緊張させ、第二に自分の脳裡《のうり》に浮ぶ想念に対していつものように批判を加えることを全然中止しなければならない。注意力を集中して自己観察を行うという目的のためには、患者が静かな場所にいて眼をとじることが有利であり、また、自分が知覚した想念形成に対する批判をやめてしまうということは医師の側から患者に手きびしく命令する必要がある。たとえばこんなふうにいってやるのである、精神分析が成功するかしないかは、あなたが自分の頭の中に浮んだことといっさいを観察してこれを包みかくさずいってくれるかどうかに懸《かか》っている。どうもこれはあまり重要でなさそうだからとか、今の問題とは無関係だからとかいうように考えて、ある想念を抑《おさ》えつけて報告しなかったり、あんまりばかげているからといってあることを報告しなかったりするというようなことがあってはならない。自分の頭に浮んだことに対してはまったく公平でなければいけない。なぜかというと、もしわれわれの分析が不成功に終るようなことがあったら、つまり夢や強迫観念その他を解消させることができなかったら、その原因はあなたが自分の頭に浮んだいろいろの想《おも》いに加えたその批判にあるのかもしれないのだから、とこんなふうにいってやるのである。

私は精神分析をやっていて気づいたが、考えに沈んでいる男の心的状態は、自分の心のうごきを観察する男の心的状態とは全然別なので、沈思黙考にさいしては、ごく注意深く自己観察をやっている場合よりも心的活動が盛んなのであって、そのちがいは、沈思黙考している人間の緊張した表情と額に寄せた皺《しわ》と、自己観察者の表情上の落着きとのちがいに照応する。これら二つの場合、いずれも注意力の緊張ということはあるにちがいないが、考えに沈んでいる人間は注意力を緊張させる以外にも「批判」をはたらかせているわけで、この批判に従って念頭に浮ぶあるものを却《しりぞ》けたり、また別のものを中途で終らせてしまったりして、それらの想念によって開かるべき思想の道を素直に辿《たど》らないという結果になり、さらにまた別の想念に対しては、それらがそもそも意識される、つまりそれらが知覚される以前に抑えつけてしまうようなふうに振舞うこともやりかねない。これに反して自己観察者はそういう「批判」を抑えつけるという骨折りだけをするわけで、この批判の抑止ということが成功すると、そうでない場合には捉《とら》えられないような無数の想念が意識にのぼせられることになる。自己知覚にとって新たに得られたこの材料の助けをかりて病的観念並びに夢の形成物の解釈が可能になるのである。いうまでもなく問題は、心的エネルギー（可動的な注意力）の配分という点で、ねむりこむ前の状態（そしてたしかにまた催眠術的状態）とある種の類似性を持った心的状態を作り出すということにある。ねむりこむさいには、われわれが諸々《もろもろ》の観念の流れに対してはたらきかけさせていたような、ある種の自由な（そしてまた疑いもなく批判的な）行為が後景にしりぞくことによって、「欲せられざる諸観念」が登場する。なぜそういう自由で批判的な行為がやんでしまうのかを説明して、われわれはそれは「疲労」のせいだというのが普通である。さて、そうして現われてくる欲せられることのなかった観念は、視覚的並びに聴覚的形象に変身する（本書八八ページにおけるシュライアーマッハーその他の見解を参照）*。夢や病的観念を分析するために利用される状態にあっては、ひとは故意に自由に上述の積極性を断念し、そのことによって得られた心的エネルギーを（もしくはその一部分を）、観念としてのその性格を守りつづけているところの（これがねむりこむさいの状態との相違である）、今や姿を現わしてくる欲せられざる想念を注意深く追跡するために利用するのである。こういうふうにしてひとは「欲せられざる」観念を「欲せられたる」観念に変えてしまうのである。

＊ H・ジルベラーは諸観念の視覚的形象への転化を直接に観察することから、夢の解釈に対して幾多重要な寄与をなした（『精神分析研究年鑑』第一、二巻、一九〇九年以下）。

普通ならばこういう場合に力を揮《ふる》うところの批判を断念することによって、一見「自由に浮びあがってくる」いろいろな考えに対決せよというこの命令は、多くの人々にとって決して愉快なものではないらしい。「欲せられざる考え」は、それが浮びあがろうとするのを阻止するすさまじい抵抗に会うのがつねである。しかしもしシラーの言葉を信用していいのなら、詩人の創作もまたやはりそういう心的態度を条件としているらしい。友人ケルナーとのあいだに交《か》わされた書簡の一箇所に（これを見つけたのはオットー・ランクである）、シラーはケルナーが自己の創作の才の乏しいのを嘆くのに対してこう答えている、「君の嘆きの原因はどうやら、君の悟性が君の想像力に対して加えている強制にあるようだ。僕はここでひとつの考えを述べよう、それをひとつの比喩で説明してみよう。悟性が、流れこんでくる諸観念をいわば入口のところですでにあまり厳格に吟味することは、いいことではないし、魂の創造行為にとって不利益なことであるらしいのだ。それだけ切り放して考えれば、ひどくつまらぬ考えもあるし、ひどく大胆な考えもある。しかし、おそらくそういう一つひとつの考えは、その考えに続いて起ってくる別の考えによって重要なものになり、おそらくは全然同じようにとるに足らないように見える別の考えとどうにか結びつくことによって非常に有益な考えになってくるのだ。――悟性は、そういうつまらぬ考えが、別のものと結合した有様を眺《なが》めうるにいたるまで、その考えをしっかりと握っているのでなければ、そういうことといっさいを悟性は判断できないはずである。これに反して創造的な頭脳の人間においては、悟性は自分の番兵を入口のところに立たせてはおかない。だからいろいろな考えがわれがちに乱入してくる。そうさせておいてからはじめて、悟性はそういう想念の大群を眺め渡して検査するのだ。――批評家諸君、まあ批評家でも何でも名前は問わないことにするが、諸君は、瞬間的な一時的な想念を恥じるか怖《おそ》れるかしておられる。ところがそういう想念こそすべての独創的な芸術家に見いだされるものであり、そういう想念が永く続くか短く終るかが、思考する芸術家を夢みる人間から区別する当のものなのだ。だから諸君が詩人たちの菲才《ひさい》を嘆くのは、それは諸君があまりにも早々と非難を加えたり、あまりにも厳格に区分けするからのことなのである」(一七八八年十二月一日付書簡)。

ところでしかし、シラーのいわゆる「番兵を悟性の入口から引きしりぞかせること」、つまり批判を交えぬ自己観察の状態に自分の身を置くことは、決してむずかしいことではない。

私が扱った患者の多くは、一度そういわれただけでこれに成功しているし、私自身も、私の頭の中に浮ぶいろいろの想念を紙に書くということでこれを補うならば、完全にそういう状態に身を置き入れることができる。批判的活動を抑えることによって得られた心的エネルギーの量、それによって自己観察の強度を高めうる心的エネルギーの量は、注意力によって固定させられるテーマの性質いかんによって著しく相異なる。

さてこの方法を実際に行なってみてまず教えられたことは、ひとつのまとまった全体としての夢ではなくて、夢の内容の個々の部分々々だけを注意力の対象にするのがいいということであった。まだ精神分析に慣らされていない患者に向って、私が「あなたはこの夢に対してどういうことを思いつきますか」と質問すると、大概の場合患者は、自分の精神的視界の中に、あげ示すべき何ものをも見いださないのがつねである。私が患者の夢を部分々々に砕いて示すと、患者はそれらのどの部分に対しても、それらの部分の「背後の考え」ともいうべき一連の思いつきや考えを私に告げてくれる。さて、この第一の重要な条件においてすでに早くも、私のやる夢判断の方法は、古くから民間に行われている象徴による夢判断と袂《たもと》を分かつのである。そして第二の方法、つまり例の「解読法」に接近する。私の方法は解読法同様に全体的判断ではなくて、部分的判断である。それにまた、解読法同様に、夢をそもそもの初めから合成物・心的諸形成物の混合体として捉えているわけである。

神経症患者の精神分析をしながら、私はおそらく千以上の夢を判断しときあかしたが、これらの夢を今ここに夢判断の技術や理論を解説するために利用したくはない。それらは精神病者の夢でこそあれ、健康人の夢ではないから、夢一般を理解するための役にはたたないという駁論《ばくろん》にたち向わねばならないということは全然度外視するとして、別の理由から私はその材料を使うわけにはゆかない。それらの夢が目ざしている主題は、いうまでもなくすべて、その神経症の根底になっている病気の歴史（病歴）であるから、どの夢を採りあげるにしても、途方もなく長い前置きと、神経症の本質並びに病因学的諸条件にたちいたることとが必要になってくるのであり、そういう事柄はそれだけとしても新しくかつきわめて奇異なものであって、そのために読者の注意を夢の問題から逸《そ》らせてしまう憂《うれ》いがあるからである。私の意図するところはむしろ、夢の分析を通じて神経症心理学のもっとも困難な諸問題の解明のための予備的な仕事をするという点にある。しかしもし私の手持ち材料であるところの神経症患者の夢を断念するとなると、それを引去った残りの部分についてはあまり選《え》り好みすることは許されない。というのがあとに残るのは、おりにふれて知合いの健康な人々から話してもらった夢だとか、夢の問題を取扱った書物の中に記録されている実例だとかにすぎないからである。ところがそういう夢には、夢の意味を見つけ出すべき手段としての分析を施すことができかねるわけなのである。私のやり方は、与えられた夢の内容をきちんときまったキーに従って解読してゆく「解読法」のやり方のように簡単便利というわけにはゆかない。むしろ実情は、同じ夢内容でも、その夢を見た人や、その夢の見られたつながりいかんによっては、その意味するところがちがってくるというようなもので、それやこれやで私は余儀なく私自身の夢を材料にすることにした。これなら豊富であるし、手近かであるし、大体正常な人間の見た夢だし、日常生活の種々雑多なきっかけに関係してもいる。しかしひとはこういう「自己分析」の信憑性《しんぴようせい》に疑念をいだくかもしれない。どうにでも自由勝手に解釈がつくから、というかもしれない。ところが私をしていわしむれば、自己観察のほうが他人の観察よりもはるかに有利なのである。いずれにしろ夢判断においてどの程度まで自己分析が有効適切なものであるかを試《ため》してみてもよかろうと思う。実は私自身がうち克《か》ってゆかなければならないのは、それとは別種の諸困難なのである。何といっても自分の心の中のことをいろいろと外へ出すのは気後《きおく》れがするし、他人がどんな誤解をするかもわからないから。しかしそういうことは無視するとしよう。デルベフは「すべての心理学者は自分のいろいろな弱点を告白すべく余儀なくされている、もしも彼がそれによって何か未解決の問題に光を投げうると信ずるならば」といっているし、それにまた読者諸君も、最初は私の余儀ない打明け話に興味を持たれるかもしれないが、しかしやがてはこれによって光を投げ与えられる心理学的諸問題の中へぐいぐい引入れられてゆくことであろうから。*

* しかし、上にいったことを制限するためにいっておかねばならないが、私はほとんど一度も、自分の夢の成功した完全な解釈を報告したことはない。私が読者の分別にあまり多くを期待しなかったのは、おそらく正しかったであろう。

そういう次第で、私は自分の夢をひとつ取出して、その夢を私のやり方で分析してみよう。こういう夢には必ず前置きが要《い》る。しかし私はここで読者にお願いしておくが、読者はどうぞ私の諸関心を読者自身のものとされて、私といっしょになって私の生活の細々した事の中へ分け入っていただきたい。なぜなら夢の隠れた意味を知ろうとする興味は、絶対にそういう転身を要求するものだからである。

前置き

私は一八九五年の夏、ある若い婦人に精神分析をほどこした。この人は私および私の家族とごく親しい間柄だった。こういう入り組んだ関係というものが、医者、ことに精神病医にとってはいろいろな興奮の源泉となりうるということにはお察しがつくことと思う。そういう場合、医者の個人的な関心は普通の患者に接する場合よりも大きいし、これに反して医者としての権威は小さくなる。失敗でもすれば、患者の家の人たちとの古い友情がぐらつく懼《おそ》れもある。治療は部分的成功をもって終了した。患者はヒステリー性不安から免れることができたが、さりとて、いっさいの身体症候が消滅したわけではなかった。当時私はまだ、あるヒステリー性病歴の最終的な段階を特色づける諸規準について本物の確信の持ちあわせがなかった。そこでこの患者に対してある解決を強制したが、この解決方法は、彼女には受入れることのできないもののように見えた。こんな中途半端《はんぱ》な状態で、夏に入ったので治療を中絶した。——ある日、私の年下の同僚が（親友の一人だが）私を訪《たず》ねてくれた。この同僚は、イルマという その患者を田舎《いなか》の避暑先にたずねてきたのである。どんな容子だったときいてみると、前よりはよさそうだが、すっかりというわけにはゆかないようだという返答だった。このオットーという友人の返答、というかその言葉が語られた調子が私を不愉快にさせたのを記憶している。私は友人の言葉を私に対する非難と受取った。たとえば「あなたはあの女性患者にあまりにも多くのことを約束しすぎた」というような非難と解した。そこで——それが正しかったにしろ間違っていたにしろ——オットーが私に対して反対の立場に回っているらしいが、これは患者の家族たちの影響のせいだろうと考えた。患者の家人たちはどうも私の治療を決して快い眼では見ていなかったように思われた。しかしそういう苦痛の感じは私自身にも実ははっきりとしたものにはならなかった。私は自分のそういう感じを外へ現わすこともしなかった。すぐその晩、私はイルマの病歴を書き誌《しる》した。これは、あたかも私自身を弁明するような意味合いで、われわれ共通の友人であるドクター・Mに見せるために書いたのであった。このMという人は、当時われわれ仲間では指導的な位置にいた人である。その夜間、おそらく暁方《あけがた》近くだったろうか、私はひとつの夢を見た。この夢は眼を覚ました直後、書きとめておいた。つぎに掲げるのがそれである。*

＊　これは私が精密に解釈を試みたいちばん最初の夢である。

一八九五年七月二十三日から二十四日にかけての夢

《大きなホール――われわれはたくさんの客を迎えつつある。――中にイルマがいるので、私はすぐさまイルマをわきの方へ連れてゆく。いわば彼女の手紙に対して返事をし、また、イルマが例の「解決方法」をまだ受入れようとしないのを非難するためである。私はこういう、「まだ痛むといったって、それは実際に君自身の咎《とが》なのだ」――イルマが答える、「わたしがどれほど痛がっているか、頸《くび》、胃、お腹《なか》なんかがどんなに痛いか、おわかりかしら。まるで締めつけられるようなんです」私はびっくりして、イルマを凝視する。蒼白《あおじろ》く、むくんでいる。なるほど、どうもこれは何か内臓器官関係のことを見落していたかなと思う。窓際《まどぎわ》へ連れていって、喉《のど》を診《み》る。すると、入歯をしている婦人たちがよくやるようにイルマはちょっといやがる。いやがることはないのに（そんな必要はないのに）と私は思う。――しかしやがて口を大きく開いた。右側に大きな斑点《はんてん》が見つかる。別の場所にははっきりと、鼻甲介状をした、妙な、縮れた形のもの、広く伸びた白灰色の結痂《けっか》が見られる。――私は急いでドクター・Mを呼んでくる。Mは私と同じようにもう一度診察して、間違いないという。……ドクター・Mはいつもと様子が全然ちがう。真っ蒼な顔色で、ちんばを引いていて、顎《あご》にひげがない。……友人のオットーもイルマのそばに立っている。それから同じく友人のレーオポルトがイルマの小さな身体《からだ》を打診して、左下に濁音があるといい、左肩の皮膚の浸潤部を指摘する（これは私も彼と同じように着物の上からそれとわかった）……Mがいう、「これは伝染病だが、しかし全然問題にならない。そのうえ、赤痢になると思うが、毒物は排泄《はいせつ》されるだろう」……どこからこの伝染病がきたかも、われわれには直接にわかっている。オットーが、イルマが病気になって間もないころにプロピール製剤の注射をしたのだ……プロピレン……プロピオン酸……トリメチラミン（この化学方程式はゴシック体で印刷されて私の前に見えた）……この注射はそう簡単にはやらないものなのだが……おそらく注射器の消毒も不完全だったのだろう》

　この夢はほかのにくらべてひとつの長所を持っている。これが前の日のどういう出来事に結びついているか、どういう主題を取扱っているかがきわめて明瞭《めいりよう》だというのがそれである。前置きをごらんになれば、この点ははっきりしている。イルマの容態に関してオットーから受けた報告、夜遅くまで書きつづけた病歴などが睡眠中にも私の心の活動を続けさせたわけだけれども、この夢の前歴と夢の内容とを知っている人といえども、この夢の意味は全然わかるまい。私自身にもわからない。だいいち、イルマが訴えた症状が、そのためにこそイルマの治療を試みているその症状と同一でないのからして不思議である。また私は、プロピオン酸の注射をするというようなやくたいもない考えと、ドクター・Mがいった慰めの言葉を思い出して笑いだしてしまった。この夢は終りに近づくにつれて曖昧《あいまい》になり、テンポが早くなるように思われる。これらいっさいの意味を知るためには、詳細な分析の決心をしなければならなかった。

分析

《ホール——たくさんの客を迎えつつある》その夏、われわれはカーレンベルクに続く丘のひとつの上にある独立家屋、ベルヴューに住んでいた。この家屋は以前集会所であって、部屋々々はホール風で、普通より天井が高かった。この夢はこのベルヴューの家で見たものである。しかも私の家内の誕生日の祝いの二、三日前のことである。その日、家内は誕生日にはたくさんのお客をすると私にいっていた。お客の中にはイルマも予定されていた。だから私の夢はそのときの状況をあらかじめ現わしていた。つまりそれは家内の誕生日当日であって、イルマも交えたたくさんの客をベルヴューの大広間へ迎えるというのである。

《イルマが例の「解決方法」をまだ受入れようとしないのを非難して、私はこういう、

「まだ痛むといったって、それは実際に君自身の咎なのだ」》これは夢を見ていないときでもイルマに対していいかねない言葉であるし、ひょっとすると実際そういったのかもしれない。当時私はつぎのような意見を持っていた（のちにはこれが正しくないということがわかったのだが）、すなわち私の任務は、患者に現われた症状の隠れた意味を患者にいってやるということで果されるわけであって、患者が成功の懸《かか》り存することの解決を受入れるか受入れないかに対してまでは責任を持てない、というのである。私自身の不可避的な無知のうちにあって治療を成功させなければならない時代に私の生活を容易なものにしてくれたのは、ほかならぬこの誤謬《ごびゅう》なのであった（仕合せなことに、私は現在この誤謬を克服している）。——さて私は、自分があの夢の中でイルマに向っていった文句によって、まだイルマが痛みを持っているとしても、それに対して私は責任を持ちたくないということを知るのである。もしそれがイルマ自身の咎ならば、イルマが痛がろうともそれは私の咎ではないということになる。この辺にあの夢の本当の意図が求められるべきなのであろうか。

《イルマの訴え、頸・腹部・胃の痛み、喉《のど》を締められるような痛み》胃の疼痛《とうつう》はイルマの症候群に属するものであったが、それにしてもこれはそうたいしたものではなかった。むしろイルマは胸苦しさや嘔気《はきけ》を訴えていた。頸部《けいぶ》・腹部の苦痛、喉の緊迫感は実際にはほとんどなかった。なぜ私が夢の中でこういう症状を選び出したのか、これは不思議なことであって、さしあたりその理由はわからない。

《蒼白く、むくんでいる》イルマはいつも血色がよかった。ここでは誰か別の人間がイルマにすり代えられているらしい。

《何か内臓器官関係のことを見落したかな、と思ってびっくりした》この私の不安、驚きは、読者もおわかりだと思うが、実は不断もっぱら神経症患者ばかりを相手にしていて、ほかの医者ならば器質的治療を試みるような多くの現象をヒステリーのせいにしてしまう特殊な専門医がいだくところの、絶えざる不安のひとつなのである。他面しかし、私の不安・驚きがはたしてまったく正当かどうかという微《かす》かな疑念が――これがどこからやってきたのか、わからないのであるが――生ずる。もしイルマの苦痛が器質的な性質のものならば、私はまたしてもその治癒に責任はないわけだ。ヒステリー性の苦痛を除くというのが私の目的であり任務なのである。そこで、診断がもともと間違っていればよかったのだが、ということも考える。そうだとすれば、私は治療に失敗したという非難からも免れることができる。

《窓際へ連れていって、喉を診る。すると、入れ歯をしている婦人たちがよくやるようにイルマはちょっといやがる。いやがる必要はないのに、と私は思う》イルマの口《こう》に、歯並を隠そうという素ぶりをした。一見すると若々しく美しかったが、すこし以前に腔《こう》を診るといういわれは実際には全然なかった。夢の中のこの一条は、すこし以前に診察したある女家庭教師のことを思い出させた。一見すると若々しく美しかったが、口をあけるとき、歯並を隠そうという素ぶりをした。ところでこの一小事件からさらに連想されるのは、その暴露が医者にとっても患者にとっても決して愉快ではない小さな秘密や診察の記憶である。――いやがることはないのに、というのはおそらくまずイルマへのお世辞と考えられる。しかし私はもうひとつ別の意味を推察する。注意深く分析してゆくと、予期した「背後の考え」を十分に汲《く》みつくしたかどうかはおのずからわかるものなのである。窓際に立っていたイルマの様子は、突然ある別の出来事を思い出させた。イルマにひとりの女の親友がいる。私はこの人を大層尊敬していた。ある夕方、私がこの人を訪問すると、夢に見たような様子でこの人が窓際に立っていたのである。そして彼女の医者であったドクター・Mは、この女性がディフテリアの偽膜を持っているといっていた。つまりドクター・Mとディフテリアの偽膜とが私の夢の中に出てきたわけである。すると私は突然、この女性もイルマと同じようにヒステリー気味だと考うべき十分な理由があると思っていたことを思い出した。そうだ、イルマが私にそれを洩《も》らしたのだ。そして私はその女性の容態については、彼女が（夢の中のイルマのように）頸を締められるヒステリー性妄想《もうそう》に悩んでいるということを知っていた。つまり私は夢の中でその女性をイルマにすり代えたのだ。そういえば私は、この女性のヒステリーを治《なお》すためにやがて自分が一役買って出るようなことになるだろうと幾度も考えていたことを思い出した。だがのちには、そういうことはありそうもないと考えた。その女性はたいへんなはにかみ屋だったからである。夢が示すとおり、彼女はいやがる。別の説明をすれば、彼女はその必要がないということにもなる。事実この女性はそれまで壮健で、別に医者の手を煩《わずら》わす必要がないほどであった。しかしここにまだ、イルマのことでもその女性のことでもないような事柄が若干残っている。蒼白い・むくんでいる・義歯などがそれである。義歯はあの女家庭教師を思い出させた。義歯のことは大体その辺でよかろうと思っていた矢先、ふと私は別の一人物を思い出した。この人物になら、上にあげたような事柄が当てはまるのである。やはり私の患者ではなく、私の前に出ると恥ずかしがってしまうので、患者としてはさぞ扱いにくかろうとかねがね思っている女性で、私はこの人を自分の患者にしたくはなかった。いつも蒼白くて、かつて特に仕合せだったころにはむくんでいた。* だから私は、自分の患者であるイルマを、ふたりの別の人間と比較したのだ。これらふたりはたしかにいずれも診察や治療を拒む人間なのである。私が夢の中でこのふたりをイルマにすりかえたのはどういうわけであろうか。私はイルマの代りにあのふたりを患者にしたがっているのだろうか。その別の女性のほうが私により大きな同情を呼び起したのか、あるいは私はその女性の知性に対してイルマの場合より大きな尊敬を持っているからなのか。私がイルマをばかだと思っていることは明らかで、それはイルマが私の指図に従おうとしないからである。別の女性のほうが利口で、だから私のいうことをよくきくだろう。やがて口を大きく開いた。この女性のほうがイルマよりもっとたくさんのことを私に話してくれるだろう。**

* 意味不明の腹部の苦痛もこの第三の人物に帰することができる。それは、実は、私自身の妻なのだ。腹部の疼痛は、妻の羞恥心《しゅうちしん》が私にはっきりとわかった機会のひとつを私に思い起させる。白状しておかなければならないが、私はこの夢の中でイルマと私の家内とをあまり親切には取扱わなかったのだが、弁解して一言いっておくなら、私はこのふたりを、しっかりとした、従順な女性患者というものの理想に照らして計ったわけである。

** どうもこの一事項の解釈は、すべての隠れた意味を追尋すべく十分になされていないように思われる。もし三人の女性の比較を続けようとしたならば、今問題になっている事柄から遠く逸脱してしまうだろう。どんな夢にも、すくなくとも一箇所、どうしてもわからない部分がある。それは、それによってその夢が未知なるものにつながっている臍《へそ》のごときものなのである。

《喉の中には白い斑点と結痂した鼻甲介が見えた》白い斑点はディフテリティス、すなわちイルマの友人を思い出させるが、しかしそのほかにも、二年ばかり以前に私の長女がわずらった重いディフテリアと、そのときのいろいろな怖《おそ》ろしいことを思い出させる。鼻甲介状の結痂は私自身の健康を戒める。当時私は鼻粘膜腫脹《しゅちょう》に悩まされてしばしばコカインを用いていたが、数日前私と同じようなことをやっていた患者が鼻粘膜に壊死《えし》を起したということを聞いたばかりであった。一八八五年私が推奨したコカインの使用はごうごうたる非難を呼んだ。一八九五年になくなった親友のひとりは、コカインの濫用《らんよう》のためにその死を早めた。

《私は急いでドクター・Mを呼んでくる。Mは私と同じようにもう一度診察を繰返した》この条《くだり》はMがわれわれのあいだに占めていた位置を物語るだけのものかもしれない。しかしこの「急いで」というのはすこしおかしい。はたせるかなこれは私自身の医師としての悲しい失敗を思い起させる。当時私は、そのころはまだ無害だと信ぜられていた薬品（ズルフォナール）をある患者に連続投薬して、その女性患者を重い中毒症に陥らせ、私は直ちに経験を積んだ年上の同僚に救いを求めたことがあった。私がこのことを考えていたということは、別の一事情によって確かめられる。中毒症にかかったその患者は私の長女と同じ名前であった。私はそのときまでただの一度もこのことを思い出したことはなかった。それが今、運命の報復のようにやってきた。まるで人物の置き換えが別の意味で続けられているような具合だった。あのマティルデの代りに今このマティルデが現われる。眼には眼を、歯には歯をという有様である。どうも私はあらゆる機会を求めて自分の医師としての良心の不足を自分に向って責めようとしているようである。

《ドクター・Mは真《ま》っ蒼《さお》な顔色で、ちんばを引いていて、顎《あご》にひげがない》このことはMの顔色がよくないので、はたの友人たちがよく心配しているというかぎりでは当っている。しかしびっことひげとは別の人間のことにちがいない。私は外国で暮している兄のことを思い出した。この兄にはひげがない。どうやら夢の中のMは大体この兄に似ている。二、三日前だったが、この兄が股関節炎《こかんせつえん》でびっこをひいているという報《しら》せを受けた。この二人物を夢の中でひとりの人間にしてしまったについては何か理由があるにちがいない。なるほど私はこのふたりに対して、類似の理由から不機嫌《ふきげん》になっていた。ふたりとも、私が最近彼らになしたある申し出を拒絶したのであった。

《友人のオットーもイルマのそばに立っている。それから同じく友人のレーオポルトがイルマを診察して、左下に濁音があるという》レーオポルトはオットーの親戚《しんせき》で、やはり医者である。運命はこのふたりを、専門が同じところから自然と競争者にした。このふたりは私が小児の神経疾患の治療の主任をしていたあいだじゅう私のところで助手をつとめていた。私が夢に見たような場面は、当時そう珍しくはなかったのであって、私がオットーとある患者の所見について論じていると、レーオポルトが患者を、もう一度診察して病名決定に意外な力添えをしてくれたりした。このふたりのあいだには、ちょうどあの検査官ブレージヒとその友カール（F・ロイターの作品中の人物）とのあいだに見られるような性格の相違があった。一方はすばしこく、他方は緩慢慎重だが徹底的であった。私が夢の中でオットーと用心深いレーオポルトとを対立させたのは、明らかにレーオポルトを賞讃《しょうさん》しようがためだったのだ。上にあげた、医者の言葉に従順でないイルマと、そのもっと利口な女友だちとを比較したようなものである。今や私はまた夢の中で観念結合がその上をすべってゆく軌道のひとつを認めたように思う。つまり病気の子供から小児科病院へと観念が動いていったのだ。――左下の濁音は、レーオポルトが持ち前の徹底性によって私を驚かせたことのある一ケースの細部のいっさいに照応するような印象を与える。さらにそのうえ、私には何か、病気が伝染するかのように、あることが念頭を掠《かす》めた。それはイルマの代りに私が自分の患者にしたがっていた女性への一関係であったかもしれない。この女性は、私がざっと見たかぎりにおいては結核らしく思われる。《左肩の浸潤した皮膚の一部》私は夜遅くまで眼を覚ましていると、きまって肩にリウマチを感ずる。これは明らかにそれである。夢の中の文句はひどく曖昧《あいまい》である、「……私が彼と同じように感ずるところでは」（「これは私も彼と同じように着物の上からそれとわかった」）これは「自分のからだに感ずる」という意味なのである。しかし「浸潤した皮膚の一部」という いい方はどうしたってひどく可笑《おか》しい。「左、背部、上方の浸潤」というのが普通のいい方である。これは肺に関係し、したがってまた結核に関係しているのであろうか。

《着物の上から》どの途《みち》これは挿入句《そうにゅうく》にすぎまい。小児科病院で子供たちを診察するときは彼らをむろん裸にする。それは成人した婦人患者の場合の正反対だ。腕のいい臨床家について、われわれはよくこんなふうにいう、「あの人はいつも患者を着衣のままで理学的に診察する」それ以上のことは私にはぼんやりしている。正直のところこれ以上この点をつっこんでみる気がないのである。

《Mがいう、「これは伝染病だが、しかし全然問題にはならない。そのうえ、赤痢になると思うが、毒物は排泄《はいせつ》されるだろう」》ちょっと考えるとばかげた言葉であるが、やはり精密に分析する必要がある。よく観察すると一種の意味がある。私がこの女性患者において見いだしたものは、局所的ディフテリティスであった。私の娘が病気になったころ、ディフテリティスとディフテリアとについて人と議論を上下した覚えがある。ディフテリアは、局所的ディフテリティスから出てくる全身的伝染病である。レーオポルトは、濁音によってそういう全身的伝染病を証拠だてて見せるのだが、この濁音はだから転移巣《てんいそう》を考えさせる。むろんほかならぬディフテリアにおいてはこういう転移はありえないと信じている。これは、むしろ膿血症《のうけつしょう》を思わせる。

《全然問題にはならない》は慰めの言葉である。それはこういう意味のものらしい、夢の最後の部分は、患者のいろいろな苦痛が重症の器質的疾患に由来するという内容を示す。どうもこれも責任を免れようという私の気持を物語るもののようである。心理療法はディフテリアが治癒しないでいることに対して責任を持つことはできない。しかしただ自分の責任回避のためにのみイルマがそんなに重い病気に罹《かか》っているとするのはどうしても良心に咎《とが》める。それではあまりひどすぎる。そこで私にとってはうまく事が終るような保証が必要になる。だから私は慰めの言葉をドクター・Mの口からいわせるというふうにうまく仕組んだようである。しかし私はここで夢をちょっととぎらせている。これは解明を要する。

この慰めはどうしてそう不条理なのか。

《赤痢》病毒素は腸を通じて排泄されるという、ぼんやりとした理論的な観念。私はこれによって、ドクター・Mが遠く遡《さかのぼ》ってする説明や、奇妙な病理学的結合をふんだんに行うのをあざけろうとするのであろうか。赤痢というと別のあることも念頭に浮ぶ。二、三カ月以前、奇妙な便通障害で悩んでいる若い男を引受けた。ほかの医者たちはこの患者を「栄養不良の貧血症」として診療していた。私はヒステリーと診断して、私の心理療法を試みようとはせず、海外旅行をすすめた。この患者は二、三日前にエジプトから絶望的な手紙をよこした。彼はエジプトで烈《はげ》しい発作を起したが、医者に赤痢と診断されたというのである。これは誤診というべきで、何も知らないその医者はヒステリーにだまされたのだとは察したが、私がその患者を、ヒステリー性の腸疾患にかてて加えて、器質的疾患をも背負いこみかねない羽目に追いこんだ責任を感じないわけにはゆかなかった。のみならず赤痢 Dysenterie はディフテリア（ディフテリー）Diphtherie に音が似通っている。しかしディフテリアという名称は、夢の中には出てこない。

私はどうやら「そのうえ、赤痢になるかもしれない」という慰撫的《いぶてき》な予後診断によってドクター・Mをからかおうとしたのに相違ない。というのは、Mがいつか全然これと同じようなことをいって、ある医者をあざけったのを思い出すからである。彼はその医者との立会い診察のためにある重症患者のところへ招《よ》ばれた。その医者はひどく楽観的であった。Mは尿《にょう》に蛋白《たんぱく》が出ていることを注意した。すると相手は別に驚きもせず、平然として、「それは全然問題ではないでしょう、蛋白は排泄されてしまいますよ」と答えた。――そういう次第で、夢のこの部分には、ヒステリーのことに暗い同業者に対する嘲弄《ちょうろう》が含まれていることは疑いを容《い》れない。まるでそれを証明するかのように、私の念頭をつぎのような考えがちらりと掠《かす》める、そもそもドクター・Mは、イルマの友だちの女性患者の、結核ではあるまいかと疑わしめる症状が、ヒステリーに原因しているのを知っているのだろうか。Mはこのヒステリーを知っているのであろうか、それともMはヒステリーに「一杯食わされて」いるのであろうか。

　だが私はなぜこの友だちをこうひどく取扱わなければならないのか。理由はきわめて簡単である。Mは、私がイルマに要求した解決策に対してイルマ同様不同意だったのである。とすると私はこの夢の中で、イルマに向っては「まだどこか痛くても、それは私の責任ではない」といったことで、ドクター・Mに向っては彼をしていわしめた意味の通じない慰撫の言葉で、ふたりの人間に復讐《ふくしゅう》しているわけである。

《どこからこの伝染病がきたかも、われわれには直接にわかっている》夢の中であることを直接知っているというのは注目に値する。ついさっきまでわれわれはそれを知らなかったのである。レーオポルトによってはじめてそれは指摘されたのである。

《オットーが、イルマが病気になったときに注射を一本した》オットーがイルマの家族のところにいたわずかなあいだに、近所のホテルに呼ばれて、急に不快を訴えたある人に注射を一本打ったことはオットーの口から実際に聞いていた。注射はまた、コカインのために死んだ不幸な友人のことを思い出させる。私はこの友人に、モルヒネをやめている期間、内服だけにとどめるようにと忠告したのであるが、友人はしかしすぐコカイン注射を打ってしまったのである。

《プロピール製剤で……プロピレン……プロピオン酸》これはいったいどういうことだろう。私が病歴を認《したた》め、それから上に引用したこの夢を見た夜の前の日の夕方、家内がリキュールの壜《びん》をあけてくれたが、レッテルには「アナナス」*とあり、オットーが贈ってくれたものであった。ちょっとしたことがあればすぐひとにものを贈るというのがオットーの癖なのである。お嫁さんでももらって、早くこの癖が直ればいいのであるが。このリキュールはフーゼル油の臭気があって、口をつけかねた。下の者にやってしまおうと家内はいったが、私はそんなことをしてはオットーに申し訳ないと思い、「飲んだって毒にはなるまい」といっておいた。フーゼル油（アミール……）の匂《にお》いは私にすぐ、プロピール、メチールなどという一連の言葉を思い起させた。それが夢の中でプロピール製剤になったのである。アミールの匂いを嗅いだあとで、とにかく夢の中ではその代用品、プロピールが出てきたのである。しかしこういう代用品はおそらくまさに有機化学では正当なものなのである。

＊　ついでにいえば、「アナナス」（パイナップル・訳者）は私の患者のイルマの姪に音の近い言葉である。

《トリメチラミン》私はこれの化学方程式を夢の中で眼前に見た。いずれにせよこれは私の記憶力の大きな努力を証明する。しかも、前後のつながりの中からあるものをまったく特に重要なものとして強調しようとするかのように、方程式はゴシック字体で印刷されていた。こんなふうに私の注意が喚起せしめられたトリメチラミンはいったい何を物語ろうとするのか。このトリメチラミンは、年来私のやりはじめた仕事を全部よく知っているひとりの別の友人（私もその友人の仕事は全部知っていた）とのある会話を狙《ねら》っているのである。彼はかつて私に性化学に関するある考えを語って、とりわけ、トリメチラミンは性的新陳代謝の産物のひとつだと思うといった。だからこの物質は私を性というものへ、私が治そうとしている神経的疾患の発生にとって絶大な意義を持っていると私が信じていたあの要素へ連れてゆくものである。私の患者イルマは、若い未亡人であった。私がイルマの治療の失敗の言い訳をしようというのなら、イルマの友人たちが、変化してくれればいいがと望んでいたこの事実（未亡人という事実）を引合いに出せばいちばん手軽なわけだったろう。それにしてもこういう夢の構造は実に奇妙なものではあるまいか。私がこの夢の中でイルマの代りに自分の患者とした女性もやはり若い未亡人であった。

なぜトリメチラミンの方程式が夢の中であゝいうふうに強調されたかは、私にはぼんやりとわかる。この一語の中にはたくさんの重要なことが押しこまれている。トリメチラミンは、性的要素の優位に対する暗示を意味するのみならず、世間が私の学説を黙殺しても、その人の賛同を得さえすれば満足だと思うようなひとりの人間にも関係している。私の生涯できわめて大きな役割を演じているこの友人は、この夢の観念連関の中に全然現われてこないというわけはないのである。事実この人間はこの夢の中に現われてくる。つまり彼は鼻および副鼻《ふくび》腔《こう》の疾患の諸影響にはことさら詳しくて、鼻甲介の女子性器に対するきわめて注目すべき関係若干を明らかにした人である（イルマの咽喉部《いんこうぶ》における三つの縮れたできもの）。私はイルマを彼のところへ診てもらいにやった。イルマの胃の疼痛《とうつう》が鼻と何かの関係があるかないかを調べてもらおうと思ったからである。しかし彼自身も蓄膿症《ちくのうしょう》をわずらっていて、私など彼のためにそれを心配していたのである。夢の転移のさいに私の念頭に浮んだ膿血症はきっとこれを暗示しているのだろう。

《そういう注射は今時そう簡単にはやらないものなのだ》これはオットーに対する直接の非難である。オットーが前の日の午後、言葉と眼つきとで私に反対する立場を示したように見えたとき、やはり同じようなことを私は考えた。それはたとえばこんなふうのことである、何と手もなく買収されたんだろう、何とあっさり判断を下すのだろう。――そのほか、この文句は、いきなりコカイン注射をする決心をしてしまったあの友人のことをふたたび思い起させる。私はコカインを注射するというようなことは全然考えていなかった。そういう化学物質を気軽に用いるという、オットーへの非難は、私がふたたび、あの不幸なマティルデの事件（この事件は似たような非難を私に呈するのだが）に触れることを意味する。私はここで明らかに私が良心的であることに対する証拠を集めているのであるが、しかしまたその反対の証拠をも集めているのである。

《おそらく注射器の消毒も不完全だったのだろう》これまたオットーへの非難だが、しかし出所はどこかほかにある。昨日私は八十二歳になる一婦人の息子に偶然出会った。私はこの老婦人に日に二回モルヒネ注射をしなければならないのである。この婦人は目下田舎《いなか》にいるが、きくところによると静脈炎にかかっているそうである。私はすぐ注射器の消毒不完全による浸潤だと考えた。二年間、ただの一度もこの婦人に、注射による浸潤を起させなかったことが私の自慢なのである。私はいつも消毒に細心の注意を払っている。つまり私は良心的なのである。静脈炎から私の考えはふたたび自分の家内に飛ぶ。家内は妊娠中に静脈炎にかかったことがある。すると三つの似たような場合のことが思い出される。私の家内の場合、イルマの場合、死んだマティルデの場合である。これら三者の同一性は明らかに私に、夢の中でこれら三者を互いに取換えるという権利を与えてくれたのである。

これで夢判断は完了した。* この分析のあいだじゅう、私は懸命になって、夢内容と、そのうしろに隠れている夢思想とを比較するさいにあまりにも多くの思いつきが浮びあがってくるので、それらを追い払うのに苦労したほどであった。またこうして私には夢の「真意」が明らかになってきた。私は、この夢によって実現され、そしてこの夢を見たことの動機であったにちがいないひとつの意図に気づいた。この夢は、その日の夜のいくつかの事件（オットーのしらせ、病歴執筆）によって私の中に目覚ましめられた願望若干を充《み》たしているのである。すなわち夢の結論はこうだ、現在のイルマの苦痛に対しては私に責任はないということ、それから、その責任はオットーにあるということがそれである。ところでオットーはイルマの不完全な治癒《ちゆ》状況を述べて私を不快にした。そこでこの夢は、オットーの私への非難をオットー自身の上へ投げ返すことによって、私のためにオットーに復讐してくれたのである。夢は、イルマの容態について私に責任はないと告げている。そして、その責任を他の諸要素（一連の根拠づけ）に転嫁《てんか》している。夢というものは、ある一定の状況を、私が願わしく思うようなふうに表現する。だから夢の内容はある願望充足であり、夢の動機はある願望である。

＊　いうまでもないことであるが、私はこの夢判断で自分が思いついたこと全部をここに報告したわけではない。

さしあたっては以上のようなことがわかったわけであるが、しかし願望充足ということを持ち出すと、夢の細部に関しても、もっといろいろのことがはっきりとしてくる。オットーが軽率な医学的処置（注射）をしたといって、私はオットーの私への軽率な反対態度に対してオットーに復讐するばかりでなく、フーゼル油の匂いのする安リキュールのことでもオットーに復讐したという次第であって、私はこの夢の中に、これら二つの非難を統一する一つの表現、すなわちプロピレン製剤の注射ということを見いだすのである。しかしそれではまだ私は満足できないのか、彼の競争相手の、もっと信頼のできるレーオポルトを夢の中に点出して、さらに私の復讐を続けてゆく。これによって私はこういっているように見える、あれのほうが君より私には好ましい人間なのだ、と。しかし私の怒りが向けられる対象はオットーのみではない。私はイルマを、イルマよりもっと利口で従順な別の女性にすりかえることによって、私のいうことをきこうとしないイルマにも復讐をする。私はまたドクター・Mに対しても、彼の矛盾を黙視できず、ひとつの明白な暗示によって、「君はこのケースに対して無知な人間なのだ」という意見を表明している（「そのうえ、赤痢になると思うが」等々）。それどころか私はMからそっぽを向いて、別のもっと事情に明るい人（つまり私にトリメチラミンの話をしてくれた友人）に向って訴えている。イルマを去ってその女友だちに、オットーを却《しりぞ》けてレーオポルトに向っていったように。これらの不都合な三人を追放して、そのかわりに私が好んで選ぶ別の三人がいてくれたならば、己《おれ》はいわれのない非難をこうむらずに済むのだが、というのが私の本音らしい。そういう数々の非難がいわれのないものであることは、夢の中で丁寧に論駁《ろんばく》されている。

イルマの苦痛は私のせいではなく、私の提案を採用しようとしない彼女の罪である。イルマの苦痛は私にかかわりがない。なぜならそれは器質的なもので、精神療法では治るはずがないから。イルマの苦しみは、私がどうしてやることもできないところの、イルマが未亡人だということ（トリメチラミン！）によって十分に説明される。イルマの苦しみは私なら絶対にやらなかっただろうような、この場合不適当な薬剤を不用意にオットーが注射したために起ったものである。イルマの苦痛は私の患者の静脈炎同様、消毒不完全な注射器によって惹起《じゃっき》されたものだ。しかるに私はただの一度もそういう不手際《ふてぎわ》を仕出かしたことがない。なるほど私は、私の責任を解除するという一目的を持ったこれらの説明が相互のあいだで一致せずちぐはぐなことには気づく。それどころか、これらの説明は相矛盾する。これらの異論全体は――この夢はまさにそういう異論抗弁にほかならない――隣の人から釜《かま》を借りて、その釜をこわれた状態で戻した男の釈明を思い出させる。第一に自分は釜をなんら損ずることなく返却した。第二に、釜は、借りてきたときにすでに穴があいていた。第三に、己は隣の人からそもそも釜は借りなかった。しかしいっそううまいことは、もしこれら三つの釈明のうちひとつでももっともだと容認されたならば、この男に罪はないことになるのだ。

そのうえ、この夢の中へは別のテーマが若干入りこんでいる。イルマの病気に対す私の責任解除とそれらのテーマ若干との関係はあまり明瞭《めいりよう》ではない。すなわち、私の娘の病気、同名の女性患者の病気、コカインの害、エジプト旅行に出ている私の患者の病気、私の家内・私の兄・ドクター・Mなどの健康、私自身の肉体上のわずらい、蓄膿症をわずらっている不在の友人に対する心配などがそのテーマである。だがそれらいっさいの事柄を総括すると、たとえば「健康に対する憂慮、自己並びに他人の医者としての良心」などというようなレッテルを貼《は》られた、ひとつの観念群が成立する。私はオットーが、イルマの容態について報告を齎《もたら》したときの、自分の漠然《ばくぜん》とした不快な感情を思い出す。夢の中にいっしょになってはたらいていた観念群に、私は追加として、この瞬間的な感情のための表現を入れておきたいと思う。この表現は私にこういっているようだ、お前はお前の医者としての責務を十分真面目《まじめ》に考えていない、お前は良心的ではない、お前はお前が約束したものを果さない。さてこういう非難に対して、私がどれほど良心的であるか、私の家人や友人や患者の健康を私はどんなに心にかけているかなどということを示そうがために、私は上に述べた観念群を利用しようと思ったら利用しえたであろう。ところがおもしろいことにこれらの観念材料中には、私の無罪を証明するよりも、むしろ友だちのオットーの責任を解除するのに適しているような不快な思い出もまじっている。材料そのものはいわば超党派的であるが、夢を構成するこの多量の材料と、イルマの病気に対し責任を負いたくないという願望がそこから生じきたったところの、夢の狭義《きょうぎ》のテーマとのあいだに関連の存することは見誤られるべくもないのである。

以上でこの夢の真意は完全にあばき出され、この夢判断はどこにも疎漏《そろう》はない、と私は主張するつもりはない。

私はまだこの夢を問題にして、この夢の中からこれ以上のことを説明し、この夢が提起する新しい謎《なぞ》を論ずることも不可能ではないであろう。現にもっといろいろの観念の関連が追求されるような箇所もこの夢の中にはある。しかし自分の夢を云々《うんぬん》するさいに顧慮すべきいろいろと微妙な点を考えると、私はこの辺でこの夢の解釈をうち切らざるをえない。そういうことはけしからんと早計に非難する人があるなら、その人は自分でやってみるがいいのだ。私よりももっと正直であることができるかどうか試《ため》してみるがいいのである。さしあたり私は今、新しく獲得された認識で満足するとしよう。その認識とはこういうことである、「今ここに示されたような夢判断の方法を採用するならば、夢は実際にひとつの意味を持っており、在来多くの研究家たちが考えたように、決して支離滅裂な脳活動の表現ではないということがわかるはずである。夢判断を終ってみると、夢というものがひとつの願望充足であることがわかるのである」

III 夢は願望充足である

窪《くぼ》んだ小径《こみち》をすぎて、突然高みに出る。そこからは道が八方に分れていて、眺望《ちょうぼう》がゆたかに開ける。さてそうなると、とりあえずまずどっちへ行ったものだろうかと、しばしは足をとどめて思案する。われわれは突然あることをはっきりと認識した。夢というものは、まさにこれである。われわれは、上記最初の夢判断を終ったのちのわれわれの気持はまさにこれである。夢というものは、演奏者の手の代りに、外からの暴力がこれをうち叩《たた》くところの、ある楽器の不規則な響にたとえるわけにはゆかないのである。夢は無意味でも不条理でもなく、われわれの観念群の一部がねむり、他の一部が醒《さ》めはじめているということを前提にはしないのである。夢は、間然するところなき一個の心的現象、しかも願望充足である。夢は、覚醒時《かくせいじ》の、われわれに十分納得のゆく心的諸行為の関連の中に組み入れらるべきものであり、極度に複雑な精神的行為の作り出したものなのである。とはいえ同時に、なるほどそうなのかと思うその瞬間、無数の新しい問題が殺到してくる。もし夢が夢判断のいうがごとくにひとつの充《み》たされたる願望を現わしているのなら、この願望充足を表現する形式の不思議な顕著な性格はそもそもどこから生じてくるのか。われわれが覚醒時に及んで記憶しているような、顕在的な夢を形成するまでには、夢の思想はどのような変化をこうむらなければならなかったのか。この変化はいかなる道程において行われたのか。夢へと仕上げられた材料はどこに由来するのか。たとえばそれらの諸観念が、相互に矛盾するというような、夢の思想に看取された諸特性の多くはどこから出てくるのか（二〇七ページの釜《かま》との類比性）。夢はわれわれの心的諸事象について何か新しいことを教えてくれるのか。夢の内容は、不断われわれが信じているいろいろな意見や考え方を修正してくれるのか。しかし今はそういう疑問はいっさい捨てておいて、ただひとつの道を進んでゆこうと思う。さきにわれわれは夢は願望充足を現わすといったが、これは夢の一般的性格なのであろうか。それともわれわれが採りあげた夢（『イルマの注射』）の偶然的内容なのだろうか。どんな夢にも意味があり心的価値があるとはいったものの、その夢々によっては意味がちがうかもしれないのであるから。われわれの第一の夢はなるほどひとつの願望充足であったが、別の夢はひょっとすると恐怖の実現ということになるかもしれないし、第三番目の夢はひとつの反省をその内容とするかもしれず、第四の夢はただある記憶を再現するにとどまるものかもしれない。別の願望夢もあるのであろうか、それとも夢は必ず願望夢とかぎったものであろうか。

夢がしばしば願望充足の性格をはっきりと示し、夢のいうところがなぜ人々に理解されなかったのだろうかと訝《いぶか》り怪しむほどにはっきりとしているということを示すのは容易である。たとえばここに、私が思いのままに、いわば実験的に見ることのできるひとつの夢がある。夕食時にサーディンとかオリーヴとか、その他塩気のつよいものを食べると、夜中必ず喉《のど》の渇《かわ》きのために眼を覚ます。しかし眼を覚ます前に、夢を見ている。その内容はいつも同じである。つまり水を飲んでいる夢である。私はごくごくと冷たい水を飲む。そのおいしさといったらない。それから眼を覚ます。そして今度は本式に水を飲む。この簡単な夢の誘因は、眼を覚ましたときもなお感じている喉の渇きである。この渇きという感覚から、水が飲みたいという願望が生ずる。そして夢はこの願望を充たしてくれる。そのさいに夢はある機能に奉仕する。私はその機能をほどなくいい当てる。私は熟睡するたちで、なんらかの欲求のために眼を覚ますというようなことがない。もし私が水を飲む夢で自分の渇きを鎮《しず》めることに成功するならば、その渇きを満足させるために眼を覚ます必要はないわけである。だからこの夢は便宜の夢である。普通の生活におけるがごとく実際の行動の代りに夢が見られるというわけである。しかし残念ながら夢で水を飲んでも、ちょうどオットーとドクター・Mとに対する私の復讐心《ふくしゅうしん》が夢で片づきはしないように、実際の渇きはいやされないが、夢のよき意志は同一なのである。つい最近同じ夢のすこし形の変ったのを見たことがある。そのときは寝る前にベッドの横の台の上のコップの水を飲んだ。二、三時間、夜中にまた新たに喉が渇いて、面倒くさい思いをした。水を飲むには起きあって、家内のベッドのわきにある台から水を持ってこなければならない。すると私は家内が私に水を飲ませてくれるというたいへん好都合な夢を見た。その夢に見た水を容《い》れた容器は私がイタリア旅行から持ち帰ったエトルリアの骨壺《こつつぼ》であった。この壺はとうに人にやってしまっていた。ところでその水は（骨のために）ひどく塩からくて、そのために私は眼を覚ましてしまった。夢がどれほど都合よく事を運んでくれるかはこれでおわかりかと思う。願望充足ということが夢の唯一《ゆいいつ》の意図であるから、夢は完全に利己主義的なのである。自分の都合がいいように事を運びたいという気持は、他人への顧慮と相容れない。骨壺が夢の中に入ってきたこともやはりひとつの願望充足なのであろう。つまり私があの壺を今では持っていないということは、家内の方にある水のコップが手に入らないということと同様、私には残念なことなのである。骨壺はまた、塩からさのいっそう強くなった感覚刺激に対応しているのであり、この感じのために私は眼を覚まさざるをえなくなるのである。*

＊ヴァイガントも渇きの夢の事実を知っていて、四一ページにこう記《しる》している、「まさに渇きの感じこそすべての人々によってもっとも精密に把握《はあく》されている。この感じはつねに渇きを鎮める表象を生み出す。——渇きを鎮める夢の表象の仕方はさまざまで、手近かな記憶に従っていろいろに分化する。渇きを鎮めたという表象のすぐあとに、その想像上の飲物の効果がすくなかったことに対する失望が現われるというのが一般的現象である」彼はしかし刺激に対する夢の反応における普遍妥当的なものを見落している。——夜中に渇きを覚えて、その前に渇きを鎮める夢を見ることなく眼を覚ます人もあるが、この事実は私の実験に対する反駁《はんばく》を意味するものではなく、むしろそういう人は熟睡者ではないということを示しているのである。——これに対してはイザヤ書（第二九章、第八節）参照、「飢えたる者の食《くろ》うことを夢みて醒《さ》めきたればその心なお空《むな》しきがごとく、渇ける者の飲むことを夢みて醒めきたれば疲れかつ頻《しきり》にのまんことを欲するがごとく……」

こういう便宜の夢を私は若いときに頻繁《ひんぱん》に見た。昔から夜遅くまで仕事をする癖なので、都合のいいときに眼を覚ますことは私には苦手だった。そんなとき、私は自分がベッドから出て洗面台のところに立っている夢を必ず見たものだった。しかしすこし経《た》つとそれが夢だと悟らざるをえない。しかもそのあいだまた少々ねむっているのである。若い同僚のひとりにやはり私のような寝坊がいた。この男は特におもしろい形式の怠惰の夢を見た。彼は病院の近くに下宿していた。下宿の主婦にいつも朝起すようにくれぐれも頼んであったのだが、それがなかなかの難事であった。ある朝、ことに気持よくねむっていたので、主婦に呼ばれても起きようとせず、反対に夢を見た。病院内の一室でベッドに自分がねむっている。頭のところに吊《つる》してある名札を見ると、何のなにがし、助手、二十二歳と書いてあるので、この男は、おやもう病院にきているのか、それならこれから病院へ出かけることは要《い》らないと思って、寝返りをひとつ打ってさらにねむりつづけたというのである。つまり彼はそのさい、彼が夢を見ることの動機をはっきりと自分に認めていたわけである。

同様にその刺激が睡眠中に入りこんできた別の夢がある。私の婦人患者のひとりが顎《あご》の手術を受けたが、それが不成功に終って、医師の希望で日夜、患者に湿布を当てていなければならなかった。だが彼女はいつもねむりこむと、じきに湿布をとってしまう。私は彼女にそんなことをしてはいけないと命令するようにという依頼を受けた。ところが彼女はまたしても湿布を床へおとしてしまった。彼女はこう弁解した、「こんどばかりは私に責任はないのです、昨夜見た夢のせいなのです。私はオペラ劇場の桟敷《さじき》にいて、とてもおもしろく出し物を見物しておりました。ところが療養所にはカール・マイアーさんが寝ていらしって、顎が痛くてたまらない。けれどオペラを見ている私は、顎が痛むということはないんだから、湿布はいらないと思って、湿布をとってしまったのです」この哀れな病人の夢は、不快な境遇にある人間が思わず知らず口に出す言葉のように響く、つまり「まったくもっと気持よくしていたいのだが」というわけである。夢はこのもっと気持よくしている状態・状況を示してくれる。この夢を見た婦人患者が自分の痛みを押しつけたカール・マイアー氏というのは、彼女の知合いの中の、思い出すかぎりもっとも無関心でいられた若い男であった。

私が健康者から蒐集《しゅうしゅう》した別の夢若干のうちに、願望充足を指摘するのは同様にすこしも困難ではない。私の夢に関する考え方を知っていて、それを自分の妻に語ったある友人が私にこういった、「うちの家内が君に話してくれというのだが、月経になった夢を見たのだそうだ。どういう意味なのか、知りたいといっている」むろんわかっている。若い女性が月経の夢を見るときは、月経がとまってしまっているのである（つまり妊娠中の意）。だからその夢は、妊娠の煩《わずら》いの始まる前に、もうすこしのあいだは自分の自由を享楽《きょうらく》したいという意味なのである。それは自分の最初の妊娠を知らせる巧妙な方法であった。別の友人は、その妻が最近ブラウスに乳のよごれのある夢を見たと手紙に書いてよこした。これもまた妊娠通告の一種だが、ただし初産ではない。若い母親は、いちばん最初の子供を産んだときよりも、こんどはもっと乳が出てくれるといいがと望んでいるのである。

伝染病にかかった子供を看護するために、数週間夫と交わることをやめていたある若い夫人は、子供が無事に回復したのちに、ある社交の集りの夢を見た。A・ドーデがいる、ブールジェがいる、M・プレヴォその他の作家たちがいる。みんなとても彼女に親切で、彼女を慰めてくれる。作家たちは肖像画どおりの顔つきをしているが、彼女がその肖像画を見たことのないマルセル・プレヴォは、前日しばらくぶりの最初の訪問者として病室に入ってきて、消毒をしていった消毒夫の顔つきをしていた。この夢はわけもなく完全に翻訳できるようである。さあ、あの果てのない看病よりも、何かもっとおもしろいこと（夫との性交）のできるときがきたという意味であろう。

おそらく以上若干の実例によって、ただ願望充足としてのみ理解され、その内容を公々然とわれわれに示すような夢が頻繁に、また、複雑きわまりない条件の下に見いだされるということがわかると思う。それらは多くの場合短い簡単な夢であって、夢研究家たちの注意を惹《ひ》いてきたような、混乱した内容豊富な構成を持った夢とは、ありがたいことに際立《きわだ》って相違している。しかしそういう簡単な夢をもう少々吟味してみる必要があるようである。いちばん簡単なのは子供の夢である。子供の心的能力は成人のそれより疑いもなく劣っているから。私見によれば、下等動物の構造や発展の探究が、高等動物の構造の研究に裨益《ひえき》するように、小児心理学は成人心理学に大いに寄与するところがある。小児心理学をかかる目的のために利用することは従来あまり行われなかった。

小児の夢はしばしば単純な願望充足であって、成人の夢にくらべておもしろいものではない。そこには苦労して解くべき謎《なぞ》はないが、しかしそれは夢がそのもっとも内的な本質の上からいって一個の願望充足だという事実を証明するには貴重な材料なのである。私は自分の子供たちの夢で若干の実例を集めることができた。

一八九六年の夏、アウスゼーから、美しいハルシュタットへ遠足をした。そのとき、当時八歳六カ月の娘と、五歳三カ月の男の子とがそれぞれ夢を見た。前置きとしていっておかねばならないが、その夏、われわれはアウスゼーの丘の上に住んでいて、天気のいい日にはダッハシュタイン山の見晴らしがよかった。望遠鏡でジモニー山小屋がよく見えた。子供たちは幾度か望遠鏡でそれを見ようとしたが、見えたのか見えなかったのか、私はよく知らない。遠足に出かける前、私は子供たちに、ハルシュタットはダッハシュタイン山の麓《ふもと》にあるといってきかせた。ふたりはその日を待ちこがれていた。ハルシュタットからエッシェルン谷へ向った。移り変る景色に子供たちは大よろこびだった。ところが下の男の子が次第に不機嫌《ふきげん》になった。新しい山が見えだすたびに、彼は「あれがダッハシュタイン？」ときく。「いや、まだ、あれはその前の山だ」と私が答える。こういうことが二、三度繰返されて彼はすっかりだまりこんでしまった。滝へ行く道のところなどでは、皆といっしょに行くのをいやがる様子だった。疲れたのかなと私は思った。あくる朝は大層元気になって私のところへやってきて、ゆうべ皆でジモニーの山小屋へ行った夢を見たという。これで私はのみこみがついた。つまり彼は、私がダッハシュタインのことを話したとき、こんどの遠足ではこのダッハシュタインへ登って、望遠鏡で見ようと思っていたあの山小屋を見にゆくのだろうと考えていたのである。そして、いざ遠足に出て、前の方の山だとか滝だとかといって、自分がだまされたように思って不機嫌になってしまったのである。そして、夢はその代償になったのである。夢の細かな点をきこうと思ったが、内容は貧弱だった。「六時間も段々を登ってゆくの」と、彼はかねてきかされていたとおりのことをいったにすぎなかった。

八歳の娘も、このピクニックでは、夢がその代償になるようないろいろな願望をいだいていたようである。私たちはとなりの十二歳になる男の子をハルシュタットへいっしょに連れていった。この男の子はもう一人前の騎士で、うちの娘のほうでこの子にすっかり惚《ほ》れこんでいるようだった。娘は翌朝、こういう夢の話をしてくれた。「ねえお父さま、あたしゆうべこんな夢を見たの、あのエーミールさんがあたしたちのうちの人になって、お父さまやお母さまにパパ、ママっていって、弟やなんかといっしょに大きな部屋にねむっているの。そうするとママが部屋に入っていらっしゃって、青や緑の紙に包んだ大きな棒チョコレートをたくさん、あたしたちの寝台の下へ入れてくださったの」娘の兄弟たちは、父親である私から夢判断の知識を遺伝で授かっているわけではないから、上来述べてきた夢の研究家たちのようにこういった、「そんな夢はばかげている」娘はすくなくとも、この夢の一部分に対しては弁護したが、それがどの部分であるかは神経症の理論にとってなかなか意味がある。「エーミールさんがうちの人になってしまうってのは変だけれど、棒のチョコレートのことはばかばかしくなんかないことよ」私にはこの弁護の後半部は納得が行きかねたが、妻がその説明をしてくれた。停車場から家へくる途中、子供たちは菓子の自動販売機の前に立ちどまって、ちょうどそういうチョコレートの棒をほしがった。妻はこういった、今日はもう随分いろいろなことをしたでしょう、だからチョコレートのほうは夢の分にしておきましょう。私はこの小場面をうっかり見逃《みのが》していた。夢の内容のうち、娘が否定した部分はただちに理解された。あのお行儀のいいエーミールが、道の途中でパパやママがくるまで待っていよう、と娘たちにいったのだそうである。このときにエーミールが一時的にもせよ、私たち家族の一員のようになったその状態を、娘は夢の中で継続的に採り入れたのである。娘の愛情は今のところはまだ、娘が夢に見たところの、自分の兄弟たちとの不断の関係から採用された形式以外のものではエーミールといっしょにいる形式を考えることができずにいたのである。棒チョコレートがなぜ寝台の下へ投げ入れられたかは、娘に問い糺《ただ》してみなければ解決のつかないことであった。

私はこれによく似た夢を知人から聞き知った。夢を見た本人は八歳の少女である。父親は何人かの子供を連れて、ローラー山小屋を訪《たず》ねるつもりでドルンバッハの方へ散歩に出かけたが、あまり晩《おそ》くなったので、またこんどのことにしようといって道を引返した。帰り途《みち》、一行はハーメアウへ行く道を指《さ》し示す道標のところを通りすぎた。子供たちはハーメアウへも行ってみたいといいだした。しかし同じ理由でそれもお預けになった。翌朝八歳の娘が満足しきった顔つきで父親にこういった、「ねえ、パパ、パパといっしょにローラー山小屋とハーメアウへ行った夢を見たわ」つまりこの子の待ち切れない気持は、パパがいった約束を夢の中であらかじめ果したわけである。

同じく筋の通ったものは、うちの三歳三カ月の娘が見たアウスゼーの美しい景色の夢である。この娘ははじめて湖を船で渡ったのだが、船にのっているあいだが短かすぎて、船が着いても降りることをいやがって泣いた。翌朝、娘は昨夜湖で船に乗って遊んだ夢を見たといった。船にもっと長いあいだ乗っていたかったのでこの夢を見たのである。

当時八歳だった長男はすでに自分の空想の現実化を夢に見ていた。彼はアキレウスと同じ馬車にのって、ディオメデスが馭者《ぎょしゃ》になっている夢を見た。前の日、姉が人から贈られたギリシア伝説の本に書いてあることをきかされてそれに夢中になっていたからである。子供の寝言もやはり夢を見ることの範囲に属するということが承認されるならば、つぎに私の蒐集《しゅうしゅう》中の最近の夢をひとつ紹介しよう。当時、生後十九カ月の末娘がある朝吐いたので、その日一日中絶食させておいた。その晩、この子は興奮してこういう寝言をいった、「アンナフ、オイト、エル（ト）ベール、ホーホベール、アイアー（シュ）パイス、パップ」（Anna. F. eud. Er(d)beer, Hochbeer Eier(s) peis, papp. アンナ・フロイトは人名で本人の名前、エルトベールは苺《いちご》、ホーホベールはすぐり、アイアーシュパイスはオムレット、パップはお父さまの意）。そのころ、この娘は自分の名前を、ある品物を自分のものにすることをいいあらわすために用いていた。それからこの寝言の中に出てくる食べ物の名前は、自分がほしいと思っていたものであろう。苺が二様にいい現わされているのは、家庭の衛生監督局に対する示威運動であり、なぜそういう示威運動をしたかというと、保母がこの子の病気の原因を苺の食べすぎだといっていたという従属的な事情によっており、この子はそれをよく知っていて、このけしからぬ診断に対して夢の中で復讐《ふくしゅう》を企てたのである。*

* その後間もなくのこと、この子とは歳《とし》が七十もちがう、この子の祖母がまったく同じような夢を見た。祖母は腎臓《じんぞう》下垂のために一日のあいだ絶食を余儀なくされていたのだが、夢で自分が娘ざかりのころに帰って、昼と夜との二度にわたって食事に「招かれ」て、二度とも実に見事な御馳走《ごちそう》が自分の前に据えられているのを見た。

幼年時代は性的欲望をまだ知らないからといって幼年時代を讃美《さんび》する場合、われわれは二つの大きな生命衝動のもう一方が、幼年時代にとって幻滅・諦念《ていねん》、したがって夢刺激のどれほど豊かな源泉となりうるかを見誤らないようにしよう。*第二の実例を示そう。生後二十二カ月になる私の甥《おい》が、私の誕生日に私に向ってお祝いの言葉を述べて、贈物として一籠《かご》の桜桃《さくらんぼ》を差出すという役目を授けられた、桜桃はその季節ではまだ走りもののひとつだった。小さな甥にとって、この役目は大層困難なものになった。というのは彼はたえず「桜ん坊が入ってる」と繰返して、その小さな籠を手から離そうとしなかったからである。ところが彼はこのときの償いをすることを知っていた。それまで彼は毎朝母親に向って、「白い兵隊さん」の夢の話をしてきかせた。これはかつて彼が外で見かけたことのある白色の外套《がいとう》を羽織った近衛《このえ》士官のことだったが、この誕生日の一件があった翌日の朝、甥はうれしそうにこう話した。つまり夢の話なのだが。「ヘ（ル）マンが桜ん坊をみんな食べちゃったよ」**

＊　幼児の心的生活をやや詳細に調べてみると、子供の心的活動における幼児的型態での性的衝動力は、きわめて大きな、ただ永いあいだ看過《みすご》されてきた役割を演じていることがわかり、これは、大人たちがのちに想像するような幼年時代の幸福というものを若干疑わしめる（著者の『性欲理論への三論文』〔一九〇五年および一九二六年第六版、全集第五巻〕参照）。

＊＊　幼児も程なくして複雑な、決して明瞭《めいりょう》とはいわれぬ夢を見はじめるのが常であるが、しかし逆に大人が場合によってはきわめて簡単な幼児的な夢を見ることもしばしばある。私の論文『ある五歳男児の恐怖症の分析』（『ブロイラー＝フロイト年鑑』第一巻、一九〇九年）およびユングの『幼児の魂の諸葛藤《かっとう》について』（上掲書、第二巻、一九一〇年）における引用例は、四歳から五歳にいたる子供の夢が、すでにいかに意外な内容に富んでいるかを示している。精神分析的に解明された子供の夢については、そのほかフォン・フーク・ヘルムート、プトナム、ラールテ、シュピールライン、タウスク等を見よ。他の実例についてはバンシエリ、ブーゼマン、ドーリア、ことに小児の夢の願望充足的

傾向を強調したヴィガムを見よ。ところで成人たちは、ことに彼らが異常な生活諸条件下に移し置かれるときに小児的な型の夢を見るようである。オットー・ノルデンスキョルトはその『アンタルクティック（南氷洋）』（一九〇四年、第一巻、三三六ページ）において、彼といっしょに越冬した探検隊員についてこう報告している、「これまでまさに現在のように活潑《かっぱつ》で豊富であったことのないわれわれの夢は、われわれの心の奥深い観念の方向にとってきわめて特色的であった。不断はごくたまにしか夢を見ない隊員すら、朝起きると長い夢の話をした。そういう夢はどれもこれも、われわれにとってはもう遠い過去になってしまった外的世界のことであったが、しかししばしばわれわれの現在の生活状態に適合していた。そのことにおもしろいのにこういうのがある。小学校時代にたち帰って、特に授業用に作製された小さな海豹《あざらし》の模型の皮を剝《は》ぐ仕事を与えられる。しかし夢の主要な内容は飲食であった。隊員のひとりで、この男は大午餐会《ごさんかい》に出席する夢を見るという点で群を抜いていたが、朝になって『己《おれ》は三皿も出る昼食にありついたぜ』と大得意であった。別のひとりは山のように積みあげた煙草《たばこ》の夢を見た。また別の隊員はすべての帆をあげて海洋上を走る船の夢を見た。こういう変った夢もある、郵便配達夫が郵便物を持ってやってくる、そうして長々と弁解して、実は配達ちがいをしてしまったものだからこの郵便物はこんなに遅れてしまったのだが、やっとのことでどうにか取戻して持ってきたというのである。むろんもっともっと途方もない夢もあったけれども、私自身の夢や他人から聞いた夢についていえば、空想の欠如ということがすべてこれらの夢の主要特色であった。これらの夢をすべて記録しておいたならば、心理学的にみて非常に興味深い記録になったであろう。だが眠りはわれわれの誰もが渇望《かつぼう》しているものを与えてくれるのだから、みなが睡眠をどんなに望ましいものに思ったかは容易に理解できるだろうと思う」デュ・プレル（二三一ページ）にはこうある、「マンゴ・パークは、アフリカ旅行中、喉《のど》の渇《かわ》きのため死なんばかりになったとき、たえず自分の故郷の水に恵まれた谷や野原の夢を見つづけた。また空腹に苦しめられたトレンクもマクデブルクのシュテルンシャンツェでのすばらしい御馳走の夢を見たし、フランクリンの第一回探検隊の一員ジョージ・バックは空腹のため死に瀕《ひん》して、御馳走の夢ばかりを見た」

動物の夢がどんなふうであるか、私は知らない。私は学生のひとりにきいたのだが、地口《じぐち》にこういうのがあるそうである、「鵞鳥《がちょう》はなんの夢を見る。とうもろこしの夢を見る」＊夢は願望充足だという全理論は、この問答のうちに含まれている。＊＊

＊　フェレンチの引用しているハンガリーの諺《ことわざ》はもっと完璧《かんぺき》だ。「豚は檞《かしわ》の実、鵞鳥はとうもろこしの夢」ユダヤの諺に「鶏はなんの夢を見る。鶏は黍《きび》の夢を見る」（ベルンシュタイン編『ユダヤ俚諺《りげん》大全』第二版、一一六ページ）。

＊＊　私は、夢が願望充足だということを私以前の何人もいったことはないなどと主張するつもりはない（次章冒頭参照）。そういう暗示を重要視する者は、古人ではプトレマイオス第一世治下に生きていた医者ヘロピロスを引用しうるであろう。ヘロピロスはビュク

センシュッツ（三三ページ）によれば夢を三種類に分かって、（一）神の遣《つか》わした夢、（二）魂が自分に役だつものおよび起るだろうところのものの姿を自分に見せることによって発生するところの自然的な夢、（三）われわれが望んでいるものを見るとき、諸形象の接近によっておのずから発生する混合夢とした。J・シュテルケは、シェルナーの実例蒐集中からシェルナー自身が願望充足夢と呼んでいる一例をあげている（二三九ページ）。シェルナーはこういっている、「夢を見る女性の覚醒《かくせいじ》時の願望を、空想が直ちに満たすのはなぜかというと、その願望はその女性の心の中に活《い》きいきとして存在しているからである」この夢は「気分の夢」に数えられている。この（願望）夢に近いのは、「男性並びに女性の恋の憧《あこが》れ」の夢、および「不快な気分」の夢である。説明にも及ぶまいがシェルナーは、夢に対する願望というものに、覚醒時の、それ以外のなんらかの心的状態に認められるのとはちがった意義を認めているのではないし、いわんや願望を夢の本質と関連せしめているのでもない。

今にして思うことだが、もしわれわれが世間の言語慣用を問題にしさえしたならば、われわれの夢の隠れた意味に関する見解に最短距離で到達したことであろう。諺や地口の形を採った民衆の知恵は、よく夢をばかにしたようなことをいってはいるものの——夢はうたかたという諺などがそのいい例であるが——一般に言語慣用に従えば、夢は主としてやさしい願望充足者である。現実において自分の期待をはるかに越えるようなことに出会うと、人は狂喜してこう叫ぶではないか、「いや実にどうも夢にも思い及ばなかった」と。

IV　夢の歪《わい》曲《きょく》

ところで私が、願望充足こそいっさいの夢という夢の意味であって、願望充足夢以外に夢はないと主張したとすると、猛烈な反対を受けるにちがいない。ひとはこういって反対するであろう、「願望充足と認められるような夢があるということはなにも事新しくいいだす必要はなく、すでにとうから諸家の認めるところとなっている（ラーデシュトック、一三七、一三八ページ。フォルケルト、一一〇ページ、一一一ページ。プルキンイェ、四五六ページ。ティシエ、七〇ページ。M・シモン、四二ページ〔牢獄《ろうごく》中のトレンク男爵《だんしゃく》の飢餓の夢について〕、およびグリージンガー、一一一ページの一箇所）*。しかし願望充足夢以外に夢はないというのは不当な普遍化であって、そういう説は幸い容易に反駁《はんばく》することができる。不快きわまりない内容を持っていて、願望充足などの気配の全然ない夢の例はいくらもある。悲観論の哲学者エドゥアルト・フォン・ハルトマンは願望充足説の最大の反対者のひとりだろう。その『無意識の哲学』第二部（ステロ版印刷版本、三四四ページ）にこう述べている、『夢に関していうならば、夢とともに、覚醒時《かくせいじ》の生活のいっさいのわずらいが睡眠状態の中へも延長されるのだが、ただ、学問上のたのしみと芸術のたのしみという、教養ある人々にとってはこの人生を堪えやすいものにしてくれるこれら二つのもののみは夢の中にまで入ってはゆかないのである。……』しかしまた同様炯眼《けいがん》なる観察者も、夢の中には快楽よりも苦痛や不快のほうが頻繁《ひんぱん》に出てくることを強調している。ショルツしかり（三三ページ）、フォルケルトしかり（八〇ページ）、その他。いやそれどころか、サラ・ウィート、フローレンス・ハラムの二女性は、自分たちの夢を調べて、夢には不快が優勢だという統計を作っている。つまり彼女らの蒐集《しゅうしゅう》した夢のうち五八パーセントは不快の夢で、わずか二八・六パーセントが特に快楽的な夢だという。日常生活の複雑多岐にわたる苦痛感を睡眠の中へも持ちこむこれらの夢のほかに、あらゆる不快感中のもっとも不快な『恐怖』感情がわれわれをねむりから起してしまうほどに強烈な不安恐怖夢というものもある。しかもさきにわれわれが願望夢がもっとも純粋に現われるとした子供たちこそまさにそういう恐怖の夢にもっともよく襲われがちなのである（たとえば夜泣き症についてはデバッカーを参照＊＊）」

＊　すでに新プラトン派のプロティノスはこういっている、「欲情が動くと、空想が生じ、空想はわれわれに対していわば欲情の対象を現わして見せてくれる」（デュ・プレル、

二七六ページ)。

** これは原注ではないが、本章冒頭近くの引用符（「）は原書で閉じられていない。内容から見て、ここに閉じる引用符（」）を置いた（訳者）。

事実このような恐怖夢の存在こそ、前章諸実例からわれわれが結論した「夢は願望充足である」という命題の一般化を不可能にしているように見える。いや、この命題を不条理なものとしてあざけっているように見える。

だが、このもっともらしい反論を却《しりぞ》けるのはさほど困難ではない。なぜなら、われわれの見解は夢の顕在内容をどう見るかという点に基づいているのではなく、分析の仕事によって夢の背後に発見されるところの夢の本当の意味（潜在内容）に関するものだからである。まず夢の顕在内容と潜在内容とを比較対照させてみよう。その顕在内容が苦痛感情を示しているような夢があるということには疑いを容《い》れない。だがこれまで何人がこれらの夢を解釈し、その潜在内容を明るみに出そうと試みたであろうか。もしそういう試みがなされていないとすれば、さきの駁論《ばくろん》はふたつながらわれわれには当らないのである。苦痛夢や不安恐怖夢も、これを分析してみたら願望充足夢だったということになるやも計りがたいからである。*

＊読者・批評家がどれほどのしつっこさでこのような考察を拒否し、夢の顕在内容と潜在内容との基本的差異を無視してしまうかはまことに信ずべからざるほどである。しかしこういう私の意見に近いものには、サリーの論文『啓示としての夢』中のつぎのごとき一箇所にまさるものは、文献になっている意見中ひとつもない。私がこれをこんな場所に引用するために、この一箇所の価値が減ぜられるようなことになってははなはだ心外であるが。「すると結局のところ、夢は、チョーサーやシェークスピアやミルトン等の権威者がそうだといっているほどに無意味ではないと思われるだろう。われわれの、夜間の空想の混沌《こんとん》たる集合物はある意味を持っており、新しい知識を与えてくれる。暗号で書いたある種の文字のように、これを詳細に調べてみるときは、夢の文字はまるでたわ言のような最初の外観を失い、真面目で知的な便りの面目を示す。あるいは別言するならば、一度文字を書き、さらにその上にまた文字を書いた再記写本のように、夢は、その無価値な表面的性格の下に、ある古い・貴重な消息の痕跡を現わすのである」（三六四ページ）。

学問研究においては、ある問題が解決困難である場合、そこへさらに第二の未解決の問題を持ってきてみると有利であることが往々にしてある。胡桃《くるみ》はひとつずつ砕くより、二ついっしょにしたほうが砕きやすいようなものである。そういうわけでわれわれは、苦痛夢や恐怖夢がどうして願望充足（つまり快楽の夢）でありうるのかという問題と同時に、第二の問題をここへ持ち出してみよう。つまり「よく調べてみると願望充足だということが判明するような、うわべはさりげない内容の夢が、なぜ初めからこの願望充足という性格をあからさまに示さないのか」というのがその第二の問題である。イルマの注射の夢を例にとろう、この例は比較的詳しく紹介したから。あの夢は決して苦痛の性格を持った夢ではない。あの夢は、分析の結果、立派な願望充足だということがわかったのである。しかし一体全体なんのために分析は必要なのか。なぜ夢は、その意味するところを直接にわれわれに告げ知らせてくれないのか。実際のところイルマの注射の夢にしても、それがその夢を見ている本人の願望の充足を意味しているというような印象は最初のうちは与えないのである。読者もそういう印象は受けなかったであろうし、この私だって分析してみるまではよもやそうだとは思わなかったのである。夢の、解明を必要とするこういうやり口を夢歪曲の事実と呼ぶならば、つぎのような、第二の疑問が生ずるわけである。夢歪曲というものはどこから出てきたのか。

この疑問を解決する方途としてはいろいろのものが考えられる。たとえば、睡眠中は夢の本当の思想に、それ相応の表現を与えることができないからこういうことになるというふうにも考えられる。しかしある種の夢の分析は、夢歪曲は別様に説明されなければならないと命じている。これを私はやはり自分の夢のひとつを例に採って説明してみよう。もっともこの夢も多くの私的なものを含んでいて、私としてはあからさまにうち明けたくはないのであるが、しかし問題が徹底的に解明されるならば、そういう個人的な犠牲の償いはつくというものである。

前置き 一八九七年の春、われわれの大学の教授ふたりが、私を助教授に任命することを提議したということを又聞きに聞き知った。この話は私にはまったく突然のことであった。ふたりのすぐれた学者が、私的な関係など何もないのに私を認めてくれたという事実は私を大層よろこばせた。しかし私は、この事件にはそう期待をかけてはならないと自分にいいきかせた。本省はこの数年間、この種の提議をまったく取りあげない有様であったし、私より先輩の、業績からいっても同等の人たちが、任命を待っていて音沙汰《おとさた》なしだったからである。私の場合だけがとんとん拍子に運ぶというわれのあろうはずはなかった。だからまあどうでもいいと思っていようと心ではきめていた。私は功名心に富んでいないつもりだし、曲りなりに自分の医者としての職務を果しているのだから、何も肩書などなくても差支《さしつか》えはなかった。なにしろまるで雲をつかむような話なので、それをどうのこうのというのは、かえってばからしいというようなものであった。

ある晩、かねて親しくしている同僚がやってきた。この同僚は、その運命を私の戒めとしていた人間のひとりであった。われわれの仲間内では、教授になるということは、患者たちの眼からすれば半分神さまになったようなものだったが、この男はもう永いこと教授任命を待っていたうえに、私ほど諦《あきら》めきっていなかったので、ときおり本省へ顔を出して、自分の一件が何とか捗《はかど》るように運動を続けていた。その晩も、昼のうち本省へ寄ったその帰りであった。彼の語るところによると、その日は大臣を追いつめて、自分の教授任命が遅れているのは実際のところは自分の宗派のためかどうかときいてみたのだそうである。大臣は、目下の情勢では自分にもその点で何ともできないのだというようなことを答えてくれたという。「という次第で、すくなくともなぜ自分が教授に昇進できないのかがわかったというわけなのだ」と友人は話を終った。この話は私に何も齎《もたら》さなかった。しかし私の諦める気持をいっそう強めてくれはした。同じような宗派上の難点は（訳注　フロイトもその同僚もユダヤ人であったということ）私の場合にもまた当てはまるからである。

その夜、私は夢を見た。その形式から見ても、なかなかおもしろい夢なのである。この夢は二つの観念と二つの形象とから成っていて、ひとつの観念とひとつの形象とが互いに交代しあっている。しかし私はここにはこの夢の前半だけを紹介することにする。後半部は、この夢を紹介する目的になんの関係も持たないから。

一、友人Rは私の伯父である。——私は彼に対して非常な親愛の情を感じている。

二、友人Rの顔つきがいつもとはすこしちがっているように見える。すこし長目になったようである。顔をかこんでいる黄色いひげは特にはっきりと目だって見えた。これに、ひとつの観念とひとつの形象とが、つまり後半部が続くのであるが、それは省略する。

この夢の解釈はつぎのように行われた。

あくる日の午前中、この夢を思い出したとき、私は笑いだして、ばかげた夢だと思った。ところがそれでは済まされず、一日中この夢は私を追いかけ、夕方になると私は自分に向ってこういう非難を呈した、「お前は、自分の患者の誰かが夢判断のさいに、これはばかげたことですから、という以外に何事もいえなかったとしたら、お前は患者をたしなめて、その夢の背後にはある不快な事件が潜んでいて、患者はそれを思い出したくないのだと推察することだろう。お前自身に対しても、お前はそれと同様の態度を採ったらどうなのか。この夢はばかげているというお前の意見は、ほかならぬ夢判断に対するお前自身の内心の抵抗を意味しているのだ。中止してはならない」そこで私は夢判断に取りかかった次第である。

《Rは私の伯父である》これはどういう意味か。伯父ならひとりしかない。ヨゼフという伯父だけである。＊もっともこの伯父には悲しい話がある。三十年以前も昔のことだが、金もうけのためにあることをやってしまって、法の裁きを受けた。そのための心配で数日のうちに白髪がすっかり殖《ふ》えてしまった私の父は、「ヨゼフ伯父さんは決して悪い人間じゃないのだが、ただちょっと足りないところがあるんだ」と口癖のようにいっていた。友人Rが私の伯父ヨゼフだとすると、私はこういおうとしたにちがいない、「Rには、すこし足りないところがある」そんなことは承認できないし、ひどく不愉快である。ところが夢の中の顔はRよりも長目で、黄色のひげを生《は》やしていた。伯父もやはり面長で、きれいなブロンドのひげを同じような格好で生やしていた。友人Rの毛髪は真っ黒である。しかし真っ黒な髪が白髪になりはじめると、若いころと打って変って醜い有様になるものである。黒い毛が一本々々ある不快な色の変化を経て、つまりまず赤褐色になり、つぎに黄褐色になり、それからやっと灰色になるのである。友人Rのひげはちょうどこの灰色の段階にあった。私のひげも残念ながらすでにそういう色をしている。あの夢の中の顔は、友人Rの顔でもあり、また伯父の顔でもあった。その顔は、家族同士の類似性を探り出すために、幾人かの者の顔を同じ一枚の乾板の上に撮影するガルトン重ね写真のようなものである。そうしてみると、友人Rはすこし足りない――私のヨゼフ伯父同様に、と私が考えていることはどうやらたしかなようである。

＊ この場合、覚醒時において、私の記憶力が分析の目的上からいえば十分に活動しなかったということは注目に値する。私は全部の伯父のうち五人はよく知っており、そのうちのひとりは特に愛し、尊敬していた。しかるに夢の分析に対する内心の抵抗にうち克《か》ったその瞬間、私は、自分に向っていきなり己《おれ》には伯父はひとりしかいない、つまり夢に見たあの伯父がそれだといったのであるから。

私が自分ではどうあっても認めたくないような、こんな関係を何の目的のために案じ出したのか、それはまだ皆目わからない。しかも友人Rとヨゼフ伯父とはほとんど無関係の間柄だといってもいい。伯父は罪を犯した人間だったし、Rは清廉《せいれん》潔白な人だから。ただしRはかつてオートバイで丁稚《でっち》小僧をひいたことがある。私はそのことをいおうとしているのであろうか。この比較は月とすっぽんをくらべるようなものである。が、そのときふと思い出したことがある。二、三日前、同僚のNと、同じような話題で話しあったことがある。私は道でNに会った。Nも教授候補者になっている。Nもやはり私が推薦されたことを知っていて、祝いの言葉を述べてくれた。私はそれを受けまいとした。「あなたこそ、こういう提議の価値をよくご存じのはずなのに、ご冗談をおっしゃっちゃいけませんな」と私がいうと、どうやら真面目《まじめ》にではなかったようだが、Nはこう答えた、「それはわかりませんよ。私にはある特別の事情がありましてね。ご存じないんですか。ある人間が一度私を告訴したことがあるんです。それでむろん調べを受けましてね。愚劣な脅迫だったんですが。私を告訴した相手の女が罰せられてはかわいそうだと思って、随分苦労してしまったのです。しかし役所のほうではこの一件を逆に利用しているらしい。だから私は教授になれないのでしょう。しかしあなたは、あなたは清廉潔白なんだから」そこで私には万事がわかった。この夢の中では、伯父のヨゼフは教授に任命されない同僚ふたりを現わしているのだ。ひとりはばか者として、もうひとりは罪人として。それからまた、私がなぜこういう表現を採ったかもわかってくる。もし友人RとNとの教授任命の遅延が「宗派上」の難点にあるのなら、私の任命もまた怪しいものになってくる。しかし両人の教授任命拒否を別の理由に基づかせうるとしたら、そしてその理由なら私に全然関係がないということになったら、私には十分な見こみがあるわけである。私の夢はざっとこういう進み方をしたのである。つまり一方のRをばか者にし、他方のNを罪人にした。さて私はどうかというと、私はそのどちらでもない。われわれのあいだに共通点はない。

私は安んじて教授任命を待っていて差支えない。そういう次第で、Rの報告、つまり大臣がRにいったことを、私自身にも適用しなければならないような状況から、うまうまと脱出したわけである。

　この夢の分析はさらにまだ続けられなければならない。私はこれで片づいたという気分になれない。自分が教授になるために、ふたりの尊敬する友人をおとしめた私の安易なやり口には納得のゆかない気持がする。むろん私のそういうやり口に対する私自身の不満は、夢の中でいわれていることの価値を見定めることができるようになってからはよほどすくなくなった。私が本気になってRをばかだと思っていて、かつ私がNの語ってくれたあの脅迫事件の話を信じていないというようなことをいう人がいたら、誰に対してだって私は声を大にして抗議するであろう。私はまた、オットーがプロピール製剤の注射をしたためにイルマの病気がひどくなったなどとは信じていないのである。これら二つの場合、私の夢が表現しているのは何かというと、かくあれかしという私の願望なのである。私が自分の願望を実現しようとして主張することは、夢の後半部においては前半部におけるほど不条理なものではない。その主張は後半部においては事実上の手がかりを巧妙に利用して形づくられていて、たとえてみれば「何か曰《いわ》くのありそうな」、巧妙な讒訴《ざんそ》のようになっている。なぜならRは当時、Rの教授任命に対するある学科主任教授の反対投票を受けていたたし、それからNは上記の誹謗《ひぼう》のための材料をのん気にも自分から私に提供していたからである。それにしても、もう一度繰返すが、この夢はもっと分析される必要があるように思われるのである。

そこで私は、これまで分析が一向に顧慮せずにいたある部分があったことを思い出す。Rは伯父だと思ったのち、私は夢の中で彼に対して親愛の情を感じた。この感情はどうして出てきたのか。伯父ヨゼフに対して私はかつて親愛の情をいだいたことがない。友人Rは年来の昵懇《じっこん》である。しかしRのところへ出かけていって、夢で覚えた親愛の情を伝えるに足るような言葉をRに向って述べたとしたら、Rは疑いもなく変な顔をしたことであろう。Rに対する私の親愛感は、本物でなく誇張されているように思われる。ちょうど、私がRを伯父ヨゼフと混同して表現しようとしたところの、彼の精神的諸能力に対する私の判断も本物でなく誇大であるように。誇張誇大とはいったが、各々《おのおの》正反対の意味でそうなのである。ところで私にはひとつの新しい事情がぼんやりと察知せられる。夢の中で私が覚えた親愛感は潜在内容に属するものではない。夢の背後にある思想に属するものではない。それは、潜在内容に対立的なものなのである。それは、私に向って夢の本当の意味を覆《おお》いかくそうとするものである。おそらくこの覆いかくすということこそこの親愛感の本来の任務なのではあるまいか。

そこで思い出すのであるが、私は最初夢判断に着手するのをいやがり、できるだけそれを延期しようとし、この夢を無意味だとして却《しりぞ》けた。こういう拒否的批判がいかなる意味を隠しているか、これは私には、いつも患者に行なっている精神分析的治療の実地からよくわかっている。そういう拒否的批判はなんらの認識上の価値を持つことなく、ただ、感情発露の価値を持つものにすぎない。たとえば私の小さな娘が、ひとに林檎《りんご》を差出されて、それがほしくないときには、食べてみもせずにその林檎は酸《す》っぱいと主張する。私の患者たちがちょうどこの娘のように振舞うとしたら、その場合には患者たちが抑圧しようと欲しているなんらかの観念が存在するわけである。同じことが私の夢についても当てはまる。私がこの夢を分析したがらないのは、分析すると何か私にとって不愉快な、肯定しがたいものが出てくるからなのである。分析が終ったとき、私が何をいやがったのかがはっきりわかった。私がいやがったのは、Rがばか者だという主張だったのである。私がRに対して感じた親愛感は、夢の潜在内容に帰せしめるわけには行かないが、しかしこの私の反抗に帰せしめることができる。私の夢が、その潜在内容と比較してこの点で歪曲《わいきょく》されているとすれば、しかも正反対のものに歪曲されているとすれば、この夢の中の顕在的親愛感は、この歪曲のゆえに起ったのである。別の言葉でいうと、歪曲はこの場合故意のものであることがわかる。

つまり偽装の一手段であることがわかる。私の夢の思想はRに対する誹謗を含んでいる。私が私自身にこの誹謗を気づかせまいがために、誹謗とは正反対のもの、彼に対する親愛の情が夢の中に入ってきたのである。

これはいつどこにでも当てはまる事実かもしれない。第三章にあげた例によって知られるように、直接の願望充足を表現する夢もむろんある。願望充足が識別しがたく、偽装している場合、そこには願望を充足させまいとするある心の動きが存在すると考えざるをえない。こういう心の動きの反抗によって、願望はすなわち歪曲されて夢の中に表現される。心理内部の状態に対する対比的現象を社会生活の中に捜してみよう。さて社会生活のどこに、こういう心的行為としての歪曲に似たものが見いだされるであろうか。ふたりの人間のうち、一方が権力を握っていて、他方がその権力に顧慮を払わなければならないような場合がそれであろう。そういう場合、この第二の人物はその心的行為を歪曲する。われわれのいい方でいえば、この第二の人物は偽装する。たとえばこの私が毎日々々ひとに示している礼儀や丁寧な態度は、その大部分がかかる偽装である。私が自分の夢を読者のために分析してみせるとき、私は余儀なくそういう歪曲を行う。この歪曲への強制については、詩人もこれを嘆いている。

君が知ることのできる最上のことを

事情にある。あからさまにいってしまうと、権力者は彼の言論を弾圧するだろう。それがもし口頭の論議である場合にはあとから、文書であったならば予防的に。文筆家は検閲を恐れなければならない。だから彼は自分の表現を柔らげたり、歪曲したりする。文筆家は検閲の強弱に従って、攻撃のある種の形式だけは差控えておくとか、直接にはいわずに暗喩《あんゆ》するとか、さりげない偽装の背後に自分のいわんとすることの棘《とげ》を隠すとかせざるをえない。たとえば自分の国の役人共のことをいおうと思って、支《し》那《な》の大官ふたりについて論ずる、というようなものである。検閲が横暴であればあるほど、偽装はますます巧妙となり、その方法や手段はますますおもしろいものになってゆくのであるが、しかしそれでもなお読者にはそのいおうとしているところがちゃんとわかるような仕組みになっているのが普通である。*

君は子供にいうこともできないのだ。時の権力者に向って不快な真実を告げなければならない政治的文筆家も似たような

＊ドクター・H・フォン・フーク＝ヘルムート夫人は一九一五年（『医学精神分析国際雑誌』第三巻）に、ある夢の報告を行なっている。この夢は、私の命名の正しさを証拠だてるのにうってつけの実例であろう。この夢では、夢歪曲は、ちょうど郵便物検閲が不都合と見なす箇所を抹殺《まっさつ》するに用いるのとまったく同じ手段を用いている。郵便物検閲

では、そういう箇所を塗りつぶすのだが、夢歪曲の検閲は塗りつぶす代りに、ある理解しがたい呟《つぶや》きをもってする。

この夢の理解のために前もっていっておくが、この夢を見た女性は、名望ある五十歳の立派な人で、高級士官であった夫とは約十二年以前に死別し、息子たちもそれぞれに成人し、そのうちのひとりはこの女性がこの夢を見たおりは戦場の人となっていたのである。

さて「愛の奉仕」という夢の話に移るが、「彼女は、第一衛戍《えいじゅ》病院へ行って、衛兵に向って、自分はこの衛戍病院ではたらきたい（奉仕したい）と思っているので、ぜひ軍医長にお目にかかりたいと告げる（彼女は自分でも知らないある名前をいった）。そのさい彼女ははたらく（奉仕）という言葉をひどく強調したので、衛兵はてっきりこれは『愛の奉仕』のことなのだなと考えた。そういう相手が老婦人だったから、衛兵はややためらったのちに衛門通過を許可した。しかし彼女は軍医長のいるところへは行かずに、大きな薄暗い部屋に入ってしまった。そこには長いテーブルをかこんで士官たちや軍医たちが立ったり坐《すわ》ったりしていた。彼女は一等軍医をつかまえて、さきほどの希望を申出た。相手はたちまち彼女の意を理解した。そのとき彼女は夢の中でこういう言葉を使った、『わたくしや、その他ヴィーンのたくさんの婦人や若い娘さん方は、兵卒、軍属、将校の区別なく、いつでも喜んで……』そのあと夢の中である呟きが続く。しかしこの呟きの意味するところがそこにいたすべての人々にははっきりとわかったということは、士官たち一部の狼狽《ろうばい》、一部の意地悪そうな身ぶりや表情で、彼女にはよく見てとることができた。彼女は言葉を続けた、『むろんこう申上げると余りにも唐突だとお考えにならないともかぎりませんけれども、わたくしたちは大真面目なのでございます。戦場にいる兵隊さんだって、死ぬつもりなのかどうか、そうたずねられはいたしませんものねえ』数分間にわたる気まずい沈黙。一等軍医が彼女の腰に手をまきつけて、こういった、『奥様、あなたがそれをお引受けになってください。事実そういうことになるでしょう。……』（呟き）。彼女はつぎのごとく考えつつ、相手から身を遠ざける、『結局相手が誰だろうと同じことだ』そうしてこう答える、『あらあら、あたくしはもうこんなお婆《ばあ》さんでございますから、とてもそんなわけには。いずれにせよ、あるひとつの条件をお守りくださらなくては、つまり年齢のことをご考慮くださらなくてはいけませんわ。年寄りがまだほんとに若い青年に……（呟き）……してはいけませんわ。そんなことはいやらしくて』――一等軍医、『いやおっしゃることは実によくわかります』二、三人の士官たちが（その中には昔彼女に求婚した士官もまじっていた）大声をあげて笑いだした。彼女は、万事が順調に運ぶために、自分が知っている軍医長のところへ案内してもらいたいといった。そのとき、その軍医長の名前を知らないことに思いいたって、彼女はひどくあわてた。しかし一等軍医は非常に丁寧に恭《うやうや》しく、その部屋から階上に通じている狭い鉄の螺旋《らせん》階段を登って、二階へ行くように教えてくれた。そこを登っていったとき、下の部屋で将校のひとりがこういっているのがきこえた、『たいへんな決心だな。婦人の年齢なんか問題じゃない。全員、気をつけ！』

義務を果すだけのことなのだからという気持をいだきながら、彼女は無限の階段を登っていった。この夢は二、三週間のうちになお二度繰返された——その婦人のいうところによると——そこにまったく些細《ささい》な、本当に無意味なちがいはあったが」

文書検閲の諸現象と、夢歪曲の諸現象とのあいだの、ごく微細な部分にまで及んでいるところの一致は、両者に対して似たような諸条件を前提にすることをわれわれに許すのである。そこでわれわれは、夢の形成者として個々人における二つの心的力(流れ、組織)を認めてしかるべきであろう。その二つのうち一方は、夢によって現わされる願望を形成し、他はこの夢の願望に検閲を加え、この検閲によってその表現の歪曲を強制するのである。そこで問題はただ、この第二の検問所の、それによってそれがその検問検閲を行使する権限が、いずこに存するのかということになる。潜在内容は分析以前には意識されていないが、しかしその潜在内容から出てくるところの顕在内容は、意識されたものとして記憶されていることを今思い返してみるならば、第二の検問所の検閲特権は、意識への入場を許可するかどうかという点に存することがわかる。前もって第二検問所を通過していないものは何ものといえども、第一の組織を出て意識の中へ入ってくることはできない。それから第二の検問所は、自己の特権を行使しかつ「意識の中に入りこもうとしているもの」を自己に好都合に変更したうえでなければ、何ものに対しても検問所の通過を許可しないのである。こう考えてくると意識の「本質」に関してまったく独特な見解をたてなければならないことに気づく。われわれをしていわしむれば、「意識する」とは、「表象する」過程とは別種の、そして「表象する」過程からは独立した一個独特の心的行為なのであり、また、意識は、別のところから与えられた一内容を知覚する一個の感覚器官であるように思われる。精神病理学にとってこのような根本的仮定が不可欠のものであることは明らかである。このような根本的諸仮定の詳細な論究は後章に譲ることにする。

二つの心的検問所および意識に対するそれらの諸関係という考えを念頭におくと、私が夢の中でRに対して感じた注目すべき親愛感にとっては――しかも分析の結果によって見ればこのRはあれほどさげすまれているのだ――政治生活上にまったく同等の一個の対比物が見いだされることになる。世論の力を好ましからず思っているひとりの君主と活潑《かっぱつ》な世論とが相争っている国家の中に私が生活しているとしよう。民衆は彼らの気に入らないひとりの役人に腹をたててその罷免《ひめん》を要求する。そんなとき、この君主は、自分が国民の意志を無視しようとしていることを国民に気どらせないために、何のいわれもないのにわざとその役人を顕彰するだろう。それと同じことで、私の第二検問所、つまり意識への入場を統制している検問所は、友人Rを過大な親愛感によって顕彰する。それは第一の組織の願望努力が友人Rを、現在まさに問題になっているある特別の関心から、ばか者として罵《ののし》ろうとしているからなのである。*

＊ こういう偽善的な夢は誰にも決して珍しくはない。ある学問上の一問題と取組んでいたころ、私はたて続けに妙な夢を見た。ずっと昔縁の切れてしまった友人との和解がその夢の内容だった。五度目か六度目かに同じ夢を見たあとで、私はこの夢の分析に成功した。この夢の本当の意味は、問題になっているその友人に対する友情の最後の一片をも棄《す》てよ、そしてその友人から完全に自由になれという励ましなのであって、それがこんなふうに偽善的にその反対物に変装していたのである。かつて私はある人物についてひとつの「偽善的エディプス夢」を報告したことがある。この夢の中では、夢の潜在内容たる敵対的な気持の動きや死を願う気持が、顕在的な親愛によってとって代られていた（『ある偽善的エディプス夢の典型的実例』）。偽善的な夢の別の種類については後述することにしよう（『夢の作業』参照）。

さてそうなると、これまでわれわれが哲学に空《むな》しく期待していたところの、人間の心という器官の構造の解明は、ひょっとすると夢判断から得られるかもしれないとも思われるであろう。だが今われわれはそちらの方へ進んではゆかずに、夢歪曲《ゆめわいきょく》を説明し終った現在、またふたたびわれわれの最初の問題にたち戻ろうと思う。問題はすなわちこうであった、「いったい、苦痛の内容を持った夢はいかにして願望充足として解しえられるか」夢歪曲ということが行われ、苦痛内容が快楽内容の偽装としてのみ存在するにすぎないとすれば、これは容易に片のつく問題だということがわかる。上記二つの心的検問所に関するわれわれの仮説を考慮しつつ、われわれは今やつぎのごとくいうことができる。苦痛の夢は事実上、第二検問所にとって不快なあるもの、しかしそれと同時に第一検問所の願望を満たすようなあるものを含んでいる。だから苦痛の夢は、すべての夢が第一検問所から出てくるものであり、第二検問所は夢そのものに対して妨害的にのみはたらいて決して創造的にははたらかないという意味におけるかぎりは、すべて願望充足の夢なのである。* 第二検問所が夢に与えるもののみに着眼するならば、われわれは絶対に夢を理解することができないであろう。そういうふうだと、これまで大勢の学者たちが指摘してきたような謎《なぞ》のすべてが永遠に謎のままでいるよりほかはないであろう。

* のちにわれわれは、夢が今述べたのとは逆にこの第二検問所の願望を表現する場合をも知ることになるだろう。

夢が実際に隠れた意味を持っているということ、そしてこの隠れた意味は願望充足であるということ、このことは分析によってあらゆる場合について立証されなければならないはずである。だから私は以下若干の苦痛の夢を紹介して、その分析を試みることにする。その一部はヒステリー患者の夢であって、したがって長い前置きを必要とし、また場合によってはヒステリー症のメカニズムへ入ってゆかなければならない。そうすると説明が面倒になってくるが、これはやむをえないことなのである。

私が神経症患者の治療を行うときには、すでに述べたようにその患者の夢が必ず、医者たる私とその患者とのあいだの会話の主要題目になる。そのさい私は患者に向って（その助けによって私が当該患者の示す神経症的諸症状を理解するようになるところの）ありとあらゆる心理学的説明をしてやらなければならない。すると患者は私のいったことに対して情け容赦のない批評を加えることがある。それは同業者のあいだでさえも考えられないほどにしんらつな批評なのである。私が「夢はすべて願望充足だ」というと、患者たちは誰もいいあわせたように「そんなばかなことが」という。私に向って、反証として持ち出される夢の材料中から若干の実例をあげてみよう。

「先生はいつも、夢は満たされた願望だとおっしゃるけれど」と、ある頭のいい女性患者がいいはじめる。「そんなら、全然反対の中身の夢を先生にお話ししてみましょうか。つまりその夢の中では、わたしの願いが遂げられなかったのです。この夢は先何のお言葉とどう調和するかしら。こういう夢なのです」

《ひとを夕御飯にお招きしようと思った。しかし燻製《くんせい》の鮭《さけ》が少々あるほかには、何の貯《たくわ》えもなかった。買物に出かけようと思ったら、今日は日曜の、しかも午後なので、お店はどこもうしまっているということを思い出した。そこで出前で届けてくれるところを二、三軒電話で当ってみようとしたけれども、電話は故障している。それでその日ひとをご招待しようというわたしの願いは諦《あきら》めてしまわなければならなかった》

私はこれに対してこう答えた、なるほどその夢は伺ったところ立派に筋が通っていて、願望充足の正反対であるように見えるけれども、分析してみなければその夢の本当の意味はどうとも申上げかねる、と。「しかし、この夢はどういう材料から出てきたのでしょうか。夢のきっかけはいつも前の日のいろいろな出来事の中にあるということはあなたもご存じでしょうね」

分析　この婦人患者の夫は、実直で働き者の、ある大きな肉屋だが、前の日に彼女に向って、どうも近ごろやけに肥《ふと》ってきたから、なんとか痩《や》せるような治療法をやってみようと思う。早起き、運動、美食を避ける、ことによそから夕御飯に招《よ》ばれても絶対に出かけてはゆくまいなどと話した。――彼女は笑いながら自分の夫について話しつづけた。夫は行きつけの飲屋でひとりの画家と知合いになった。この画家がぜひ夫をモデルにして絵を描きたいといった。こんなに表情に富んだ頭部は今までに見たことがないという。夫は持ち前のあけすけな態度で、「ご芳志はまことにかたじけないが、若いきれいな娘っ子のお尻《しり》のほうがわたしの顔なんかよりよっぽどあなたには向いてるでしょう」と答えた。自分は今夫にすっかり惚《ほ》れている。そしてなんだかんだといって夫にいちゃつく。「あたしにキャヴィアをくださらないでね」と頼んだこともある。――キャヴィアをくれるなというのはどういうことなのか、と私はたずねた。

＊「美人のお尻」は「モデルになる」の意。ゲーテに「お尻がなければ貴人もモデルに坐れまい」とある。

つまり彼女は前々から、毎日午前中にキャヴィアを塗ったパンを食べたいと思っていたのだが、贅沢《ぜいたく》だと思ってそれをしかねていた。夫にそういえば、むろんすぐにそうしてもらえただろう。しかし彼女はそのことでなるべく永いあいだ夫をからかうことができるように、その逆のことを夫に願ったのである。

（この説明はどうも根拠薄弱のようである。こういう不十分な説明の背後には、ひとが白状したがらない動機が隠れているのがつねである。ベルネームの催眠術実験では、催眠状態にある患者に何か命令すると、患者は醒《さ》めたのちにその命令を実行するが、君はなぜそのことをするのかとたずねられても、患者は「なぜこのことをするのか、自分にはわかりません」とは答えないで、それに必ず何か理由をつける。しかも嘘《うそ》だということが見えすいているような理由をつける。このキャヴィアの一件もこれと似たりよったりである。彼女は、生活中にひとつの充《み》たされない願望を作り出すべく余儀なくされているように思われる。それに彼女の夢も、願望拒否を実現されたものとして彼女に示している。しかし彼女は何のために充たされない願望を必要としているのか）

　これまでの思いつきは、この夢の分析にたいして役だたなかった。私はさらに先へ進む。抵抗を克服しようとするかのように暫時《ざんじ》沈黙したのちに、彼女は語を継いだ。彼女は昨日ある女友だちを訪問した。この友だちに対しては、少々やきもちを焼くいわれがあった。というのは、夫はいつも口を極《きわ》めてこの友だちを誉《ほ》めそやしていたからである。ありがたいことにこの婦人はひどく痩せっぽちだった。ところが彼女の夫は豊満な女を好んでいた。この女友だちは何を話題にしたか。むろん、もっと肥りたいということをいった。それからまた、こういった、「わたしたちをいつまた夕御飯によんでくださるの？　なにしろお宅の御馳走《ごちそう》はとてもすばらしいんだから」

これで夢の意味がはっきりとした。私は患者に向ってこういうことができる、「まるで何ですね、あなたはそんなふうに夕御飯によんでくれと催促されたときにこう考えたとでもいうような具合ですね、つまり『自分があなたを招待して御馳走したら、あなたはわたしのところでその御馳走を食べて、肥って、わたしの夫に今までよりももっと気に入るようになるだろう。それじゃもうひとをよんで夕御飯なんか御馳走するのはやめてしまおう』そうだとすると、夢はあなたにこういっているのです、『わたしはもうひとに夕御飯を御馳走するわけにはゆかない』、したがって、『お友だちのからだつきがふっくらすることに役だつようなことは何ひとつしたくない』というあなたの願いを満たしているわけなのです。およばれの御馳走を食べて肥るということは、あなたの御主人が食餌療法《しょくじりょうほう》のためにひとから晩餐《ばんさん》によばれても断わるという、その計画を見てあなたもそんなふうに考えはじめたのです」あと欠けているものがあるとすれば締め括《くく》りである。この締め括りがつけば夢の分析は完了する。そこで問題は、燻製の鮭だ。「あの燻製の鮭はどうして夢の中に出てきたんでしょうね」「ああ、それはその女のお友だちの大好物なのです」ところが偶然私はその女友だちなる人をも見知っていた。そして私は、この女友だちなる人が、ちょうど私の患者がキャヴィアを贅沢に思って食べないように、鮭にお金を出したがらないということをたしかめることができた。

この夢は、もっと別の、もっと微妙な解釈をも許している。その解釈はある付随的な事情を考慮に入れるとき、必然的なものになる。そしてこれら二つの解釈は相矛盾することなく、互いに重なりあい、夢並びにいっさいの精神病的症状形成の一般的な二重意味性の見事な一実例を提供する。上にも見たように、私の患者は、願望拒否の夢を見るのと同時に、その充足を拒否された願望を現実に作り出そうと努力していた(キャヴィアのパン)。その女友だちも、もっと肥りたいという願望を口にしている。それでもしわれわれの婦人がその女友だちの願望が実現されないという夢を見たとしても、すこしも怪しむに足りないであろう。すなわちこの女友だちの願い(もっと肥りたいという願い)が充たされないでいてもらいたいというのは、この患者の願望なのである。しかし彼女はそのかわりに、自分自身の願いが充たされない夢を見てしまったのである。そしてもし夢の中の彼女が自分自身ではなくてその女友だちその人であったならば、つまり彼女がその女友だちの身代りに自分を夢の中に出したのであったならば、別言すれば自分自身をその女友だちと同一化したのであるならば、この夢はひとつの新しい解釈を与えられることになる。

事実私の患者はこれをやってのけたと私は考える。そしてこの同一化の証拠として、彼女は現実に自分自身に対して、充たされない一つの願望を作り出した。だがこのヒステリー性の同一化にはいかなる意味があるのか。これを説明するにはすこし詳しく述べてみなければならない。同一化は、ヒステリー的諸症状の機制にとってきわめて重大な一契機である。この手段に訴えてこそ患者たちは、(自己自身の諸体験のみならず)たくさんの人間の諸体験を彼らのヒステリー的諸症状のうちに再現し、いわば一群の人間たちの身代りとなって悩み、ある芝居のすべての役柄を、自分ひとりで自分の個人的な諸手段だけを駆使して演じてみせることができるのである。するとひとは私に向ってこう抗議するだろう、「それは周知のヒステリー的模倣ではないか。他人、そのヒステリー患者に強い印象を与えるところの、他人のいっさいの症状を模倣するヒステリー患者固有の能力、いわば再演にまで高められたところの共感ではないか」しかしこの説明では、ヒステリー的模倣における心的過程がその上を通ってゆく道が示されたにすぎない。しかしその道と、それからその道の上で行われる心的行為とは別々のものなのである。後者は、ひとが好んで想定するヒステリー患者の模倣よりもやや複雑なのである。後者は実例によってはっきりわかると思うが、無意識的な推論過程に相応じている。一種独特な痙攣《けいれん》をする一婦人患者を、ほかの患者たちといっしょに病院内の一室に入れておいたところが、この独特なヒステリー的発作をほかの患者たちが真似《まね》た。ほかの患者たちがこの発作を目睹《もくと》しそれを模倣したのであって、これがほかならぬ心理的伝染である、医師はあっさりこう判断する。そのとおりにはちがいないが、しかし心理的伝染はざっとつぎのようにして行われるのである。患者たちは、医者が患者のひとりひとりについて知っているよりも、通例お互いにもっとよく知りあっている。彼らは、医者の回診が終ると、互いに容態について心配しあう。そのうち、ひとりに発作が起るとする。そうしてその原因はあるいは家からきた手紙、あるいは事新たに掻《か》きたてられた恋の悩みにあるなどというふうに、たちまちのうちにみんなにわかってしまう。みんなのうちには共感が呼び覚まされる。そして無意識《むいしき》裡《り》につぎのような推論が行われる、「もしこれこれの原因のために、こういう発作に襲われるのだとすれば、自分もこういう発作に襲われるだろう、なぜなら自分にも同じような訣合《わけあい》があるのだから」もしこれが意識化しうる推論であったとしたならば、この推論は、おそらく「自分にも同じような発作が起るかも知れない」という不安になっていったことであろう。しかしこの推論は無意識の層の中で行われるから、患者たちが怖《おそ》れていた症状が本当に実現してしまうのである。だから同一化ということは単純な模倣ではなくて、同様の病因的要求に基づくところの同化なのである。同一化は「あたかも……のごとき」を表現し、無意識界内部にとどまって動こうとしない一つの共通のものに関係しているのである。

同一化は、ヒステリー症においては、ある性的共通性を表現するためにもっとも頻《ひん》繁《ぱん》に利用される。婦人ヒステリー患者は（いつもそうであるとはかぎらないが）彼女らの症状において、自分と性的に交渉のあった人物、もしくは自分が性交した同一の人間と現在性交を続けている人物と自分とを同一化する。言葉というものはうまいもので、愛するふたりは「一心同体」だというようにこの考えをちゃんと表現している。ヒステリー症の空想並びに夢において、同一化が行われるための十分なる条件は何かというと、患者ないしは夢みる人が性的関係を念頭に置いていること（だからといって何もその性的関係が現実のものでなければならないということはないが）である。上記の婦人患者が、夢の中でその女友だちの位置に自分自身を置き、ひとつの症状（実現のかなわない願望）を作り出すことによって自分をその女友だちと同一化し、これによってその女友だちに対する嫉妬心《しっとしん》（しかし患者自身はこの嫉妬をいわれのないものだと認めている）を表現しているのは、そういう次第でただ単にヒステリー的思考過程の諸法則に従ったままでのことなのである。この過程はつぎのようにいい直して説明することもできよう。患者が夢の中で自分を女友だちの位置に据えおいたのは、その女友だちが彼女の夫においては自分の位置を占めているからであり、また、彼女が自分の夫の価値評価内部においてその女友だちの占めている位置を占めたいと望んでいるからである。*

＊ヒステリー精神病理学の中からこういう実例を採ってここに挿入《そうにゅう》してはみたものの、これだけをぽつんと切り離して示し、しかも断片的にしか証明できなかったので、その効果のほどは怪しいが、もしこれらの実例が、夢と神経症とのあいだに存する密接な諸関係を顧みていただくためのきっかけになりえたとすれば、私がこれらの実例を引用した目的は達せられたとしていい。

また別のひとりの婦人患者も（この患者は私が夢を主題にしつつ扱った患者たちの中ではもっとも頭がよかった）私の夢に関する見解に反対を表明した。だがこの反対論は、前の場合よりもさらに手軽に、しかも、「ひとつの願望が叶《かな》えられないということは、別の願望が叶えられるということを意味する」という図式に従って見事に解決された。ある日、私はこの婦人患者に「夢は願望の充足だ」という説明をした。翌日彼女は私のところへやってきて、昨夜見た夢を話してくれた。姑《しゅうとめ》といっしょに避暑地へ旅行をするという夢である。彼女が夏のあいだを姑といっしょに過すことをひどくいやがっていて、いよいよどこかへ出かけようとする間際《まぎわ》に、姑の行くところとはかなり離れた避暑先を借りることに成功して、そのいやな同居をうまく免れえたことを私はよく承知していた。しかるに、この夢は彼女の願いどおりになったこの解決を取消しているのである。この夢こそは、夢は願望充足なりという私の見解をものの見事に反駁《はんばく》しているではないか。そのとおりである。ところでこの夢の分析を行うには、夢のいっていることをさらにつきつめてゆきさえすればいい。この夢のいおうとしたところは、「先生（フロイト）が間違っている」ということだった。つまり彼女の願いは、「あなたのおっしゃることは間違っています」ということにある。そしてこの願いを彼女の夢は彼女のために叶えてくれたのである。しかしながら、「あなたのいうことが間違っていますように」という願望、そして避暑というテーマをめぐって叶えられた願望は、実のところ、これとは全然別の、もっと厳粛な題材に関係しているのであった。私はやはりそれと同じころに、彼女を分析して得られた材料からつぎのような推論を下していた。つまりこの患者のこれまでの生活のある時期に、患者の病因として重大な何事かが起っていたに相違ないと推論していたのである。患者は、そんな記憶は全然ないといって、それを否定した。しかしやがてわれわれには、やはり私が正しかったことがわかった。私が間違っていてくれたらいいのだが、という彼女の望みは、姑といっしょに田舎《いなか》へ出かけてゆく夢に姿を変じ、したがって、ちょうどこのころになってやっとおぼろげながら気のつきだした事どもが過去において実際に起っていないものだったらいいのにという、正当な願望に相応じていたのである。

分析なしで、ただ推測だけで、高等中学校の八年間を通じて私の学友であった友人の身の上に起った一小事件をあえて解釈してみたことがあった。この友人は、いつであったか、小さな集りで、「夢は願望充足なり」という私の新説の講演をきいて帰宅し、その夜夢を見た。彼は弁護士をしていたが、すべての訴訟に負けたという夢である。そして私のところへやってきて、この夢の話をしてくれた。私は、「すべての訴訟に勝てるというもんじゃないからね」と苦しまぎれにその場をごまかしたが、実はこう考えたのである。つまり私は八年間ぶっ通しでクラスの第一番であったのに、この友人は中位のところをうろうろしていたのだから、少年時代から彼の心の中には、この私がいつか一度徹底的に恥さらしをすればいいがという願望をいだくことがなかったとは考えられないだろうか。

もっと陰鬱《いんうつ》な性質の夢で、同じく私の見解に対する反駁として、ある婦人患者からきかせてもらった実例がある。患者は年の若い娘であった。「先生、いつか申上げましたわね、姉には現在男の子がひとりいるきりなのです。その子の兄のオットーはわたしがまだ姉のうちにおりましたころ死んでしまったのです。わたしはオットーをとても可愛《かわい》がっておりました。わたしが育ててやったようなものなんですもの。今いる子だって好きには好きですけれど、とてもあのオットーのようには好きになれはしません。それで昨夜こんな夢を見たんです、《わたしの目の前に、今いるカールが死んで、棺の中で、両手を組み合せて寝かされているのです。ちょうど、兄のオットーが死んだときそっくりに、まわりに、蠟燭《ろうそく》が立っているんです。オットーがなくなりましたとき、わたしはもうとっても悲しんでしまって》先生、これはいったいどういう意味なんでしょうか。先生は、わたしをご存知でしょう、姉のひとり息子が死んでしまえばいいのになんて考えるほど、わたしは悪い人間なのでしょうか。それとも、わたしが好きでたまらなかったオットーの代りに、カールが死んでくれたらよかったのにとわたしが心の中で思っているということなのでしょうか」

第二の解釈は全然問題にならないと私は断言してやった。それからすこし考えてみて、私はその夢の正しい解釈を話してやったが、彼女はその解釈を肯定した。私がこの夢判断に成功したのは、この患者の過去をすっかり知っていたからである。

幼いときに両親を失ったこの娘は、ひどく歳《とし》のちがう姉の家で育てられ、この家へやってくる人々の中に、自分の心から消え去ることのない印象を与えられたひとりの男性を見いだした。しばらくのあいだは結婚話にまでゆきそうな気配もあったのだが、姉の曖昧《あいまい》な態度でそれもだめになってしまった。話がこわれてしまったのちには、この男は姉の家を避けるようになった。彼女もまた、そのいざこざのあったあいだじゅうも熱愛しつづけていた姉の子オットーがなくなったのちしばらくして、独立して姉の家を出た。しかし一度その中に陥ってしまったところの、姉の友人に対する恋の絆《きずな》を振払うことはできなかった。自尊心は彼女に、その男を避けることを命じた。しかし彼女は、自分の気持を、いい寄るほかの男たちに振向けることができずにいた。そういう男性たちはつぎつぎとたち現われてきたのである。文学者であるその恋人がどこかで講演でもするということがあると、彼女は必ず出かけていった。それ以外にも人知れず男の姿を見ることのできるような機会はのがすということがなかった。彼女はその夢の話をした前の日に私に語ったが、恋人であるその教授が、ある音楽会へ出かけてゆくそうだから、自分も出かけていってその人の姿をまたこっそりと遠くから見たいといっていた。それはあの夢を見る前の日のことであった。夢の話を私にしてくれた日に、その音楽会が開かれるはずになっていた。そこで私は、容易にこの夢に正しい解釈を下すことができた。そこで彼女に、オットーが死んだのちに起った事件で、何か思い出せるようなものはないかとたずねてみた。彼女はすぐにこう答えた、「ええ、あります。随分永くうちへ見えなかったその方が、オットーがなくなったときにはお見えになって、オットーの棺のそばにお立ちになりました」期待したとおりだった。そこで私はこの夢をつぎのように分析してみせた。

「もし今、もうひとりの子が死んだならば、オットーが死んだときと同じようなことが繰返されるだろう。あなたはその日、一日中、姉さんのうちで過すことになる。その教授も間違いなく、悔みを述べにやってくるだろう。そしてオットーのときと同じような状態の下に、あなたはその人に会うわけだ。だからあなたの夢は、あなたが内心ではそれに逆らっている願い、つまりその人にまた会いたいという願いを物語っているのです。あなたがそこのポケットの中に音楽会の入場券を持っていることは私にわかっています。あなたの夢は、待ちきれない夢なのです。今日あなたに叶えられるはずの再会を、夢が二、三時間だけ早くしてくれたのです」

彼女は明らかに、自分の願望を覆《おお》いかくすために、そういう願望が抑《おさ》えつけられるのをつねとするような一状況を選び出したのである。すなわちみんなが悲しみに包まれていて、色恋のことなど考えないような状況である。しかし夢の中で忠実に再現されたかつての実際の状況にあっても、彼女が弟よりももっと愛していた兄の棺の傍《そば》においてさえも、永いこと会えずにいたかの来訪者に対して、恋しい気持を抑えることができずにいたのだろうということは容易に想像がつく。これらの特性を現在もなお、すくなくとも私の治療を受けていたあいだはその思いつきの点で評判のうそでなかったことを実証したある婦人患者の、似たような夢には、上に述べた解釈とはちがった解釈が与えられた。この婦人はある長い夢のつながりの中で、十五歳になるひとり娘が箱の中に死んで横たわっている夢を見た。この夢を楯《たて》にとって、私の「夢は願望充足なり」という説に反対してやろうと思ったらしいのだが、彼女自身、この箱の細部が、この夢の別の解釈への途《みち》を示しているらしいことに薄々勘づいているようであった。* 分析にさいして彼女はこういうことを思い出した、つまり前の日の夕方の集りで、話題が英語の「箱《ボックス》」に及んで、そのドイツ語に当るいろいろの言葉が問題になったのである（箱 Schachtel 桟敷《さじき》 Loge 函《はこ》 Kasten 平手打ち Ohrfeige など）。さて同じ夢の他の部分によって補ってみると、彼女は英語のボックスはドイツ語の小筥《ビュックセ》 Büchse に似通っていることに思いつき、俗に女子性器がビュックセと呼ばれていることをも思い出した。そうだとすると（彼女の局所解剖学の知識を参酌してやれば）「箱」の中の子供とは、すなわち子宮の中の胎児の意味になる。そこまで説明すると、この夢の形象が実は自分のある願望に相通ずるものを持っているということを彼女は否定しようとはしなかった。若い婦人はみなそうなのであるが、彼女も妊娠が始まると決して仕合せではなく、お腹《なか》の子がこのまま死んでくれればいいがと願ったことも幾度かあった。それどころか、烈《はげ》しい夫婦喧嘩《げんか》のあとで、両手を拳《こぶし》にしてお腹の子が死ねばいいと、自分の腹を打ったこともあった。だから死児は事実上ひとつの願望充足だったのだが、しかし十五年間もなおざりにしていた願望充足なのであった。こんな具合にのちになって出てくると、それが本当に願望充足なのかどうか、見分けのつかないことがある。そのあいだに事情がいろいろと変化しすぎてしまっているのであるから。

＊　あの取りやめにした晩餐会《ばんさんかい》の夢における燻製《くんせい》の鮭《さけ》に似ている。

愛する身内の死を内容に持つところの、最後の二つの夢の属する一群については、類型的な夢を論ずるさいにもう一度いおうと思う。そのさい、望ましからぬ内容にもかかわらず、すべてこれらの夢は願望夢として解せられなければならないということを、別の新しい例によって証明してみようと思う。つぎに紹介する夢は患者からではなくて、知合いの法律学者からきいたものであるが、この夢もまた私の願望夢の説を早まって一般化するのを引きとめようという意図で私に話されたものである。

「こういう夢なのだ、《僕はひとりの婦人を連れて自分の家の前にきた。家の前には幌《ほろ》を下ろした馬車がとまっている。ひとりの男がつかつかとやってきて、自分は刑事だといって、同行しろというのだ。僕は用事を済ましてしまうまで待ってくれと頼んだ》僕は捕縛されたがっていると君は思うのか」――むろん、そんなふうには考えない。「しかし君、君はどういう罪状で捕縛されることになったのだ」――「うん、それが子供殺しということらしいのだ」――「子供殺し。しかしこの犯行は若い母親が生れたばかりの赤ん坊にやるものだということは君も知っているだろう」――「そうなのだ」――*「ところで君はどんな状態でその夢を見たのだ。前の晩にどんなことがあったのだ」――「それは君にも話したくないのだが。話しにくいことなのだ」――「それを話してもらわなければ、夢判断はできない」――「では聞きたまえ。僕はその晩、家にはいなかったのだ。ある女のところにいた。僕が大切に思っている女なのだ。それで、朝眼を覚ましたときに、また行なったのだ。それからまたねむりこんで、それで例の夢を見たのだ」――「ひとの妻君か」――「そうだ」――「君はその婦人に子供をうませたくないというわけだね」――「冗談じゃない。そんなことをしたら、僕らのあいだがばれてしまう」――「では膣内《ちつない》で射精はしなかったのか」――「用心して射精前にやめてしまうのだ」――「こう想像していいかしら。君はそういうふうにして幾度か交接した、そしてその朝またそれを繰返したあとで、本当に大丈夫だったかどうかと、すこし不安になってきた、とね」――「あるいはそうかもしれない」――「では君の夢はむろん願望充足だ。君はこの夢によって、『子供は作らなかった』ないしは、これとほぼ同じことなのだが『子供を殺した』という安心を得たのだ。夢とこの結論とのあいだを埋める事柄は簡単に説明できる。まだ覚えているだろう、二、三日以前、われわれは最近の結婚難や、ひとたび卵子と精子とが出会って胎児が作られたら、それに対するいかなる干渉でも罪として処罰されるのに、受胎しないように性交することは許されているという不徹底などについて話しあった。またそれに関連して中世の論争問題にもふれたっけね、本来いかなる時期に魂が胎児の中に入ってゆくのか、という。つまりその時期以後でなければ殺人という概念は成立しないわけだから。むろん君は例のレーナウの怖《おそ》ろしい詩を知っているだろう、子供殺しと受胎防止とを同じものだといっている」――「そういえば今日の午前中、偶然のようにレーナウのことを考えたのだ、妙なことだったが」――「それもまた君の夢の余韻なのだ。ところでもうひとつ、君の夢の中の、小さな付随的願望充足を説明してあげよう。君は婦人の腕を執って君の家の前にやってきた、といった。だから君は婦人を君の家へ連れてくるのだ。ところが実際はどうかというと君は君の相手の家で夜を明かしていい、いい、るのにね。この夢の本体を成している願望充足がこれほど不愉快な形式の下にかくれているということには、おそらくひとつ以上の、いろいろの原因があるのだ。不安神経症の病因に関する僕の論文を読んだら君もわかると思うのだが、僕は『中絶性交』を神経症的不安成立の病因的一要素と考えているのだ。中絶性交を幾度も繰返したあとで、なんとなく不安な気持が残っているとしたら（そしてその不安な気持は要素として君の夢の構成の中へ入りこんでゆくのだが）、それは僕の説を裏書きするようなものだ。君は願望充足を隠蔽《いんぺい》するために、この不快な気持をも利用するというわけなのだ。しかし子供殺しの点の説明はまだだ。君はどうして特に女性だけが行うこの犯罪を夢の中に引っぱりだしてきたのだろう」——「白状するが、数年前、一度そんな事件にまきこまれたことがあるのだ。ある若い女性が、僕との関係から生ずる結果を堕胎によって揉《も》み消してしまおうとした。僕にもむろんその責任はあったのだが、その女が実際にそういうことをやったということについては、僕は全然無関係だったのだ。この一件が露見しはしないかと、随分永いあいだはらはらしていたのだ」——「それでわかった。その記憶が、『しくじったかな』という疑いが君にとって苦痛だったということの第二の根拠になっていたのだ」

＊　夢の話し方が不完全であって、分析が始められてからやっとのこと脱落部が思い出され

るということは頻繁《ひんぱん》に起る。あとから挿入《そうにゅう》されるそういう部分こそ、通例夢判断の鍵《かぎ》を隠しているのである。なお後出『夢の忘却』の章を参照。

私の講義に出席して、この夢の話をきいたある若い医師は、この話によほど深い感銘を受けたのにちがいない。彼は追っかけるようにして似たような夢を見た。そして、この夢の思想形式を別のテーマに利用しようとした。彼は前の日に所得の申告をした。申告すべきものはわずかだったので、申告もまったくありのままになされた。ところでこういう夢を見たのである。納税委員会に加わっている知人が彼のところへやってきて、ほかの人たちの所得申告はみな異議なしに承認されたが、彼のだけはみんなに疑われて、相当な脱税刑罰を加えられるだろうと告げた。この夢は、収入の多い医者と思われたいという願望の、きわめて手際《てぎわ》のわるい隠蔽《いんぺい》である。もっともこの夢は、例の娘の話を思い出させる。この娘の求婚者は癇癪持《かんしゃくも》ちだったので、結婚するときっと虐待《ぎゃくたい》されたり（なぐられたり）するにちがいないから、求婚をはねつけるようにと周囲が娘にすすめた。すると、娘は「まずぶたれてみなければ」と答えたという。結婚したいという願望が強すぎて、結婚したら必ずや娘を見舞うに相違ない不快事を結婚と抱きあわせに買いとろうというのである。いやその不快事を願望にまで高めていたのである。

ある願望が叶《かな》えられないこと、ないしは何か明らかに不快なことが現われてくることをその内容とするこれら数々のきわめて頻繁に観察される夢、つまり私の説に直接に反するような夢を、「願望に反する夢」として総括するならば、一般にこれらの夢が二つの原理に基づいているということがわかる。それら二原理のうちのひとつは、人間の日常生活の上でも、また夢の中でも大きな役割を演じてはいるものの、これまでのところまだひとが指摘しなかったものである。これらの夢の原動力の一つは、私(分析医)のいうことが間違っていればいいのにという願望である。これらの夢は通例、私の治療下にある患者が私に対して反抗しているときに見られたものであった。そしてその十中の八、九は、私が患者に向って「夢は願望充足だ」という私の説をはじめていってやった直後に患者たちが見た夢である。* それどころか、私はこう期待しても差支《さしつか》えなさそうである。つまりこの本を読んでいる読者諸君の身の上にもまた、私の患者たちと同じようなことが起るだろうと。読者諸君は、かくいう私が間違っていればいいがという願望を叶えようがために、夢の中で喜んである願望を断念することであろう。ここに報告しようと思うこの種の夢の最後の「治療中に見られた夢」も、やはり同様のことを示している。この患者は若い娘で、その家人や相談を持ちかけたえらい人たちの意志に反して、何とかして私の治療を受けてゆきたいと頑張《がんば》ってきたのだが、こういう夢を見た。《うちでこの娘は、このうえさらに私のところへ通うことを禁じられた。すると彼女は私のところへやってきて、私が彼女にしてやった約束、すなわちお金に困ったらただで診《み》てあげるという約束を私に思い出させたが、そのとき私は、彼女に「金銭の事では何の考慮も払えない」といった》というのである。

* 近年似たような「願望に反する夢」について私の聴講者から幾度も報告を受けたが、それは彼らがはじめて「夢願望説」を知ったことの反応として理解される。

この夢について願望充足を証拠だてることは実際あまり容易ではない。しかしこういう場合はこのひとつの謎《なぞ》のほかに、もうひとつ別の謎があって、この別の謎を解くことが第一の謎を解く助けになるのである。彼女が私の口にいわせた文句はどこから出てきたのか。私は彼女に向ってそういうことをいった覚えは全然ないのである。ところが彼女の兄弟のひとり、しかも彼女にとってもっとも大きな影響力を持っている兄弟が、まことにご親切な話だが私についてそういったのである。そこでこの夢は、その兄さんのいったことが本当であってもらいたいという願いを表現している。彼女は夢の中でばかり「この兄のいうことは何でも本当なのだ」と思いたがっているのではなかった。「兄のいうことに間違いはない」というのが、彼女の生活内容そのものだったのであり、それが同時に彼女の神経症の原因にもなっていたのである。ある医師（アウグスト・シュテルケ）が、夢願望説にとって一見、特に解釈困難だと思われるような夢を見て、これを自分で分析した。

《私は自分の左手の人差し指のいちばん先の指節に、梅毒《ばいどく》の初期硬結（プリメールアフェクト）の出ているのを発見する》

この夢は、その内容が全然願望に反するものであるから、わざわざ分析するまでもあるまいと思われるであろう。しかしながら、分析の労をいとわぬならば、初期硬結は初恋（プリーマ・アフェクツィオ）であり、いやらしいできものは、シュテルケの言葉に従えば、「非常に大きな情動《アフェクト》を帯びた願望充足の代理者」たることがわかるのである。*

＊『精神分析中央機関誌』第二巻、一九一一年―一九一二年。

願望に反する夢の、もうひとつ別の動機は、あまりにも手近にあってわかりすぎるほどわかっているために、現に私自身が何年ものあいだそうであったように、つい、見落しがちなのである。非常に多くの人間の性的体質のうちには、攻撃的・サディズム的要素の正反対物への転化によって生じたマゾキズム的要素が存在している。そういう人間が、自分に加えられた肉体的苦痛の中にではなしに、卑屈と精神的呵責《かしやく》の中に快感を追求するとき、われわれは彼らを「観念的」マゾキストと呼ぶ。こういう人間は「願望に反する夢」や「不快の夢」をよく見る。それらの夢は、彼らのマゾキズム的傾向を満足させるところの願望充足にほかならないのである。一例をあげよう。ある若い男は、少年時代に同性愛を感じていた兄を非常に虐待した。その後彼の性格は根本的に変化した。さてこの男の夢は、三つの部分から成っている。《一、兄が彼を「辱《はずか》しめている」場面。二、ふたりの大人が同性愛的媚態《びたい》を示しあっている場面。三、兄が、将来は自分にその管理権を譲ろうと考えていた事業をひとに売ってしまうこと》そこまで夢を見たときに、彼は苦痛感とともに眼を覚ました。とはいえこれはマゾキズム的願望夢であって、翻訳するとこうなるだろう、「兄が、昔この俺から受けた数々の呵責の報復として、事業を売って俺《おれ》を困らせたとしても、まったく無理はない」

以上の実例で、さしあたっては、苦痛の内容を持った夢でも願望充足の意味を隠し持っているということがわかっていただけただろうと思う。* われわれはこれらの夢の分析にさいして、いつも必ずひとが話したがらないことや考えたがらない問題にぶつかるという事実を、何人もよもや偶然のこととは思わないであろう。こういう夢が呼び覚ます苦痛感情は、われわれにそういう問題を取扱わせまいとし、考慮させまいとする——これはたいていは成功する——ところの嫌悪《けんお》感《かん》と同一のものである。しかしそれにもかかわらず、どうしてもそういう問題に手をつけざるをえない場合、われわれは誰もが、かかる嫌悪感を克服しなければならないのである。しかし、夢の中にきわめて頻繁に出てくるこういう不快感は、ある願望の存在を排除するものではない。人には誰にも、他人にいいたくないような、また、自分自身に対してさえ白状したくないような願望がある。他面われわれは、すべてこれらの夢の不快な性格を夢歪曲《ゆめわいきょく》の事実と関連させ、これらの夢がこれほどにも歪曲されているのは、その夢のテーマに対する、あるいはその夢から汲《く》みとられる願望に対する嫌悪・抑圧意図が存在するがゆえなのだと推論しても差支えないと考える。そういう次第で夢歪曲は事実上一個の検閲行為だということがわかる。しかし、不快夢の分析が明るみへ出すところのものすべては、われわれがさきに述べたところの夢の本質をいい現わす公式に、つぎのごとき変更を加えるときにははじめてはっきりと理解されるのである。「夢は、ある（抑圧され・排斥された）願望の、（偽装した）充足である。」**

＊注意しておくが、このテーマは、これで片づいたわけではなく、のちにまた論究される

ことになる。

＊＊　現代のさる高名な詩人が、きくところによると精神分析や夢判断については全然何も知らないというのに、自分自身の考えだけから夢の本質に関して私と寸分ちがわぬ定義を述べている。すなわち夢とは「抑圧された憧《あこが》れの願望が、にせの顔と名前とを持って、不当にも浮び現われてくるものだ」というのである（C・シュピッテラー『わが幼時の体験』（『南ドイツ月報』一九一三年十月号）。

私は先走りをして、オットー・ランクが拡大と変更とを加えた上記の根本命題を引用しておく、「夢は通例、抑圧された幼児的・性的素材を土台として、またその素材の助けをかりて、積極的な、概してまた性的な願望を、被覆された・象徴的に偽装した形式で、充足されたものとして表現する」（『自己分析を行う夢』）。

私がこのランクの定義を私自身の定義とするなどとはどこにもいった覚えはない。これより簡潔な、本文中にしるした定義で私には十分だと思われる。しかし私がランクの定義を引用したということだけですでに、「精神分析はすべての夢は性的内容を持つと主張するものだ」という、無際限に繰返される非難を招くに十分であろう。もししかしこの非難を文字どおりに解するならば、この非難はただつぎのようなことを証明しているにすぎない。すなわち批評家たちは彼らの批評活動にさいしていかに非良心的であるか、また、攻撃論難者は誤解の余地なき意見すらも、もしその意見が彼らの攻撃欲に益することがない場合はいかに好んであっさりと見過してしまうものであるかを。なぜなら私は数ページ前にちゃんと子供の夢の複雑な願望充足について述べているし（ピクニックや船遊びをすることや食べられなかった食事をとり返すことなど)、また別の箇所では飢餓夢、渇《かわ》きの刺激によって生ずる夢、排泄《はいせつ》刺激の反応として生ずる夢、純粋の便宜の夢などについて論じているのである。ランクさえも自説を絶対的なものだと主張しているのではない。彼は「概してまた性的な願望」といっているのだし、そしてこの「概して」云々《うんぬん》は成人の夢の多くについて見事に実証されるのである。

もし、人が「性的」sexuell という語を、現在の精神分析学で使用されている「性愛」Eros の意味に用いるなら、話はまた別である。しかし、すべての夢は「リビドー的」衝動力の所産なのかどうか(リビドー的の反対は「破壊的」である)という興味深い問題は、反対者たちの注意をほとんど惹《ひ》いていないようである。

残るところは、苦痛な内容を持った夢の特殊な一種としての不安恐怖夢のみである。しかし不安恐怖夢を願望夢だというと、素人《しろうと》は躍起になって反対するだろうと思う。しかし不安恐怖夢はあっさりと片づけることができる。不安恐怖夢がわれわれに示すものは、夢問題の新しい一面なのではない。不安恐怖夢の理解は、神経症的不安を理解するかどうかに懸《かか》っているのである。われわれが夢の中で感ずる不安恐怖が夢の内容によって説明されているのは皮相のことにすぎない。夢内容を分析すると、つぎのようなことがわかる。すなわち夢の恐怖感が夢の内容によって説明がつかないのは、たとえば恐怖症の不安が、その恐怖症の表面的原因となっている表象によっては説明がつかないのと同じである。窓から落ちることも大いにありうるのだから、窓ぎわにいるときは多少用心するというのは、むろんもっともな話であるが、窓ぎわ恐怖症においてなぜ恐怖があれほどにも大きく、その恐怖が患者を不必要なまでに追跡するのかは、窓ぎわにいるときの危険ということだけでは説明がつかない。恐怖症にも夢の中の恐怖感にも同一の説明が当てはまる。両方の場合、恐怖は、恐怖に伴う観念にただちょっと結びつけられているだけにすぎないのであって、実は全然別の源泉から発しているのである。

このようにして、夢恐怖は神経症的恐怖と密接に関連しているのであるから、夢恐怖を説明しようと思うならば、神経症的恐怖を研究しなければならない。私はかつて「不安神経症」に関する小論文中に(『神経症学中央機関誌』一八九五年、全集第一巻)、「神経症的不安は性生活から出てくるものであり、その本来の使命から逸脱せしめられて、使用されることなくしてやんでしまったリビドーを表現している」と主張した。爾来《じらい》この定式の真実であることはますます実証されつつある。さてこの定式からつぎのような命題を引出すことができる。「不安恐怖夢は性的内容を持った夢であり、そこに属しているリビドーが、変形してその不安恐怖となったのである」この主張を神経症患者の夢若干の分析によって裏づけすることはのちの機会に譲ろう。また、夢理論を構成しようとするこれからさきの試みにおいて、私はもう一度不安恐怖夢の条件を論じ、不安恐怖夢が願望充足説と矛盾しないことを説明してみようと思う。

V　夢の材料と夢の源泉

イルマの注射の夢の分析によって、夢が願望充足だということを知ったとき、われわれの興味は、これで夢の一般的性格が明らかになったのかどうかという点に釘《くぎ》づけにされて、この問題以外の問題に対する学問的好奇心をしばらく抑《おさ》えつけておいた。しかしわれわれの学問的好奇心は、あの分析の仕事を続けているあいだにもなくなってしまっていたわけではない。さてどうやら所期の目的に到達しえた現在、われわれは道を引返して、夢の諸問題のあいだをさまよい歩くための新しい出発点を捜し出すことにして、願望充足というテーマもすっかり片がついているわけではないにしても、しばらくのあいだはこれを不問に付して差支《さしつか》えなかろうと思う。

われわれ独特の夢判断の方法を適用することによって、夢の顕在内容よりもよほど意義重大な潜在内容というものを発見した今、顕在内容しか知らなかったときにはどうにも手がつけられないように思われた謎《なぞ》や矛盾が十分に解決されるかどうかを見るために、夢の個々の問題を事新たに採りあげてみようとしてもむりはあるまい。

夢と覚醒生活との関連、並びに夢材料の出所に関する諸家の見解については、冒頭の一章において詳しく述べるところがあった。誰にも容易に気づかれるが、さりとてまだその説明はついていないという夢記憶の三つの特性をもう一度ここで思い出すことにする。

一、夢は明らかにごく近い過去の諸印象を好む(ロベルト、シュトリュムペル、ヒルデブラント、それからウィート・ハラムも)。

二、夢は本質的なものや重要なものではなしに、付随的なものや見過されたものを記憶しているから、夢は材料を選択するにさいして、覚醒時におけるのとは別の諸原理に従っている。

三、夢はわれわれのごく幼いころの諸印象を自由に駆使し、夢の中でそれを見ているわれわれ自身でさえもそれをくだらないと思うし、また、覚醒時の生活ではもうとっくに忘れてしまったと考えられているような、幼少期の細々した事柄をすら、遠い過去の中から引っぱり出してくる。*

* 「夢の使命は、われわれの記憶力を日中の無価値な諸印象の負担から免れさせる点にある」というロベルトの見解は、夢の中にはかなり頻々《ひんぴん》とわれわれの幼年時代のとるに足りない記憶像が現われるから、とうてい肯定することはできない。ロベルトの見解を採

るにしても、夢はその使命をきわめて不十分に遂行するのがつねだというふうにいわざるをえない。

夢材料選択におけるこれらの諸特性は、諸家によって、いうまでもなく夢の顕在内容について観察されたものなのである。

A　夢の中に出てくる最近のものと些細《ささい》なもの

夢内容を形成する諸要素の出所に関して、私自身の経験に当ってみると、さしあたり私はまずこう主張せざるをえない。「どんな夢の中にも、前の日の諸体験への結びつきが見いだされる」他人の夢だろうと自分の夢だろうと、夢のいかんにかかわらず、私のこの経験はつねに実証される。私は、この事実を知ったうえで、何はともあれ、私が夢を見るきっかけとなった前日の事件なり体験なりをまず捜してみるということから、夢分析を開始することができる。できるどころか、多くの場合、このやり方は最短の道なのである。前の章で詳細に分析を加えた二つの夢（イルマの注射、黄色いひげを生《は》やした私の伯父）にあっては、前の日へのこういう関係があまりにも明らかであるから、それ以上何の説明もいらないほどである。しかしこの関係がいつでも指摘されうることを示すために、実例を少々私自身の夢記録の中から採り出して、この点について吟味してみよう。ただし私は、求められている夢源泉の発見に必要な範囲内でのみそれらの夢を紹介する。

《私はある家を訪れたが面倒臭い手続を踏んでやっと中へ入れてもらえる。そのあいだ、ひとりの婦人が私を待ち佗《わ》びている》

源泉　前の晩親戚《しんせき》の一婦人と、その婦人が持ちこんできた願いはもうすこし待たないければどうにもならないと話しあった。

《私はある種の（ここ不明瞭《ふめいりょう》）植物に関して一冊の研究書を著《あら》わした》

源泉　前の日の午前、ある書店の飾り窓中にシクラメン属に関する研究書を見かけた。

《街頭に二婦人を見る。母と娘だ。娘のほうは私の患者だ》

源泉　現在私の治療を受けている婦人患者が前の晩に私にこぼしていうには、「母が治療を続けるのに何かと反対するのです」

《本屋S・Rで私はある定期刊行物の予約をする。一カ年、二十グルデンだ》

源泉　家内が前の日、毎週の費用二十グルデンをもらっていないと私に注意した。

《私は、自分がその一会員として取扱われている社会民主主義委員会から一通の手紙をもらう》

源泉　同時に自由党選挙委員会と博愛協会本部（私は実際にこの協会員である）とから手紙をもらった。

《ベックリーン風に、ひとりの男が海の真《ま》っ只中《ただなか》の嶮《けわ》しい岩の上にいる》

源泉　悪魔島のドレフュース、同時に英国の親戚からの来信。

夢は必ず前日の諸事件に結びつくのかどうか、あるいは夢は近い過去の、比較的長期間の諸印象をも採りあげるのかどうか、こんな問も起ってくるであろうが、この問題は本来そう重大ではないと思う。しかし私は、夢を見た夜の前日の事件がおもに夢の中に出てくると考える。二日ないし三日以前の印象が夢の源泉になっていると思うことはしばしばあるのだが、そのたびごとによく観察してみると、やはりその夢を見る夜の前日の昼間に自分がその二、三日前の印象をもう一度思い出していたことがわかる。つまりその印象を与えた事件が起った日と夢を見た夜とのあいだに、夢を見た夜の前の日における再現（思い出し）が挿《はさ》まっているのである。そのうえ、比較的古い印象を思い出させるところの、ごく最近のきっかけもこれを指摘することができた。これに反して、夢を生ぜしめる日中の印象と、夢の中におけるその印象の再登場とのあいだに、生物学的に重要な意味を保つ規則的な間隔（H・スウォボーダはその第一例として十八時間の間隔をあげている）が挿まっているということは実証しえなかった。*H・エリスもこの問題に注目して、彼自身夢の中には、かかる再現の周期性は「特にそれに注意したにもかかわらず」見いだすことができなかったと述べている。エリスは、自分がスペインにいて、ダラウス、バラウスもしくはザラウスというような場所へ旅行中の夢を報告している。眼が覚めて、彼はそういう名前の土地をどうしても思い出せなかった。そしてその夢を払いのけてしまった。それから二、三カ月ののち、彼は実際にザラウスという名の土地を発見した。それはサン・セバスティアンとビルバオとのあいだにあるある宿場の名称で、彼がこの夢を見たのより二百五十日以前に汽車でそこを通過したことがあったのである（二二七ページ）。

＊第一章の補遺中（一六二ページ）に報告したように、スウォボーダは、二十三日および二十八日というW・フリースによって発見された生物学的間隔を広く心的生活一般に適用して、ことに、これらの期間は夢の諸要素が、夢の中に現われるためには決定的なものだと主張している。たといそういうことが立証されたとしても、夢判断そのものはなんら特別の変更をこうむることはあるまい。だが夢材料の出所については新しい源泉が生じたことになるであろう。ところで私は最近、「周期説」の夢材料に対する適用可否を吟味するために、自分の夢を材料にして少し調べてみた。そしてこの目的のために、

その出現が時間的にはっきりときめられるような、夢内容のことさらに顕著な諸要素を選んでみた。

一、一九一〇年十月一日から二日にかけての夢。

（断片）《……イタリアのどこか。娘三人が、まるで骨董店《こっとうてん》の中にいるかのように私に小さな貴重品を見せてくれる。そうしながら彼女らは私の膝《ひざ》に腰かける。それらの品々のひとつを見て私がいう、「これはわたしが差しあげたものですね」そのとき私ははっきりと、サヴォナローラの輪郭の顔つきをしたひとつの小さなプロフィールの仮面を見ている》

最近サヴォナローラの肖像を見たのはいつだったか。旅行日記を見ると、私は九月四日、五日にフィレンツェにいた。そこにいたとき私は、旅行の同伴者をこの狂熱的な僧が焚刑《ふんけい》に処せられたピアッツァ・シニョリーア広場へ連れていって、その広場の敷石に嵌《は》めこまれているこの僧の顔の浮彫板を見せてやろうと思った。同伴者にそれを見せてやったのは、五日午前だったと思う。この事件から、これが夢の中に登場するまでには、とにかく、二十七日プラス一日が経過している。フリースの術語に従えば「女性の周期」である。しかしこの実例の証明力にとっては不幸にも私はこういうことを述べざるをえない。上にあげた夢を見た前の日に、はたらき者の、陰鬱《いんうつ》な眼付きをした同僚が（私が旅から帰って以来はじめて）やってきた。数年前、私はこの同僚に「ラビ・サヴォナローラ」というあだ名を与えたことがある。彼は負傷者をひとり連れてきた。この負傷者はポンテッバ線で汽車事故に遭《あ》ったのだが、一週間以前には私もその線の汽車に乗っていた。この負傷者を見て、自然と私は最近のイタリア旅行を回想した。夢内容における「サヴォナローラ」という顕著な一要素の出現は、その夢を見た前日の同僚の訪問によって説明がつき、二十八日という間隔は、この要素の由来を説明しうるものとしての資格を失うのである。

二、十月十日から十一日にかけての夢。

《私は昔に帰って、また大学の実験室で化学の勉強をしている。教授Lが、あるところへこいといって、私を誘い出す。そして先に立って、高くあげた手にランプ、あるいは何か道具のようなものを、炯眼《けいがん》にも(?)(眼を鋭くさせて?)掲げ持ち、頭を前方へ突き出す特色ある格好で廊下を歩いてゆく。やがて、われわれは、広い場所にさしかかる……(そのあとは忘れられている)》

この夢内容でもっとも顕著なものは、探るように眼を遠くへ向けつつL教授がランプ(あるいは拡大鏡《ルーペ》か)を自分の前にかざしている様子である。Lにはもう久しく会っていない。しかし私が今すぐにわかることは、夢の中でのLは、単に別のある人間の代用物にすぎない。つまりローマの包囲軍の方を窺《うかが》いつつ、拡大鏡をちょうどそんなふうに持って、彼とほぼ同じ格好で立ったシラクサのアレテウサ噴泉近くにあるアルキメデスの立像だ。この像を最初かつ最後に見たのはいつだったろう。私の記録によれば九月十七日の夕方だったから、この日から夢を見た日までのあいだには実際に十三日プラス十日、すなわち二十三日が経過している。フリースのいわゆる「男性の周期」である。

この場合も、夢判断をやってみると、周期的関連の必要性の一部が残念ながら失われる。この夢のきっかけは、そこの講堂で私が学外教授として講義している大学付属病院が近々どこかへ移転するだろうというしらせが、その夢を見る前日私の耳に入ったということである。どこか不便なところへ移転するのではあるまいか、そうなると講堂を借りることなど問題にならなくなるのではあるまいかと私は心中考えた。そこからして私の思念は、実際に教室を持つことができず、教室をひとつ自分のために手に入れようとして有力教授たちのあいだを運動して回ったが、どこでもあまりいい顔をされなかった私の講師時代の最初のころのことへ移っていったにちがいないのである。当時私はLのところへ出かけていった。Lはちょうど学部長であり、私をかばっていてくれるようだから、訴えてみたら何とかなるだろうと考えた。Lは承諾してくれたが、その後何ともいってこなかった。夢の中でLはアルキメデス、つまりあちらへ行けといって私をどこかへ案内してゆくアルキメデスなのである。夢の観念は復讐心《ふくしゅうしん》も知っているし、誇張意識も知っているということは、夢判断を知る人に向っては改めていうまでもあるまい。しかし私は、もしこのきっかけがなかったならば、この夜の夢の中にアルキメデスが出てくることはほとんどなかっただろうと思う。シラクサの、あの立像の強烈で、まだ新しい印象は、もっと別の時間のへだたりを置いても夢の中で用いられたかどうか、これは私には何ともいえない。

三、一九一〇年十月二日から三日にかけての夢。

（断片）《……自分でわざわざ私のために献立をこしらえてくれたオーザー教授の何かが私をたいへんやすらいだ気分にする（ほかのことは忘れてしまった）》

この夢は、この日のある消化器障害に対する反応であって、私は食餌療法《しょくじりょうほう》をきめるのに同僚に相談すべきかどうか考慮した。さらに死んだオーザー教授を私が夢の中の相談相手に選んだのは、別のもうひとりの、私が非常に尊敬していた某教授の死（それは十月一日のことだった）に結びついていた。しかしオーザーはいつ死んだのか、私はいつオーザーの死を知ったのか。八月二十二日の新聞によってであった。そのとき、私はオランダにおり、ヴィーンの新聞を規則正しく送ってもらっていたから、八月の二十四日か五日かにオーザーの死亡記事を読んだにちがいない。しかしこの間隔はいかなる周期にももはや照応しない。それは七日プラス三十日プラス二日で三十九日、あるいは四十日になる。そのあいだに私がオーザーについて話したり、オーザーのことを思ったりした記憶はないのである。このような、周期説にとってより詳しい研究なくしてはもはや役にたたない間隔は、規則的な間隔よりもずっと頻繁に私の夢では起っている。私は夢を見た日の一印象に対する、本文中に主張したような関係のみが恒常的なものだと思う。

そういうわけで私はこう考える、どんな夢においても、それから「まだまるひと晩も経《た》っていない」ような、そういうほやほやの諸体験がその夢のきっかけになっていると。

もっとも近い過去（夢の夜に先立つ昼間を除いて）の諸印象は、夢内容に対して、随意の遠い過去の諸印象と同じ関係を持っている。夢は、もしただ夢の前日の諸体験

（「最近の」諸印象）から、これらのもっと遠い過去の諸体験へと一筋の思念の糸がかけ渡されているかぎりは、その材料を人生のいかなる時期からも選び採ってくることができる。

それにしてもなぜ最近の諸印象がこういう具合に優遇されるのか。上に述べた夢のいくつかをもっと詳しく吟味してみるとき、われわれはこの点をやや明らかにしうるであろう。私はここに

植物学研究書の夢

を選んでみよう。

《私はある植物に関する研究論文を著わした。その本は私の眼前にある。私はちょうど挿入《そうにゅう》された彩色のある図版のところをめくる。どの一冊にも、植物標本館から持ってきたような、その植物の乾燥標本が綴《つづ》りこまれている》

分　析

その前日の午前、私は書店の飾り窓に『シクラメン属』と題する一冊の新刊本を見た——明らかにこの植物に関する研究論文である。

シクラメンは私の妻の好きな花だ。私は妻がそうしてもらいたがっているのに、このシクラメンを妻に持って帰ってやることが稀《まれ》であるのを自分に向って非難した。——花を持って帰るというテーマは私にひとつの話を思い出させる。すなわち私はつい最近友人たちの集りでその話を「忘却は非常にしばしば無意識的なもののなんらかの意図の実行であり、いずれにせよ、あることを忘れるその人間の密《ひそ》やかな考えを推論させる」という私の主張に対する証明として利用したのであった。誕生日に、夫から花束をもらうのが例になっていたある美しい夫人は、ある年の誕生日にこの愛情のしるしがもらえなかったために泣きだしてしまった。夫には妻の泣くわけがわからなかった。やっとその理由がわかって、「やあ、すっかり忘れていた」といって、急いで花を買いに出かけようとしたが、妻の気持はもう慰められなかった。なぜなら妻は夫の忘却のうちに、自分が夫の頭の中でもう以前のような地位を占めていないということの証明を見てとったからである。——このL夫人は二日前私の妻に出会って、自分がこのごろ健康だといい、私の近況をもたずねてくれた。何年か前には私の治療を受けていたのである。

別の新しい手がかり。実際私も一度ある植物に関する研究論文のようなものを書いたことがある。コカ樹に関する論文であった。この論文はK・コラーの注意をコカインの麻酔的特性に向けさせた。私はアルカロイドをそういうふうに利用することを私の論文中に暗示しておきはしたが、この点を徹底的に追求するにはいたらなかったのである。それからさらに、私は（この夢の分析は夢を見た翌日の夕方になって、やっと暇を見つけてやりだしたので）この夢を見た翌日の午前中に一種の白日夢のようなふうに、コカインのことを思い出していたということに気づく。その白日空想はこんなものだった。万が一にも自分が緑内障《りよくないしよう》にかかるようなことがあったら、私はベルリンに出かけていって、ベルリンの友人のところで、この友人が推薦してくれる医者の手で、私の名前をうち明けずに手術をしてもらおう。患者がどういう人であるかを知らない医者は、この手術がコカインが用いられるようになって以来実にやすやすと行われるようになったことを吹聴《ふいちよう》するであろう。そんなとき私は顔色を変えたりして、私自身がこの発見に対してある関係を持っていることを暴露するようなことは絶対にないだろう。この空想にはまたつぎのような考えが結びついてきた、「医者が同業の医者に診察されたり治療を受けたりするのは、何と不愉快なことだろう」私が誰であるかを知らないベルリンの医者にならば、私は普通の患者のように黙って報酬を支払える。この白日夢を思い出したのちになってやっと私は、この白日夢の背後にひとつの体験が隠れていることに気づいた。コラーのコカイン発見の直後、私の父が緑内障をわずらった。父は私の友人の眼科医ドクター・ケーニヒシュタインの手術を受け、ドクター・コラーがコカイン麻酔の面倒を見てくれて、「こんどはコカイン採用に関係した三人の人間がいっしょになったわけだね」といった。

私の考えはさらに進んでゆく。このコカインの話を最近いつ思い出しただろうか。それは二、三日前、私が記念論文集を受けとったときのことであった。この記念論文集は、弟子たちが恩師にして研究所長たる人の記念祝典に出版したものであった。研究所の業績表中からは、ドクター・コラーのコカインの麻酔的特性の発見も採りあげられ、この論文集中に記録されていた。そのとき私は突然、私の夢が前の晩のある事件と関連しているのに気づく。私はちょうどドクター・ケーニヒシュタインを家へ伴ってきた。私は彼とあることの話を始めた。この話が出ると私は必ずひどく興奮する。玄関でケーニヒシュタインといっしょにいたとき、ゲルトナー教授が若夫人同伴でやってきた。私は教授夫妻が花が咲くようにきれいだといって祝意を述べずにはいられなかった。ところでゲルトナー教授は、私が今いった記念論文集の執筆者のひとりであったから、おそらく私にこの記念論文集のことを思い出させたのだと思う。ついこのあいだその誕生日の失望を私が話したL夫人のことも、ドクター・ケーニヒシュタインとの話の中で触れられた（もっとも別の話の筋においてではあったが）。

夢内容の別の諸要素の分析を試みよう。植物図鑑ででもあるかのように、その著書には乾燥標本が添えられていた。乾燥植物標本については高等中学校時代の思い出がある。あるとき校長先生が上級生たちを全部呼び集めて、学校所蔵の植物標本の検査と清掃とを命じた。すると小さな虫が発見された――紙魚《しみ》であった。校長先生は私の腕前をたいして信用していなかったらしく、私に渡されたのは二、三枚の標本にすぎなかった。標本紙の上に十字花科植物が貼《は》りつけられていた。私は植物学に対して一度も親密な関係を持ったことがない。植物の予備試験にも十字花科植物判定の問題が出た。――しかしどれが十字花科植物であるのか、わからなかった。理論的な知識の助け舟がなかったなら、試験は失敗に終ったかもしれなかった。――十字花科植物というと私は菊科植物を思い出す。朝鮮薊《あざみ》は、本来菊科植物のひとつで、しかも私の好きな花だ。妻は私よりも立派で、私のためにいつもこの花を市場から買ってきてくれる。

私は自分が著わした研究書が、私の眼前に置いてあるのを見る。これもまた背後関係のない事項ではない。昨日ベルリンの友人から手紙がきた。この友人は千里眼的な能力を持っている。「君の夢に関する著述について僕はいろいろと考えている。僕はその著述が完成して自分の前にあるのを見、そのページを繰っている」私にはこの友人の千里眼的な才能が実に羨《うらや》ましい。本当にこの本が完成して、私の眼前に置かれているいるのを見ることができたなら。

折り畳まれた彩色図版。医学生だったころ、私はただ個々の題目に関する研究書のみによって勉強しようという思いつきに熱中した。当時、小遣銭もわずかしかなかったのに、たくさんの医学年鑑の類《たぐい》を取寄せていた。その中にある彩色図版は私にとってたのしいものであった。私は自分のこの徹底癖を自慢した。その後、自分で本を出すようになって、自分の論文に自分で図版を描かなければならないようになり、そういう図版のひとつで、できがひどくまずくて、好意ある同僚の嘲笑《ちょうしょう》をこうむったことのあるものを記憶している。それからさらに（なぜかわからないが）非常に昔の、子供のころの思い出が結びつく。父があるとき気まぐれに、私といちばん上の妹とに彩色図版の入っている書物（ペルシア旅行記）を渡して、引裂いてもいいといった。そういうことは教育上どうもおもしろからぬことだったが、私は当時五歳、妹は三歳に満たなかった。われわれふたりの子供たちがこの書物のページを夢中になって引きちぎる（朝鮮薊の花びらを一枚々々引きちぎるようにというべきか）有様は、その当時のはっきりとした記憶として残っている唯一《ゆいいつ》のものである。大学生になってから、私の中には書物蒐集《しゅうしゅう》・所有の異常な性癖が生じた（それは、個々の題目について研究した書物だけから勉強しようという私の傾向に相応ずるものであり、夢思想の中にすでに朝鮮薊とシクラメンとに関して出てきたひとつの道楽である）。私は紙魚になった（乾燥植物標本を参照）。私は自分の身を振返ってみるようになって以来、自分の生涯での最初の情熱をいつもこの幼時の印象に還元してきた。別言すれば私は、この幼時の一光景が私の後年の愛書癖の「隠蔽《いんぺい》記憶」であることを認識した。* むろん私もまた早くから、ひとは情熱のためにとかく苦しまされるものだということを経験した。十七歳の私は本屋に大きな負債をこしらえてしまって、それを償却することができなくなり、それが教育上好ましかるべき書物のことだからといっても父親の怒りは鎮《しず》められなかった。この比較的後期の少年時代の体験を思い出したことは、しかし直ちに友人ドクター・ケーニヒシュタインとの会話に私を連れ戻す。なぜなら、自分は道楽に耽《ふけ》りすぎるという、当時のと同じ非難が、夢の前日の会話の中でも問題になったからである。

＊　私の論文『隠蔽記憶について』（『精神医学並びに神経病学月刊雑誌』一八九九年、全集第一巻）参照。

私は、ここに関係のないいろいろな理由からこの夢の分析はこれでやめて、分析に到達する道をあげ示しておくにとどめよう。分析最中、私はドクター・ケーニヒシュタインとの会話を思い出した。しかもそれは一箇所にのみとどまらなかった。この会話でどういうことが問題になったかを考えると、この夢の意味ははっきりとわかってくる。すべての開始された思考過程、すなわち妻や私自身の道楽、コカイン、同業者に治療を受ける場合の煩《わずら》わしさ、個別研究に対する私の偏愛、植物学のごとき若干の学科に対する私の怠惰等々のいっさいは、ずっと糸を引いて、多方面にわたった談話の数々の筋道のひとつに注ぎ入るのである。この夢もまた、イルマの夢同様に、自分は正しいのだという一種の弁明の性格を帯びる。それどころかこの夢は、イルマの夢において始められたテーマを引継いで、これら二つの夢のあいだに新たに加えられた新しい材料によって同じテーマを論じている。この夢の、一見無意味な表現形式すらひとつのアクセントを与えられている。つまりこの私は（コカインに関する）貴重にして有益な論文を書いた当の本人になっているのである。ちょうど、自分はしかし有為勤勉な大学生なのだといって自分を弁護したのと同様である。両者を通じて私はこういっているのである、「自分はあえてそういいうるのである」しかしこの夢判断はこれで中止する。夢内容の前日の原因的体験への関係を一実例によって追究することが、この夢を報告した理由であったから。この夢について、私が顕在内容しか知らないあいだは、私の注意はただ日中の印象に対する夢の関係にのみ惹《ひ》かれたことであろう。しかし分析を済ませたのちには、同じ日の別の一体験のうちに夢の第二の源泉があることがわかるのである。夢に関する諸印象の第一のものは、どうでもいいような、付随的事情である。飾り窓に一冊の書物を見る。その表題がちょっと私の注意を惹く。その内容にはとても興味は持てそうもない。第二の体験には大きな心的価値がある。私は友人の眼科医と一時間も熱心に話をし、われわれ両人にとって重要であるにちがいない暗示を彼に与えたし、私の内心の複雑きわまりない感情に私自身を気づかせたような、いろいろの記憶を私に呼び醒《さ》ました。そのうえ、この会話は、知人がきて加わったために中絶された。日中のこれら二体験は互いにどういう関係にあるのか。そしてその夜見た夢にどういう関係を持っているのか。

私は夢内容の中に、どうでもいいような印象に対する暗示を見いだすだけで、夢は好んで日常生活中の、傍系的な些細《ささい》なものをその内容にするということを確言しうる。これに反して夢分析においては、いっさいが、まさしく夢刺激となりうるような重要な体験を指向する。私が夢の意味を（これがまた唯一の正しい態度であるが）分析によって明るみに出された潜在内容によって判断するならば、私は思わずも新しい重大な認識に到達する。なぜ夢は日中の生活の無価値な断片のみにかかわりあうのかという謎《なぞ》は解消する。それからまた私は、覚醒時《かくせいじ》の心的生活は夢の中へ引継がれず、そのかわりに夢はばかげた材料のために心的エネルギーを浪費しているのだという主張にも反対せざるをえない。その反対が、現実なのである。日中われわれの注意を惹いたものは、やはり夢の思想をも支配する。そしてわれわれは、日中われわれに対して何か思考する手がかりを提供するような材料がある場合にのみあえて夢を見ようとするのである。

夢の刺激源となりうる印象がわれわれに夢を見させるのに、夢の顕在内容がどうでもいいような日中の印象であるのは、そこにやはり夢歪曲《ゆめわいきょく》がはたらいていると考えるべきで、この夢歪曲は上において、検閲として支配する心的な力に帰せられると述べたところのものである。シクラメン属に関する研究書の記憶は、ちょうどあの中止になった晩餐《ばんさん》の夢において、女友だちの言葉が「燻製《くんせい》の鮭《さけ》」の暗示によって代表されているのに似て、私の友人との会話へのひとつの暗示であるかのように利用されているのである。そこで問題はただ、一見そういう関係はなさそうなのに、いったいいかなる中間項によって、研究書の印象が眼科医との会話とのあいだに、暗示という関係を結びえたかにある。お流れになった晩餐会の例ではこの関係は当初から存在していた。女友だちの好物である「燻製の鮭」は、その女友だちが、夢を見た婦人に対して刺激を与えた表象圏に直接に属しているものである。新しいほうの実例では、それらが同じ一日のうちに起ったということ以外の点ではなんら共通な点を持たない二つの、別個の印象が問題なのである。研究書は午前中見たものだし、会話は夕方行なったものである。分析が与えてくれる解答はこうである。二つの印象のあいだにあるところの、最初のうちは存在しなかった関係は、あとになって一方の印象の表象内容から、他方の印象の表象内容へと紡《つむ》ぎ結ばれる。私は分析を記述するさいすでに当該中間項を強調しておいた。シクラメンの研究書の表象には、ほかからの影響なくしておそらくただ、この花が私の妻の愛する花だという考え、あるいはそのほかになおL夫人に贈られることにならなかった花束の考えが結びつくだけであろう。私はこれらの背後思想だけで夢が生じうるとは信じない。

「殿様これをわれわれに告げるのに、
幽霊が墓から出てくる必要はござりませぬ」

というせりふが『ハムレット』にある。だがしかし分析しているうちに思い出したが、われわれの会話を妨害した人の名はゲルトナー（訳注　庭師、園芸家の意あり）であり、私はその夫人を「花が咲いている」ように美しいといったが、そう思うとまた思い出すが、われわれは少しのあいだフローラ（訳注 花の女神の意）という美しい名前を持った私の婦人患者のことも話をした。だからこんな具合なのだと考えられる、つまり植物の表象圏に属するこれらの中間項を経て、無意味なものと刺激的なものとの、二つの日中体験の結合が行われたのであろう。そのあとで、それからさきの諸関係、コカインの関係が入ってきたのである。これは当然のこととしてドクター・ケーニヒシュタインという人間と、私が書いた植物学上の研究論文とをつなぎあわせることのできる関係であって、これら二つの表象圏のこの融合を強化してひとつの表象圏にしてしまって、そのために今や第一の体験中の一要素が、第二体験への暗示として利用されたのであろう。

以上の説明を牽強付会《けんきょうふかい》だという人もいるかもしれない。たとえばゲルトナー教授が花の咲いたような夫人同伴でやってこず、話題に上った婦人患者がフローラではなくてアンナという名前だったらどうだったかというようなことであろう。しかしこれに対する答は簡単である。こういう観念諸関係が生じなかったとしたら、おそらく他の観念諸関係が選ばれたにちがいない。そういう諸関係を作り出すことは、普通われわれをたのしませている冗談の質問や謎々《なぞなぞ》が証明しているように、まことに容易なのである。頓知《とんち》の勢力圏は広大無辺である。もう一歩を進めてみよう。日中の二体験のあいだに、十分役にたつような中間的関係が設定されなかったとしたら、その夜の夢は別のものになったであろう。群がり迫り、片っ端から忘れられてゆく日中印象の、ほかのどうでもいいようなものが、「研究書」の地位を占め、会話の内容と結合し、この会話を夢の中で表現したことであろう。この運命を授けられたのはほかならぬ研究書であったから、この夢内容こそまさに結合にとってはうってつけのものであったにちがいない。レッシングの描いたヘンスヒェン・シュラウのように「なぜ世の中では金持だけがたくさんのお金を持っているのか」といって怪しむことはいらないのである。

　そういう次第で、どうでもいいような体験が心的に意義重大な体験の代理をするようになるという、その心理学的過程に関してはまだいろいろと疑問や不可解に思われる点もあろう。この一見不正確な作業の諸特性を理解することは後章に譲ることとする。ここではこの過程の結果のみが問題である。こういう過程は、夢分析における無数の、いつも繰返される経験によって、われわれとしてはこれを認容せざるをえない。しかしこの過程の様子を見ると、かの中間項を経てゆくうちに、あたかもある移動――あるいは心的アクセントの転移が成立するかのように思われる。はじめは力の弱かった表象が、最初からより強度のエネルギーを持っていた表象と結合することによって、それ自身もまた強度を増して、その結果意識の中へ入りこむだけの力を持つようになるらしい。ある大きさを持った感情の存在ないしは一般に身体運動的行為が問題になる場合、こういうエネルギー移動はなんら怪しむに足りない。孤独に暮す処女が動物を可愛《かわい》がるとか、独身の男子が熱心な蒐集家《しゅうしゅうか》になるとか、兵士が色のついた布、つまり軍旗を血をもって守るとか、恋愛関係で一秒間でも永く手を握っていられればうれしくてたまらないとか、『オセロ』においてはなくしたハンカチが激怒の爆発の原因になるなど、これらすべては、疑うべからざる心的アクセント移動の実例にほかならない。しかしながら同一の道程、同一の原則に従って、何が意識内への入場を許可され、何がそれを拒絶されるか、すなわち何をわれわれが考えるかということが決定されるというのは、われわれに病的な印象を与える。そしてそれが覚醒時《かくせいじ》の生活に現われてくると、われわれはこれを思考錯誤と呼ぶ。われわれが夢の移動のうちに認め知った心的過程は、なるほど病的障害のある過程ではないが、おそらくしかしそれは正常の過程とは異なった過程、より本源的性質の過程なのである（これについては後述する）。

こうして夢内容がさして重要ではない諸体験の残滓《ざんし》を受容《うけい》れるという事実は、（移動によるところの）夢歪曲と解釈され、夢歪曲は二つの心的検問所のあいだに成立する通過検閲の一結果だということになる。われわれはそのさいこう期待する、「夢の分析はわれわれにいつも日中の生活の中に、実際の、心的に意義ある夢源泉を発見してくれるだろう。そしてその夢源泉の記憶はそのアクセントを、どうでもいいような記憶の上に移動させているのだ」と。以上の見解は、われわれにはまったく役にたたなくなってしまったロベルトの見解の正反対である。ロベルトが解明しようとしたような事実はまさに存在しないのである。ロベルトが考えたような事実は一個の誤解の上に成立している。表面的な夢内容の代りに、夢の実際の意味に着眼することを怠っていればこそ成り立つのである。のみならずロベルトの見解に対してはつぎのような非難も可能である。もし本当に夢に、われわれの記憶に付着している日中記憶の「残滓」を特殊な心的作業によって取去るという任務があるのならば、睡眠というものは覚醒時の生活よりも苦労の多いものとなり、それよりももっと困難な仕事に利用されるということになるであろう。われわれに向って押し寄せてくる日中の些細《ささい》な印象の数は疑いもなく厖大《ぼうだい》なものだからである。それだけの数の印象をこなすのには夜のあいだだけでは時間が足りないであろう。むしろ、些細な印象の忘却は、心的諸力が積極的にはたらくことなくして行われるというほうがよほど真実に近いであろう。

それにもかかわらず、ロベルトの意見をこのままあっさり振棄《ふりす》ててはしまえない気もする。日中の些細な印象の一つ――しかも夢を見る前の日の些細な印象が必ず夢の中へ採り入れられるという事実はまだ解明されていない。この印象と、無意識界の本来の夢源泉とのあいだの関係は必ずしもつねにはじめから存在するわけではない。この関係は、夢分析を行なっているあいだに後から、いわば意図された移動に奉仕するためにできあがるのであった。そうだとすると観念結合を、まさに些細なものではあるにせよ、最近の印象の方向において作り出してゆくような一種の強制が存在するに相違ない。この一印象は特別な性質を持っているがために、それに対して特によく適合するものであるらしい。そうでなかったら、夢の思想は容易にそのアクセントを自己自身の表象圏内にあるなんらか非本質的な要素の上に転じ移すことであろうから。

つぎにあげる諸経験はこの問題の解明に役だつかと思う。日中、二つあるいはそれ以上の、夢の源泉となりうるような体験をすると、夢はこれらの体験をひとつの全体にまとめあげる。つまり夢はそれらの諸体験をひとつのものにするという強制に従うのである。たとえば私がある夏の午後汽車にのりこむ、そこでふたりの知人に出会う。しかしこれらふたりの知人はお互い同士では未知の人である。一方はなかなか勢力のある同業者、他方は私が医者として出入りしていた貴族の家の一員で、私はこれらふたりを互いに紹介する。しかしこれらふたりのやりとりは永い汽車旅行のあいだじゅう私を経過して行われる。私はあるときは一方と、別のときは他方と何かの話をしていなければならない。私は一方の同業者に対しては、私と彼との共通の知合いで開業したばかりのある医師を引きたててくれるように頼んだ。同業者は「あの男は若いに似ず腕がたしかだが、なにしろあの風采《ふうさい》ではいい家庭へ出入りすることはむずかしいでしょうな」というので、私は「だからこそやはり引きたてていただかないといけないわけなのですよ」と答える。すぐそのあとでもう一方に向って、私の婦人患者のひとりの母にあたる、その人の伯母の近況をたずねた。この伯母というのはそのころ重病をわずらっていた。この汽車旅行をした夜、私は、私が引きたててくれと頼んでやったその若い友人が上品なサロンにいて、私が知っているかぎりの身分の高い富裕な人々が顔を揃《そろ》えて坐《すわ》っている前で、もう一方の、汽車旅行者の伯母にあたる（夢の中ではもう死んでしまっている）老婦人のために、世間馴《な》れた物腰で弔辞を述べている夢を見た（正直にいうと私はこの老婦人とあまりうまい具合にはいっていなかった）。私の夢はここでも日中の二体験をひとつのものへまとめあげ、ひとつの統一的状況を作り出しているのである。

類似の多くの経験をもとにして、私はこういう命題をたてることができる。「夢の作業にとっては、すべて存在する夢刺激源を夢の中でひとつの統一体へとまとめあげるという一種の強制がある」*

* こういう夢作業の傾向はすでに諸家の指摘するところとなっている。たとえばドラージュ（四一ページ）、デルベフ「強制的接近」（二三六ページ）。

ところで、分析がそれを目ざして進んでゆくところの、夢を作る源泉ははたして必ず最近の（しかも重大な）事件でなければならないのかどうか、あるいは何か内的な体験、つまり心的に価値ある事件への記憶、ひとつの思考過程が、夢の作り手の役割を引受けることができるのかどうか。無数の分析から明らかになった解答は後者を正しいものとする。夢の作り手はひとつの内的過程であり、これがいわば日中の思考作業によって最近のもの（すなわち夢の前日のもの）となっているのである。この辺で夢源泉を認識させる種々の条件を図式化してみよう。

夢源泉になることができるものはつぎのごとくである。

a　夢の中へ直接に出てくる最近の、そして心的に重要な体験。*

b　夢によってひとつの統一体に結合される数多くの最近の重要な体験。**

c　夢内容中に、些細であるが時を同じゅうする一体験を通じて表現されるひとつないしはそれ以上の最近の重要な体験。***

d　夢の中で必ずある最近の、しかし些細な印象によって、代理される内的な重要な体験（記憶、思考過程）****。

* イルマの注射の夢。私の伯父として夢の中に出てきた友人の夢。
** 若い医師の弔問の辞の夢。
*** 植物学研究論文の夢。
**** 分析中の私の患者たちの夢の多くはこの種のものである。

夢判断にとっては例外なしにつぎのような一事情がある。「夢内容の一要素は、前日の最近の印象を繰返す」夢の中で、あるものを代理する任務を負わされたこの部分は、本来の夢刺激物それ自体の表象圏に属するか――しかもその表象圏の本質的成分としてか、非本質的成分としてか、そのいずれかの資格において――あるいはそれは、夢刺激物圏との多かれ少なかれ豊富な結合によって関係づけられているところの、なんらかの些細な印象の圏内から出ているかである。この場合、一見したところ条件がたくさんあるということは、移動が起ったか、あるいは起らなかったかという、そのいずれかによって出てきた現象にすぎない。そしてわれわれはここでつぎのようなことを認める。すなわちこのどちらか一方という事実は、夢の医学的理論が脳細胞の部分的覚醒から完全な覚醒にいたるまでの系列を容易に説明しうるのと同じように、夢の持つ対照的な諸関係の説明をも容易ならしめるということである（一三〇ページ以下参照）。

この系列においてはさらにつぎのようなことが認められる。すなわちそのさいもし（一）「夢内容が最近の体験への結合を保存しているということ」（二）「夢刺激物が心的に価値ある過程であるということ」という二条件が守られてさえいたら、心的には価値があるが最近のものではない体験要素（思考過程、記憶）は、夢形成の目的にとって、ひとつの最近の、しかし心的には重要でない要素によって代用されうる。上記aの場合にかぎり二つの条件は同一の印象によって充《み》たされる。それらが最近のものであるかぎりは夢のために利用される些細な諸印象も、一日経《た》ち二日経ちすると、利用されるという資格を失ってしまうということを考慮に入れるなら、ある印象の新鮮味はそれだけでその印象に夢形成のためのある心的価値を賦与《ふよ》するものであり、この心的価値は感情的強調を持った記憶ないしは思考過程になんらかの意味で匹敵するという仮説が決定的なものとならざるをえない。ところで夢形成に対する最近の印象が持つところのこういう価値が、いかなるところに基礎づけられたものであるか、これはのちの心理学的考察を通じて判明するであろう。*

＊　「転移」に関する第七章参照。

ついでながらいっておくが、夜間、われわれの意識にはそれと認められることがないままに記憶材料や表象材料の上に重要な変化が生じうるものであり、したがって、あることを最後的に決定する前にひと晩ねむれということは明らかに正当な要求である。しかしここまでくるとわれわれは夢の心理学から睡眠の心理学へ移ってゆくことになる。この誘惑はこれからさきも随所に出てくるであろう。＊

＊　夢形成において最近的なものの演ずる役割を論じたものには、あまたの論点を含んだO・ペッツルの重要な研究がある（『間接視との関係における実験的に惹起《じやつき》せしめられたる夢の諸形象』、『神経病並びに精神病雑誌』（第三十七巻、一九一七年））。ペッツルは幾人かの被験者をして、彼らが瞬間露出器《タヒストスコープ》で写し出された映像について意識的に把握《はあく》したところのものを図に描かせた。つぎにその夜、被験者たちが見た夢を調査して、この夢の中で日中示した映像と関係を持つ部分をふたたび図に描かしめた。すると、被験者によって注意されることのなかった映像の細部が夢形成のための材料となっていて、意識的に知覚され、かつ図に描かれた部分は顕在的夢内容のうちに現われていないということが判明したのである。夢作業によって採用された材料は、周知の「随意的」な、正しくいえば自主的な仕方において夢形成の諸傾向に副《そ》うように手を加えられていた。ペッツルの研究が含んでいる示唆《しさ》は私のこの書物の中で試みられている夢判断の意図を

はるかに越えるものである。夢形成を実験的に研究するこの新しい方法が、睡眠妨害的刺激を夢内容の中へ導き入れるのをその本体とする昔の粗雑な技術といかに異なっているかについても一言いっておきたいと思う。

ここにこれまでの推論に対する一つの異議がある。些細な諸印象が、それが最近のものであるかぎりは夢内容の中に入ってきうるのであるならば、夢内容には、それらが最近のものであった当時は――シュトリュムペルの言葉でいえば――いかなる心的価値も持っておらず、つまりとうに忘れられていたような、古い時期の諸要素も見いだされるのはなぜか、つまり、新鮮でもなければ心的に重要でもないような諸要素がそこに見いだされるのはなぜか、という反論である。

神経症患者に精神分析を加えて得られた諸結果を考慮するならば、この反論は完全に覆《くつがえ》される。答はこうである。心的に重要な材料を些細な材料によって（夢を見ることに対しても、思考することに対しても）代理させるという移動現象はその場合はすでに早い時期において起っているのであり、それ以来この移動現象が記憶の中に定着されているのである。かの本来は些細なものであった諸要素は、それらが移動によって心的に重要な材料の価値を引受けて以来はもはや些細なものではなくなっているのである。本当に些細なものは、もう夢の中にも出てくることはない。

以上の議論からして、われわれはこう推論して差支《さしつか》えあるまい、「いかなる無意味な夢刺激物もない。したがってまたいかなる無邪気な夢もない」と。子供の夢および夜間与えられた諸刺激に対する短い夢反応を例外とすれば、以上の命題は絶対的真実である。ひとが見る夢は、顕在的に、心的に重要なものとして認識されるか、あるいはそれは歪曲《わいきょく》されていて、分析が完成した後にはじめて正しく判断されうる。すると、その夢はやはり重要なものであったことがはっきりと知られる。夢というものは絶対に些細事に関《かか》わりあわないのである。われわれは些細事のためにわれわれの睡眠の邪魔は絶対させないものである。* 一見無邪気な夢も、分析してみるとそれが決して無邪気ではないことがわかる。下世話ないい方を許してもらうなら、夢というものは「なかなかの食わせ者」なのである。ところがこれがまた反論を受けそうな論点であるから、また、私は夢歪曲の仕事の現場を示す機会を捉《とら》えたいと思っているから、ここに私の夢蒐集《しゅうしゅう》中から「無邪気な夢」を取出してこれに分析を加えてみることにしよう。

* 私のこの著『夢判断』の親切な批評家たるハヴロック・エリスはこういっている（一六九ページ）、「ここが、われわれの大部分が、もうそれからさきはフロイトについてゆか

れなくなる点なのである」しかしエリスはこれまで夢の分析をやったことがない。だから、顕在内容にのみ従って夢を判断することがどんなに間違っているかということを信じようとしないのである。

I

実際生活の上でも引籠《ひきこ》もりがちな、いわゆる「静かな水」の部類に属するひとりの聡明《そうめい》で上品な美しい婦人がこう語った、「こういう夢を見たのでございます。市場へ行くのが遅くなってしまいましたために、肉屋でも八百屋でも何も買えません」たしかに無邪気な夢であるが、夢というものはこんなに簡単なものであるはずはない。そこで詳しくその細部をきかせてもらった。するとその詳しいことはこうだった、《彼女は、籠《かご》を下げた料理女と市場へ出かけた。肉屋は、彼女がほしい品物の名をいうと「それはもうございません」と答えた。そして「これはいかがでしょう」といって、何か別のものを売ろうとした。彼女はそれを断わって、八百屋の女のところへ行った。すると八百屋は、何か束にした妙な黒いものを売りつけようとした。「こんなものは知らないわ。これは買いません」》

この夢と日中時の事例との関連はたやすく指摘できる。彼女は実際に市場へ行くのが遅すぎて、何も買うことができなかった。店（肉屋）はもうしまっていた、という通り文句が、この事態をいい現わす言葉としてひとの口を衝《つ》いて出る。しかしこの文句は——あるいはむしろ「しまっていない」というその反対の意味の文句は、男性の服装のある部分がだらしなくなっているのをいい現わす俗な言葉ではないか。彼女がこの文句を使ったというのではない。彼女はむしろこのいい回しを避けたのである。さてこの夢の細部の分析にとりかかろう。

　夢の中にあることが、ひとつの話の性格を持っているような場合、すなわちあることがいわれたり、あるいはきかれたりして、ただ単に考えられるばかりではないような場合（これは多くの場合はっきり区別されるのだが）——それは日中の生活内での実際の会話に基づくのである。しかしいうまでもなくその実際の会話は夢の中では単なる素材として取扱われ、細かに砕かれ、かすかに変化させられ、しかしなかんずく全体の関連から離脱させられているわけである。*われわれは分析に当って、このような会話や話から出発することができる。ところで「それはもうありません」という肉屋の言葉はどこから出てきたのか。実にこの私自身からなのだ。二、三日前、私は彼女に「いちばん古い幼時体験はそのものとしてはもうありません（得られないの意）。それは分析してみると『転移』と夢によってとって代られているのです」といったのである。だから肉屋は私なのである。そして彼女は幼時期の思考方法や感じ方の現在へのこういう転移を拒否するのである。――「こんなものは知らない。これは買いません」という文句はどこに由来するのか。この文句は分析の必要上分けてみなくてはならない。彼女は前の日自分自身で、ちょっといい争いをして、料理女に向って「そんなのは見たことがない」といい、それにこう付け加えて、「もっと身だしなみをよくなさい」といった。ここには疑いもなくひとつの移動がある。彼女が料理女に向っていった文句のうち、無意味なほうのを夢の中に採用したのであるが、抑圧したほうの「もっと身だしなみをよくなさい」のほうこそが夢の内容にふさわしいのである。われわれはふしだらな空想をあえてして「店（肉屋）をしめる」ことを忘れている人間に向ってこういってやれるわけなのである。われわれがこうして分析の本筋を辿《たど》りつつあることは、八百屋の女との会話の中に現われている若干の暗示との合致がこれを証明している。束ねて売られる野菜（彼女があとから付け加えたところによると「長目の」）、そして黒っぽいというのは、夢の中でアスパラガスと大根とがいっしょにされたものにほかならない。アスパラガスの意味が何であるかは、男性にも女性にもこれを説明する必要はないであろう。しかしもうひとつの野菜もまた――「黒いの、引っこめ」（訳注　この呼びかけ文句と牛蒡《ごぼう》とはドイツ語で音が同じである）という呼びかけとして――われわれがこの夢物語の分析にとりかかろうとしたときに直ちにそれと察していたところの同一の性的テーマを指向するもののように思われる。すなわち「店（肉屋）はしまっていた」というテーマである。今問題はこの夢の意味を完全に認識することにはない。しかしこの夢が意味深長で、決して無邪気ではないということだけはこれではっきりとしたであろう。**

＊ 夢の中の会話については後出の「夢の作業」の項参照。夢の会話をステロ版に比較しているデルベフは、夢の会話の由来を認識したただひとりの研究家であるようだ（二二六ページ）。

＊＊ 詮索《せんさく》好きな人のためにいっておくが、この夢の背後には、私の側からなされるところの無作法な、挑発的な振舞いという空想と、婦人の側での、それの拒絶という空想とが隠れている。この夢判断を途方もないと思う人には、同じような空想が、歪曲されて夢の中に現われるということなく、むき出しに意識的に、妄想《もうそう》となっているヒステリー婦人患者たちの訴えを医師たちがきかされる無数の場合を想起してもらいたい。——この夢を見たのは、この婦人患者が精神分析の治療を受けはじめたときであった。そして彼女がこの夢によってその神経症の原因となっていた初期外傷を繰返したのだということを私が理解したのはずっとのちになってからであった。それ以来私は別の人たち、つまりその幼年時代に性的暴行を加えられて、今やいわばその暴行が夢の中で繰返されることを、待ち望んでいるような別の人たちにも、同じような態度を見いだしている。

II

ある点で前の夢とは逆になっている同一患者のもうひとつ別の無邪気な夢。《彼女の夫がこうきいた、「ピアノを調律させてはどうなんだ」彼女、「むだですわ。なにしろ新しく革を張りかえなければならないんですもの」》これも、前日の実際の事件の繰返しである。彼女の夫は実際にその前日こういったのだし、彼女はやはりそういうふうの返答をした。しかし彼女はなぜその小事件を夢に見たのか。なるほど、彼女はそのピアノについて、音のわるい、いやらしい箱で、夫はこのピアノを結婚以前から持っていた*等々と語っているが、夢の謎《なぞ》を解く鍵《かぎ》は実は「むだですわ」という文句に秘められていた。この文句は一昨日女友だちを訪《たず》ねたときに由来する。そこの家で彼女は上着を脱ぐようにすすめられたが、これに対して彼女は「ありがとう、むだだわ。もうすぐ行かなければならないから」と答えた。この話をきいているうちに私は思い出したが、彼女は昨日分析の最中に、ボタンがひとつ外《はず》れていた上着を突然つかんで、まるで「どうか、ごらんにならないでください。むだですから」といおうとしているかのようであった。こういうわけでピアノの箱 Kasten は胸郭 Brustkasten となる。この夢の分析は、彼女が自分の姿格好に不満を持ちはじめたところの、かつての肉体的発達期へと入ってゆく。しかし「いやらしい」や「音のわるい」を顧慮し、かたがた夢や暗示において、いかにしばしば女性の肉体の小さな半球（乳房）が——反対物としておよび代用物として——大きな身体部分の代りに現われるかを思い起してみるならば、この夢はさらに遠い過去に由来するものらしい。

＊　この夢の判断後に明らかになるように、反対物による代用である。

III

ここにある若い男の短い無邪気な夢を挿入《そうにゅう》して、この一連の夢の引用を中断しよう。この男は、《ふたたび外套《がいとう》を着る。それがいやでたまらない》夢を見る。この夢のきっかけは、急にまた寒くなったということだが、よく吟味すると、夢を作りあげている二部分がしっくりあっていないことがわかる。なぜなら寒いときに重たい、あるいは厚い服を着ることは決して「いや」なことではないからである。分析に当って、彼は昨日ある婦人から「わたしのいちばん末の子はコンドームが破れたためにできたのです」といううち明け話をきかされたということを思い出した。彼はそれをきっかけに自分の考えをまとめてみた。それはこうである、「コンドームが薄いと危険だし、厚いとおもしろくない」コンドームはまさに「外套」Überzieher である。ひとはそれをかぶせる überziehen。ドイツ語では軽い上着をも「外套」という言葉で呼ぶ。かの一婦人が話してくれたような事件は、未婚のこの男にとってどの途《みち》「いや」なことであろう。

さてふたたびわれわれの無邪気な夢を見た婦人患者にたち戻ろう。

IV

《彼女は一本の蠟燭《ろうそく》を燭台《しょくだい》に立てる。しかし蠟燭が折れていたので、うまく立たない。学校の少女たちは「あなたが下手なのよ」という。しかし彼女は「だってあたしのせいじゃないわ」と答える》

この夢にも実際のきっかけがある。昨日実際に蠟燭を燭台に立てた。だがそれは折れていなかった。この夢には明らかな象徴が用いられている。蠟燭は女子性器を刺激する品物（陰茎）である。折れていて、よく立たなかったら、それは男の陰萎《いんい》を意味する（「それはあたしのせいじゃない」あるいは「あたしの責任じゃない」）。ただ問題は、慎重な教育を受け、いっさいのいやらしいものを知らずに生活してきたこの若い婦人が、蠟燭のこういう意味を知っているのかどうかにあるだろう。彼女は偶然にいかなる体験によって自分がこの知識を得たかをいうことができた。ライン河に小舟を浮べていたとき、大学生たちがのっている一艘《そう》のボートとすれちがった。大学生たちは陽気に、ひとつの歌をがなっていた。「スウェーデンのお妃《きさき》が、窓に鎧戸《よろいど》たれこめて、それからアポロの蠟燭で……」

最後の文句は彼女にききとれなかった。あるいはその意味を解《げ》しかねた。彼女の夫がその説明をしてやったのである。この歌の文句が夢内容の中で、彼女がかつて女子寄宿舎にいたときにやりそこなった、人からいわれたある頼みの無邪気な思い出によって代理されているのである。しかもこの歌の文句とこの記憶とは「閉ざされた窓の鎧戸」という共通な要素を持っている。手淫《しゅいん》というテーマと陰萎との結合は説明の必要があるまい。潜在内容中の「アポロ」はこの夢をもっと古い時期の夢に結びつける。その古い夢の中には、処女神パラスが出てきたのである。これらいっさいはむろん無邪気とはいいがたい。

V

夢に基づいてその夢を見た本人の現実生活を推測することをあまり容易なものと考えられては困るから、もうひとつ別の夢を紹介しておく。これも無邪気そうに見える夢で、これを見たのは同一の婦人患者である。《わたしは自分が実際にその前の日にやったあることを夢に見ました。すなわち本がいっぱい詰っている小さなトランク。あまりたくさん詰っているので蓋《ふた》をしめるのに苦労したのです。実際そのとおりのことを夢に見ました》この夢では、患者自身は夢と現実との合致を強調している。ところで夢に関するこういういっさいの判断、夢に対する注釈は、覚醒時《かくせいじ》の思考中に席を占めるようになっているとはいえ、のちにあげる実例によって証明されるように、必ず潜在内容に属するものなのである。夢が物語るものはその前日実際に起ったことだとわれわれにいわれているのだが、夢の分析にさいして英語を用いるという思いつきにはいったいどういう過程を経て到達したかを報告するのは行き過ぎになるかと思う。つまりここでも問題はふたたび小さな箱 box（『箱の中の死児』の夢参照）であって、この箱にはもう何も入れられないほど物が詰っているというわけで、これなら別にひどいことは何もない。

すべてこれらの「無邪気」な夢の中には、性的要素が、検閲を加えられる動機となっていることがひどく目だっている。しかしわれわれは今、この重大な意義を有するテーマについてふれるのを断念しなければならない。

B　夢の源泉としての幼児的なもの

夢内容の特性中第三のものとして、われわれはロベルトを除く他のすべての研究家たちとともに、「夢の中には覚醒時《かくせいじ》の記憶の支配下にないらしい諸印象、もっとも早い生活時期の諸印象が現われてくる」ということをいっておいた。こういうことがどれほど頻繁《ひんぱん》に、あるいはどれほど稀《まれ》に起るかは、夢に出てくるそれらの諸要素は覚醒後その由来するところが認識されないのだから、いうまでもなく判定困難である。だから、これは本当に幼年期の印象だという証明は、客観的な筋道で得られるよりほかはない。しかしそのための諸条件が出揃《でそろ》うのはごく稀な場合にかぎられている。A・モーリの紹介しているある男の話は、もっともはっきりと証明できるもののひとつである。この男はある日、二十年間帰省しなかった故郷へ行ってみようと決心した。出発の前夜、自分が全然知らない土地にいて、そこの路上である未知の紳士と話をするという夢を見た。ところが故郷の土地へ行ってみると、夢に見たその未知の土地が故郷の町のすぐ近くに実際にあって、夢の中の未知の紳士というのも、その土地に住んでいる亡父の友人であったことが判明した。これは彼が幼時にその土地をもその人をも見知っていたことの動かぬ証拠であろう。とにかくこの夢は、音楽会の切符をかくしに持っていた少女の夢（二六五ページ）や、父親からハーメアウへ連れていってやると約束してもらった子供の夢のように焦燥の夢である。まさにこの幼児時代の印象を再現してみせるところの諸動機は、分析を経ずしてはむろん夢を見る本人には発見されがたい。

私の講義の聴講者のひとりに、自分の夢にはほとんど歪曲《わいきょく》がないといって自慢している人がいるが、この人が私に、しばらく以前に夢の中で《自分の昔の家庭教師（男性）が乳母《うば》のベッドの中にいる》ところを見たと話してくれた。この乳母は彼が十一歳になるまで家にいたのである。この光景の場所も夢の中で思い出された。彼はおもしろがってこの夢を兄に話した。兄は笑いながらその夢は現実のことであったことを弟に証明してやった。兄はそれをよく憶《おぼ》えていた。兄は当時六歳だったからである。家庭教師と乳母のふたりは、周囲の事情が夜の交わりに都合がいいと見てとるや、兄にビールを飲ませて酔っぱらわせた。そのころ、この乳母の部屋にねむっていた三歳になる弟のほうは、つまりこの夢を見た本人のほうは別段邪魔にはならなかったのである。

もうひとつ別の場合は、分析の助けをかりることなくして夢が幼時の諸要素を含んでいることがはっきりと断言できる。それはつまり最初幼年時代に夢みられて、その後繰返しくりかえし成人してからも睡眠中に出てくるところの、いわゆる継起的な夢である。この種の夢の周知の実例に、私の経験したものを二、三付け加えておく。もっとも私自身はそういう継起的な夢を見たことはない。三十代の一医師の語るところによると、彼は幼い子供のころから今日にいたるまでしばしば一頭の黄色い獅子《しし》を夢に見るというのである。彼はこの獅子について詳しく描写することができる。ところでこの、夢でおなじみの獅子がある日、実際目の前に出てきた。陶器の獅子であった。これは永らくどこかへ紛れこんでいたのである。その青年は母親から、この瀬戸物の獅子が彼の幼時のいちばん好きなおもちゃだったときかされたが、彼自身はそれを思い出すことができなかったのである。

夢の顕在内容から、分析によってはじめて明るみに出てくる潜在内容に眼を転ずるならば、その内容にそんな気配はすこしもないような夢においても、そこに幼時の諸体験がはたらき、参加しているのが見いだされてわれわれは一驚を喫する。私は「黄色い獅子」の、この尊敬する同僚にこの種の夢の特に可愛《かわい》らしい・教訓に富んだ一実例を負っている。ナンセンの極地探険記を読んだ夜、彼はこの果敢な探険家が極地の氷原で坐骨《ざこつ》神経痛のために電気療法をやっている夢を見た。この夢を分析していると、彼は幼年時代のあることを思い出した。この話がなければいずれにせよ、この夢は不可解であっただろう。彼が三つか四つかの幼児であったころ、ある日彼は大人たちが探険旅行の話をしているのをわきで熱心に聞いていた。そして父親に、それは重い病気なのかとたずねた。彼は明らかに旅 Reisen を疼痛《とうつう》 Reissen ととりちがえたのである。そして上の兄姉たちにあざけり笑われたので、彼はこの恥ずべき一事件を忘れることができずにいたのである。

シクラメン属の研究論文の夢の分析で私が、父が五歳の私に彩色図版入りの書物を与えて引きちぎらせたという、まだ記憶に残っている幼時の思い出につき当ったのは、これとまったくよく似た一ケースである。この記憶が実際に夢内容の形成に当って関係したのかどうか、それよりもむしろ分析の仕事が行われた結果はじめてひとつの関係が作り出されたのではないかどうか、という疑問も起るだろうが、連想結合の豊富と錯綜《さくそう》は、第一の見解に味方する（シクラメン――好きな花――好きな食べもの――朝鮮薊《あざみ》、朝鮮薊のような葉（ページ）を一枚々々むしりとる〔このいい回しはそのころの支那《しな》帝国分割に因《ちな》んで毎日きかされていたものだった〕――乾燥植物標本――紙《し》魚《み》、その好物は書物の紙である）。そのうえ私は、私がここに説明しなかったところの、この夢の最後の意味が、幼児のころに見たある場面の内容ともっとも緊密に関係していることを確言することができる。

夢の別の一系列の分析によってわれわれは、夢を生み出した願望そのものの充足として夢が存在するところの、その願望それ自体は幼年時代に由来し、それゆえにわれわれは驚くなかれ夢の中に昔のままにいろいろな欲望を持った子供がずっと生きつづけているのを見いだすのである。

ここで私は、われわれにすでに一度新しい知識を授けてくれた夢の分析を続ける。友人Rが私の伯父だという、あの夢である。われわれはこの夢の分析を、教授にしてもらいたいという願望動機が、われわれにはっきりとする程度まで押し進めて、夢の中でのRに対する親愛感を、夢の思想に含まれていた友人ふたりを悪く思うことの反対創造物、反抗創造物だと説明した。あの夢は私自身が見た夢であった。だから私は、私の気持はそれだけの分析ではまだ満足されずにいると報告することによって、分析を続行して差支《さしつか》えあるまい。夢思想の中で虐待《ぎゃくたい》された同業者ふたりに対する私の判断は覚醒時には全然別のものだということを私はよく承知している。教授任命の点で彼らとその運命を相分かちたくないという願望の強さだけでは、覚醒時の評価と夢の評価との対立を完全に説明することはできなかった。教授と呼ばれたい気持がそれほど強いものであったとしたら、それは私自身のあずかり知らぬところの、そういうものは私にあまり関係がないと信じているところの病的な功名心を証明しているわけであろう。私を知っていると称する他人たちがこの点で私をどう判断しているか、それは知らない。おそらく私も事実功名心を持っていたのである。しかしそうであったとしたら、この功名心はすでに早く、教授の肩書や地位にではなく、別の対象に向けられていたのである。

とすると一体全体、私にあの夢を見させた功名心はどこに由来するのか。このときふと思い出すのは、長男の私が生れたとき、うれしがっている私の母にひとりの農夫の老婆《ろうば》が、この坊ちゃんは世界的な人物になると予言したということを私が幼かったころに幾度かきかされたという事実である。そういう予言は決して珍しくはあるまい。子の将来を想《おも》い描いて心たのしむ母親の数も無限なら、地上での力を失って、さればこそ未来のことに考えを向けている百姓婆《ばあ》さんやその他年寄りの女の数も無限といってよろしかろう。かといって予言がはずれたからといって別にその女予言者はどうということもあるまい。私の功名心はこの源泉に由来するものなのであろうか。しかしちょうどこのとき、私は少年時代の別の一印象に思いが及んだ。この印象は事態をいっそうよく説明しうるらしい。ある日の夕方、いつものように両親に連れられてプラーターの料理屋へ出かけていった。私は十一歳か十二歳だったかと思う。そのとき、ひとりの男が目にとまった。テーブルからテーブルへと歩き回って、わずかな金をもらって、客の出す題で詩を作って朗誦《ろうしよう》する乞食《こじき》即興詩人であった。私はその男をわれわれのテーブルに呼んでくるようにいいつけられた。男は私に感謝して、題を出されて詩を朗詠する前に、私のことを詩にうたってくれて、「自分の思うところではこの坊ちゃんは末は大臣におなりになる」と宣言した。この第二の予言のことなら私はまだよく憶《おぼ》えている。平民内閣時代のことであった。父親はその少し前に平民出身の大臣だったドクター・ヘルプスト、ギスクラ、ウンガー、ベルガーなどの肖像画を家へ持って帰ってきた。そしてわれわれはこれらの紳士諸君に敬意を表して額を壁間に飾りつけた。ユダヤ人の大臣さえまじっていた。だから勤勉なユダヤ人の男の子は、将来大臣になることだってできない相談ではないとばかりに希望に胸をふくらませた次第であった。私が大学の入学手続をする直前までは法科志望であったことも、そのころの印象と無関係ではないと思う。私は最後の瞬間にいたって急に気が変って法科はやめたのである。いうまでもなく医者には、そもそも大臣への道は開かれてはいない。ところでさてあの私の夢だが、私は今にしてようやく気づくのであるが、あの夢は私を憂鬱《ゆううつ》な現在から、あの希望に充《み》ちた平民内閣時代へ遡《さかのぼ》らせて、当時の私の願望を、夢が持つ力のいっさいを尽して充たしてくれるのである。私はふたりの尊敬すべき学者たる同業者を、ひとりはばか者として、他のひとりは犯罪者として、夢の中でまさに彼らがユダヤ人であるがゆえに虐待することによって、私は自分が大臣でもあるかのように振舞い、自分を大臣の位置に置いたのである。大臣閣下に対する何たる徹底的復讐《ふくしゅう》であろうか。大臣は私の教授任命を拒んだ。私はそれに対して、夢の中で自分を大臣の位置に据え置いたのである。

別の場合に私は、夢を作り出す願望はたとい現在の願望であっても、遠い幼時の思い出から強力な援護を受けているということを認めえたのであった。今問題にするのは、ローマへ行きたいという憧《あこが》れが根にあるところの一連の夢である。私はこの憧れをおそらくはまだ相当長期間にわたって夢によって満足させなければならないことであろう。というのは旅行するだけの暇がある季節にはローマ滞在は健康上の理由から私には不可能だからである。*そんなわけで私は一度こういう夢を見た。私が汽車の窓からティーベル河と天使橋とを眺《なが》めているうちに汽車が動きだして、自分がまだローマの町に足を踏み入れていないことに気がついた。この夢の中のローマの景色は、その前日ある患者のサロンでちらりと見た有名な石版画がもとになっていた。またあるときは誰かが私をひとつの丘の上へ案内して、半ば霧に包まれたローマを指し示した。非常に遠方なのに、よくもこうはっきりと見えるものだと夢の中で私は感心した。この夢の内容は私がここに紹介しようと思っているよりも実はずっと豊富なのである。「永遠の都を遠望する」という契機がここに容易に看取される。私がそんなふうに霧に包まれているのを最初に見た町といえば、それはリューベックであった。夢の丘の原型はリューベックのグライヒェンベルクである。第三の夢でいよいよ私はローマにいた。ところが私はすこしも大都会らしい眺めではないので大いに失望した。《黒っぽい水の流れている小さな河、一方の岸辺は黒い岩、他方の岸辺は草地で大きな白い花が咲いている。ツッカー氏（このひとはちょっとした知合いである）がいるのを認めて、町へ行く道をきこうと決心した》実地に見ていない町を夢で見ようとしてもそれは無理な話である。夢の風景をその諸要素に分解してみると、白い花はよく知っているラヴェンナの町である。この町はイタリアの首都として、すくなくともしばらくはローマをしのぐ勢いを示したことがある。ラヴェンナ郊外の沼地でわれわれは黒い水の只中《ただなか》に非常に美しい睡蓮《すいれん》の花を見たことがあった。夢はこの花を、ちょうどオーストリアのアウスゼーの水仙のように、草地の中に生《は》やしたのだが、それはなぜかというと、ラヴェンナではこの睡蓮を水の中から取ってくるのに大苦労をしたからである。水辺の黒い岩はカールスバート近くのテープルの谷を思い出させる。「カールスバート」は、私がツッカー氏に道をきこうとしたという特別な一事を説明可能にする。

さて夢に紡《つむ》ぎ出された材料のうちには愉快なユダヤ人の笑話のうちの二つがはっきりと認められる。これらの話は非常に深い意味を持った、しばしば辛辣《しんらつ》な処世知を秘めており、われわれユダヤ人は会話や手紙のうちにいつも好んでこれを引用しているのである。そのひとつは「からだ」の話で、ある貧乏なユダヤ人が切符なしでカールスバート行きの急行にこっそりのりこんだ。しかし車掌につかまり、検札のあるたびに列車外に突き出され、次第にこっぴどく取扱われる。ところがやはり見つかって、列車外に突き出されたときに知人に出会った。その知人が「どちらへ？」ときいたら、彼は、「からだがもったら――カールスバートへ」と答えたというのである。この話を思い出すともうひとつの話が連想される。フランス語のわからないユダヤ人がパリに出かけた。ひとからパリについたら「リシュリュー通りへ行く道は」ときけとしつっこく教えられてきたという話である。パリも永年私の憧れの的であって、はじめてパリの街を踏んだときのうれしさを、私は自分のほかの望みも叶《かな》うだろうということの保証だと思ったほどであった。道をたずねるということは、さらに直接ローマを思わしめる。なぜなら周知のごとく、あらゆる道はローマへ通ずる、からである。それから、ツッカーという名前もやはりカールスバートを指向する。けだし医者はすべて、ある体質上の病気、つまり糖尿病にかかった人間に、カールスバートへ行けとすすめる。この夢のきっかけは、ベルリンの友人が復活祭にはプラークで会おうといってよこしたことである。私がこの友人と話しあわなければならなかった事どもから、「ツッカー」（訳注 砂糖の意もある）や糖尿病への関係が生じてきたのだと思う。

＊　私はその後幾多の経験によって、永いこと実現不可能だと思われていた願望を充たすにも、ただ少々ばかり勇気が必要なのだということを知らされて今日にいたっている。そして今では私は熱心なローマ巡礼者となっている。

今述べた夢を見て間もなく第四の夢を見た。これがまたローマへ行った夢なのである。眼前に街角が見える。そこにドイツ語の広告がたくさんあるのを私は奇異に感じた。前日私は友人に、プラークはドイツの遊覧客にとっては決して居心地のいい場所ではあるまいと、予想半分、配慮半分の手紙を書いた。だからこの夢は、プラークではなくてローマで会おうという願望をも同時に現わしている。それからまた、プラークでもうすこしドイツ語が好まれていたらいいのだがという、おそらく大学生時代に端を発する関心をも現わしている。それはそれとしても私はごく小さいころはチェッコ語を知っていたのだと思う。生れたのは、スラヴ人の住んでいるメーレンの小さな町であったから。十七歳のおりにきいたあるチェッコ語の童謡は、意味はまったくわからないなりに、今でも暗誦することができるくらいによく記憶している。だからしてこの夢にも、私の幼年時代の諸印象への複雑な関係が欠けてはいないのである。

私は最近のイタリア旅行で（このおりはトラシメヌス湖のそばも通ってみたが）、ティーベル河を見、ローマからへだたること八〇キロメートルばかりのところで旅心傷《いた》ましく引返してきたのちに、私自身のこの永遠の都に対する憧れは少年時代の諸印象によって強力なものにされているのを遂《つい》に発見した。ちょうど私は翌年ローマを通りすぎてナポリへ行ってみようと案を練っていたが、そのとき、昔誰かドイツの古典作家の作品で読んだらしい一文章が念頭に浮んだ。*副校長のヴィンケルマン（訳注 ドイツの古典的美術史家）とハンニバル将軍と、そのいずれがローマへ赴《おもむ》こうという熱望に駆られてより焦慮したかという一文である。実は私はハンニバルの歩いた途《みち》を歩いたのであった。私もハンニバル同様それまで運命の回《めぐ》り合せでローマを見ることができずにいた。ハンニバルもまた皆がローマで彼を待っていたのにカムパニアへ行ってしまった。私もハンニバルと似たような運命を味わったが、このハンニバルはしかし私の少年時代の大好きな英雄だった。少年の誰でもそうであるように、私もカルタゴ戦争のあいだローマの戦士たちではなく、カルタゴの英雄に心を惹《ひ》かれていた。さて上級生になって自分が異人種の血を引いているということのもたらすいろいろの結果がわかりはじめ、また同級生間の反ユダヤ的な感情を見て、これはぼんやりしていられないぞと思いはじめるときがきてからは、このユダヤの英雄はますます偉いものに見えてきた。青年時代の私には、ハンニバルとローマとは、それぞれユダヤ人の頑張《がんば》りと旧教教会の組織との象徴のごとくに思われた。爾来《じらい》反ユダヤ運動がわれわれの情意生活に対して持っている意義は、幼少年時代の思念や感情を固定せしめた。かくしてローマを訪れたいという願望は、私の夢の生活にとってはその他いろいろの烈《はげ》しい願望の仮面かつ象徴となったのである。そして私はそういう数々の願望の実現にはかのハンニバルのごとき忍耐と専心とをもって当らなければならず、また、それらの願望の充足は、ローマに進駐したいというハンニバル畢生《ひっせい》の願望のごとく、時には運命の恵みを享《う》けることのまことにすくないもののように思われるのである。

＊　この古典作家はどうやらジャン・パウルらしい。

さて今にしてようやく私は、すべてこれらの感情や夢のうちに今日もなおその威力を示している少年時代の一体験に到達するのである。十歳か十二歳かの少年だったころ、父は私を散歩に連れていって、道すがら私に向って彼の人生観をぽつぽつ語りきかせた。彼はあるとき、昔はどんなに世の中が住みにくかったかということの一例を話した。「己《おれ》の青年時代のことだが、いい着物をきて、新しい毛皮の帽子をかぶって土曜日に町を散歩していたのだ。するとキリスト教徒がひとり向うからやってきて、いきなり己の帽子をぬかるみの中へ叩《たた》き落した。そうしてこういうのだ、『ユダヤ人、舗道を歩くな』」「お父さんはそれでどうしたの？」すると父は平然と答えた、「己か。己は車道へ降りて、帽子を拾ったさ」これはどうも少年の手をひいて歩いてゆくこの頑丈な父親にふさわしくなかった。私はこの不満な一状況に、ハンニバルの父、ハミルカル・バルカスが少年ハンニバルをして、家の中の祭壇の前でローマ人への復讐を誓わせた一場、私の気持にぴったりする一情景を対置せしめた。＊爾来ハンニバルは私の空想中に不動の位置を占めてきたのである。

＊ 初版ではこの名がハスドルバルとなっている。われながら不可解な誤りだが、『日常生活の精神病理学』（第十一版、一九二九年、全集第四巻、二四三ページ、二四五ページ）中にこの誤謬《ごびゅう》の解明をしておいた。

私のこういうカルタゴの英雄に対する感激は、もっと遠い幼年時代にまで遡ってみることができるのであって、その結果この場合もまた、すでに形成されていた感情関係の、新たな担い手《にないて》への転移が問題になると思う。私がいちばん最初に読んだ本のひとつに、ティエールの『執政と帝国』というのがあった。私は自分の木製の兵隊の平たい背に、小さい紙片をはりつけて、それに帝国の将軍たちの名前を書き入れたし、当時すでに私はマッセナ（ユダヤ名前だとメナッセ）が大好きだったことを覚えている*（それはきっとかっきり百年以前の私の誕生日と同じ月日にこの将軍が生れたからだと思う）。ナポレオンもアルプス越えあるがためにハンニバルの系列に属する。そしておそらくこの英雄理想の発展は、さらに古い幼児時代に発しているものであって、三歳になるころまでいっしょに遊んだひとつ歳上《としうえ》の男の子がいつも私より強かったので、そのことが私の心の中に起したと思われる願望へとつらなるものだと思う。

＊　この将軍が本当にユダヤ人であったかどうかは疑わしい。

夢を分析してその深い部分へ突き進んでゆけばゆくほど、われわれはそれだけしばしば、潜在内容中に夢の源泉として一役演じているところの、幼年時代の諸体験の痕《こん》跡《せき》に出会うであろう。

われわれはさきに（四三ページ）、記憶が省略もされず変更も加えられずして夢にそのまま出てくることはごく稀《まれ》だということを知ったのだが、しかしその珍しい実例も二、三ないことはない。私はここになお若干の新例を付け加えておくが、これらはすべて幼児時代の情景に関係している。患者のひとりが、ある性的事件をほとんど歪《わい》曲《きょく》せずに表現した夢を報告してくれた。この夢は直ちにそれが過去の一事件であることを患者に思い出させた。むろん、その一事件の記憶は覚醒時《かくせいじ》中完全に失われていたわけではなかったが、もうひどくぼんやりとしたものになっていた。それが新たにされたのは、この夢に分析が加えられた結果である。患者は十二歳の少年だったころ、ベッドに寝ている友人を訪《たず》ねた。この友人はどうやらまったく偶然にベッドの上でからだの一部分をあらわにした。この少年は、友人の陰部を見ると我知らず自分の陰部をもむき出しにして、友人の陰茎をつかんだ。友人がいやがって妙な顔をしたので、少年も困って、それを放した。夢は二十三年ののちにこの一情景を、そのときの感情いっさいを細々とそのまま再現した。しかしちょっとした変更も加えられていて、患者は積極的な役割の代りに受身の立場をとり、相手の友だちは現在のある人間によって代理されていた。

むろん普通には顕在内容において幼児的場面は、ただちょっとした暗示によって代表されているにすぎず、分析によって夢の中から採り出されなければならないのである。こういう実例の報告はたいした信憑性《しんぴょうせい》を持ちえないのであって、それというのも多くの場合子供の諸体験にとってはいっさいの証明が欠けているからなのであり、それら諸体験がごく幼い時代のものであるときは記憶によってもはやその真実であることが容認されないからである。そもそもそういう幼年期体験を夢から推論する権利は、精神分析の仕事においては、それが寄り集まれば十分に信用するに足ると思われる諸要素がいくらもあるということから生じてくるのである。夢判断の目的をもって、それが本来属しているコンテクストから引離されると、そういう幼年期の体験というものは読者を十分に納得させないかもしれない。ことに私は夢判断の依拠する材料全部を読者の眼前に並べて見せさえもしないのであるから。しかしそうであるからといって、私は報告をしないでおくわけにはゆかないのである。

I

私の女性患者のひとりの夢はすべて「せかされる者」の性格を持っている。時間どおりに向うへ行きつくとか、汽車に乗り遅れないためとか、その他そういうことのために、この婦人患者はいつもせっつかれている。ある夢、《女友だちを訪問しなければならない。母が、歩いてゆかずに車でお行きという。しかし、彼女は駆けていって、幾度も幾度もころぶ》——分析を加えられて現われてきた材料を見ると、子供時代の互いにせかしあって遊んだ記憶が、判然と識別された（ヴィーン人のいわゆる「せかせる」「挑発する」の意味は読者ご承知のごとくである）。そして特にこの夢は、子供たちに好かれる遊び、つまり「牝牛《めうし》が転ぶまで駆ける」という文句をまるで一語でもあるかのように早口にいう遊びに還元することができる。この早口遊びもまた「せかせる」ことの一種である。小さな女の子たちがやって遊ぶすべてこれら無邪気な「せかせごっこ」は、それがもっと無邪気でない別の「せかせること」の代用となっているが故《ゆえ》に記憶されているのである。

II

別の婦人患者のひとつの夢。《大きな部屋にいる。部屋の中には整形外科の手術室のようにいろいろな機械器具がある。彼女は私（フロイト自身）に、時間がなくて治療をほかの五人の人たちといっしょに受けなければならないときかされる。彼女はそれをいやがって、自分のに定められているベッドの上に横になろうとしない。――あるいは、何かベッドのようなものの上に。彼女は部屋の一隅につっ立って、私が「いやそれは本当ではない」というまで待っている。ほかの患者たちがそういう彼女を笑う、「ばかね、あなたは」という》それと同時に、《彼女は自分がたくさんの小さな四角なものを作っているような気がする》

この夢の前半は、治療と、私への転移とに発するもので、後半は幼年期に体験したことの暗示を含んでいる。ベッドがこれら二つの部分を接合している。整形外科手術室は、私が治療期間の永さと性質とを整形外科の治療に比較して説明してやった事実に基づく。私は最初治療にとりかかったときに、当分のうちはあなたに多くの時間を割くことはできないが、すこし経《た》ったら毎日一時間は割《さ》いてあげられるだろうといっておいた。この事実が、彼女の内部の、ヒステリーに傾きがちな子供たちの主要性格特色となっているひとつの古い感情を刺激したのである。そういう子供たちは愛情を欲して飽くことがない。私の患者は六人姉弟の末娘で（だから五人といっしょに）、したがって父親からことさら可愛《かわい》がられていたが、それにもかかわらず父親が自分に対してまだ時間と注意とを割くことがすくなすぎると思った。――私が「それは本当ではない」というまで彼女が待つということには、こういういわれがある。つまり仕立屋の小僧が一着の服を持ってきた。彼女は小僧に金を与えた。それから彼女は夫に向って、「あの小僧さんがお金をなくすと、またもう一度私が払わなくちゃならないのかしら」ときいた。夫は妻をからかうために、むろんそうさと答えた（夢内容中の揶揄《やゆ》）。すると彼女は同じことを何度もきいた、そして夫がいつ「それは本当じゃない」といってくれるかと待った。今や潜在内容として、もしこの私が彼女に二倍の時間を割くならば、彼女は二倍の治療代を私に支払わねばならぬのではあるまいかという考え、欲ばりでというか、汚ならしいというか、そういう考えが起ってきたのだ(子供時代の不潔は夢の中では非常に頻繁に金銭上の吝嗇《りんしょく》によって代用される。「汚ない」という言葉が、両者の仲だちをしている)。この「汚ない」という言葉が、「私がいうまで待つ」云々《うんぬん》のいっさいによって書き変えられているとすると、「片隅《かたすみ》につっ立っている」と「ベッドに横にならない」とは幼年期の一場面の一成分としてそれにうまい具合に合致する。彼女は寝小便をする、そしてベッドを汚《よご》す、罰として部屋の隅に立たされる、「こんなことをするとパパはお前をもう愛してやらないよ」とか「兄さんや姉さんたちに笑われますよ」とかいって威《おど》かされながら。小さな四角形は彼女の小さな姪《めい》に関係がある。この姪は、どこからどう足しあわせても総計が十五という数になるように九つの四角の中へ数を書き入れるにはどうするかを彼女に示して見せたのだ。

III

ある男の夢。《彼は路上でふたりの男の子がなぐりあいをやっているのを見る。あたりにちらばっている道具類から察するに桶屋《おけや》の小僧らしい。一方が他方をうち倒した。倒れたほうは青い石を嵌《は》めた耳輪をしている。彼は杖《つえ》を振りあげて、犯人のほうへ向ってゆくが、相手は、板塀《いたべい》のところに立っている母親らしい女のところへ逃げてゆく。女は日雇い人夫の女房だが、彼に背を向けて立っている。遂《つい》に女は振向いて、彼を凄《すご》い眼つきで睨《にら》む。彼は驚いて逃げだす。彼女の眼の下瞼《したまぶた》のところに赤い肉がつき出している》

この夢は前日の些細《ささい》な事件をふんだんに利用している。子供の喧嘩《けんか》も、実際のことであった。彼が引分けようと思って走り寄ると、ふたりは逃げてしまった。――桶屋の小僧、これはこの夢に続く夢によってはじめて解明された。この第二の夢の分析で彼は「桶の底をうち抜く」という表現を使った。――青い石の耳輪は彼の観察によれば大概、淫売婦がやっている。ふたりの男の子のことを歌った、ある周知の滑稽詩《こっけいし》に、「もうひとりの男の子、その子の名前はマリーエさん」（つまり少女）という文句がある。――「立っている女」、男の子の喧嘩を見たあとで彼はドーナウの河岸《かし》を散歩して、人気のないのをさいわいに板塀に向って小便をした。遠方から、きちんとした服装をした中年の婦人が彼にほほえみかけて、彼に自分の名刺を渡そうとした。

夢の中での女は、彼が小便をしたときに立っていたように立っているから、これは小便をする女のことである。するとそれには凄い「有様、眺《なが》め、光景」、つき出した赤い肉（これはかがむときにぱくりと口を開く女子性器だとしか考えられない。子供の時分に見たこの光景は、のちの記憶の中には「肉芽」、「傷」として再登場する）などが添加される。夢は二つのきっかけないしは機会をひとつのものとしている。それらの二度のきっかけ、すなわち投げ倒すのと小便をするのとにおいて、小さな男の子（彼）は少女の性器を見ることができたのだ。それから、別の関連からわかったことだが、彼は、彼がそういう機会に示した性的好奇心のゆえに父親から受けた懲《こら》しめ、あるいは威嚇《いかく》の記憶を持っていた。

IV

つぎに掲げる一中年婦人の夢の背後には、やむをえずひとつの空想に結合せしめられた無数の幼年期の記憶が見いだされる。《彼女は急いで買物に出かける。グラーベン通りで、ぱたりと倒れ伏すように、がっくり膝《ひざ》を折って道にころんだ。たくさんの人がまわりに集まってきた。ことに、辻馬車《つじばしゃ》の馭者《ぎょしゃ》たちが多かった。けれども誰も助けようとしない。幾度か起き上がろうとしたがだめだった。けれども遂に成功したらしい。なぜなら、彼女は辻馬車にのせられ、家へ連れてゆかれることになったから。窓からひとがひとつの大きな、もののいっぱい入った籠《かご》（買物籠のような）を投げ入

れた》

この夢を見た人は、子供の時分にひとをせかせたように、自分の夢の中でいつも何かにせかされている、あの婦人患者である。夢の第一情景は、「ぱたりと倒れ伏す」という言葉も競馬を暗示しているように、倒れた馬を見たことからきている。彼女は若いころには馬にのっていたし、もっと若いころにはおそらく馬でもあったのだ。戸外で癲癇《てんかん》の発作が起って、うちへ馬車で運びこまれた門番の十七歳になる息子に関するごく幼いころの記憶がこの「倒れる」に関係がある。むろん、現場を見たのではなく、話にきかされただけなのであったが、癲癇発作・「倒れる人」der Hinfallende という観念は彼女の空想を強く支配し、のち彼女自身のヒステリー発作の形式に影響を及ぼしている。——女が倒れること fallen を夢みるときは、たいていそこには性的な意味がある。つまり自分が「堕落した女」Gefallene になるということを意味する。われわれのこの夢は間違いなくこれである。なぜなら彼女が倒れた場所はグラーベン通り、つまりヴィーンでも有名な、淫売婦《いんばいふ》の群がる場所なのであるから。買物、籠はいろいろに解釈できる。まず「籠」だとすれば、この籠は彼女が最初いい寄る男たちに与えたたくさんの籠（訳注「籠」にはドイツ語では肘鉄砲の意味がある）、また彼女自身の言によれば、のちに彼女もまたそれを食らったところの肘鉄砲を思わせる。「誰も助け起そうとしなかった」ということ——これを彼女は恥を受けたと解しているが——はこれに関連している。「買物籠」はさらに、ごく身分の低い男と結婚して、自分から市場へ買いだしに出かけるという、分析の結果明らかになった空想を思い出させる。最後にしかし買物籠は、ひとに仕える人間の象徴と解せられる。盗みを働いたために追い出された下女への思い出など、子供の時分の記憶がさらにここに結びつく。この下女もやはり「膝をがくりと折って」赦《ゆる》しをこうたのであった。彼女は当時十二歳だった。それから、馭者とねんごろになったために追い出された小間使(もっともふたりはのちにいっしょになった)の記憶もある。だからこの記憶が夢の中の馭者の源泉だったことがわかる(しかし夢の中の馭者は「倒れた女」(堕落した女)の世話をしない)。残るところは投げこまれる籠だが、それはしかも窓から投げこまれる。これは彼女に、汽車の荷物運搬、田舎《いなか》での窓の内外で囁《ささや》かれる恋、紳士が婦人の部屋の窓から青い杏を投げ入れたり、妹が外を通りすぎる白痴に窓から覗《のぞ》きこまれてこわがったことなど、田舎に滞在していたときの小さな印象を連想させた。するとそれらの背後に十歳ごろの古いおぼろな記憶が浮びあがってきた。むかし避暑先で雇っていた乳母が下男に恋をして、幼かった彼女はふたりがいっしょにいるところを見たこともある。この乳母は下男といっしょに「運び去られた」、「投げ出された」(夢ではそれが逆になっていて「投げ入れられた」）これはわれわれが別の多くの場合によく出会う話である。奉公人の荷物やトランクはヴィーンではさげすんで「七つ道具」（「七つの杏《あんず》」）と呼ばれている。「さあ、七つ道具をまとめて、出て行っておくれ」などという。

分析の結果、おぼろげな、ほとんど記憶から薄らいでしまった幼少時の諸印象が検出されるような、私の患者たちの夢は、私の蒐集《しゅうしゅう》中にいくらもある。だが、そういう夢から、一般的に夢全体に当てはまるというような結論を引出すのはよろしくない。この場合、問題にされているのは神経症をわずらっている人間、ことにヒステリー症患者なのであり、これらの夢の中で子供のころに見た場面に与えられている役割は、神経症そのものから生じてきているのであって、夢の本質からして生じているのではないからである。しかし私は自分自身の夢を分析していて――もっとも私は自分の夢を、明らかな病的症状があるからというので分析しているのではない――潜在内容中に意外にも幼時記憶を見いだすことが非常に頻繁《ひんぱん》で、ある一群の夢が一挙にして、ある幼児期体験に発する諸軌道に流れ入ることを経験した。この実例はすでにあげたが、機会あるごとにまた示すことにする。おそらくこの一章は、最近のきっかけと、とうに忘れられている幼児期体験とがいっしょになって夢の源泉となっている私自身の夢若干を報告して終らせればいちばんいいだろう。

（一）旅行ののち、疲れて、腹を空《す》かせて寝たところが、人生の大きな諸欲求を内容とするつぎのごとき夢を見た。《私は麦粉で拵《こしら》えた食物を食べようと思って台所へ行った。台所には三人の女がいた。そのうちのひとりは主婦で、手に何か持って、団子でも作るようにそれを捏《こ》ねている。そして「もうすぐ済みますからお待ちください」という（これははっきりとした会話の形をとらなかった）。私は待ち切れなくなって、腹をたてて台所を出た。私は外套《がいとう》を取出したが、最初の外套は着てみるとばかに長い。そこでそれを脱いだところが、毛皮の襟《えり》がついているのでちょっと驚いた。第二番目に着た外套には、トルコ模様の縫いとりのある長い縞《しま》があった。面長で短い髭《ひげ》を生《は》やした知らない人がやってきて、これは俺の外套だといって私が外套を着ようとするのを邪魔した。そこで私は、外套全体にトルコ模様の刺繍《ししゆう》がしてあるのをその男に見せてやった。男はこうきいた、「あなたにいったいトルコ（模様、縞……）が何の関係があるのです」それからしかしわれわれはばかに仲が良くなった》

この夢を分析していると、まったく不意に、十三歳ごろかと思うが私がはじめて読んだ小説のことを思い出した。その小説は第一巻の終りから読みはじめたのである。小説の題名や著者の記憶は全然ない。だがその最後はよく憶《おぼ》えている。主人公は気違いになって、たえず三人の女の名前を叫ぶ。これら三人の女性は、主人公の生涯において最大の幸福と不幸とを主人公にもたらしたのである。その名前のひとつはペラジー Pélagie といった。だがこれを思い出しはしたものの、これを夢判断中にどう生かせばいいのか、私にはまだ皆目わからなかった。三人の女といっているうちに、人間の運命を司《つかさど》る三人の女神 Parzen のことを連想した。すると、夢の中の女三人のうち、ひとりは、つまり主婦は人にいのちを与え、私の夢の中でのように、往々生きているものに最初の食べ物を与える母であることに気がついた。女の乳房で、愛と餓《う》えとが出会うのである。こんな話がある。女性美崇拝家のある若い男が、あるおりに話が自分の乳母《うば》に及んだとき（この乳母は彼が赤ん坊のとき乳をのませてくれた人で、美しかった）そのときの好機をもっと利用しておけばよかったといって口惜しがったという。私は精神神経症の機制における「あとからの取戻し」という契機を説明するのにいつもこの話を利用している。——つまり運命の女神のひとりが団子でも拵えようとするかのように、小さな掌を擦《す》りあわせているわけである。運命の女神としては変な仕草で、これはぜひ説明されなければならない。この説明は、別の、もっと早い時期の幼児記憶からなされた。六歳のころ、私の人生における最初の教育を母親から受けていて、われわれ人間は土から作られていて、土に戻らなければならないということを教わった。これが私の気分を不安にし、私は母のいうことを疑った。そのとき、母は掌を擦りあわせて——団子を作るときとまったく同じ格好で、ただ手の中に捏《こ》ねた麦粉がないだけのことだった——われわれがそこから作られている土の見本として、掌を擦りあわせたために生じた薄黒い表皮の垢《あか》のかたまりを私に示した。このように実物を見せられて、私はひどく驚き入ってしまった。そして、のちに人が「どうせ一度は死ぬのだから」という文句で表現しているものを納得したのであった。*子供のころ、腹を空かせて台所へ行くと、かまどのそばにいた母がよく「もう少しで午御飯《ひるごはん》だから待っておいで」といったものであるが、それと同じように私が夢の台所で出会ったのは実際に運命の女神たちだとしていいのである。さてそれから団子 Knödel のことだが、すくなくとも私の大学生時代の先生のひとり、しかも私が組織学（表皮）を教わった先生は、団子 Knödel に似たクネードル Knödl という名前にぶつかると、その先生の著書から剽窃《ひょうせつ》 Plagiat を行なったために先生から告訴された一人物、つまりクネードルという人間のことを思い出すにちがいない。剽窃をする、すなわち自分のものでなくても、手に入れることができるのなら自分のものにしてしまうという主題は、ひとところ大学の講堂によく出没した外套泥棒のごとく私が取扱われるところの夢の後半部に続いてゆく。私は剽窃 Plagiat の語を、ただ偶然思い浮ぶままに他意なくここにしるした。しかし、今にして気がつくのだが、この語は顕在内容を形成している諸部分のあいだをつなぐ橋として役にたつのである。ペラジー Pélagie——剽窃 Plagiat——鮫《さめ》 Plagiostomen**——魚の浮袋 Fischblase という連想観念の一系列は、かの古い小説をクネードル Knödl 事件、さらに外套と結びつける（外套はいうまでもなく性的技術の一用具を意味している〔モーリのキロ——ロットーの夢参照、一〇五ページ〕）。

　ばかげた、牽強付会《けんきょうふかい》的な結合関係にはちがいないが、もしこれが、夢の作業によってあらかじめ作りあげられていなかったとしたら、私の覚醒時《かくせいじ》の意識ではとうてい作りあげることの考えられないような結合関係ではあろう。それどころか、結合関係を作り出そうという衝動は、万事につけてすこしも容赦はしないといわんばかりに、今や私にとっては大事な名前「ブリュッケ」(Brücke で、「橋」の意味がある。前記の諸部分のあいだをつなぐ橋を見よ）は、私が学生としてもっとも幸福な日々を過したあの研究所を私に思い出させる役割をつとめている。当時私は心中何の屈託もなかった（「かくて汝《なんじ》は日増しに知識の乳房に餓《う》えむ」）。これに反して私はこの夢では数々の欲望に責めさいなまれている。そして最後に別の恩師の記憶が浮びあがる。この先生の名前もまた食べ物にその響が似通っている（クネードル〔団子の意〕のごとくフライシュル〔肉の意〕）。それからまた、皮垢のかたまりが一役演ずるもの悲しい場面

（母――主婦）、また、狂気（小説の主人公）、ラテン語の台所（薬局）で空腹をいやさしめる一手段、すなわちコカインなどがそれぞれ一役演じているもの悲しい一場面が記憶に浮んでくるのである。

＊この幼時記憶に属する二つの感情、驚きと、不可避的なものへの屈従とは、最初私にこの幼時体験への記憶をよみがえらせたところの、ひとつ前の夢の中に現われていた。

＊＊「鮫」をここに入れたのはわけがあってのことで、鮫は私にこの先生の面前で恥さらしをした忌々《いまいま》しい一機会を思い出させるのである。

以上のようにして私は入り組んだ考えの筋道をさらに辿《たど》って、分析し残した部分をも完全に解き明かすこともできるわけだが、そのために要求される個人的犠牲があまり大きすぎるから、ここではそれをやらずに、この混乱の根底に存する夢の思想のひとつに直接にわれわれを導いてゆく一本の糸だけを採りあげてみることにしよう。私に外套を着させまいとした面長でちょびひげの男は、私の家内がそこでどっさりトルコの布地を買いこんだスパラトの商人の顔つきを連想させる。この男はポポヴィクという名前であった。つまり滑稽詩人《こっけいしじん》シュテッテンハイムに暗示的な言葉を吐かせたちょっと曖昧《あいまい》な人名である（「彼は私に自分の名をいって顔をあからめて握手した」）。

（訳注　ドイツ語でポポーはお尻の意）いずれにせよ、私の夢は上にいったようなペラジー、クネードル、ブリュッケ、フライシュルなどという名前で冗談をいっているようにもとられるであろう。このように人の名前で洒落《しゃれ》るのは愚劣だといわれてもまったくそのとおりだというよりほかはない。私がそんなことをここでやっているのは、しかし一種の復讐《ふくしゅう》である。なぜなら私自身の名前（訳注　フロイトにはフロイデ「喜び」「快楽」の意がある）はこれまでに幾度となくくだらぬ洒落の材料にされたからなのである。ヘルダーがかつてゲーテという名前で戯詩を作った。

「君の名は神々《ゲッテル》から出たのか、ゴート《ゴーテ》族からか、土ひ《コー》じ《テ》からか知らないが、
とにかく君らの神々の姿もつまりはちりひじという
ことになる」

これを見てゲーテは、ひとは自分の名前と自分とは、皮膚と自分とがいっしょになっているように感じて、自分の名前に対してはひどく敏感なものだといった。私が名前の誤用という回り道をしたのはただこの嘆きをいおうがためであったことを一言いっておいて、ここでもう名前の詮索《せんさく》はうち切ることにする。——スパラトでの買物はカッタロでの買物を思い起させる。そのときは、あまり引っこみ思案だった

のであるすばらしいものをつい買い損《そこ》ねた（乳母の乳房をたのしむ機会を逸すること、上を見よ）。夢を見ている本人に餓えが吹きこんだ夢思想のひとつはすなわちこうなのである。《われわれは何ひとつむざむざとやりすごしてはならない。たとい多少の不正が避けられないとしても、何か手に入れることのできるものがあるときは、つかみとるべきだ。機会を逸してはならない。人生は短い。死は避けがたいのだから》そこにはまた性的な意味もあり、欲望は不正の前にも尻ごみしようとはしないから、この「その日を利用せよ」には検閲をこわがる理由がある。だからある夢のうしろに身を隠さなければならなかったわけである。そのうえしかし、いっさいの反対思想、つまり私が精神的な滋養分だけで満足していたころの思い出、あらゆる邪魔、いとうべき性的な罰をもってする威嚇《いかく》などすら頭をもたげてくるのである。

（二）第二の夢はかなり長い前置きを必要とする。

休暇になったのでアウスゼーへ旅行しようと思って、ヴィーンの西停車場に馬車で出かけたが、一汽車前に出るイシュル行きの列車のプラットフォームへ行ってみた。プラットフォームには、トゥーン伯爵《はくしゃく》が立っていた。伯爵はまたイシュルの皇帝のところへ出かけるのだろう。雨が降っているのに無蓋《むがい》馬車でやってきて、そして直ちに支線列車の出入口を通ってプラットフォームに出た。改札係がトゥーン伯爵を知らないものだから切符を要求したが、伯爵はちょっと手を振って何もいわずに改札係を押しのけて通ってしまった。伯爵がイシュル行きの列車にのって出発してしまうと、車掌がきて私に、プラットフォームから出て待合室へ行けというので、私はやっと頑張《がんば》ってプラットフォームに居残った。私は、誰かチップをつかませて車室の世話をしてくれるような者でもやってきはしないかと、それとなく様子を窺《うかが》って暇潰《ひまつぶ》しをしていた。そして、もしそういう者がいたら騒いでやろう、つまり私にも同じ待遇を要求してやろうと思った。そのうちわれ知らず歌を口ずさんでいる。ふと気がついたらフィガロの結婚の中のアリアだった。

伯爵様が踊りを踊られるのなら
どうか私に一曲弾《ひ》けと
仰《おお》せくださいますように。

(はたでひとがきいていたとしても、私が何の歌を口ずさんでいるのか、わからなかっただろうと思う)。

私はその晩は一晩中、妙にはしゃいだ、負けぬ気の気分で、給仕人や馭者《ぎょしゃ》にも意地の悪いことをしたが、まあそれでも彼らをおこらせるまでにはいたらなかったようだ。さて私の頭の中にはありとあらゆる大胆で反逆的な考えが去来した。それはフィガロのせりふや、パリのコメディ・フランセーズで見たボーマルシェのこの喜劇の思い出にふさわしいようなものであった。生れるのに苦労した貴族たちの言葉、アルマヴィーヴァ伯がスザンナに対して押し通そうとした貴族の特権、トゥーン伯（訳注　トゥーンは行為・行動の意）に対して反対派の意地悪なジャーナリストが奉《たてまつ》ったニヒトトゥーン（訳注　無為・無能の意）伯という冗談など、そういうものが念頭を往《ゆ》き来した。実際私にはトゥーン伯が羨《うらや》ましいようなことはなかった。今彼はおつとめで皇帝のところへ行かなければならないのに、この私は本当のニヒトトゥーン伯爵である。私は休暇の気晴らし旅行に出かけるのだ。それにありとあらゆる休暇のたのしい目論見《もくろみ》もあるし。そこへひとりの紳士がやってきた。医師国家試験の時に政府代表として立ち会ったひとだ。このお役目を果したためにこの男は「政府同衾者《どうきんしゃ》」という結構なあだ名を頂戴《ちょうだい》していた。彼は自分の官職を持ち出して、一等の半室を要求した。彼にそういわれた駅員は別の駅員に「半室とおっしゃるんだが、どこがよかろう」と相談しているのがきこえた。羨ましい好遇だ。私だって一等料金は一人前に支払っている。私もそれからコンパートをひとつ宛《あて》がわれたが、廊下つきではないので、夜は便所へ行くことができない。駅員に苦情をいってみたが、効果はなかった。そこで私は、旅客の万が一の用意に、このコンパートの床にすくなくとも穴をひとつはあけさせたらどうだと駅員にわざといってやった。実際私は夜中の二時四十五分に尿意を催して眼を覚ました。そのときに見ていたのがつぎのような夢である。

《人混み、学生集会。――ひとりの伯爵（トゥーンないしはターフェ）が演説する。ドイツ人について何かしゃべれといわれて、伯爵は嘲弄的《ちょうろうてき》な身ぶりで、ドイツ人の好きな花はふきたんぽぽであるといって、引きちぎった葉のようなもの、一枚の葉の葉骨ばかりをまるめたようなものを鈕穴《ぼたんあな》に挿《さ》した。私はおこりだした。そこで私はおこりだした。*しかし、自分の考えを自分で訝《いぶか》った（それから曖昧になってくる）。講堂のようなところ、出入り口がふさがれている。逃げ出さなければならないようだ。きれいに整頓《せいとん》された部屋の並んでいる前を通ってゆく。明らかに政府の部屋々々だ。茶色と藍紫色《らんししょく》との中間の色の家具。やがて、中年のふとった家政婦が坐《すわ》っている廊下にやってきた。私はこの女と話をするのを避ける。女は私がここを通る権利があると思っているのか、こうたずねる、「ランプでご案内しましょうか」私は身ぶりないしは口頭で、階段のところに待っていてくれという。これでうまうまと監視の眼を潜《くぐ》りぬけたわいと、われながらひどくうまくやったと思う。そうして下へ出て、狭い嶮《けわ》しい坂道があるので、そこを登ってゆく。

（ふたたび不明瞭《ふめいりょう》……）さっきは家の中から逃げ出さなければならなかったが、こんどは町から出てゆかなければならないようなふうだ。一頭だての馬車に乗って、停車場へ行けと命ずる。馭者は、私が彼をこき使いでもしたかのように私に抗弁する。そこで私は「レールの上は君といっしょに走れないよ」という。何かこう、普通なら汽車で走るところを、しばらくもう馬車で走ったとでもいうようである。駅はどこも人でいっぱいで、私はクレームスにしようか、それともツナイムへ行こうかと思案したが、そこらへ行くと宮廷の人がいるからと思い返して、グラーツか何か、そういうところへ行くことにきめた。車室の中だ。あたりの様子は市内電車に似ている。釦穴には妙な編み方をした長いものが挿しこんであり、それに堅い材料でこしらえた紫色がかった褐色のすみれがついていて、それがひどく人目を惹《ひ》く》ここでいったん場面が終る。

《また停車場の前にいるが、こんどは中年の紳士とふたりづれで、他人に見知られないような計画を考え出すが、この計画がすでに実行されていることがわかる。思考と体験とはいわばひとつである。つれの紳士はめくらのようなふうを装《よそお》う、すくなくとも、一方の眼はめくらである。私は彼に男子用の溲瓶《しびん》を差しつける（この溲瓶は町で買わなければならなくなったものか、あるいは買ったものである）。つまり私は看護人で、彼はめくらだから彼に瓶を差出さなければならないのだ。車掌がこんな格好のふたりを見たら、見て見ぬふりをしてしまうにちがいない。そのときめくらの紳士の姿勢とその小便をしている陰茎とがはっきりと見えた》そこで尿意のために眼が覚めたのである。

＊この繰返しは、うっかりして夢の本文中にまぎれこんだものだが、これにはまたこれの意味があることは分析の示すがごとくだからそのままにしておく。

この夢全体は、一八四八年の革命の年に生きている気になった私が描いた空想というような印象を与えるであろう。この革命は一八九八年の五十年祭によってその記憶を新たにされていたし、そのうえヴァハウへピクニックをし、学生運動の指導者フィッシュホーフの隠遁所《いんとんじょ》のエムメルスドルフの町を知ったりしたところから余計そうだったのであろう。＊この夢の顕在内容の若干の特色は明らかにこのフィッシュホーフに関係があるようである。観念の結合は私をそれから、イギリスへ、私の弟の家へ導いてゆく。弟は細君に向っていつもなにかというと冗談に「五十年前は」という。これはテニスン卿《きょう》のある詩の題である。すると子供たちがそれを、「十五年前」と訂正する。トゥーン伯爵を見たために惹き起された諸観念に結びつくこの空想は、イタリアの寺院の正面のように、なんら有機的な関連もなくただうしろの建物の前に置かれているにすぎないが、寺院の正面とちがうところは、それが隙間《すきま》だらけで混乱していて、内部の諸要素が多くの箇所において外へ洩《も》れ出ているという点である。夢の第一状況は、多くの場面から構成されている。夢の中の伯爵の傲慢《ごうまん》な様子は私の十五歳のころの高等中学校での一場面に倣《なら》って作られている。われわれはひとりのきらわれ者の無学な教師に対して謀反《むほん》を企てた。その張本人はそれ以来自己をイギリスのヘンリー八世に擬していたようだ。反逆の指揮は私に背負わされた。オーストリアに対するドーナウ河の意義（ヴァハウ！）に関する討論が、騒動の表面化するきっかけであった。一味のうちにたったひとりの貴族出身の生徒がいた。背がひどく高かったので「麒《き》麟《りん》」とあだ名されていた。その彼がドイツ語の教師のその暴君先生に問いつめられて立っていた様子が夢の中の伯爵そっくりだった。愛好する花の説明と、それもやはり花にちがいないが、何かを釦穴に挿すこととは（それは私がその日ある女の友人に持って行ってやった蘭《らん》を思わせもするし、また、イェリヒョの薔薇《ばら》〔あんざんじゅ〕をも思わせる）赤い薔薇と白い薔薇の内乱の幕を切って落したシェークスピアの諸王劇中の一場面をことさら思い出させる。ヘンリー八世のことがこの記憶への道を拓《ひら》いたのである。そして、薔薇から赤と白のなでしこへの道はそう遠くはない（そのあいだに分析では二つの歌の文句が入ってくる。ひとつはドイツの歌、もうひとつはスペインの歌。前者は「薔薇、チューリップ、なでしこと、なべての花は枯れ凋《しぼ》む」後者は「イサベリータよ、悲しむなかれ、花の凋むを」スペイン語を思い出したのは「フィガロ」からきたのである）。白いなでしこはヴィーンでは反ユダヤ主義者の、赤いなでしこは社会民主主義者の標識になっている。その背後には、風光明媚《めいび》なザクセン地方（アングロサクソン）を疾走中の列車内での反ユダヤ的挑戦への思い出が隠されている。第一の夢状況形成の諸要素を提供する第三の場面は、私の大学生時代の初期に由来する。あるドイツの大学生協会で、自然諸科学に対する哲学の関係という主題で討論が行われた。白面の青年だった私は、徹底的な唯物論者《ゆいぶつろんじゃ》として、きわめて片寄った立場をあえて代弁した。すると年かさでしっかりとした大学生が反論に立ちあがった。この男はその後、大衆を指揮し組織する才能を現わしたが、彼の名前はやはり動物に因《ちな》んだものであった。この男が私たちの意見をひどくやっつけた。そしてこういった、「自分も若いときには豚を飼ったが、その後、後悔して父の家に帰ったのだ」私は腹をたてた（夢の中と同じ）、そして牝豚のように無作法になって、こう返答した。「なるほどあなたは豚を飼われたことがあるので、あなたのお話の調子もよく納得できます（もう驚かない）」（夢では、私は私のドイツ国粋的考えに驚く）。大混乱になって、みんなが今の発言を撤回しろと私に迫った。しかし私は頑として応じなかった。みんなは彼に、挑戦しろとすすめたが、分別のあった彼はこれを受けつけず、事態をそのままにしておいたのである。

＊これも誤りだったが、しかし今回は心理学的錯誤ではない。のちに私は、革命家フィッシュホーフの同名の隠遁所がヴァハウのエムメルスドルフではないことを知った。

夢の場面のその他の諸要素は、もっと深い層から出てきたものである。伯爵が「ふきたんぽぽ」といったのは何を意味しているのだろうか。私はここで、自分の連想系にたずねてみる。ふきたんぽぽ Huflattich ——ちしゃ属 lattice ——サラダ Salat ——欲張り犬 Salathund（自分が食べないものでも、ほかの犬に取らせまいとする犬）など。ここには悪口の言葉がたくさんある、麒麟（訳注 Gir-affe〔affe〕は「猿」の意）、豚、牝《めす》豚《ぶた》、犬。私はある迂路《うろ》を通って驢馬《ろば》という語にいたることもできる。とするとそれはまたしてもひとりの学校の先生への嘲罵《ちょうば》になる。そのうえ私は——それが正しいかどうかは知らないが——ふきたんぽぽ Huflattich を pisse-en-lit（寝床に寝小便をする）と翻訳する。この知識はゾラの『ジェルミナール』に由来する。そこでは、子供たちはそういう名前のサラダを持ってくるようにいわれる。犬 Hund ——犬 chien ——はその名の中に大便への響を含んでいる（chier は「大便をする」、pisser は

「小便をする」の意）。ところでわれわれはほどなく、こういうけしからぬものが、すべての三つの混合状態の中にいっしょになっているのを見るであろう。なぜなら、未来の革命と多大の関係を有する同じ『ジェルミナール』の中には、フラトゥスという名のガス状の排泄物《はいせつぶつ》の生産に関係するところのじつに風変りな競争が描かれているからである。* そこで私はこういうことを認めないわけにはゆかない、つまりこのフラトゥスへの道はすでにとうから準備されていた。花から「イサベリータ」というスペインの歌を経由してイサベラとフェルディナンド、ヘンリー八世、イギリス史を経由してイギリスに対するスペインのアルマダ艦隊の戦いへと道は通じていたのである（この戦いが勝利をもって終結したのち、英国人は「彼らは吹き散らされたりき」Flavit et dissipati sunt という銘を刻んだメダルを作った）。** ところで私は、ヒステリー症の解釈と治療方法に関する詳しい報告を行うまでにたちいたったら、この報告論文中の「治療法」の一章の標題には半ば冗談にこの銘文を選ぼうと思っていたのである。

* 『ジェルミナール』ではなくて、『土』だった。これには分析ののちにはじめて気がついた。――ところで私はふきたんぽぽ Huflattich とフラトゥス Flatus との二語中に含まれた同じ文字について読者の注意を喚起しておこう。

＊＊私のおせっかいな伝記作者、ドクター・フリッツ・ヴィッテルスは、私が上記の銘文の引用でエホヴァの名を逸しているといっている。上記イギリスのメダルにはこの神の名がヘブライ語で刻まれてはいるが、雲を下地にして、その上に書いてあるから、絵の一部とも、銘文の一部とも、二様の解釈を許している。

夢の第二場面は第一場面のように詳細にほぐしてみることができない。それは心の検閲の顧慮からである。私はつまり夢の中ではかの革命時代のひとりの高官の位置に自分を置いている。この高官はまた鷹と妙なことをしたり、大便失禁症をわずらったりしていたということである。私は、ひとりの枢密《すうみつ》顧問官（Aula（宮廷、講堂）、consiliarius aulicus の（宮廷の顧問））が上記の話の大部分を話してきかせてくれたとはいえ、検閲をパスする資格はあるまいと信ずる。つながった部屋々々は、私がちらりと覗《のぞ》くことのできたかの閣下の貴賓列車の車室からきている。しかしこれはまた夢ではよくそうなのであるが、婦人（訳注 Frauenzimmer —— Frau「女」Zimmerは「部屋、局」で古語の「女房」がこれに当る）（お局《つぼね》）を意味する。家政婦が出てきたことについていえば、私はある中年の利口な婦人の家で御馳走《ごちそう》になり、また、たくさんのいい話をきかせてもらったことがあり、その婦人をここに点出したわけで、つまりは恩を仇《あだ》で返すという結果になった。——ランプの一件は、同内容のおもしろい体験を記録し、これを『ヘーローとレアンデル』(海の波と愛の波――アルマダ艦隊とあらし)の中に使っているグリルパルツァーに帰することができる。*

* 夢のこの部分については、H・ジルベラーがその内容豊富な研究(『空想と神話』、一九一〇年)中において、夢の作業は潜在夢思想のみならず、また心的諸事象をも夢形成において再現しうることを示そうとしている(「機能的現象」)。しかし「夢形成における心的諸事象」は私をしていわしむれば、その他すべてのもの同様にひとつの思想材料だということを彼は見落していると思う。この高慢な夢の中で、私はこれらの諸事象を発見したことを、明らかに自慢している。

残る二部分の詳細な分析は差控えておかなければならない。そして、私がそのためにこそこの夢をここに採用した二つの幼時体験へと遡《さかのぼ》るところの諸要素のみを取出すことにしよう。私がそうせざるをえないのは性的な材料があるためだろうと推測するひとがいるかもしれないが、まさにそのとおりである。しかしこれだけの説明で満足することはできまい。けだしひとは、他人に対しては秘密として取扱わなければならないいろいろなことを、自分に対しては決して秘密にしているわけではないからであり、しかもこの場合問題は、分析を隠し秘すように私を強制するいろいろの理由にあるのではなくて、夢の本来の内容を私自身に対して隠している内心の検閲の諸動機にあるからである。だから私は、この夢を分析してみると、これら三つの夢の各部分は恥知らずの駄法螺《だぼら》であり、私の覚醒《かくせい》生活においてはとうの昔に抑圧されている嗤《わら》うべき誇大妄想《もうそう》の現われであることがわかるし、この誇大妄想は顕在内容の中へまでその端々を露出させており（「私は自分がなかなか利口なような気がした」）、いずれにしろ夢を見る前日の夕方の高慢な気分を見事に洗い出してみせるというよりほかはないのである。なるほどあらゆる領域において駄法螺と自慢とが看取される。たとえばグラーツという地名が出てくるが、これは金をふんだんに持っていると思って得意になっていう文句、「グラーツがどうしたというんだ」に関係しているし、また、ラブレーの『ガルガンチュアとその倅《せがれ》パンタグリュエルの生涯と行跡』を思い浮べようとするなら、この夢の第一部分の、上に記《しる》した内容を駄法螺と見ることができるであろう。さてさきに約束した二つの小児期の場面にはつぎのようなものが属する。私はこんどの旅行のために新しい鞄《かばん》を買ったのだが、この鞄の色は褐色《かっしょく》がかった薄紫色で、この色は夢の中に幾度も出てくる（「娘釣り」と呼ばれているものの横に、堅い材料でこしらえた紫褐色のすみれ――政府の部屋部屋の家具）。何か新しいもので人の眼を惹いてやろうというのは周知の子供の信仰である。ところで私は自分の子供のころについてかねてこんな話をきかされていた。もっともこれは事柄そのものの記憶が、話をきかされたことの記憶によって代理されているのであるが。私はまだ二歳のころまではよく寝小便をすることもあったそうで、父親に叱《しか》られると、私は父親に向って、いちばん近い大きな町のNでお父さんに新しい赤いベッドを買ってあげるといって父親を慰めたそうである（だから夢の中には、われわれが溲瓶《しびん》を町ですでに買っていた、ないしは買わなければならなかったという挿入《そうにゅう》部分があるのである。約束したことは守らなければならない）。（ついでのことに男子用の溲瓶と女性の鞄《ボックス》との並存に注意せられたい）。子供の全誇《こ》大妄想《だいもうそう》はこの約束の中に含まれている。寝小便が夢に対して持っている意義は、さきに紹介した夢判断（三四二ページの夢を参照せよ）において明らかだと思う。神経症の精神分析は寝小便と功名心との密接な関係をもまた明らかにしている。

これははっきりとした記憶があるが、私が七歳か八歳のころに家庭内で起った別の一事件があった。私は、両親の寝室内で両親が寝室内にいるときは大小便をしてはならないといわれていたのに、私はある晩寝床に入る前にこの禁を犯したのである。父は、お前はろくな人間になれまいといって私を叱りつけた。この言葉は私の功名心をひどく傷つけた。なぜならこの一場面への暗示が繰返しくりかえし私の夢の中に現われ、その場合必ず私は「どうです、私だってしかるべき人間になったじゃありませんか」といわんばかりに、自分の業績と成功との数々をあげ示す。この小児期の一体験が、今問題にしている夢の最後の部分に材料を提供している。むろん復讐《ふくしゅう》のために役割が逆にはなっている。一方の眼が見えないのは父の緑内障を意味しているから、明らかに父親だと思われる初老の男は、ちょうどその昔私が彼の前で小便をしたように、今は彼が私の面前で小便をしてみせる。* 緑内障を点出したのは、私はあたかも私がそれによってかつての約束を果したかのごとく、コカインのことやそのコカインが父の手術の時に功を奏したことなどを父に思い起させるためなのである。のみならず私は父を物笑いの種にしている。彼はめくらだから、私は溲瓶を宛《あて》がってやらなければならず、また、私が自慢しているヒステリー症に関する自分の学説における諸認識を暗示して悦に入っているのである。**

* 別の判断を示そう。彼は神々の父・オーディンのごとく双眼である——オーディンの慰藉。——父に新しいベッドを買ってやるという小児場面に発する慰藉。

** 若干の判断材料を付け加えておく。溲瓶《グラース》を宛てて見るということは、眼鏡屋で眼鏡の玉を次つぎと宛ててみたが、字が読めなかったという百姓の話を思い出させる。——〔詐《さ》欺師《ぎし》〔百姓釣り〕——前の夢部分の女たらし〔娘釣り〕〕。——ゾラの『土』における百姓たちの、頭が変になった父親の取扱い方。——父が老境に入って子供のように垂れ流しをしたという悲しい復讐的満足。だから私は夢の中ではその看護人である。——「思考と体験とはいわば一である」は、父なる神が脳軟化症の老人として不面目きわまりない取扱いを受けるところの、オスカー・パニッツァの非常に革命的な劇を思い出させる。そこにはこう書いてある、「神にあっては意志と行動とが一である、そして彼は一種のガニュメートみたいな彼の大天使によって、悪口をいったり呪《のろ》ったりするのを引きとめられねばならない。なぜなら彼の意志と行動とは一であるから」——計画をたてるということは、物事の批判ができるようになった後年にいたって父に向って発せられた非難である。しかし一般に反逆的な、権威侮辱的な、お上を嘲《あざけ》る夢内容はすべて、父親への反抗と解せられる。伯爵《はくしゃく》は国の父の謂《いい》であり、父親は、その完全なる権力から人間文化史の時代を経るにつれて、他の社会的諸権威が生じきたったところの（この命題が「母権」の考慮によって制限されない限りにおける）もっとも古い、最初の、子供にとって唯一《ゆいいつ》の権威である。——夢の中の「思考と体験とは一である」といういい方は、男子用の溲瓶もまた関係してくるところの、ヒステリー的諸症状の解明を狙《ねら》うものである。ヴィーンのひとになら、私は「グシュナス」の原理を説明する必要はあるまい。つまりそれは、珍しい貴重な外観を持った品を、つまらない、できれば滑稽《こっけい》な、無価値な材料で作りあげるということで、われわれの美術家たちが愉快な宵を過すときに好むような、鍋《なべ》や藁箒《わらぼうき》や細長い煎餅《せんべい》などで武具を作るというようなのがそれである。私はヒステリー症の患者たちもそれに似たことをやるのを発見していた。彼らが実際に経験したこと以外に、彼らは無意識的に、体験のもっとも無邪気な、ありふれた材料から作りあげられるいやらしい、あるいは途方もない空想事件を組みたてる。彼らの症状は最初まずこの空想と関係しているのであって、実際の出来事が重大であるにせよ、無邪気なものであるにせよ、その実際の出来事には関係を持っていないのである。この説明で私は幾度か難場をしのいできた。そして成功したこともたびたびであった。私はこれを「男子用溲瓶」の夢内容で暗示することができた。なぜなら最近の「グシュナス会の夕べ」には、よく病院で使われているような男子用溲瓶がその主要部分を成しているルクレチア・ボルジャの毒杯が陳列されたという話をきいていたからである。

そうでなくとも小児期の小便に関する二場面は私にあっては、誇大妄想のテーマと緊密に結合しているのであるが、アウスゼーへの旅行途上、私の車室に便所がなく、そのために汽車の中で慌《あわ》てることのないように前もって覚悟をきめておかなければならなかったという偶然的事情が、この場面を夢の中へ呼び覚ますのにあずかって力があった。はたして私は尿意を覚えて眼を覚ました。思うに読者はこの尿意というものをこそ本来の夢の刺激者と見たいであろうが、私はしかし別の考え方をしたい。つまり夢の思想が逆に尿意を催さしめたのだと考えたい。私は夜中にそういうことで眼を覚まさせられる性分ではないのだ。いわんや午前二時四十五分などという真夜中には眼を覚ますことはあまりない。それでもなお承服しないひとには、こう答えておく。私は旅行中もっと万事が快適であって、朝早く眼を覚ましたあとでさえも尿意を覚えたためしがない。しかしこの点はどうとも、極《きわ》めずにおいても、私としては別に差支《さしつか》えはないのである。

夢の源泉と願望刺激者とが容易にそれと指摘できるために、その判断がさしあたり完全だと思われるような夢においても、ごく初期の小児時代へつながっている糸の存在することに注意するようになって以来、私はひょっとすると夢のこういう特性の中にも「夢を見る」ということの本質的な一条件が与えられているのではあるまいかと疑ってみるようになった。この思考を一般化していいのなら、どんな夢の顕在内容中にも、ごく最近体験したこととへのつながりはあるが、しかしこれに反して夢の潜在内容の中には、いい意味において現在にいたるまで「最近のもの」として永く保存されてきたような非常に古い体験へのつながりがあるのであって、私はヒステリー症を分析していて実際にこのごく古い体験を明らかにそれと指摘しえた。この推論を実証することはまことに困難である。夢形成に対する最も古い小児期体験の想定上の役割については別の関連（第七章）において改めて論じなければなるまい。

夢記憶の三つの特性のうち、「どうでもいいようなもの」が夢内容において果す大きな役割という一特性は夢歪曲へこれを還元することによって完全に解明され終ったと思う。他の二特性、すなわち「最近のもの」並びに「小児的なもの」の優越は、われわれはこれをたしかめえはしたものの、それらを「夢見ること」の諸動機から導き出してくることはできかねたのである。われわれにはこれら二特性を解明ないしは評価するという仕事が残っているが、目下はただそういう特性があるということを憶《おぼ》えておくだけにしておいて、その解明評価は、睡眠状態の心理学、あるいは窓の隙間《すきま》から覗《のぞ》くように夢判断によって心という装置の内部を覗き見ることができると知ったときに行いうるところの心の構造についての考察などにこれを譲ることにしよう。

以上の分析例から引出される別の一帰結はしかし今すぐに紹介しておこうと思う。実例でわかるように、夢というものはしばしばいろいろの意味を含んでいるように見える。実例でわかるように、いくつかの願望充足がひとつの夢の中に統一されているばかりでなく、ひとつの意味、ひとつの願望充足が他のものを隠蔽《いんぺい》していて、その衣をはいでゆくと、いちばん下のところで非常に早い幼児時代の一願望の充足実現にぶつかることもある。私は「しばしば」といったけれども、これはどうも「必ず」といったほうがよさそうだと考えられるのである。*

* 夢のいくつかの意味が、重なりあって層を成しているということは、夢判断のもっとも

扱いにくい、しかしまたもっとも内容豊富な問題のひとつである。この可能性を忘れる者は、誤りを犯しがちで、夢の本質に関して根拠のないいろいろな主張をうちたてるようなことにもなる。しかしこの問題に関する研究は現在まだあまりにも寥々《りょうりょう》たる有様であって、今までにはO・ランクによって尿刺激夢におけるかなりコンスタントな象徴層形成が詳しく研究されているにすぎない。

C　身体的夢源泉

教養はあっても専門家ではないようなひとに、夢の諸問題への興味を起させようという目的で、夢はいったいどういう源泉から出てくると考えるかと質問すると、相手はそんなことはよくわかっているというような顔つきをするにちがいない。つまり彼は直ちに、消化障害とか消化困難（「夢は五臓六腑《ごぞうろっぷ》の疲れ」）とか、睡眠中の偶然的なからだの位置やちょっとした刺激などが睡眠者に与える影響のことを念頭に浮べる。そして、そういう要素すべてを考慮に入れたうえにもなお、説明されなければならないあるものが残っているということに気づかないというのが実情である。

夢形成に対してこういう身体的刺激源がいかなる役割を果しているかという問題に

関する専門文献については本書の序章に詳述しておいた。だからここではその調査の結果を想起しさえすればいい。われわれはこういうことを知った、つまり身体的刺激源には、三種類のものがあって、第一は外部の諸対象から出てくる客観的感覚刺激、第二は主体的にのみ基礎づけられるところの感覚器官の内的興奮状態、第三は身体内部から発する身体的刺激がそれであった。そして夢の研究家たちが、ともすればこれらの身体的刺激源以外にないとは断言できない何らかの心理的夢源泉を不問に付したり、あるいはこれをまったく除外したりする傾向を示していることがわかった（五〇ページ）。こういう身体的刺激源の利益になるように述べられている諸見解を吟味して、われわれが知りえたことは、客観的な感覚器官興奮の意義は――睡眠中の偶然的刺激にせよ、睡眠中の心的生活から引離すことのできない刺激にせよ――幾多の観察の結果はっきりと認められており、また、実験によってたしかめられているということ（四〇ページ）、それから、主観的感覚興奮の役割は、入眠時の象徴形象の夢の中での繰返しによって（四三ページ）証明されるように見えること、また、われわれの夢形象や観念の、内的身体刺激への、きわめて広範囲に想定された還元は、なるほどすべての面において証明することはできないが、しかし消化器官・泌尿器官《ひにようきかん》・生殖器官の夢内容への周知の影響によって十分に有力な考えでありうることなどであった。

だから夢の生理的刺激源、すなわち多くの研究家によってそもそも夢というものの唯一の源泉と目されているのは、「神経刺激」と「身体刺激」ということになるであろう。

しかしながらわれわれは、かかる生理的刺激理論の正しさではなくて、むしろそれだけで夢の説明がつくのかという点に向けられた幾多の疑問も知らなくはない。

この理論の代表者の誰もが、この理論の事実上の諸基礎については——ことに、夢内容の中に出現するのに何の苦労もいらないような偶発的および外的神経刺激を考慮に入れるかぎりは——何の不安も感じていないようではあるが、しかし単に外的神経刺激からのみ、夢の豊富な表象内容を導き出すことはおそらく許されまいという見解を全面的に反駁《はんばく》しえた者はいないのである。マリー・ホワイトン・カーキンズ嬢はこういう見地から自己自身および第三者の夢を六週間にわたって調査し、そこに外的感覚知覚の要素が立証できるような夢は全体の一三・二パーセント、もしくは六・七パーセントにすぎない事実を見いだした。蒐集《しゅうしゅう》された夢実例中、ただの二例が器質的感覚に還元されえたにすぎない。この統計は、われわれが自分たちの経験で、すでにざっとたしかめていたことを、改めて示しているにすぎない。

研究家の中には「神経刺激夢」を、それがこれまでよく研究の行き届いた夢の一種類であるから、夢の別の諸形式より尊重することを好む者がある。シュピッタは夢を神経刺激夢と連想夢とに分類した。だが、身体的刺激源と夢の表象内容とのあいだのつながりが立証されない以上、この解決は不十分なものだということは明らかである。

第一の非難、すなわち外的刺激源はそう頻繁《ひんぱん》にあるものではないという非難と相並んで、第二の非難がある。それは、この種の夢源泉を持ち出したところで夢が十分に説明されるわけではないという非難である。この理論の代弁者たちはわれわれに対してつぎの二つのことを解明しなければならない。つまりその第一は、外的刺激は夢の中でなぜありのままの姿で認識されないのか、そしてなぜ通例誤認されるのかという問題(目覚まし時計の夢参照、五五ページ)、第二はこの誤認される刺激に対する心的反応の結果が、そのときどきによってこうも相異なるのはなぜかという問題である。この問題に対して、シュトリュムペルは、魂は睡眠中の外界からの背離のために、客観的感覚刺激を正しく判断することができず、いろいろな方向に動揺しつつある興奮を土台として錯覚を形成せざるをえないからだといっているが、彼自身の言葉を引用しよう(一〇八ページ)。

「睡眠中、外的ないしは内的神経刺激によってひとつの感覚ないしはひとつの感覚複合体、ひとつの感情、一般になんらかの心的な動きが生じ、それが心によって知覚されるや否《いな》や、この動きは、覚醒時《かくせいじ》以来心に遺存しているところの経験圏から、あるいはそのままの、あるいはそれに付属した心的価値を伴った感覚形象、つまり以前の諸知覚を呼び醒《さ》ます。この動きはいわば自分の周囲に、神経刺激に発している印象がその心的価値を受けとるところの諸形象若干を糾合する。この場合も、われわれが覚醒時の態度について普通いうようないい方で、ねむっている心は神経刺激諸印象を判断するという。この判断の結果として生れてくるものが、いわゆる神経刺激夢、すなわちひとつの神経刺激が再現の諸法則に従ってその心的なはたらきを心的生活の中に行うということによって条件づけられているような諸要素を持った夢なのである」

　ヴントはこう考えている。夢の諸表象はどのみちその大部分が感覚刺激から発している。ことに一般的感覚の刺激から発している。それだからたいていは空想的な錯覚であり、幻覚に高められたような純粋な記憶表象はおそらくごくわずかしかないというのである。このヴントの考え方は、上記の理論と本質的な点では同一である。この理論によって考えられるような、夢刺激に対する夢内容の関係を、シュトリュムペルは巧みな比喩《ひゆ》で説明している（八四ページ）、それはあたかも「全然音楽の心得のない人の十本の指がピアノの鍵盤《けんばん》の上を滑《すべ》ってゆくようなものだ」というのである。こう考えると夢というものは、心理的諸動機から生れた心の現象ではなくて、生理学的刺激の生み出したものだということになる。この刺激は、刺激を受けた器官が他のいかなる表現方法をも知らないので、心理的な症候をとって現われるのである。個々の数字が浮彫りになっている時計の文字板という有名な比喩によってマイネルトが行おうとした強迫観念の説明もまたこれに似たような前提のうえに立っている。

生理的夢刺激説は人気もあるし、もっともらしくもきこえる。しかしこの説の弱点を指摘するのはまことに易々《いい》たる業である。どの生理的夢刺激も、睡眠中に錯覚形成によって心的装置を判断へと駆りたてるから、無数のそういう判断の試みを促す。すなわちありとあらゆる表象によって夢内容中に自己の代理人を登場させうるものなのである。*だがシュトリュムペルとヴントの説は、外的刺激と、その判断のために選ばれた夢表象とのあいだの関係を統制するなんらかの契機をあげ示すこと、つまり「刺激が実に頻繁にその再現活動にさいして行う」ところの、「奇妙な選択」を説明することができない（リップス『心的生活の基本的事実』、一七〇ページ）。錯覚説は、魂が睡眠中には客観的感覚刺激の実際の有様を、認識しうる状態にはないという根本前提に立っているが、この根本前提に対しては上のとはまた別の異論がある。古い生理学者ブルダッハの証明によれば、たとい睡眠中でも心は自分のところに達する感覚的印象に正しい判断を下すことができ、その正しい判断に従って反応することもできる。

なぜならわれわれは、個々人にとって重要だと思われる若干の感覚印象なら、これを睡眠のために生ずる閑却から別にしうるからと説明し（乳母と幼児）、また、何かどうでもいい聴覚印象を与えられたときに眼を覚まさないひとが、その名を呼ばれると眼を覚ますと論じている。この事実はいうまでもなく、心が睡眠状態中でも諸刺激を取捨選択するということを前提としていると考えている（第一章、九五ページ）。これら諸観察を土台としてブルダッハは、睡眠状態にある人間は感覚刺激を判断できないと見なさるべきではなく、その刺激に対する関心を失っていると考えるべきだと結論する。ブルダッハが一八三〇年に唱えたこの議論は、同じ形で、一八八三年リップスによって生理的刺激理論を駁論するために用いられている。これに従えば心は、笑い話に出てくる眠り男のようなものなのである。彼は「ねむっているのか」ときかれると「いいや」と答え、「じゃ私にお金を十グルデン貸してくれ」といわれると、「己《おれ》はねむっているよ」と答える。

＊ 私は読者諸君に、二巻にまとめられた、実験的に作られた夢の詳細かつ正確な記録（ムルリ・ヴォルト）を読まれることを推奨する。これを読めば、上記の実験諸条件の下では一つひとつの夢の内容がいかに明らかにされることがないか、また、こういう実験が夢問題解決のためにはいかに利するところがすくないかがはっきりすると思う。

身体的夢刺激理論が不十分なものであることは別の面からもまた証明できる。そもそもひとは外的刺激によって(たといその外的刺激がわれわれが夢を見はじめるや否や、そして夢を見つつある場合には、夢内容の中に現われるとはいえ)決して夢を見るようには強《し》いられないということは観察によって明瞭《めいりょう》である。たとえば睡眠中の私を襲ってくる皮膚刺激や圧迫刺激に対して、私はどうとも自由に反応することができる。それを無視してしまうこともできるであろう。そんなときはあとで眼を覚ましてみると、たとえば片方の脚が蒲団《ふとん》から外に出ていたとか、片方の腕がからだの下になっていたとかいうことがわかる。病理学の示す無数の例証によると、ありとあらゆる強力な感覚刺激および運動刺激が睡眠中何のはたらきもしないままでいることが知られる。私は睡眠中にこの刺激をいわば睡眠を通してぼんやりと感ずることができる。しかも大概苦痛を与える刺激の場合がそうであるように、その苦痛が夢の中へ入ってくるということはない*のである。第三に私は、刺激を与えられると眼を覚ます。そしてその刺激を遠ざける。第四番目の反応の仕方にしてはじめて、神経刺激によって夢を見るようになるということになる。しかしこれ以外の可能性は第四の夢形成の可能性とすくなくとも同様頻繁に実現されている。もしも夢を見させる動機が身体的刺激源以外のところにあるのでなかったならば、夢形成ということはありえないということになるであろう。

＊ これについてはK・ランダウアー『睡眠者の諸行動』（『神経病学・精神病学雑誌』第三十九号、一九一八年）を参照。すべての観察者にとって、睡眠者の行動には、明確な、意味あるものがある。睡眠者はまったくばかになっているものではなく、逆に、彼は論理的かつ意志的に行動することができるのである。

身体的刺激によって夢を解明しようとする上の学説の不備を正しくも看破した他の研究家たち――シェルナーおよびシェルナーに依拠する哲学者フォルケルト――は、生理的諸刺激から多彩な夢形象を生起させる心のはたらきをもっと精密に規定しようとした。つまり夢を見るということの本質をふたたび心的なものおよびひとつの心的活動に求めようとした。シェルナーは、夢形成にさいして展開される心的諸特性を文学的に見事に活《い》きいきと描写したのみならず、心が自己に提供された諸刺激を扱うさいの原理をも推定しえたとしている。シェルナーに従えば、日中の桎梏《しっこく》から自由になった空想の恣《ほしいまま》なる活動のうちに、夢の作業は、刺激が発する器官の性質とこの刺激の種類とを象徴的に表現しようと努力する。こうして夢判断の手引きとしての一種の夢の本も可能になり、こういう本によって夢形象から肉体感情や器官の状態や刺激の状態が推論されるというわけである。「そこで猫という形象は、心情の不愉快な不《ふ》機嫌《きげん》を表現し、薄色のなめらかな菓子の形象は裸体を表現する。全体としての人間のからだは夢空想によっては家として表象され、個々の身体各部は家の各部分として表象される。『歯痛の夢』においては口腔《こうこう》は高い円天井の玄関廊下として現わされ、咽《いん》喉部《こうぶ》の食道への傾斜は階段として表現されるし、頭痛の夢では、部屋の天井がいやらしいひきがえるのような蜘蛛《くも》で覆《おお》われている有様が高い頭部の位置を表現するために選ばれる」(三九ページ)。「これらの諸象徴は、夢によっていろいろに選択されて同一の器官に使用される。こうして、呼吸する肺臓はごうごうと火の燃えている炎に充《み》ちみちたストーヴとして、心臓は中身のない箱や籠《かご》として、膀胱《ぼうこう》はまるい・袋状の・あるいはただ凹《へこ》んだ品物として表象される。ことに、重要なのは、夢の終末においてしばしば興奮しつつある器官、あるいはその機能がありのままに、しかもたいていは、その夢を見ている当人のからだについているものとして出てくることである。たとえば歯の刺激夢は通例、夢を見ている人が歯を一本自分の口から抜くというふうにして終りを告げる」(三五ページ)。この種の夢判断の理論は夢の研究者によって大いに尊重されているとはいいがたい。この理論は突拍子もないものに思われている。しかし私をしていわしむれば、この理論には承認してしかるべき部分もないことはないのだが、研究家たちはその部分的承認をさえ躊躇《ちゅうちょ》している。だがこの学説を徹底させると象徴による夢判断という古人のやり方を復活させることになってしまう。ただその判断が採ってこられる領域が人間の肉体関係にのみ局限されているという点が昔のやり方とはちがう。シェルナー式の夢判断には科学的に理解しうべき技術がない。これがこの方式の適用を阻《はば》む最大の欠点である。ことにある刺激はいろいろな代表者によって夢内容の中に出てくることがあるのはこの場合とても同じなのであるから、この種の夢判断が勝手気儘《きまま》なものでないとは決していうことができないように思われる。たとえばフォルケルトはシェルナーの支持者であるが、このフォルケルト自身、からだが家として夢の中に出てくるというシェルナーの説を実証することはできなかった。この説に拠《よ》るとなると、心は心をわずらわす刺激についていろいろと空想するだけで満足して、何とかしてその刺激の片をつけるというような見こみを持たないことになるから、夢の作業は心に対して何の利益も目標もないむだ仕事を課するということになるではないかという非難は免れえないだろう。

夢による身体刺激の象徴化というシェルナーの説にとって、ここにしかしひとつの手《て》剛《ごわ》い非難がある。これらの身体刺激は常時存在しており、心は一般的意見によれば、覚醒時におけるよりも、睡眠時中においてこれらの身体刺激を受容《うけい》れやすい状態にある。そうだとすると、心がなぜ夜通し夢を見ていないのか、しかも毎夜なぜ身体の全器官の夢を見ないのかがわからないわけである。夢のはたらきを生ぜしめるためには眼、耳、歯、腸などからそれぞれ特別な興奮が起ってこなければならないという条件をあげて、この非難を免れようとしても、これらの刺激の高まりを客観的に証明することもできまい。飛行の夢が、呼吸する肺葉の上下運動の象徴化だとしたら、シュトリュムペルがすでにいっているように、この夢はもっと頻繁に夢みられなければならないか、あるいは夢を見ているあいだの高められた呼吸活動が証拠だてられなければならない。（これはごく稀《まれ》にしか成功しないことなのだが）という困難はこれをどうすることもできまい。そのうえさらに第三の場合が考えられる。つまり均等に存在する内臓諸器官刺激に注意を向けるために、ときおり特殊な動機がはたらくという、もっとも信用できそうな場合がそれである。しかしこの第三の可能性はすでにシェルナーの理論を越えるものである。

シェルナーおよびフォルケルトの論議の価値はつぎの点に存する。すなわちこれらふたりの研究家は、解明されることを必要とし、かつ新たな認識を秘めているように見えるところの、夢内容の諸性格にわれわれの注意を喚起したという点である。夢が身体諸器官や諸機能の象徴化を含んでいるということ、夢の中の水はしばしば尿の刺激を意味すること、男根が、真《ま》っ直《す》ぐに立っている杖《つえ》や柱で、表現されることなどはまったく正しい。目まぐるしい視界や鮮《あざ》やかな色の出てくる夢は、色のあせたほかの夢とはちがって、「視覚刺激夢」として解釈することは避けられないし、騒音や人声を含んでいる夢における錯覚形成の貢献もまた否定しがたい。きれいなブロンドの男の子が橋の上に二列に並び立って、互いにつかみあい、それからまた元の位置に戻る。遂《つい》に夢を見ている本人が橋の上へ出てきて、自分の口から一本の長い歯を抜くというシェルナーの夢や、二列の引出しがある役割を演じ、やはり歯を一本抜くことで終るフォルケルトの夢や、その他これらふたりの研究家の著書の中に豊富に報告されている同様の夢を念頭に置くと、シェルナーの理論を、そのいいところを吟味することなくしてただの愚論として捨て去ることは許されない。しかしそうなると、そのいわゆる歯刺激の想定上の象徴化に対して、別様の解釈を与えるということがわれわれの任務になってくるのである。

私はこれまで身体的夢源泉の議論を検討しながら、われわれの夢分析から導き出されてくる議論には全然触れずにきた。われわれはほかの研究家たちが彼らの夢材料に適用することのなかった一方法によって、「夢は心的行為としてそれ独自の価値を所有し、かつ一個の願望が夢の作られる動機であり、前日の諸体験が夢の内容のいちばん手近かな材料である」ことをたしかめえたのであるが、これほどにも重大な研究の方法を閑却して、したがって夢を身体刺激に対する無益なかつ謎《なぞ》めいた心的反応であると見るいっさいの夢理論は、何も今から改めて批判しなくても批判ずみと見なしてしまってよかろう。両者がともに真実だとすれば、ある夢は、われわれにのみ、他の夢はわれわれ以外の研究家たちにのみ属するというように、まったく相異なった二つの夢が存在しなければならなくなるわけだが、そんなことは考えてみるだけでもばかげている。したがって残るところは、身体的夢刺激の通俗論が依拠している諸事実を、われわれの夢理論の中へ組み入れてその片をつけるという仕事でしかない。

そのための第一歩はすでにわれわれが「夢の作業は同時に存在する夢刺激のいっさいをひとつの統一体へと加工統合するという強制下にたっている」（三〇七ページ）という命題を樹立したときに踏み出されていたといってしかるべきであろう。二つの、ないしはそれ以上の印象価値を持った前日体験が残っていて、それらから生ずる諸願望がひとつの夢の中に統一され、同じく前日の些細《さ さい》な諸体験と、心的に価値の大きな印象とが（両者のあいだに気脈を通ずる諸表象が作られたと仮定して）相合して夢材料となるということをわれわれは知った。したがって、夢は、ねむっている心の中で同時に活動しているものいっさいへの反応だと考えられる。そこでわれわれがこれまで夢材料を分析しえたかぎりでは、夢材料というものは、われわれが（夢は最近の材料および小児期の材料を特に好むから）心理学的に当時はどうともきめがたかったような活動性の性格を容認せざるをえないところの心的残滓《ざんし》とか記憶痕跡《こんせき》とかの集合物であることがわかったわけである。さてこれらの活動的記憶に対して、睡眠状態のあいだに新しい興奮材料が付け加わると、どういうことになるかを予測することはさして困難とは思われない。これらの諸興奮は、それらが活動的であるという点において夢にとってひとつの重要性を獲得する。それらは他の心的諸活動といっしょになって、夢形成に材料を提供する。別のいい方をすれば、睡眠中の諸刺激は一個の願望充足へと加工され、この願望充足の他の諸成分は、われわれに知られている心的な日中残滓なのである。この統一は必ず行われるというものではない。すでに見たように、睡眠中の身体刺激に対しては一種類以上の反応の仕方があるからである。この統一が行われる場合には、身体的並びに心的な両夢源泉にとってその代表となっているところの夢内容のために、ひとつの表象材料を見いだすことにまさに成功したということになるのである。

　心的な夢源泉に身体的材料が加わっても、夢の本質は変えられない。ある願望充足の表現形式が現在の活動的な材料によって規定されようとされまいと、それとは無関係に夢はつねに願望充足なのである。

私はここで、夢に対する外的諸刺激の意義をさまざまに形成しうる一連の諸特性について触れておくことにする。私はこう考える、個人的・生理的な、また、その時々に与えられている偶然的な諸要素の協働こそ、睡眠中にかなり強い客観的刺激を受けた個々の場合において、われわれがどういう態度をとるかを決定するものだと思う。習慣的・偶然的なねむりの深さが刺激の強さとどう結合されるかに応じて、あるときは刺激を抑圧して睡眠が妨害されることなく、また別のときは眼を覚まさざるをえなくなり、あるいはまた、夢の中へ織りこむことによって刺激を克服する試みが企てられるのであろう。かかる配合関係の複雑さに応じて、外的・客観的刺激が、あるひとにおいては、別のひとの場合よりも、夢の中に表現されることが頻繁《ひんぱん》になるとか稀《まれ》になるとかする。私自身についていえば、私はたいそう頑固《がんこ》なねむり手で、ちょっとやそっとでは眼を覚まさないほど熟睡するから、外的な興奮原因が夢の中へ入ってくるということはごく稀であって、その反面、心的な諸契機は私にやすやすと夢を見させることはたしかである。ある客観的な苦痛の刺激源がそれと認識される夢を見たことは、私自身の経験ではこれまでただの一回しかない。そしてこの夢は、外的刺激がいかなる夢を見させたかを窺《うかが》い知るのに格好な材料を提供している。《灰色の馬に跨《また》がって歩いてゆく。最初はおずおずと、不器用に、まるでただ馬上に置かれているとでもいうように。すると同業のPに会う。Pは粗毛の服を着こんで、高々と馬上に跨がっていて、何か私をいましめた（たぶん私の騎《の》り方がわるいとでもいうようなことだったのであろう）。私は非常に利口な馬の背に、次第に立派な身構えで騎っている。楽である。馬の背にいることが非常に気分のいいことを認める。鞍《くら》のかわりに、一種の詰め物のようなものがあり、それが馬の頸《くび》から腰の方へまで及んでいる。二台の荷馬車の間をすりぬけるようにして通る。道をすこし行くと、引返して、通りに面した小さな、扉の開いた礼拝堂の前で、馬から下りようとした。が、実際はその近くにある別の礼拝堂の前で下りた。同じ通りにホテルがある。馬をひとりで行かせてもよかったわけだが、ホテルまで曳《ひ》いてゆくほうがいいと思った。馬でのりつけては恥ずかしいと思ったようなふうだ。ホテルの前にはボーイがひとり立っていて、私に一葉の紙片を示した。最初その紙片を見つけたのは私だった。ボーイはそのために私を嘲《あざけ》った。紙片には、「何も食べない」と書いてあり、そのつぎに第二の文句（不明瞭《ふめいりよう》）がある。「何も仕事をしない」というようなことらしい。文句の下に棒が二本引いてある。これに対して、己《おれ》は今外国の町にいる、そこでは己は何も仕事はしないのだとい

うようなぼんやりとした考えが浮ぶ》

この夢がある事柄の影響下に、というより強制下に、つまりひとつの苦痛の刺激の下に生じたということは最初ちょっとわかるまい。しかし前日私はねぶとに苦しんでいた。ちょっとからだを動かしても痛んだ。遂に陰嚢《いんのう》のつけねのところのは林檎《りんご》大になって、歩くたびごとに何ともいえず痛かった。熱っぽい倦怠感《けんたいかん》、食欲不振、それにもかかわらずその日しなければならぬ困難な日課、こういうものが苦痛といっしょになって私の気分を乱した。自分の医者としての仕事をやってのける気力はまったくないといってよかった。しかしこの病気の性質と患部とからいって、そのときの私にとってもっとも不可能な動作のことが自然と考えられた。それは馬に騎るということである。ところで夢は私にまさにこの行為を行わせたのである。これこそ考えられうるかぎりでのもっとも力強い病苦の否定である。そもそも私は馬に騎《の》るなどということはできないのだし、不断そんな夢は見たこともない。馬に騎ったのはただ一度あるきりだった。そのときは鞍を置かなかったので、気味がわるかった。しかるにこの夢の中では、私はまるで会陰《えいん》のところにねぶとなどはないみたいに、いやまさに私はねぶとなどで苦しみたくはないがゆえに馬を騎り回すのだ。夢の描写に従えば私の鞍は、そのためにねむりこむことができた温罨法《おんあんぽう》であった。おそらくこの罨法のおかげで最初の二、三時間は痛みも忘れてねむっていられたのであろうが、そのうち痛みが感じられはじめて、私の眼を覚まそうとした。そのとき、夢がやってきて、慰めてこういってくれたのである、「安心してねむりつづけるがいい、眼なんか覚ましはしないだろう。ねぶとなんかありはしない。なぜなら君は馬に騎っているのだから。ねぶとでもあろうものなら、とてもそういうことはしていられないのだから」夢は自己の意図を達成した。苦痛は感じられなくなり、私はさらにねむりつづけた。

　この夢はしかし、病苦とはとうてい相容れがたいところの「ねぶとを暗示によって消去する」という観念を、頑固に主張するだけで満足しなかった（その場合この夢は、子供を死なせた母親や、*損をして財産をなくしてしまった商人の幻覚的狂気のようにはたらいている）。そのうえさらに否認された刺激と、その排除のために使用された形象との細部は、それ以外に心の中にあってはたらいているところのものを夢の状況に結びつけ、これを夢の中で表現するための材料としても夢に奉仕している。私は灰色の馬に騎る。この色は、最近田舎《いなか》で出会ったときにPが着ていた服の霜降り（胡椒と塩まじり）の灰色にぴったりと吻合《ふんごう》する。薬味を利かせすぎた食べ物が私のねぶとの原因だといわれたが、ひとが普通ねぶとの原因と考えがちな砂糖よりも、病因学的には、このほうが正しい。Pは、私のある婦人患者を私に代って診《み》ているが、それ以来私に対しては得意でいる（馬上高く坐《すわ》っている）、私はこの患者に大がかりな術を試みた（夢の中の私は馬上に最初はただちょっと腰をのせて、ちょうど曲芸師みたいな騎《の》り方をしている）。しかしこの患者は、ちょうど日曜日の馬騎りの笑話のように実際、私をその思うさまに方々引っぱり回したのであった。そういうわけで馬は一患者の象徴的意義を持つにいたったのである（馬は夢ではひどく利口なのである）。「騎っていてひどく居心地がいい」というのは、私がPに代ってもらう以前にその患家の中で占めていた位置に関係している。つい最近この市のえらい医者たちのうちの数すくない私の庇護者《ひごしゃ》のひとりが「あなたはしっかり鞍に跨がっていると思っていましたがねえ」とその患家のことで私にいったばかりであった。ねぶとの苦痛をこらえつつ毎日八時間から十時間に及ぶ精神療法をやるのは、たいへんな離れ業《わざ》（術）でもあったわけだ。それに私は、私がやっているような特に面倒な治療法はからだが完全に健康でなければ永いあいだにわたっては続けられるものでないことをよく承知していたし、この夢は、そんな場合に出てくるにちがいないような状況に対する陰鬱《いんうつ》な暗示を数多く含んでいる（神経衰弱症患者が医師に示し見せる紙片）――何も仕事をせず、何も食べない。さらに分析を進めてゆくと、騎手の願望状況は、現在イギリスにいるひとつ歳上《としうえ》の私の甥《おい》と私とのあいだに生じた幼児期の諸事件へ通じていることもわかった。

そのうえ、この夢の中には私のイタリア旅行の諸要素も含まれていた。夢の中の町はヴェローナとシエナとの印象を合わせてできあがっていた。さらに分析してゆくと、性的な夢思想が出てきた。イタリアへは行ったことのない一婦人患者にことよせて、あの美しいイタリアが出てきた意味が何かということは私には納得がゆくし（イタリアへ向って gen Italien《ゲン・イターリエン》——性器 Genitalien《ゲニターリエン》）、そこには同時にまた、友人Pが行く前には私が行っていた患家や、私のねぶとが出来た位置への結びつきもないことはない。

＊ グリージンガーの著書における当該箇所および『神経病学中央機関誌』一八九六年所載の著者の「防衛神経・精神病」に関する第二論文（全集第一巻）を参照。

もうひとつの別の夢で、私は同じようなやり方で、この場合はある感覚刺激に発する睡眠妨害を阻止することに成功した。しかしその夢と、偶然的な夢刺激との関連を発見し、この夢がそういう性質の夢であることを理解しえたのはまったくの偶然であった。盛夏、ティロールの山中でのある朝のこと、私は夢を見たなと思って眼を覚ました。それは「法王が死んだ」という夢だった。この視覚的でない、短い夢の判断は成功しなかった。手がかりといえば、ついさきごろ、新聞で法王の具合がちょっと悪いという記事を見たということあるのみであった。午前中に私の妻が「今朝たいそう鐘が鳴ったのをおききになりまして?」と私にたずねた。きいた覚えはなかったが、しかし夢の意味はそれで突然はっきりした。この夢は、それによって信心深いティロールの住民たちが私をねむりから覚ましそうになった鐘の響に対して私の睡眠欲求が示した反応なのであった。私はそういう彼らに対して「法王は死んだ」という夢の結論によって復讐《ふくしゅう》したのである。そしてそれからさきは鐘の響には何の関心をも持つことなくねむりつづけたのである。

これまでの諸章において触れた夢の中には、いわゆる神経刺激の夢による加工変形の実例と見なされるようなものがいくつかすでにあったと思う。ごくごくと何かを飲みこむ夢はそういう夢である。こういう夢では身体的刺激が一見唯一《ゆいいつ》の夢源泉であり、刺激から生ずる願望が——つまり喉《のど》の渇《かわ》きが唯一の夢の動機である。身体的刺激が単独で一個の願望を形成しうるような場合は、他の簡単な夢でも事態は同様である。夜間に頬《ほお》の湿布を投げ棄《す》ててしまう婦人患者の夢は、苦痛の刺激に対して願望充足をもって反応する異常なやり方を示している。この患者は自分の苦痛を他人に転嫁《てんか》して、自分を一時的に無感覚状態に置くことに成功したように思われる。

私が見た三人の運命の女神の夢は明らかに空腹の夢であるが、この夢は何か食べたいという欲求を、母の乳房への幼児の憧《あこが》れへまで遡《さかのぼ》らせ、かつまた、明らさまに外へ現われては困るところの、より深刻な憧れを蔽《おお》い隠すために、無邪気な欲望を巧みに利用しているのである。われわれはトゥーン伯爵《はくしゃく》の夢によって、偶然的な肉体上の欲求が心的生活のもっとも強い、しかしもっとも強く抑圧されている衝動といかなる道を通じて結合するものであるかを見ることができたし、また、ガルニエの報告におけるがごとく、ナポレオンが爆発する地雷の轟音《ごうおん》を戦争の夢の中に織りまぜて見たのちに眼を覚ましたとすれば、そういう点には、心のはたらきがそれに奉仕しつつ一般に睡眠中の刺激に対して反応するところの努力がことさら明瞭《めいりょう》に現われているというべきである。ある若い弁護士は、彼にとってはじめての大きな破産事件のことで心をいっぱいにしつつ午睡して、ナポレオンとまったく同じようなことをやっている。彼は、かねてある破産問題できき知っていたフッシアティンのG・ライヒとかいう人の夢を見た。しかし夢の中からはこのフッシアティンという名が一向に去る気配を見せず、執拗《しつよう》に繰返される。そこで眼を覚ましたら、気管支カタルに罹《かか》っていた彼の妻が烈《はげ》しく咳《せき》をしているのをきいた（訳注 Hussiatyn フッシアティンは Husten フステン「咳」と音が類似している）。

不断はたいへんな熟睡家だったナポレオンの夢と、病院へ行くために下宿のお上《かみ》さんに起されて、自分がすでに病院の中にいる夢を見、この夢内容を理由に起きることなくねむりつづけた寝坊の大学生（もし自分が病院の中にいるならば、病院へ出かけるためにわざわざ起きる必要はない）の夢とを併《あわ》せ考えてみると、後者は明らかに便宜の夢であって、本人は自分が夢を見ることの動機を包み隠さずに白状しているが、しかしそれによって「夢を見る」ということ一般の秘密のひとつを暴露している。ある意味で、すべての夢は――便宜の夢（安逸の夢）である。夢は、起きる代りにねむりつづけようという意図に奉仕する。夢は睡眠の守護者でこそあれ、その妨害者ではない。ねむっている人間を起そうとする心的諸要素に対しても、われわれはこの見解を別の箇所で正当化するであろう。客観的な外的刺激の役割に対するこの見解適用の妥当なることは、すでに今これを証明することができる。心が、外的刺激の強度と、心がはっきりと理解しているその意義とに対してこれを無視しうる場合は、睡眠中の興奮へのきっかけなどはそもそも全然うち棄てておいて顧みないか、あるいは第二に、心はその刺激を否定するために夢を利用するか、あるいは第三に、心がこの刺激を承認せざるをえない場合には、その現実的刺激をなんらかの望ましい、睡眠とよく調和しうる状況の一部分と見なしうるような解釈を捜し求めるかである。夢は現実的刺激を、その現実性を奪いとるために自己の中へ織りこむ。ナポレオンはねむりつづけることができる。なぜなら彼の睡眠を妨げようとするのは、アルコレ（地名）の戦場の大砲の轟《とどろ》きへの夢の記憶にすぎないからである。*

* この夢の内容は、私が拠《よ》った二つの原典相互のあいだで食いちがっている。

意識的な自我がそれを指向し、また、夢の検閲および後述する「第二次加工」と相並んで「夢を見させる」ことに寄与しているところの、ねむりつづけたいという願望は、かくてつねに夢形成の動機と見なされなければならない。そしていっさいの成功せる夢は、その願望の充足なのである。こういう一般的な、つねに存在し、つねに同一のものであるところの睡眠願望は、あるときはその中の甲、あるときは乙が夢内容によって充《み》たされるというような、そういう数々の他の諸願望に対してどういう関係にあるのか、この問題の論議は別の機会に譲ろう。睡眠願望の中にこそ、シュトリュムペル＝ヴント理論の欠陥を補い、外的刺激の解釈における見当ちがいと気紛《きまぐ》れとを正しく解明しうる一要素が含まれていることをわれわれは確認した。睡眠中の心には、正しい判断を下す能力が十分にあるが、この正しい判断はおそらく積極的な関心を喚起して、われわれに対して「ねむることを中止せよ」と要求することであろう。だからこそ、ありとあらゆる判断のうちで、睡眠願望によって絶対的に行使される検閲と調和しうるような判断のみが許可されるのである。たとえば、これは小夜啼《さよな》き鳥であって、雲雀《ひばり》ではない、といった具合に。というのは、もし今きこえたのが雲雀だったら、ねむって過せるたのしい夜は終りを告げてしまったことになるのであるから。ところで、刺激に対する許しうべき諸解釈のうち、どういう解釈判断が選び出されるかというと、それは、心の中にとぐろを巻いてうずくまっている願望衝動ともっとも好都合に結びつくことのできるような解釈判断なのである。そういうふうに万事は意味明瞭に決定されていて、何ひとつとして気紛れの手に委《ゆだ》ねられているものはない。誤った判断は思いちがいというようなものではなくて、あえていうならば言い抜け、言いのがれなのである。夢検閲を慮《おもんぱか》って移動という抜け道があるように、この場合にもやはり正常な心的過程を屈折させる一行為が認められなければならないのである。

外的な神経刺激および内的な身体刺激が非常に強力であって、心がどうしてもそれに対して無関心ではいられないようなときには、それらの刺激は――しかし結局はねむりを覚まされることなく、そのかわり夢を見るという場合――夢形成に対して確固たる一点となり、夢の材料中にあってひとつの核心となる。この核心に対しては、それに照応した、ひとつの願望充足が、ちょうど二つの心的夢刺激を、媒介結合する諸観念が捜し求められるのと同じようなやり方で、捜し求められるのである。夢においては身体的要素が夢内容のいかんを決定するという主張も、以上のような意味においてなら多くの夢に妥当する。こういう極端な場合にあっては、夢形成のために、現在まさに活動してはいないような願望すら呼び覚まされることがある。しかし夢は、ある状況におけるある願望を、実現され充足されたものとしてしか表現できないのである。夢はいわばこういう任務を背負わされているといっていい、つまり「現在活動している刺激を通じて、いかなる願望を、実現充足されたものとして表現しうるか」を捜し求めることがそれである。その現在与えられている材料が苦痛ないしは不快の性質を持っていたとしても、それが苦痛や不快だからといって夢形成のために使い道はないということにはならないのである。心的生活はその実現充足が不快感を呼び起すような願望をも自由に使いこなす。この現象は、矛盾のようにきこえるかもしれないが、しかし、二つの心的検問所の存在することや、かつまた、これら二つのあいだに存立している検閲などを考慮に入れるならば十分に納得のゆくものなのである。

すでに述べたように、第一の組織に所属していて、その実現充足に対しては第二の組織が異を唱えるような、抑圧された願望が心の中にはある。私は、そういう種類の願望が存在する、といっているのであって、そういう願望がかつて存在したが、のちそれは破壊せしめられたというふうに、時間的・歴史的なことをここでいっているのではない。むしろ、われわれが精神神経症学において使用している抑圧理論の主張するところはこうである、「こういう抑圧された願望は現になお存在しつづけるが、しかし同時に、そういう願望の上に覆《おお》いかぶさっている抑制もまた現に存在する」かかる衝動を「下へ向って抑《おさ》えつける」という言葉は事態を正確に表現している。そういう「下へ抑えつけられた」願望を充足させるところの心的な手段はなくなっているわけではなく、いつでも使おうと思えば使えるのである。しかしこの抑えつけられた願望が実現されるようなことが起ると、第二の（意識されることの可能な）組織の抑制が排除されて、それが不快感として現われてくる。さて以上の議論をうち切るために要約していうと、睡眠中に身体的諸源泉から出てきたところの不快感の性格を持った刺激が存在する場合は、この状況が夢の作業によって利用されて、その結果、不断は抑えつけられているところの願望の充足が——多かれ少なかれ検閲の拘束を受けつつも——夢の中に表現されるのである。

この事情のために、一連の不安恐怖夢が可能にされる（そして願望理論にとっては具合のわるい夢形成の別の一系列は、われわれにまた別の心的機制の存在を教えてくれる）。夢の中の恐怖はすなわち精神神経症的であって、心的性欲亢進《こうしん》から出てくることがある。その場合は、恐怖は抑圧されたリビドーの表現となっている。そのときは不安並びに恐怖の夢すべては神経症的症状の意義を持ってくる。そしてわれわれはここで、願望充足的な夢の傾向が挫折《ざせつ》する境目にたつことになる。しかし他の恐怖の夢では、不安恐怖の感じは身体的な由来を持っており（たとえば、偶然的な呼吸圧迫に会った肺結核患者や心臓病患者の場合）、そういう場合にはこの恐怖の感じは、そういう強力に抑圧された願望を夢として充足させるように利用される。そういう願望夢を見ると、心的諸動機からして、同様の不安恐怖からの解放がもたらされるかもしれないのである。表面上はそれぞれ別個の二つの場合をひとつのものにしてしまうことはそうむずかしくはない。感情欲求と、表象内容という、密接に関連している二つの心的形成物のうち、積極的で活動的なほうが、夢の中でも、他方を高揚させるのであって、ある場合は身体的に与えられている不安恐怖が抑圧された表象内容を、また別の場合には抑圧から解放された、性的興奮と並行する表象内容が不安恐怖の喚起を結果するというふうである。その第一の場合については、身体的に与えられた感情が心的に解釈されるといいうるし、第二の場合にはいっさいが心的所与であるが、しかし抑圧されていた内容は、恐怖に調和する生理的解釈によって容易に代理される。われわれの理解を阻《はば》むもろもろの難点は、夢そのものとはほとんど無関係である。それらの難点は、われわれが以上の議論によって、恐怖の発展経路と抑圧との諸問題にふれたからこそ生じたものというべきであろう。

疑いもなく、からだの全体的な感じは、身体内部から発する主導的な夢刺激のひとつであるが、しかし、それが夢内容になるという意味でそうなのではない。からだの全体的な感じは、夢内容における表現に役だつべき材料を取捨選択することを夢思想に強要するがゆえにそうなのであって、つまり全体的なからだの感じはそういう材料のある部分を、自分の性質に適したものとして推奨するけれども、それ以外のものは、これを遠ざけてしまう。のみならず、日中から続いているこの全体的なからだの気分・感じというものは、いうまでもなく、夢にとって意味ある心的残滓《ざんし》と結びついている。そのさい、この気分そのものは夢の中でも維持されていることがあり、また消し去られていることもあって、そのためにこの気分は、たとい不快なものであっても、その反対物に転化することがある。

睡眠中の身体的刺激源――つまり睡眠時の諸興奮は、もしそれが異常に強いものでない場合には、卑見によれば、日中の、最近のものとして残存してはいるが些細《ささい》な諸印象の役割と似たような役割を夢形成に対して演ずる。すなわち、もしそれらが心的夢源泉の表象内容と結合するのに適したものであったならば、それらは夢形成へ参加するが、そうでない場合には夢形成に参加しない。睡眠中の身体的刺激源は、いつでも入手できる安価な材料のように取扱われ、これがもし高価な材料であったならばそれを用いるのにはそれ相応の処置を要するであろうが、そうではなくて、入用の場合にはいつでも使用されるような材料であると考えられる。美術愛好家が、何か細工をさせるために、彫刻家に珍稀《ちんき》な宝石とか縞瑪瑙《しまめのう》のようなものを与えるといったような具合であって、大理石とか砂岩とかのような、むらのない、いくらも入手できる材料相手にならら、彫刻家は安んじて、自分の思いどおりに腕をふるうわけだが、それが貴重な材料だと、それでどういう頭部を刻みあげるのか、どういう情景を浮び出させるのかは、その材料の大きさや色や縞柄によってあらかじめ極《きわ》められなければならないようなものである。われわれのからだの中から出てくるところの、異常に強烈だとはいえないような刺激が提供する夢内容が、すべての夢、また、夜ごとの夢の中に現われてはこないという事実は、上のように考えてみてはじめてよく納得がゆくと思う。*

* ランクの諸研究によると、器官刺激によって生ぜしめられる若干の「覚醒夢《かくせいむ》」（その夢を見たために眼が覚めてしまうような夢）、尿意刺激の夢や遺精の夢は、睡眠欲求と、器質的欲求の提起する要求とのあいだに行われる闘争と、後者が夢内容に及ぼす影響とを説明するのにことに好都合だということがよくわかる。

一実例が私の見解をもっとも巧みに説明してくれると思う。この実例はわれわれをふたたび夢判断へと連れ戻してくれる。これは頻繁に見る夢だし、また不安恐怖に非常に近いものを示しているが、いったいあの、その場から動けないとか、あることの始末がつかないとかいうような、抑止されている状態の感じは何を意味しているのか。ある日、私はその意味を理解しようとして、あれこれと考えてみたことがある。その夜、私はこんな夢を見た。《私は非常にだらしのない格好で、一階にある自分の住居から階段を登って階上へ上がってゆく。そのさい私は必ず階段を三段ずつ跳《と》んで、自分が階段をこんなに敏捷《びんしょう》に跳んでゆけるのをうれしく思う。突然、上から女中がひとり階段を降りてくるのを認める。つまり私の方へ向ってくるのだ。恥ずかしく思って、急ごうとしたが、そのとき例の動けない状態が始まって、私は階段に釘《くぎ》づけになったまま、その場から動くことができない》

分析 この夢の場面は日常の現実から採られている。私はヴィーンで住居を二つ持っている。この二つの住居はただ外側の階段でつながれているだけである。中二階に私の診療所と書斎とがあり、その一階上（二階）にすまいの部屋々々がある。夜遅く下の中二階で仕事を終えると、階段を登って上の寝室へ行く。夢を見た前の晩、私は実際に少々だらしのない格好でこの階段を登っていった。つまりカラー、ネクタイ、カフスをとった姿だった。それが夢の中では、誇張されて、夢でよくあることだがな段を飛び越すのは、階段を登るときの私の癖であるけれど、しかし夢の中ですでに承認された一個の願望充足である。というのは私はそうすることによって、自分の心臓の機能をたしかめて、これならまだ大丈夫だとみずからを慰めていたからだ。さらに、そんなふうに階段を登ってゆくやり方というものは夢の後半部における抑制状態への有力な対照物である。それは私に——わざわざ証明するにはおよぶまい——夢の中ではからだの動きが完全に行われるものと表象しても、そこに何の差支《さしつか》えもないということを示しているのである。読者は夢の中で空を飛ぶことがあるのを思い出せばいい。ところで、私が登っていった階段は、私の家の階段ではなかった。最初はどこの階段だかわからなかったが、上から女中が降りてきたのでやっとそこがどこであるかがわかった。女中は、日に二度、注射のために私が出向く一老婦人の家の女中だった。階段もその家の階段に実によく似ていた。

しかしいったいどうしてこの女中とこの階段とが私の夢の中に入りこんできたのだろうか。きちんと着物をきていないために恥ずかしく思うことには紛れもなく性的な意味がある。夢の中に出てきた女中は、私よりも老《ふ》けていて無愛想で、決して魅力的ではなかった。これらの諸問題を前にした私の脳裡《のうり》には、ほかならぬつぎのようなことが浮んできた。つまり私がこの患家を午前早く訪問するときはいつも階段のところで咳払《せきばら》いをしたくなる。唾《つば》は階段の上へ落ちる。つまりこの家の上にも下にも痰壺《たんつぼ》はひとつもないからだ。そこで私はいつも、階段を清潔にしておくのに私が金を出すいわれはなく、先方でただ痰壺をひとつ備えつけてくれれば事が足りるのだと考えていた。この家の家政婦は、夢の中の女中と同じように年寄りじみた無愛想な女だったが、見受けるところたしかに綺麗《きれい》好きらしかった。しかし階段の清潔という点では、私とは別個の意見でいるようであった。彼女は、私がまたぞろ唾を吐くかどうかを窺《うかが》い見ていて、私が唾を吐いたことがわかると、きこえよがしに何かぶつぶついうのである。そういうときは、われわれが顔を合わせるときに、彼女がいつも私にする挨拶《あいさつ》を数日間もしないでいるようなこともあった。夢の前日、この家政婦の勢力は、同じ家の女中が私に対して与えた注意によって、いっそう強いものになった。いつものように私が急いで注射を済ますと、女中が玄関のところで私をつかまえて、こう文句をいった、「先生、今日お部屋にお入りになる前に、お靴をきれいにしていただいたらよろしゅうございましたのにねえ。赤い絨氈《じゆうたん》が先生のお靴でまたすっかりよごれてしまったんでございますよ」これが、階段と女中とが、私の夢の中に現われるために、提起しえたところの全要求権なのであった。

階段を跳びとびに上がってゆくことと、階段の上に唾を吐くこととのあいだには強いつながりがある。咽喉《いんこう》カタルと心臓障害とは、二つながら、喫煙という悪癖に対する罰だとされている。そしていうまでもなくこの喫煙癖のために、私は自分の妻からも綺麗好きだとはいわれていないのであって、この点は患家と私自身の家とでは全然同じなのである。そして夢はこれら二つの家を一軒の家に溶かしあわせてしまったのである。

この夢のこれ以上の分析は、だらしのない服装の夢という類型夢がどうして生ずるかを論ずるときまでのばしておくことにしよう。ただざしあたりの結論としていっておくのであるが、抑制されたうごきという夢の感情は、ある種の関連がそれを必要とする場合にはつねに呼び起される。睡眠中における私の運動能力のある特別な状態が、この夢内容の原因であるとは考えられない。なぜならそのすぐ直前、まるでこの認識をたしかめてくれるかのごとく、身軽に階段を跳びとびに登っていったのであるから。

D　類型的な夢

そもそもわれわれは、もし他人が夢内容の背後にある無意識的思想を洩《も》らすまいとしたならば、他人の夢判断などすることは絶対にできないのであって、判断を受ける側にそういう意志があると、われわれの方法による夢判断の実際上の効力は著しく減少せしめられる。*ところがここにある種の夢がある。個々人には、まったく個人的な特徴を持った夢を見る自由があり、また、そういうふうな個人々々の独自性のために他人には夢を何のことかまったくわからないように組みたてる自由があるわけであるが、こういう個人の自由に真っ向から対立するような夢がある。で、そういう夢はほとんど誰の身の上にも同じような具合に現われてくる。そしてわれわれは、それらの夢は何人にも同一の意義を持っていると想定するわけである。そういう夢はおそらく万人において同一の源泉から出てくるらしく、われわれが夢の源泉をときあかすのにことさらはなはだ好都合であるらしく思われ、だからこそそういう類型的な夢は特にわれわれの関心を惹《ひ》くのである。

* 本人の連想材料を自由に利用できなければ、われわれの夢判断の方法が適用不能であるという命題は、つぎのように補われる必要がある。つまりわれわれの仕事は、本人が夢内容中に象徴的要素を使用している場合にかぎって、この連想材料を不問に付するのであり、そういう場合には、(厳密にいえば) 第二の、補助的方法を使用するのである (後章を見よ)。

そういうわけでわれわれはまったく特別の期待をいだいて、われわれの夢判断の技術をこれら類型的な夢に適用してみようとするが、残念ながらわれわれの技術はほかならぬこれらの夢にかかってはたいしてその効力を発揮しえないということを白状せざるをえない。類型的な夢の判断にさいしては、たいていの場合本人がいつものように、いろいろなことを思いつかないのである。いつもならこの思いつきが手がかりとなって次第に夢が理解されてゆくのであるが。またよしんば思いつきが浮んできたとしても、それらは不明瞭《ふめいりよう》かつ不十分で、われわれはその程度の思いつきを利用したところで、われわれの任務を果すことができないのである。

なぜこういう事情が生じてくるのか、また、どうすればこういうわれわれの技術上の欠陥を補塡《ほてん》できるか、これについては本書のあとのほうで考えてみることにしよう。そのときがきたら、私がなぜここで類型的な夢のグループ中の二、三のものしか採りあげえないか、また、なぜ私がその他の類型夢のグループを後章の議論に譲るかが読者に理解されるだろうと思う。

(α) 裸で困惑する夢

他人の面前で裸でいたり、ぶざまな服装でいたりするという夢が、「それでも自分にはそれがすこしも恥ずかしくは思われなかった」というような付け足りを持っていることもある。しかし本来の裸体夢というのは、夢の中で羞恥《しゅうち》と困惑とを覚え、その場から逃げよう、あるいは隠れようとするが、そのさい一種独特な抑制を加えられて、その場から動くこともならず、このやりきれない状況を変更する能力も持たないことを、感ずるというような内容の夢にかぎるのである。裸体と抑制とがこのように結びつく場合にのみ、この裸体夢は類型夢となるのである。この夢の内容の核心は、ほかのどんなにたくさんのものと関係しあっていてもいいし、また、個人的な付加物を持っていてもそれは一向にかまわない。自分の裸体を（多くは場所を変えることによって）隠したい、しかしそれができない、というその羞恥の情から発する不快な気持、これが本質的な点である。私は読者のほとんど大部分がこれまですでに夢の中でこういう状況に投げこまれた経験をお持ちだろうと思う。

裸の具合と程度とはたいていの場合あまりはっきりとはしていない。シャツを着ていた、などということがいわれるが、これが明瞭《めいりょう》な映像であることは稀《まれ》である。たいていの場合、着物をきていなかったということはひどく曖昧《あいまい》不明瞭なのであって、「肌着《はだぎ》か、パンツか、どっちかでした」というように、話をさせてみると「あれか、これか」でしかその様子を伝えることができないのである。たいていは、服装の不備は、それほど恥ずかしがるにはおよぶまいにと思われる程度であって、決してそうひどいものではない。軍人の場合は、裸体に代って、規定に反する服装がよく出てくる。「剣を吊《つ》らずに往来にいると、向うから士官たちが近づいてくるのが見えた」とか、「ネクタイを締めずにいた」とか、「チェックの平服ズボンをはいていた」とかいうたぐいである。

他人に対して恥ずかしく思ったとはいうが、その他人はどんな顔つきをしているか、それも一向にはっきりしない。そのために狼狽《ろうばい》する原因の服装の不備が、相手から非難されるとか、相手に気づかれでもするとかいうようなことは、この類型夢では絶対に起らない。まったく逆に、他人は無関心な顔つきをしているか、あるいは（私がある特に明瞭な夢で見ることができたように）おごそかな無表情でいるかなのである。これはなんとか説明されなければなるまい。

夢を見ている当人の羞恥の狼狽と、それに相対している見知らぬ人々の無関心とをいっしょにしてみれば、そこには一個の矛盾が生ずる。この矛盾は夢の中に頻繁《ひんぱん》に出てくる。夢を見ている当人の気持にしてみれば、他人が驚いて彼を注視して嘲笑《ちょうしょう》するとか、彼の有様を見て立腹するとかしなければ辻褄《つじつま》が合うまい。しかし私の考えでは、この風俗壊乱という点は願望充足によって取除かれているのである。これに反して一方の、羞恥の狼狽というほうは、なんらかの力にささえられて残存しているのであるから、両者が合すると一個の矛盾が生ずるわけである。ある夢が願望充足のためにその形を部分的に歪曲《わいきょく》されていて、そのゆえに正しく理解されなかったということに対するおもしろい証拠がひとつある。つまりその夢は、『皇帝の新しい着物』というアンデルセンの作品で誰にもおなじみの、ある童話の基礎になっている。この同じ材料は最近ではＬ・フルダの作品『護符』において文学化されている。アンデルセンの童話ではふたりの詐欺師《さぎし》のことが出てくる。彼らは皇帝のために一枚の高価な着物を織りあげる。この着物はしかし善人と忠義者の眼にしか見えない着物なのである。皇帝はこの眼に見えぬ着物を着て外へ出かける。すると人民どもは、この踏絵的な着物の力に怖《おそ》れをなして、皇帝が裸であることに気づかないようなふりをする。

しかしわれわれの夢の状況はまさにこれなのである。不可解な夢内容が、ひとつの刺激となってある表現形式を発明する、この表現形式を用いるならば、記憶以前にある状況が意味深いものになってくる、というふうに考えても決して考えすぎではあるまい。そのさい、この状況はそれ本来の意義を奪われ、これまであずかり知ることのなかった別の諸目標のために利用されるのである。しかしわれわれは、第二の心的組織の意識的思考活動による夢内容のこういった誤解が生ずることは頻繁であり、これがまた最後的な夢形成の一要因として承認されるのを見るであろう。さらにまた、強迫観念や恐怖症の形成にあたってこれと類似の誤解が——同じく同一の心理個性の内部において——主要な一役を演ずることをも、のちに見るであろう。上記の夢に対しては、表面的な意味のすりかえのための材料がどこからとられているかをも、あげ示すことができる。童話中の詐欺師はすなわち夢そのものであり、皇帝はその夢を見ている本人であり、そしてこの童話中のお説教的な傾向は、潜在内容においては社会的に許すべからざる、抑圧の犠牲に供せられた願望が肝心要《かなめ》のものなのだという、漠然《ばくぜん》たる自覚を遠回しに示しているのである。私が神経症患者の分析をしているあいだに、こういう夢が現われてきた関連を考えてみると、こういう夢の根底にごく幼いころの記憶が横たわっていることには疑いを容《い》れない。われわれが家の人たちやよそからきた保母や女中や客などの前でろくに着物もきないで、平気にしていられたのは、われわれの幼児時代にかぎったものであった。そしてわれわれは、当時自分たちのはだかをすこしも恥ずかしがらなかった。*着物をぬぐということが、子供たちを恥ずかしがらせるどころか、逆にひどくよろこばせるような場合は、かなり大きくなった子供たちにおいてさえ見受けられる。裸になった子供たちは笑ったり、はね回ったり、自分の腹をたたいたりする。母親だとか、その他そこにいる大人は彼らを叱《しか》って、「何ですね、そんなことをしてはいけませんよ、おやめなさい」という。子供たちはしばしば露出欲求を示す。オーストリアのどこの村を通っても、おそらく通行人に敬意を表すためなのだろうか、二歳から三歳位までの子供が通行人に向ってシャツを高々とまくりあげる光景に出会う。患者のひとりは、自分の八歳のときの一光景をはっきりと記憶していた。ねる前に着物を脱ぐ。そして下着一枚になって、隣室の妹のところへふらふら出かけてゆこうとする。すると女中がそれをとめるという一場面である。神経症患者の少年期では、異性の子供の前で自分のからだを露出するということが大きな役割を演じている。妄想症《パラノイア》においては、着衣脱衣のさい、人に見られているという妄想《もうそう》はこういう幼児期の諸体験に還元される。幼児期の性的倒錯の状態を脱しえないままでいる患者のうちには、幼児的衝動が症状に高められているような一群、つまり露出症者の一群が存在する。

＊　しかし童話中にも、子供が登場する。というのはそこでは小さな子供が突然、「何だ、王様は何にも着ていないじゃないか」と叫ぶからである。

われわれは過去を回顧して、何も恥ずかしがることを知らなかった幼年時代というものをパラダイスのように考える。しかしそういうパラダイスそのものは、個々人の幼年時代に関する集合的空想以外の何ものでもないのである。だからこそまた、天上の楽園では人間ははだかで、互いに何の恥ずることもなかったのだが、遂《つい》にある時期がやってきて羞恥と不安とが眼覚め、追放が行われ、男女の性生活と文化の営みとが始まったのである。ところが夢はこの失われたパラダイスへと毎夜われわれを連れ戻してくれるのである。われわれはすでに、ごく早いころの幼児期の諸印象（約満三歳の終りころまでの歴史以前の時期）は、ただそれ自身において、おそらくはその内容がどうのこうのというようなことなしに、自己の再現されることを要求しているらしいと考えている。つまりその再現は一個の願望充足なのではないかと述べておいた。裸体の夢は、だからして露出の夢なのである。*

＊　さしたる困難なしに幼児的露出欲求に還元することはできるが、しかし、幾多の点において上記の類型的な裸体夢とは相異なるところの、婦人の興味深い裸体夢若干についてはフェレンツィにその報告がある。

露出夢の中核を形成しているのは、自分の姿と整わない服装とであり、自分の姿といってもそれは子供の時分の自分ではなくて、現在見られるがごとき自分の姿であり、一方だらしのない格好も、子供のころ以来の幾多のだらしのない服装の記憶が重なりあっているか、あるいは検閲のお気に入ろうとして曖昧になっているか、そのいずれかである。ここにさらに、本人が恥ずかしい思いをさせられる相手の人間というものが加わる。幼時自分のからだを露出したさい、実際に見物人であったような人が夢の中にふたたび出てくるというような例はひとつも知らない。夢というものはまさに決して単純な思い出しではないのである。幼年期のわれわれの性的関心が向けられていたような人間が、夢・ヒステリー症・強迫神経症などの中にはまったく出てこないということは注目に値する。妄想症《パラノイア》だけが見物人をふたたび導き入れ、その見物人は眼に見られないにもかかわらず、狂言的な確信をもって、その見物人はたしかにそこにいるのだと断言するのである。夢はそういう見物人の代人を出してくる。演ぜられている一場の芝居に対して無関心でいるところの「たくさんの知らない人たち」がすなわちそれである。これらの人物は、かつてその面前でからだを露出して見せた、一人ひとりの、かねてよく知っている人物に対する願望反対物なのである。「たくさんの知らない人たち」はそれ以外にも夢の中では任意の別の関連中に出てくる。だがそういう人物はつねに願望反対物として「秘密」を意味している。* 妄想症《パラノイア》の場合に起るような、古い状況の復活もまたいかにこの反対関係に順応するものであるかがよくわかる。それは「自分はもはやひとりぼっちではない、自分は疑いもなくひとから観察されている。しかしその観察者は『たくさんの見知らぬ、不思議に曖昧なままになっている人々』なのだ」ということである。

＊　夢の中で「家族の全員」が揃《そろ》っているということは、当然な理由からしてこれと同じ意味を持っているのである。

そのうえ、露出夢にあっては抑圧が発言する。この種の夢で味わわされる不快な感じは、第二の心的組織によって拒否されているところの露出場面の内容が、それにもかかわらず表象されることになったという事実に対する第二の心的組織の反応にほかならない。この不快な感じを起させまいとしたならば、その場面が夢の中に再現されるようなことがあってはならなかったわけである。

抑制されているという感じについては、あとでもう一度論ずることにする。この感じは夢の中で、意志の葛藤、「否」を表現するためにかけがえのない一役をつとめる。無意識的意図に従えば露出は継続されてしかるべきであり、検閲の要求に従えば露出は中絶せしめられるべきものなのである。

童話とか、その他の詩的素材に対するこれら類型的な夢の関係は、疑いもなく稀でもなければ偶然的でもない。烱眼《けいがん》な詩人によって、普通には詩人そのひとこその道具であるところのかかる変容過程が、精神分析的に認識され、遡源的《さくげんてき》に追求され、したがって、文学が夢に還元されたようなことは、これまでにもときおりは起っている。一友人が私に、ゴットフリート・ケラーの『緑のハインリヒ』につぎのごとき箇所のあるのを教えてくれた。「ねえレー君、ホメロスの中に、オデュッセウスが裸で泥まみれになって、ナウジカーとその友だちの前へ出てくるところがありますね。私は、あなたがこのオデュッセウスの状態の中に含まれている選《え》り抜きの辛辣《しんらつ》な真理を実際にはっきりと感じとるようなめぐりあわせになればいいが、などと願っているわけではないのです。けれどこれがいったいどういうことなのか、知りたいとおっしゃるのですか。このホメロスが描いてくれたお手本をよく検討してみましょう。もしひょっとしてあなたが故郷をはなれ、あなたの親しんできたいっさいのものから別れて、異国の空の下をさまよい歩くと仮定してみましょう。あなたはいろいろと見もしききもした。心配もあれば苦労もある。まことにみじめで、頼る人とてない。そうなったらきっとあなたは夜疑いもなくこういう夢を見るだろうと思うのです。つまりあなたが歩一歩故郷に近づきつつあるという夢をね。夢の中の故郷の町はこのうえもない美しい色に照り輝いているし、やさしい、美しい、なつかしい人たちの姿があなたの方へ向って歩み寄ってくる。すると突然あなたは自分が見っともない風をして、裸で、ほこりまみれになって歩いていたということに気づくのです。何ともいい現わしようのない羞恥感《しゅうちかん》と不安とがあなたをとりこにする。あなたはどこかへ隠れよう、裸を隠そうとする。と、そのとき、あなたは汗をぐっしょりかいて眼を覚ますという段どりなのです。この世に人間がいるかぎり、これが悩み多き流浪《るろう》の人の見る夢なのです。そんなふうにホメロスは、人間というもののもっとも深い永遠の本性を基にしてあのオデュッセウスの境遇を作りあげたのです」

通例詩人というものは読者の心の中にある、人間性のもっとも深い永遠のものに訴えようとするものであり、このもっとも深くかつ永遠の人間本性とは、のちには前歴史的（意識以前）になってしまう幼児時代に根ざすところの、心的生活の、かのもろもろの動きにほかならないのである。故郷なき人間の、意識にのぼせられることの可能な、一点非の打ちどころなきもろもろの願望の背後には、夢の中においてこそ、抑圧されて許すべからざるものとなっている幼児願望の数々が頭をもたげてくるのであって、さればこそナウジカーの伝説によって客観化されているような夢は普通ひとつの不安恐怖夢に変ずるのである。

四〇四ページに紹介した私自身の夢は、最初急いで階段を登ってゆくが、それがすぐ階段上に釘《くぎ》づけになってしまうように変化する。この夢は、露出夢の本質的諸成分を示しているがゆえに、やはり一個の露出夢なのである。だからこの夢もなんらかの幼時体験に還元されるはずである。そういう幼時体験がわかれば、女中の私に対する態度とか、私が絨氈《じゅうたん》をよごしたという女中の非難とかが、夢の中でこの女中が占めている位置を作りあげるのにどの程度まで助けになっているかが判明するにちがいない。ところで私は実際にそういう説明をすることができるのである。精神分析においては、時間的接近から具体的関連を類推する。もし二つの思想が、一見何の脈絡もなく、相ついで現われてくる場合、これら二つの思想は、判読しうべきひとつの統一をなすものであって、それはちょうど、私がaと書き、つぎにそれに並べてbと書けば、それがabというひと綴《つづ》りとして、abと発音されることになるようなものである。夢の前後関係とて同じことである。上記階段の夢は、あるひとつながりの夢の一部を成していたのであって、あの夢以外の夢は夢判断によって、私にはそれがどういう夢であるかすでにわかっているのである。だから階段の夢は、それらひとつながりの夢との関連において考察されなければならない。ところでそれらの夢の根底にはひとりの乳母への記憶が横たわっている。この乳母は、赤ん坊のころから二歳半位までのあいだ、私の面倒を見てくれたひとで、私の中には、この乳母のぼんやりとした記憶も残っている。さきごろ母からきいたところによると、乳母は年寄で醜かったが、たいそう頭がよくて、働きのある女だったということで、私が自分の夢から引出した推論に従えば、乳母は必ずしも私をいつもやさしくは扱わず、私が清潔に関するいいつけを守らなかったりすると、ひどく叱りつけたそうである。とすると、夢の中の女中は、最初この乳母が行なった教育の仕事を継続しようと骨を折ることによって、夢の中で私の意識以前の幼児期の乳母の権化《ごんげ》（化身）として取扱われることを私に要求しうるようになっていたわけである。幼児であった私が、この乳母の手荒い扱いにもかかわらず、彼女を愛していたということは大いに考えられる。*

* この夢の補遺的判断。階段上に唾《つば》を吐く auf der Treppe spucken は、「唾を吐く」は spuken「幽霊 Geister（精神という意味もある）が出る」と同音であるから、そのまま訳すとフランス語では「階段の精神（ないしは機知）」esprit d'escalier となる。「階段の精神（ないしは機知）」Treppenwitz は、大体「遅まきの洒落《しゃれ》」、「当意即妙の才に欠けていること」の意である。これなら私は実際自分自身に対して非難しうべき欠点なのである。しかし乳母にその「とっさの機転」「当意即妙」が欠けていたかどうか。

(β) 近親者が死ぬ夢

類型夢のもうひとつのグループは、大切な身内の者、つまり両親、兄弟姉妹、子供などが死んでしまったという内容を持った夢である。この夢には二種類ある。第一は、そういう夢を見ていても、夢を見ている当人が夢の中ですこしも悲しみを感じないで、夢から醒《さ》めて自分の無情を自分で訝《いぶか》り怪しむような場合。第二は、夢を見ながらひどく悲しみ嘆いて、ねむりながらも熱い涙を流すという場合。

第一類の夢には触れずにおこう。というのはこの種の夢は類型夢とは見なしがたいから。この種の夢を分析してみると、それがその内容とは別のあるものを意味していて、なんらか別の願望を隠蔽《いんぺい》する役目を持っていることがわかる。自分の姉のひとり息子が棺に納められて目の前にあったという若い叔母の夢(二六三ページ)などがまさにこの種の夢である。この夢内容は、彼女が小さな甥《おい》の死を願っていたということを意味してはいず、永いこと会うことができずにいた愛人と再会したいという願望をその背後に隠しているにすぎない(以前一度、別の甥が死んだときに、その棺の傍《そば》で、やはり久しぶりにその愛人に会うことができたということは上に述べたとおりである)。この願望こそこの夢の本来の内容であるから、これはむろん悲哀の情の動機とはなりえない。だからこそ、この夢を見た当人が夢の中ですこしも悲しみは感じなかったのである。この場合われわれは、夢の中の感情は顕在内容に属するものではないということ、そうではなくて潜在内容に属するということ、また、夢の情緒内容は表象内容に加えられたような歪曲《わいきょく》を受けずにいるものだということなどを知りうるのである。

大切な身内の誰かが死んで、そのさい苦痛な情緒が感ぜられる夢は、上記の夢とは全然ちがう。こういう夢は、夢内容が証明しているように、その問題の身内の者が死んでくれたらいいのにという願望を物語るものであって、私がこういうことをいいだすと、これまでにこの種の夢を見たことのある読者諸君その他は、何をばかなことを、と思われるにちがいないから、ここでは十分な資料に立脚して、上記の見解の証拠固めをしてみることにする。

さきにわれわれはある夢を解明することによって、夢の中に「実現されたもの」として表現される願望が、必ずしも現在そのときに積極的な願望ではないということを知りえた。夢の中に「実現されたもの」として表現される願望は、とうの昔に過ぎ去った・片づけられてしまった・下積みになってしまった・抑圧された願望であることもある。それがただ夢の中にふたたび顔を出したからこそ、われわれはその願望に一種の永生きを承認せざるをえないといったふうの願望なのである。それらの願望は、死んでしまった人のように「死んでいる」のではなく、血を啜《すす》ると生き返ってくるところの、『オデュッセイア』中の亡霊のごときものなのである。すでに紹介した「箱の中の死んだ子供の夢」（二六六ページ）にあっては、十五年前に積極的な形で存在していて、そのとき以来はっきりとその存在が認められていた一願望が問題であった。私はここに、この願望の根底にすらごく早い幼児時代の記憶が横たわっていると付け加えるが、この付加的意見はおそらく夢理論にとって無関心にきき流すことのできないものだろうと思う。あの夢を見た女性は、自分がまだ小さな子供であったころ――それがいつだったかは確定できない――に、自分をみごもっていた母親が、ひどく不《ふ》機嫌《きげん》になって、胎児が死んでくれればいいのにと思ったこともあったという話を母親からきかされたのである。彼女自身が成人して、自分が身重になったとき、彼女は母親の先例に倣《なら》ったにすぎないということなのである。

誰かが、身内の者の死ぬのを経験して悲嘆の涙にかきくれるという夢を見たとする。私はこの夢をもって、これはその人がその身内のひとりが死ぬのを現在望んでいる証拠だとは絶対にいわない。夢理論にはそれほどの権限はない。夢理論は、その人が――幼年時代のある時期に――その身内の者が死ねばいいのにと願ったことがあるという推論をするだけで満足するのである。しかしこういったところで、私の見解に異を唱えようとする人々は納まらないのではないかと私は不安に思う。なぜかというと私の反対者諸君はこういうだろうから。「自分はこれまでただの一度もそんなことを考えた覚えはない。いわんや現在そんな願望をいだいているなどとはとんでもない話だ」そういうわけだから私は、現在においてもそれと指摘することのできる証拠に従って、とうの昔に消滅してしまった幼児の心的生活の一部をここに復元してみせなければなるまい。*

* これに関しては『精神分析・精神病理研究年鑑』第一巻、一九〇九年（全集第七巻）所載の『五歳男子の恐怖症の分析』並びに『神経症学に関する小論集』続編中の『幼児の性欲理論について』（全集第七巻）参照。

まず子供たちの、その兄弟姉妹に対する関係について考えてみよう。大人の世界を眺《なが》め渡すと兄弟の不和はいたるところに見られる現象だし、それに兄弟姉妹の不和の根が子供時代にあることや、またかなり昔から続いていることなどは容易にたしかめることができるから、兄弟姉妹の間柄は愛情のこもったものだなどと頭からきめてかかるいわれは全然ないのである。大人になった現在では愛しあい助けあっている兄弟姉妹でさえ、子供の時分はたえず互いに喧嘩《けんか》をしながら過していたのである。年上の子は年下の子をいじめたり、告げ口をしたり、その玩具《おもちゃ》を奪ったりする。年下の子は年上の子に手向いできないままに、憤怒《ふんぬ》を感じて歯ぎしりをし、年上の子を羨《うらや》み怖《おそ》れる。あるいは、年下の子の自由への憧《あこが》れと正義感との最初の動きが向けられたのもその年上の子に対してであったのである。親たちは、うちの子供は兄弟仲が悪くて、などとこぼすが、その原因を知ることができずにいる。お行儀がいいといわれている子供にしても、その性格を仔《し》細《さい》に観察すると、その性格はわれわれがこれを大人に期待しうるようなものではないのである。子供は絶対に利己的である。子供は自分の欲求を強烈に感じて、ことにその競争相手やほかの子供たち、それからまず第一に自分の同胞に対しては、何が何でもがむしゃらに自分の欲求を満足させようとする。しかし、だからといって、われわれは子供を「邪悪」schlecht だとはいわない。「いけない」schlimm という。子供はわれわれ大人たちの判断の前にたっても、また法律の前にたっても、自分の悪い行為に対して、責任を持ちはしない。子供には責任がない。そしてそれで一向に差支《さしつか》えないのである。なぜかというと、幼年期といわれている期間が、過ぎ去ってしまわないあいだに、この小さなエゴイストのうちには利他的な感情のうごきや道徳心が目覚めるし、マイネルトのいわゆる第二次自我が第一次自我の上に勢力を張って、第一次自我のうごきを阻止することが期待できるからである。むろん徳義心が同時に全面的に現われてくるということはないし、また、無道徳的な幼児期の続く永さも子供によってまちまちではある。またそういう道徳心がいつまで経《た》っても現われてこないような子供を見て、われわれはよく「変質者」という言葉を使いたがるが、この場合問題は明らかに発達の抑制にある。第一次性格が後期の発達によってすでに覆《おお》い隠されているような場合も、ヒステリー症に罹《かか》るとそれがすくなくとも部分的には表面に出てくることがある。いわゆるヒステリックな性格と「いけない」子供の性格との合致は誰の眼にもはっきりしているであろう。これに反して強迫神経症は、ふたたび動き出してくる第一次性格に対して、いっそう重たい重荷として課せられたところの一種の過剰道徳心に相当する。

そんなわけで、現在では同胞《きょうだい》を愛していて、それが死にでもしようものなら悲しみの涙を流そうという多くの人たちも、彼らの無意識界のうちには昔から同胞に対して悪い願望をいだいているのであって、その願望が夢の中に出てきて自己を貫徹するのである。ことに興味深いのは三歳あるいは三歳をちょっと出たくらいの幼児の、年下の同胞に対する態度である。下に同胞が生れてくるまではひとりだった彼は、鸛《こうのとり》が赤ん坊をひとりつれてきたときかされる。彼は新参者をじろじろ眺め回して、それから断乎《だんこ》としてこういうのだ、「また鸛が連れていってしまえばいいのに」*

*前述の研究論文で私がその恐怖症を分析した三歳半のハンスは、妹が生れて間もないころに、熱にうかされてこう叫んだ。「妹なんか、ぼくいらないよ」それから一年半してハンスは神経症に罹《かか》った。そのとき彼は、小さな妹が死んでしまうように、お母さんが妹にお湯をつかわせるとき、盥《たらい》の中へおっことせばいいのにという願望をはっきりと表明した。しかも、このハンスは行儀のいい、やさしい子供で、その後ほどなくしてこの妹を可愛《かわい》がって、特によく面倒を見てやったのである。

私は確信するが、子供は新参者のためにどんな損害をこうむることになるかをちゃんと計算しているのである。親しい一婦人からきいたところによると、この婦人は(今でこそ四歳下の妹とたいへん仲よくしているのだが)妹が生れたときいたとき、こういったという、「だけど、あたしの赤い帽子は赤ちゃんにあげないわよ」子供が同胞への敵意を意識するのはずっとのちのことだとしても、この敵意はすでに同胞が生れ落ちたときに目覚めるのであろう。満三歳にもならぬ女の子が揺り籃《かご》の中の赤ん坊を絞め殺そうとした事件も私はきいている。さきざきこの赤ん坊が自分といっしょにいることになると、自分は決して得をしないと予感したのである。この年頃の子供が持つ嫉妬《しっと》心《しん》は強烈かつ明白である。しかし小さな同胞が本当にどこかへ行ってしまって、子供はふたたび家内中の愛情を一身にあつめることができていたところへ、またしても鸛が新しい赤ん坊を連れてきた。このときこの子供が、どうかこんどの赤ん坊も前の赤ん坊と同じようなことになって、自分がずっと以前と、それから前の赤ん坊が死んだときと今度の赤ん坊が生れるときまでのあいだとに味わうことのできた幸福を味わえるといいのだがという願望をいだくようになったとしても、これはむりからぬ話ではあるまいか。* むろん新たに生れてきた幼い同胞に対するこのような子供の態度は、正常な状態では年齢の距《へだた》りの結果起ってきたものにすぎない。年齢の距りがやや大きいと、姉にあたる子供の心の中には、頼りない赤ん坊に対する母性的な諸本能がすでにはたらくのであろう。

＊　このような幼年期に体験した死の事件が、家庭内ではほどなく忘れられてしまおうとも、精神分析的探究は、それらの死亡事件が後年の神経症にとってきわめて重大な意義を有するにいたることをはっきりと示すのである。

同胞への敵意は、幼年期にはわれわれ大人の鈍い観察が捉《とら》えうるよりももっとずっと頻繁《ひんぱん》に現われているにちがいない。*

＊　子供が同胞や両親のうちの一方に対して示すところの本来敵対的な態度については爾来《じらい》

多数報告されており、精神分析学の文献中に記載されている。作家シュピッテラーは自己の幼児期のこの典型的な幼児的態度をことさらリアルにまた素朴に描いている。「とにかくそのほかにもうひとりアードルフがいた。小さな奴《やつ》だった。ほかのひとたちは、こいつが私の弟だといった。だがこの弟がいったい何の役にたつのか、私にはわかりかねた。いやそれどころか、なぜみんなはこいつを私と同じようにちやほやするのか、これはもっと納得がゆかなかった。私は私ひとりいればそれでたくさんなのに、こんな弟など、何の意味があろう。それにこいつは役だたずというばかりではない。ときには私の邪魔になる。私がお祖母《ばあ》さんに甘えると、こいつもまた同じようにお祖母さんに甘ったれる。私が乳母車にのってゆくと、そいつが私の前にいて、席の半分を占領する。だから足と足とがぶつからざるをえなかった」

つぎつぎと生れた私自身の子供たちについては、こういうことを観察する機を逸したが、現在では私の小さな甥でその埋めあわせをつけている。この甥は十五カ月にわたる独裁を妹の出現によって破られたのである。小さな甥は妹に対してたいそう立派な態度をとっているそうで、手に接吻《せっぷん》もすれば、頭を撫《な》でてもやるようだが、満二歳にもならないうちに彼はきっと彼にとって無用に思われる妹を批判するために、どうやらいえるようになった言葉を利用するだろうと確信する。妹のことが一座の話題になると、小さな甥は必ず話に割りこんできて、不興げに叫ぶのだ、「ちっちゃい、ちっちゃい」と。この「ちっちゃな」赤ん坊が順調に成長して、この兄の軽蔑《けいべつ》を免れうるにいたったこの二、三カ月、彼は、「妹はそんなにたいした注意に値しない存在だ」という意見を、こんどは別の根拠に基礎づけるようになった。彼はあらゆる機会を捉えて、はたの人たちに「赤ん坊には歯がない」といって注意を促す。* もうひとり別の私の同胞の長女のことで私たちが記憶しているのは、六歳のころ、この長女が三十分間にわたって居並ぶすべての伯母さんたちから証言を得たという一事件である。つまり彼女は「ねえ、ルーツィエにはまだそんなことわからないわねえ」といって、相手にそうだそうだといわせるのである。ルーツィエは二歳半年下の競争相手の名前である。

＊ 三歳半になるハンスは、同じ言葉で自分の妹に対する否定的批評を行なっている（上記当該箇所を参照）。彼は、妹には歯がないためにものをしゃべることができないと考えている。

たとえば私の婦人患者のどのひとりについて見ても、同胞の死を内容とするところの、昂進《こうしん》した敵意に照応する夢が発見されなかったことはただの一度もない。ただひとつだけ例外があったが、しかしこの例外もちょっと解釈し直せば原則を確証させる性質のものであった。ある婦人を分析診療しつつあったとき、その婦人の症状から推して、これを説明しておくべきだと考えた事情、つまりここにこれまで説明してきたところの同胞への敵意その他について話したところ、この婦人患者はこれまでそういう夢はただの一度も見たことがないといって私を驚かした。しかし彼女は別の夢をひとつ思い出した。うわべは今問題になっている夢とは何の関係もない夢で、彼女はこの夢を四歳のときにはじめて見て、それ以後繰返し見ているという。この夢を最初に見たとき、彼女は兄弟姉妹のうちでは末っ子であった。《たくさんの子供、みんなわたしの兄だとか姉だとか男女のいとこたちで、草原の上で飛んだり跳《は》ねたりしている。突然みんなに翼《は》が生えて、飛び上がって、どこかへ行ってしまう》彼女にはこの夢の意味が皆目わからなかった。しかしこれを、検閲のためにすこし変更を加えられてはいるものの、本来の同胞すべてが死ぬという夢と見るのは易々《いい》たる業であろう。私はつぎのごとく分析することができる。その子供たちの中のひとりが死んだときに——兄弟ふたりの子供たちが、この場合はいっしょにされて育てられたのである——当時まだ四歳にもならなかったその婦人患者は、誰か大人に向って「子供が死んだら、その子はどうなるの」とたずね、「そうすると羽根が生えて天使になる」という返答を受けたにちがいない。こういう説明をきかされたのちの夢の中で、同胞はみな天使のように翼を持って——ここが肝心な点だが——飛び去ってしまうのである。夢の中でほかの子たちをみんな天使にしてしまったこの子だけがひとりあとに残る。あんなにたくさんいた子がみないなくなって、自分がたったひとり残る。これはちょっと考えてみれば、その子にとってどんなにすばらしいことかすぐわかるであろう。子供らは、飛びたつ前に草原で飛び回っていたということは、蝶《ちょう》を暗示しているといって間違いはなかろう。古代人をして心の女神プシケに蝶の翅《はね》をつけさせた思想結合と同じ観念結合がこの子供にそういうことを考えさせたかのように。

「子供が同胞に敵意をいだくということはなるほどそのとおりだろうが、しかし子供が、まるでいっさいの罪過はただ死によってのみ償われるとでもいうように、競争相手や自分より強い遊び仲間の死を願うというほどの邪悪な心をいだくにいたるというのははなはだ合点がゆかない」といって私に反対する人がいるかもしれない。だが、そういう人はつぎのことをお考え願いたい。つまり子供たちが「死」ということについて所有している観念は、われわれ大人たちの観念とはただ「死」という言葉だけを共有しているにすぎず、両者のあいだにはそれ以外にはほとんど共通なものはないといってもいい。子供は、死後の腐敗の悲惨、永劫《えいごう》の虚無の恐怖などについては何も知らないのである。だが大人たちにとっては、死後の国に関するいっさいの神話が証明しているように、この永劫の虚無ということはどう考えていいのか、どうにも考えようのないしろものなのである。子供は死に対する恐怖など知らないから、死という怖《おそ》ろしい言葉を平気で口にし、ほかの子供を「もう一遍やってみろ、そうしたら、あのフランツみたいにお前は死んでしまうぞ」などといっておどす。そんな言葉をきくと母親は身の毛がよだつ。母親は、生れてくる人間の半分以上が子供のときに死んでしまうということを忘れることはできないのだから。八歳の子供さえ、博物標本館を見てきて、母親にこういったりすることもある、「ママ、ぼくはママが大好きさ。だからママが死んだら剝製《はくせい》にして、ここのお部屋の中へ置いとくんだ。そうすればいつだってママを見ることができるから」「死ぬ」ということについては、子供と大人とではその観念の上にこれほどのちがいがあるのである。*

* 父が急死したのち、十歳になる賢い男の子が、つぎのようなことをいって私をびっくりさせたことがあった。「お父さんが死んでしまったということは、ぼくによくわかるんだが、だけれどなぜお父さんが夕御飯のときにうちへ帰ってこないのか、ぼくにはそれがわからない」――この主題に関するこれ以上の材料は、ドクター・フォン・フーク＝ヘルムート夫人が編集している雑誌『イマゴー』の『子供の心』欄（第一巻―第五巻、

一九一二年―一九一八年）にある。

子供はそうでなくともひとが死ぬ前に苦しみ悩む光景を直接には見ることがないから、「死んだ」ということは子供にとって「行ってしまった」、あとに残っている人たちをもう邪魔しないということくらいの意味なのである。どうしてもう帰ってこないのか、旅行に出たからなのか、解雇されたからなのか、疎遠《そえん》になってしまったからなのか、あるいは死んでしまったからなのか、子供はそのあいだに区別をたてない。* 子供の記憶以前の幼児時代に乳母が暇をとって去り、しばらくして母親が死んでしまうと、分析によって明るみに出てくるこの幼時の記憶にとって、それら二つの出来事は重なりあってひとつになっていることがわかる。子供は不在の人間のことをさして気にとめない。母親が幾週間かの避暑旅行から帰宅して、子供たちはどうだったと留守居の者にたずねる。すると「ただの一度もお母さまのことはおっしゃいませんでした」という返事に接して悲しむのもそれである。しかし母親が本当に「そこよりはいかなるひとも還《かえ》りきたりしことなき」死の国へ旅だってしまうと、子供たちは最初のうち母親のことを忘れてしまっているように見える。そして遅まきに死んだ母親を思い出しはじめるのである。

＊精神分析に通じているある父親の観察は、知恵の発達した四歳の娘が「行ってしまった」と「死んでしまった」の二つの場合を区別した瞬間を捉《とら》えている。この娘は食事時にぐずって、宿の給仕女のひとりが自分を不快な眼つきで見ているのに気づいた。そこでこの子は父親に向って「ヨゼフィーネなんか死んじゃえばいいわ」といったので、父親が「どうしてまた死んでしまえばいいなんていうんだね。向うへ行けばそれでもういいじゃないか」となだめた。すると、子供は、「だって、向うへ行ってしまえば、また戻ってくるじゃないの」と答えた。子供の無際限な自己愛（ナルツィスムス）にとって、いっさいの障害はいつも一個の反逆罪であって、峻厳《しゅんげん》なドラコンの立法のごとく、子供の感情はかかる罪過のいっさいに対してただひとつの斟酌《しんしゃく》の余地なき刑罰、死刑を宣告するのである。

そこで子供が何かの理由で、別の子供がどこかへ行ってしまえばいいと思うと、いきなり単刀直入に「死んでしまえばいい」ということになるのであって、「死ねばいい」という願望夢に対する心的反応は、内容にどんな相違があるにしても子供の願望は結局はやはり大人のそれと同じ願望なのだということを証明しているのである。

さて子供の同胞の死を願う気持が、そのためにこそ、その子供をして自分の同胞を競争相手だと思わせるところの、子供の利己主義によって解明されるとしても、両親に対する「死ねばいいのに」という願望は一体全体どう説明されるのであろうか。なぜかというに、両親は子供にとって愛情を注いでくれるひとであり、子供の欲求の数々を充《み》たしてくれるひとであるのだから、まさに子供の利己主義的な諸動機からしても両親の生存を願うのが当然の話だからである。

両親が死んでしまう夢では、十中の八、九は両親のうちいずれか一方が死ぬのである。そしてその一方というのは、その夢を見る本人と性を等しくする親である。つまり、男の子なら父親が、女の子なら母親が死ぬ夢を見る。この経験からして、上に提起した難問解決の糸口が開けてくる。私はこれが通則だとはいわないが、十中の八、九はという意味でそういうふうなのだから、この現象は一般的な意義を持つ一契機によって解明される必要があると思う。* 大ざっぱないい方をすれば、性的偏愛ともいうべきものが早くから現われてきて、男の子は父親を、女の子は母親をそれぞれ自分の恋仇《こいがたき》と見て、父親または母親をなきものにすれば自分の利益が増すばかりだと考えてでもいるような具合なのである。

* 事態はしばしば、道徳的反応として、両親のうち自分が愛しているほうの親が死ぬかもしれないという威嚇《いかく》となって現われる一種の刑罰的傾向の出現によって隠蔽《いんぺい》される。

読者は私がこういうのをきいて、ばかなことをいってはいけないと思われるかもしれないが、しかし、両親と子供たちとのあいだに存在している事実上の関係をよく注視していただきたい。われわれは、父母を敬い愛するという文化の要請がこの関係に対して希望しているものと、日常の見聞が動かしがたい事実として示しているものとは、これを別個に考えなければならない。両親と子供たちとのあいだにある関係のうちには、子供が親に対して敵意をいだくべききっかけはいくらもある。検閲を通過しないようなもろもろの願望が発生するための諸条件はいくらもそこにころがっているのである。まず、父親と息子との関係だが、われわれがモーゼの十誡《じっかい》に対して承認してきた神聖さのために、現実を認識するさいのわれわれの眼は曇らされていると私は思う。人間の大部分が第四戒律の遵守《じゅんしゅ》を無視しているということを認める勇気は誰にも期待できまいけれども、人間社会の貴賤《きせん》都鄙《とひ》の各層において両親に対する敬愛は、他の利害関心の前には影が薄いというのが普通ではないか。神話や伝説のうちに人類の原始時代以来われわれに伝えられてきた陰鬱《いんうつ》な物語は、われわれからすれば不愉快といわざるをえないような、父親の絶対的権力とその権力が行使されるさいの残酷さとを語り告げている。クロノスは、まるで牡豚《おすぶた》が牝豚《めすぶた》の腹仔《はらごの》を嚥みこんでしまうように、自分の子供たちを嚥みこんでしまうし、ゼウスは父を去勢して、*支配者としてみずからその後釜《あとがま》に坐《すわ》る。古代の家族内部で、父親が威勢をふるえばふるうほど、その世襲後継者たる息子は父親の敵の位置に追いこまれるわけだし、父の死によってみずからが支配者の座につこうという息子のあせりはそれだけいっそう烈《はげ》しくなっていったにちがいない。現代社会の家庭内においてさえも、父親は息子に対して彼が自主的に人生行路を決定することを許さず、息子の独立に必要な生活手段を与えるのを拒むために、すでにはじめから父と息子という関係の中に存在していた敵意の自然的な萌《ほう》芽《が》が助長されるのがつねである。医者は実に頻繁に、父親をなくした息子の悲哀が、遂《つい》に手に入れることとなった自主独立に対する満足感にうち負かされてしまう場面に出会うことがある。父親というものは誰しも、現代社会ではもう黴《かび》くさくなってしまった家長権の残滓《ざんし》を痙攣的《けいれんてき》にしっかりと握っていようとする。イプセンがやったように、父親と息子との相剋《そうこく》を作品の前景に押し出す詩人は成功疑いなしである。母親と娘との相剋が生ずる動機は、娘が成人して母親を自分の監視人のように思いはじめるころに生ずるのである。つまり娘は性的な自由を欲求するが、母親は娘の成人ぶりを見て、性的要求を断念すべき時期が自分の上にやってきたのだと悟らされるときがすなわちそれである。

＊すくなくとも若干の神話ではそうなっている。それ以外の神話によると、クロノスがその父のウラノスに対して去勢をしただけだということになっている。

この主題の神話的意義についてはオットー・ランクの『英雄誕生神話』（『応用心理学論集』第五号、一九〇九年）および同著者の『文学と伝説とに見られる近親相姦《そうかん》のモティーフ』（一九一二年、第九章第二節）を参照。

すべてそういうことは何人の眼にも明らかであろう。とはいえこういう事情も、親孝行を古来神聖にして侵すべからざる徳目だと考えているような人々が見る「近親者の死ぬ夢」を説明することはできない。しかしまたわれわれは、すでに叙述した諸見解によって、両親が死ねばいいという願望はごく早いころの幼年期に糸を引いているということをも心得ているのである。

こういう推測は、神経症患者を精神分析してみると、いっさいの疑いを排除する確実さをもって実証される。この分析によってわれわれが知りうるのは、子供の性的願望が目覚めるのは非常に早い時期であること——性的願望の萌芽的状態を目してすでに「性的願望」という言葉で呼んでもいいとしての話だが——また、女の子の最初の愛情は父親に、男の子の最初の愛情は母親に向けられるということである。そこで父親は男の子の、母親は女の子の恋仇ということになる。そして子供がこういう感じをどんなにあっさりと死の願望へと転化させるかは、同胞に対する場合にすでに詳述したとおりである。性的選択はすでに両親の子供たちへの態度のうちに現われている。自然の勢いで父は小さな娘を可愛《かわい》がり、母は息子たちに加担する。両親は、性の魔力が子供たちの判断を惑わさないうちに子供たちを厳格に躾《しつ》けようとするが、それでもやはりそういう偏向が現われてくる。子供は自分が特に可愛がられていることをはっきりと感じとって、自分を特別に可愛がってくれないほうの親に反抗する。大人に可愛がってもらうということは、子供にしてみればある特別な欲求の満足であるのみならず、それ以外の万事につけて自分の意志が通るのだということをも意味する。そんなわけで子供は自分自身の性欲衝動に盲従し、またそれと同時に、子供が両親に対して行なった選択が、その両親自身のと同じ意味でなされているのであれば、子供は元来両親から出てきた刺激を更新するということになるのである。

子供に現われてくるこれら幼児的愛情の諸徴候の大部分は普通看過《みすご》されがちであるが、その若干は幼児時代がすぎてからやっと大人たちの注意を惹《ひ》く。知合いの八歳の少女は、母親が呼ばれて食卓から離れると、その機会を利用して自分が母親の後継者たることを宣言した。「さあ、こんどはあたしがママよ。カールさん、お野菜はもういいの？　さ、もっとおあがんなさいよ、さあどうぞ」などという。ことに利発で活《かつ》潑《ぱつ》な四歳の少女は（この少女によってわれわれは幼児心理の一部を非常にはっきりと看取することができる）直接こういっている。「お母さんはいつかどこかへ行ってしまうかもしれないわ。そうしたらお父さんはあたしと結婚するのよ。あたし、お父さんのお母さんになりたいの」幼児の生活では、こういう願望は、その子が母親をも心から愛していることと全然矛盾しないのである。父親が旅行中であるために子供が母親の横にいっしょにひとつ寝床でねていたのに、父親が帰ってくると、また元の子供部屋へ追い戻され、母親ほどには気に入らない者に世話をされて寝なければならなくなるというような場合、自分がいつまでもやさしい綺《き》麗《れい》なお母さんのそばにいることができるように、お父さんがどこかへ行ったきり帰ってこなければいいと思うのは自然の成行きであろう。この願いの達成される一手段は、父親が死ぬということである。子供にはこれがはっきりとわかっている。なぜならこの一手段を子供は自分の経験から知っているのであるから。たとえばお祖父さんのような「死んだ」人は、いつだって不在であって、二度と帰ってはこないのである。

子供たちについて試みた以上のごとき観察が私の提唱した判断に何の無理もなく当てはまるとしても、これらの観察は私にいまだなお十二分の確信を得させてはくれない。これは大人の神経症患者の精神分析によってはじめて得られるのである。それらの夢の報告に先だっていっておきたいのは、それらの夢は願望夢として以外には判断できないということである。ある日私は、一婦人が気を滅入《めい》らせて泣いているのを見た。その婦人は、自分はもう親戚《しんせき》の者に会う気がしない、彼らは私を見ておぞ気をふるうだろうからという。そういったかと思うといきなり、思い出した夢の話をしだした。その夢の意味は彼女にはむろんわからないのである。そしてこれは彼女が四歳のときに見た夢であった。《山猫か、狐《きつね》か、何かそんなものが屋根の上を歩いている。それから何か落ちた。自分が落ちたのかもしれない。そのあとでお母さんが死んで、家から運び出された》ここまで話をして、あとはさめざめと泣くのである。この夢は、母親の死んだところを見たいという幼年時代の願望を物語っており、だからあなたは泣かずにはいられないのだし、また、親戚の人たちもあなたを見てぞっとしてしまうのだと私が話すか話さないかに、早くも彼女はこの夢を解明する材料を持ち出してきた。「山猫の眼」というのは、彼女がまだほんとうに小さかったときに、往来の悪たれ小僧が彼女に向っていった悪口だった。彼女が三歳のとき、屋根から煉瓦《れんが》がひとつ母親の頭上に落ちて、母親は大出血をした。

私はかつて種々の心的状態を通過したひとりの若い娘を詳しく調べたことがある。

この患者の病気の始まりは躁狂性《そうきょうせい》の錯乱だったが、この状態に陥ると、患者は自分の母親に対する特別の憎悪《ぞうお》を現わし、母親がベッドに近づきでもしようものなら、打ったり罵《ののし》ったりする。しかもそれと同じときにも、歳《とし》のかなりちがう姉には従順でやさしいのである。この状態が過ぎさると、睡眠障害を伴う意識のはっきりした、しかし多少無感動な容態になる。私はこの患者の診療をちょうどこの段階で引受けて、その夢を分析した。夢の大部分は、多少の隠蔽はあっても母親の死を内容としていた。ある老婦人の葬式に立ち会ったり、姉といっしょに喪服を着てテーブルに坐っていたりという夢で、こういう夢の意味には何の疑うところもなかった。すこし容態がよくなりかかってきたときにヒステリー性の恐怖症が出てきた。その恐怖症の中でいちばん患者を苦しめたのは、母親の身の上に何事か起きはしないかという恐怖であった。どんなところにいようと、その発作が起ると急いで帰宅し、母の無事をたしかめずにはいられないのである。このケースは、私のこれ以外のいろいろな経験と照らしあわせてみて非常に教訓的であった。このケースは、同一の刺激的表象（観念）に対する心の種々なる反応方式をいわば数カ国語の翻訳において示していた。私が、普通は抑圧されている第一心的検問所によるところの、第二心的検問所の制圧と解釈している錯乱状態においては、母親への無意識的敵意が自動的に勢力を増してきた。それから第一次安静期が始まり、心の騒擾《そうじょう》が鎮圧され、検問所が勢力を復活させると、この敵意が母親の死という願望を実現するために使用しうる手段はただ夢あるのみとなった。さらに心神が正常状態に復すると、ヒステリー性の対比物反応および抵抗現象として、母への病的な気遣《きづか》いが現われた。こう見てくると、ヒステリックな少女がなぜしばしば母親のことを異常に気遣うかがよくわかってくると思う。

若い男性患者の無意識的な心的生活を深く探る機会もあった。この男は強迫神経症のためにほとんど生活不可能となり、道も歩くことができなくなっていた。というのは、自分はすれちがう通行人をすべて殺してしまうにちがいないという不安に苦しめられたからである。それで彼は毎日何をして暮していたかというと、町で人殺しでもあって、そのために自分が告訴された場合の用意にアリバイの証拠を整理して暮していたのである。この男が徳義心もあり立派な教養もある人間であったことはすでにいわずして明らかであろう。この男の神経症治療のきっかけとなった分析は、このやりきれない強迫観念の原因として、少々厳格すぎる父親への殺人衝動をあばき出してみせた。この衝動は患者七歳のおりに意識的に現われてきて、患者をひどく脅《おびや》かした。が、これはむろん遠く幼年時代に端を発するものであった。苦しい病気に罹《かか》り、それが治って、それから父親も死に、患者が三十一歳になったとき、上に述べた強迫非難が現われてきたのである。そしてこの強迫非難は恐怖症の形で（父親その人ではなしに）見知らぬ人へと移し置かれたのである。肉親の父を山頂から谷底へつき落そうとするほどの気持になったことのある人間なら、自分と無関係な他人のいのちなどを顧慮しはしないだろう。だからそういう人間が自分の部屋に閉じこもっているのはもっともなことなのである。

私のこれまでの無数の経験に従えば、のちに神経症に罹る人間の小児期の心的生活においては両親は重要な一役を演じているし、両親の一方への恋情と他方への憎悪は、幼年時代に形作られ、後年の神経症の症状形成にとってはきわめて重大な意義を有するところの、心的興奮材料の動かしがたい実体を成している。だが私は、神経症患者は何か全然新しいもの・彼らだけに独特なものを作り出すという意味で、他の正常な人間たちと截然《せつぜん》と相分かたれているとは思わない。大部分の子供たちの心の中ではそれほど明瞭《めいりよう》にも、それほど強烈にも現われてこないのに、これら神経症患者にあっては、その両親への愛憎二つながらがただ誇大に強調されているにすぎないと考えてみるほうが、現実に適した考え方だと思うし、また、正常な子供たちをときおり観察してみると、そう考えるほうがもっともだと思うのである。この見解を支持するような伝説が古代世界にひとつある。この伝説の徹底的かつ普遍妥当的な影響力は、幼児心理の上述した前提の類似的普遍妥当性によってのみその説明がつくのである。すなわちエディプス王伝説とソポクレスの同名の劇とがそれである。テーバイの王ライオスと、王妃イオカステとのあいだに生れた息子エディプスは、まだ生れないさきに、この子は父を殺すであろうという神託が父王に下ったために、生後直ちに棄《す》てられてしまった。しかしエディプスはひとに救われ、他国の宮廷で王子として養育されて成長し、自分の素性を知りたさに神に伺いをたてると、汝《なんじ》は父を殺し母をめとらなければならないだろうから生れ故郷の地を避けよという神託を受ける。エディプスはここが故郷だと思っていた国をたち去ってゆく途中、父とは知らずにライオス王と出会い、ふとしたきっかけから烈しいいさかいとなってたちまちこれをうち殺してしまった。やがてテーバイにさしかかる。そして道を遮《さえぎ》る怪獣スフィンクスの投げる謎《なぞ》を解く。テーバイの人々はこれを徳として、エディプスを王に戴《いただ》き、これにイオカステをめあわせた。彼は永く平和に厳《おごそ》かに世を治めて、生みの母とのあいだに二男二女を儲《もう》けた。ある時国内に悪疫《あくえき》が流行した。テーバイの人々がこれについて神託を乞《こ》うた。ソポクレスの悲劇はここから始まっている。使者が神託をもたらし帰る。ライオスを殺害した人間がテーバイの国から追放せられるときに悪疫は熄《や》むだろうというのがその内容であった。しかしその犯人はどこに潜んでいるのか。

「いずこにありや、
かの古き罪の見分けがたく暗き痕跡《こんせき》は」——（ドンナー訳、一〇九行）

劇の筋は——精神分析の仕事に似て——一歩一歩高められ、巧みに引きのばされつつ大詰へと進んでゆく。そして、ライオス王殺しの犯人はエディプスそのひとであり、しかもこのエディプスはライオスとイオカステとのあいだにできた息子であることが暴露される。知らずして犯した罪のすさまじさに、エディプスはわれとわが眼を突き、故国をあとにする。かくて神託の預言は実現するのである。

『エディプス王』はいわゆる運命悲劇である。その悲劇的効果は、神々の絶大なる意志と、不幸に見舞われる人間の甲斐《かい》なき反抗とのあいだの対立に存するといわれている。この劇を見て深く心を動かされた人間は、この悲劇の中から、神意への帰依《きえ》・人間の無力の悟りを汲《く》みとるべきだとされている。近代の作家たちが、この同じ対立関係を自己の考案した話と織りあわせて、同様の悲劇的効果をあげようとしているのも、もっともだといわなければならない。しかるに、近代の作家たちの筆に成る人間たちが、もとよりその身に罪もないままに、運命に抗《あらが》うにもかかわらず、呪《のろ》いなり神託なりが彼らの身の上に実現されるのを見て、人々は少しも感動させられないのである。近世の運命悲劇はいずれも、かの古代の悲劇のごとくには見る者を感動させないのである。

エディプス王がそのかみのギリシア人を感動させたのと同じように今日の人々をも感動させることができるとすれば、その理由は、この劇の効果は運命と人間の意志との対立にあるのではなくて、むしろその対立を証明しているところの素材の特異性に求められるべきだという事実に存するのである。グリルパルツァーの『祖妣《そひ》』、その他の運命悲劇に描かれているような事件の成行きは、これを偶然的な恣意的《しいてき》なものとしてしりぞけることができるのに反して、エディプス王の運命の圧《お》し迫るような力はこれを進んで承認しようとするひとつの声がわれわれの心の奥底にはあるにちがいないのである。事実またエディプス王の話の中には、そういう一契機が含まれている。彼の運命がわれわれに感動を与えるのは、われわれもまた彼の轍《てつ》を踏むかもしれず、われわれが生れてくる前に下された神託は彼に対すると同じようにわれわれに対して呪いをかけているからこそなのである。そして人生最初の性的な感情を母親に向け、最初の憎悪《ぞうお》と暴力的な願望とを父親に向けるということは、ひょっとするとわれわれ人間すべての運命の摂理だったかもしれない。われわれが見る夢は、このことをわれわれに証明している。父ライオスを殺し、母イオカステを妻としたエディプス王は、われわれの幼年時代の願望充足にすぎないのである。しかしわれわれはエディプス王よりも仕合せに、われわれが神経症患者にならなかったかぎりでは、自分たちの性的衝動を、母親から解き放ち、父親に対するわれわれの嫉妬心《しっとしん》を忘れることに成功している。あの原始的な幼時願望を充《み》たしてくれる人物の前から、われわれは爾来《じらい》これらの願望がわれわれの内部にあってこうむっているところの抑圧の全力をあげて驚き退くのである。詩人は作中にエディプスの罪を暴露しつつ、たとい抑圧されているとはいえ依然として存在する近親相姦《そうかん》の衝動が潜んでいるところのわれわれ自身の心の中を認識させずにはおかないのである。合唱団が舞台を去るときのせりふ、

……「見よ、あれがエディプスだ。
むずかしい謎を解き、権勢並ぶ者のなかった男、
われわれがみなその幸福を称《たた》え羨《うらや》んだエディプスだが、
見よ、彼は今、何たる不幸のおぞましい波間に呑《の》まれてしまったことか」

この警告の声は、幼年時代以来、分別を増していかにも賢明に、いかにも力ある者となったわれわれ自身に、われわれの誇りの上に投げつけられるのである。われわれもまたエディプスのごとく、自然がわれわれに課したところの、道徳を傷つける願望を、それと知らずにいだきつづけて生きているのである。そしてこの願望が暴露されると、われわれは誰しも、幼年時代の諸場面から眼をそむけたく思うであろう。*

＊ 精神分析的研究が明らかにしえた調査事実のうちで、無意識界のうちに保存されて遺《のこ》っているこの幼児的な近親相姦傾向という事実ほどに烈《はげ》しい反対、憤激的な抗弁、滑稽《こっけい》な的はずれの批判を喚《よ》び起したものはない。最近では、近親相姦を、いっさいの経験を無視してただ「象徴的」なものとして容認しようという試みさえなされている。フェレンツィは『イマゴー』（第一巻、一九一二年）において、ショーペンハウアーの書簡の一項に基づいて、エディプス神話を巧みに解釈し直している。この『夢判断』において最初に触れられた「エディプスコンプレクス」は、その後研究が進むにつれて、人類史や、宗教道徳の発展などの理解に、意外に大きな意義を有することとなった（『トーテムとタブー』〔一九一三年〕を参照。全集第九巻）。

エディプス伝説が、性欲の最初のうごきのために両親に対する関係が不快にも掻《か》き乱されるということを内容とした、非常に古い夢の材料から出てきたものだという明白な証拠は、ソポクレスの悲劇の本文そのものの中に存在する。イオカステは、まだ事態をはっきりとは知らないが神託文句を思い出して心配しているエディプスを慰めて、自分が見たひとつの夢の話をし、神託も夢と同じようにあてにはならないという。そしてこういう夢はたくさんの人がよく見るけれども、そこに何の意味もありはしないのだから、と彼女はいうのである。

> なぜなら大勢のひとがこれまでにも夢の中で、母親といっしょに寝た夢を見たのです。けれどもそんなことを全然気にしないひとが人生の重荷を軽々と背負ってゆかれるのです。（第五幕、九五五行以下）

母親と性交をする夢は、ギリシアの昔と同じように、今日でも多くのひとがこれを見て、かつ憤《いきどお》りかつ訝《いぶか》ってひとに話す。明らかにこの夢は、この悲劇を解く鍵《かぎ》であり、父親が死ぬ夢の補充的存在である。エディプス伝説は、これら二つの類型的な夢に対する空想の反応であり、そういう夢が成人たちによっては嫌悪《けんお》感《かん》とともに体験されるそのごとく、エディプス伝説は恐怖と自己懲罰とをその内容の中へ採り入れなければならないのである。エディプス伝説のその後の形態もまた、この材料を宗教的意図のために役だてようとする誤解的な、第二義的な解釈に基づいている（露出夢の材料参照、四一〇ページ)。神の万能を人間の責任と結合しようとする試みは、この材料においても、他のすべての材料におけるがごとく当然失敗に終るはずである。

もうひとつの大悲劇、シェークスピアの『ハムレット』も、『エディプス王』と同じ地盤に根ざしているが、しかし材料は同じでも、その取扱い方がちがっている点にこそ、二つの遠く相へだたった文化時期の心理生活の大きな相違が、人類の情意生活における抑圧の幾百年間かにおける進歩が現われている。『エディプス』では、幼児の根本的な願望空想が、夢の中でのように明るみに引出されて、実現されているが、『ハムレット』ではそれが抑圧されていて、われわれはその存在を——ちょうど神経症の場合のように——ただその願望空想から発する抑制のはたらきによってのみ察知しうるのである。観者が主人公ハムレットの性格については何もはっきりしたことを知りえないということは、不思議なことだがこの作品の圧倒的効果とすこしも矛盾しない。『ハムレット』は、主人公ハムレットに与えられた復讐《ふくしゅう》という任務を果すことをハムレットが一寸のばしにのばすという点のうえに組みたてられている。何がこの逡巡《しゅんじゅん》の根拠ないしは動機であるか、これは本文を読んだところで一向にはっきりしない。また数多くの『ハムレット』論もこれまではこの点を明快に説明することができなかった。今日もなお支配的な、最初ゲーテがいいだした意見に従えば、ハムレットは、その潑剌《はつらつ》たる行動力を思考活動の過剰な発達によって麻痺《まひ》させられた人間のタイプを表現しているということになる（「思想の蒼白《あおじろ》さにむしばまれた」）。また別の見解に従えば、シェークスピアは、神経衰弱の領域に落ちこみつつある病的で優柔不断の性格を描こうとしたのだということになっている。ところがこの劇を見れば誰にもわかると思うが、ハムレットは行動することのできないような、そんな人間ではない。われわれは彼が二度決然として行動に出るのを見る。一度はか
っとして、壁掛けのうしろで立聞きをする男を刺し殺し、また一度は計画的に、いや狡猾《こうかつ》といってもいいほどに、ルネッサンス時代の王子さながらの泰然たる態度で、彼のいのちを狙《ねら》う廷臣ふたりを殺すのである。それでは一体全体、彼を抑止して、父王の亡霊が彼に課した任務を遂行させずにいたものは何なのか。この任務が特に困難なものだったからと説明する向きもある。ハムレットは何事でもしようとすればできるのだが、ただ叔父を殺すことだけはやりおおせない。叔父は父を殺し、母の傍《そば》にあって亡《な》き父の地位を占めている。この叔父は、ハムレットの幼児時代の抑圧された願望を実現しているのである。ハムレットを駆って復讐《ふくしゅう》を行わしむべき嫌悪感は、そんな次第でハムレットの気持の中では自己非難、良心の呵責《かしゃく》にとって代られていて、その自己非難と良心の呵責とは彼に向って「お前自身は、お前が殺そうとしているあの叔父よりもよりよい人間

ではないのだ」と語り告げているのである。ハムレットの心の中では無意識だったものを、私が意識的なものに翻訳すればこうなのである。ハムレットをヒステリー症患者と見る見方は、私は上に述べた私の判断から出た推論としてのみこれを承認しうる。それからハムレットがオフィーリアとの会話中に洩《も》らす性的嫌悪もまた以上の見解とよく調和する。この性的嫌悪は、その後シェークスピアその人の心の中に次第に高まっていって、シェークスピアは遂《つい》に『アゼンスのティモン』を描いた。ハムレットという人物の中からわれわれに語りかけてくるものは、むろん詩人自身の心の内幕なのである。ゲオルク・ブランデスはそのシェークスピア論（一八九六年）中に、この作品はシェークスピアの父の死後間もなく（父の歿年《ぼつねん》は一六〇一年）、すなわち父の死を悼《いた》む気持のなおさめやらぬころに、父に対する幼児期感情（といってもいいであろう）の復活を経験しつつ製作されたものだといっている。また彼の早死した息子の名前がハムネット（ハムレットと同じ）であったことも知られている。『ハムレット』が両親に対する息子の関係を取扱っているのに対して、『ハムレット』よりのちに書かれた『マクベス』は子のない人間をそのテーマとしている。普通すべての神経症的症状、いや夢さえも再解釈されるように、いや再解釈しなければ完全に理解されたとはいえないように、すべて真に芸術的な作品もまた、作家の心理生活における一個以上の動機と興奮とから生じきたったものなのであって、一種以上の解釈の仕方を許容する。ここに私は創造する詩人の心の中におけるもろもろの興奮のもっとも深い層の解釈を試みたにすぎない。*

＊ハムレットの精神分析的理解のための上記の暗示を、のちにE・ジョーンズが徹底させて、文献に現われたこれとは反対の意見に対して上記の私見を弁護した（『ハムレット問題とエディプスコンプレクス』、一九一一年）。シェークスピアの諸作品の筆者がストラトフォード出の人間だったという、上においてなされた前提は、その後すこし疑わしいと思っている。――『マクベス』の分析に関するこれ以上の研究については、私の論文『精神分析的に研究された性格典型の若干』（『イマゴー』、第四巻、一九一六年〔全集第十巻〕）およびL・イェーケルスの『シェークスピアの「マクベス」』（『イマゴー』、第五巻、一九一八年）について見られたい。

近親者の死を内容とする類型夢の議論をうち切る前に、夢理論に対して有するこういう類型夢の意義について若干述べておかなければならない。これらの夢は、抑圧された願望によって形成された夢思想があらゆる検閲の眼を免れて、形をなんら変えられることなしに夢の中へ入りこむという、実際異常な場合を実現してわれわれに示しているのである。こういうことが可能になるというのには、そこに何か特別の事情がなければならないはずである。私は、この種の夢が発生するのに好都合な条件をつぎのような二つの契機のうちに発見する。第一に、われわれにとってこれ以上縁遠い願望はないとわれわれが思いこんでいるということ。そんな望みを持とうとは「夢にも思いつかない」などとわれわれはいう。だからこそ、夢検閲はこの途方もないものに対しては備えができていないのである。ソロモンの立法に、父親殺しの罰がないのもこれとよく似ている。第二にしかし、この抑圧された・思いもかけない願望に対して、まさにこの場合ことさら頻繁《ひんぱん》に、自分にとって大切な人間の生命への心遣《こころづか》いという形で日中残滓《ざんし》がはなはだ都合よく結びつくのである。この心遣いは同内容の願望を利用しなければ夢の中に入ってこられないのであるが、この願望は日中活動していた心遣いの仮面をかぶることがある。これらいっさいの事柄が比較的に容易に運んで、日中に始めたことを夜の夢の中で継続するにすぎないなどと考えたならば、身内の人間が死ぬ夢はまさに夢解釈との関連をまったく失うわけであって、容易に解くことのできる謎《なぞ》が必要もないのに謎のままに残ることになるのである。

　不安恐怖夢に対するこれらの夢の関係を追求することもまたたいへん有益である。身内の者が死ぬ夢は、抑圧された願望が、検閲の眼を――および検閲のために起る歪《わい》曲《きょく》の手を――免れうるようなひとつの道を見いだしていることを意味している。その場合の必然的な付随現象が夢の中で傷《いた》ましい感情を味わうということなのである。同様に不安恐怖夢は、検閲が全面的にうち負かされるか、あるいは部分的にうち負かされるかする場合にのみ成立するのであり、他面、不安恐怖がすでに身体的源泉から積極的な刺激として与えられている場合には、検閲をうち負かすことはそのためにいっそう容易になる。こう考えてみると検閲がどういう意図でその職責を果し、夢歪曲を行おうとするかがはっきりしてくる。検閲は、不安恐怖あるいはその他の形式の苦痛感の展開を保護するために行われるのである。

＊

私は上に幼児の心の中にあるエゴイズムについて論じ、もう一度ここに幼児のエゴイズムに読者の注意を向けようと思うが、それは、夢もまたこういう利己主義的な性格を守っているという一関連を読者に察知してもらいたいからなのである。夢はすべて極端に利己主義的である。すべての夢の中には、変装しているにしろ「可愛《かわい》い」私が登場する。夢の中で充《み》たされる願望は通常この「自己」の願望である。他人への関心が夢を呼び起したかのごとく見えても、それはうわべだけのことなのである。私はここに、この主張に反するが如《ごと》き実例若干をあげて、これに分析を加えてみようと思う。

I

満四歳にならない男児の夢。《彼は大きな焼肉に野菜のそえてある大皿を見た。焼肉が突然そっくりそのまま――切りもしないで――食べられてしまった。それを食べた人間を彼は見なかった》*

* 夢の中に出てくる大きなもの・ありすぎるほどあるもの・度を越したもの・極端なものも幼年期の一特色だろう。子供は、大きくなりたい、何でも大人並にもらいたいという望み以外の烈しい望みを知らない。子供はなかなか満足させられない。これで十分ということを知らない。気に入ったものやおいしかったものの繰返しを求めて、飽くことがない。子供が「節度を守る」・分に安んずる・諦《あきら》めるなどということを学ぶようになるのは、これを教育に待たなければならない。周知のごとく神経症患者もやはり無際限・極端へと傾きがちである。

それほど大きな焼肉を平らげてしまった他人は誰か。前日の体験がこれを明らかにしてくれるはずである。この子は二、三日来、医者の指図で牛乳ばかりのまされていた。前の晩ぐずったので、その罰に夕食を与えられなかった。前にも一度こういう飢餓療法をやり抜いたことがあり、そのときはたいへん立派にやりとげた。彼は自分が何ももらえないのだということをよく知っていたのだが、お腹《なか》が空《す》いていると口に出していえずにいた。教育の効果がすでに現われはじめていたのである。これはすでに、夢歪曲の萌芽《ほうが》を示すこの夢の中に現われている。その願望がそういう豊富な御馳走《ごちそう》、しかも焼肉に向けられているところの、その人物は、この子供自身なのだということには疑いを容《い》れない。しかし彼は焼肉は禁じられているということを知っていたから、腹を空かせた子供が夢の中でやるように（私の娘アンナの苺《いちご》の夢を参照、二二二ページ）自分で食卓につこうとはしなかったのである。だから焼肉を平らげた人物は誰かわからぬままになっているのである。

II

私の夢。書店の陳列棚《ちんれつだな》に、いつも買っている叢書《そうしょ》の新刊の豪華版が一冊出ている（芸術家評伝、題目別世界史、著名な美術史跡等）。《新しい叢書の名称は「著名演説家（あるいは演説）」で、その第一冊にはドクター・レッヒャーの名がある》

議会の議事進行妨害派の引伸ばし演説家たるドクター・レッヒャーの名声が夢の中に出てくるとはおかしい。事情はこうであった、私は数日以前幾人か新しい患者の診療を引受けた。そのために十時間から十一時間にわたって毎日しゃべっていなくてはならない。だから私自身がそういう長広舌家なのである。

III

同じく私の夢。私の知っている大学の先生がこういう、《わたしの息子、あの近眼《ミューオープ》が》それから短いやりとりから成るある対話になり、そのつぎに私と私の息子たちの出てくる夢の第三部がくる。さてこの夢の潜在内容にとっては、父とか息子とか先生とかは私と私の長男の代りになっているかりの人物にすぎない。私はこの夢を別の一特色のゆえにまた後章でもう一度採りあげるつもりである。

IV

つぎの夢は、やさしい心遣いの陰にかくれた本当に卑劣な利己主義的感情の一例である。《私の友人オットーの様子がよくない。顔が土気色で眼がとび出している》オットーはうちの主治医で、年来私の子供たちのからだを診《み》ていてくれるし、病気になったりしたときは見事に治療してくれるが、そればかりでなく機会があるたびに子供たちにいろいろなものを贈ってくれる。このオットーに対して私は何も酬《むく》いることができずにいる。夢の前日やはりオットーはうちへやってきたが、妻が彼は疲れてぐったりしているように見えるといった。私の夢は彼にバセドー氏病の徴候若干を与えている。夢判断で私のやり方に従わない人なら、この夢を、友人の健康を気遣っている夢と判断するであろう。私の気遣いが夢の中で実現したというわけである。そうであればこれは「夢は願望充足なり」という主張に反するのみならず、夢は利己主義的な気持しか識《し》らないという別の主張にも反することになるが、そういう夢判断を行うひとは、なぜ私がオットーにバセドー氏病を気遣うのか(彼の外見には、このように診断を下すべきいわれは全然ないのだから)という点を説明する義務があるだろう。私の分析はこれに反して、六年以前に起った一事件からの、つぎのごとき材料をあばき出す。われわれ小人数の一行は(R教授もその中にいた)真っ暗闇《くらやみ》の中をNの森を馬車で通っていった。Nはわれわれの避暑さきから二、三時間ばかりのところにあった。馭者《ぎょしゃ》は少々酒気を帯びていたので、馬車を崖下《がけした》へ転覆させてしまった。誰にも怪我《けが》がなかったのはせめてもの仕合せだったが、そのかわりその夜は最寄《もよ》りの料理屋に一夜を明かさなければならなくなった。われわれの不慮の災難のしらせがたいへんな同情を惹《ひ》き起した。バセドー氏病の明白な徴候を見せているひとりの貴族が——とはいえ皮膚の土気色ととび出した眼だけが夢の顔と同じで、甲状腺腫《こうじょうせんしゅ》は全然なかった——出てきて、用があれば何なりといってくれといった。するとR教授がいつものようにはきはきと、「寝間着をお貸しくだされればそれで結構」と答えると、親切な相手は「どうもお気の毒ですが、それはちょっと私にはしてさしあげかねる」と答えて、行ってしまった。

分析を続けているうちに、バセドー氏病は医者の名前であるのみならず、ある有名な教育家の名前でもあることに思いついた（覚醒時《かくせいじ》の今ではどうもこれが少しあやふやな感じがする）。さてオットーは、突然何かが私の身の上にふりかかってきたときには、私に代って子供たちの身体上の教育、特に思春期（だから寝間着のことが出てくる）にその監督を頼んであった人間なのである。ところで私が夢の中でオットーにあの親切な貴族の病気徴候を与えたのは、私はそれによって明らかに、私の身の上に何事かがふりかかった場合、あの当時L男爵《だんしゃく》が親切に申出たにもかかわらず何もしてくれることができなかったように、わたしの子供たちに何もしてくれることはできないだろうということをいおうとしているのである。この夢の利己主義的な性格はこれでおそらくはっきりしたことと思う。*

* アーネスト・ジョーンズがアメリカ人の聴衆を前にして、ある学術講演で夢のエゴイズムを論じたとき、ある教養ある婦人がひとり、この非学術的一般化に対して抗弁し、「あなたがオーストリア人の夢について何事かおっしゃるのは一向に差支《さしつか》えないが、ア

メリカ人の夢については論ずる資格はない。現にこの私の夢はどれもまったく利他的なものばかりだから」といった。

この人種ご自慢の婦人に対する弁明としては、「夢はまったく利己主義的だ」という命題を誤解してはならないといっておきたい。そもそも前意識的思考中に現われてくるいっさいのものは夢の中（内容並びに潜在夢思想）へ入りこむことができるのであるから、利他的な感情の動きだってむろん夢の中へ入ってゆけるのである。同じようにして、無意識界中に存在するところの、他人へのやさしい恋しい気持も夢の中に現われることができるのであろう。だから上掲の命題のいっていることは、「われわれは夢の無意識的興奮の中に非常に頻繁に、覚醒時中では克服されているように見える利己主義的な諸傾向が見いだされる」という事実に制限されるのである。

しかしこの夢では、どこに願望充足が潜み隠れているのだろうか。オットーは私の夢の中では虐待《ぎゃくたい》される運命になっているが、オットーに対する復讐《ふくしゅう》に願望充足があるのではなく、それはつぎの点にある。つまり私はオットーをL男爵として表現することによって、同時に私自身をある別の人物、すなわちR教授と同一化させているのである。けだし私は、あの事件のあった当時RがL男爵に対して要求したように、オットーから何事かを求めているのである。問題はつまりこの点なのである。普通なら私が自分を教授にくらべるなどということは思いも寄らないことであるが、R教授は私同様に学校以外の道を独立に進んで、かなりの年輩になってから、授けらるべくして永く授けられることのなかった教授の称号を得たひとなのである。だから私はこの夢でもまた教授になりたがっているのである。いや「相当の年輩になってから」ということもひとつの願望充足である。なぜならこのことは、私の子供たちの思春期をもいっしょに経験するほども永く十分にこの世に生きてきたのだということを物語っているのだから（訳注「もう教授になってもいい時分だ」の意）。

気持よく宙を飛んだり、恐がりながら高いところから転落するような、他の類型夢については自分に経験がない。で、そういう夢について私がいうことはすべて精神分析のもろもろのケースに負っているのである。これによって得られた知識によって結論するに、これらの夢もやはり幼年期の諸印象を繰返しているのである。つまり子供にとってあれほどの魅力を持った運動の遊びに関係している。小父《おじ》さんたちは例外なく、子供を高々と差上げて空を飛ばせたり、膝《ひざ》の上に揺っていて突然膝をのばして子供を下へ落したり、高く持ち上げておいて、急に手を放すようにして子供をびっくりさせたりするではないか。子供は歓声をあげて、何度も何度も同じことをやってもらおうとする。ことに少々の恐怖と目まいとがそこに混入しているときはなおさらそうである。われわれは、それから幾年も経《た》ったのちに夢の中でそれを繰返すのであるが、夢ではかつてわれわれをささえてくれていた手をなくなしてしまう。そのためにわれわれは宙を飛んだり、墜落したりするのである。小さな子供は誰しもブランコやシーソーのような、そういった遊びを特に好むことは周知のごとくで、彼らがサーカスで軽業《かるわざ》を見たりすると、昔の記憶が新たにされる。＊多くの男の子にあっては、ヒステリー的発作は、非常な巧みさで行うそういう曲芸の再演のみから成りたっている。そういう、本来は無邪気な運動遊戯にさいして、性的感覚が呼び起されることも稀《まれ》ではない。＊＊それを、われわれがよく口にするところの、すべてこれらの行為を含めていう言葉でいうと、それは幼年時代の「せきたてる」ことであって、このせきこんだ、せきたてられた状態を飛行や墜落や目まいなどの夢が繰返すのであり、その「せきたてる」快感が成人した今では恐怖や不安に成り変っているのである。母親なら誰もよく知っているように、子供たちのせきたてごっこも実際は喧嘩《けんか》と涙に終るのがつねだといってもいい。

＊　われわれは精神分析的研究によって、体操的表現への子供たちの偏愛、およびヒステリー発作におけるその繰返しには、器官快感のほかにもうひとつ別の契機が参加していると推察する。すなわち人間や動物において観察された性交の（しばしば無意識的な）記憶像がそれである。

＊＊　これについては、私の同僚で年の若い、全然神経質でないひとりが、こういうことを話してくれた。「私は自分の経験から、むかし子供の時分、ブランコに乗っていると、しかも下の方へブランコがぐっと下がる瞬間に、陰部の辺《あた》りに一種独特の感じを受けた。この感じはむろん快感とは称しがたいものだったとはいえ、とにかく一種の快感だと見なさなければならない」——男の患者たちからよくきくことだが、彼らの記憶に残るところの、快感を伴った最初の陰茎勃起《ぼっき》は、少年時代の木登りにさいして現われたということである。——精神分析の結果によって判断するに、最初の性的興奮は幼年時代の押しくらまんじゅうのような遊戯に根ざしていると断言することができる。

睡眠中のわれわれの皮膚感覚の状態・肺臓の運動からくる刺激等々が飛行および墜落の夢を生ぜしめるという説明は、そんなわけで容認することはできない。これらの刺激そのものが記憶によって再生産されているのであり、その記憶に夢が関係しており、だからそれらの刺激は夢内容ではあるが夢源泉ではないのである。

以上によって一連の類型夢が完全に説明され終ったとはいわない。私の材料はちょうどここで私を見棄《みす》ててしまった。なんらかの心的動機がそれらを必要とするや否《いな》やこれら類型夢の皮膚刺激や運動刺激のすべてが呼び起され、またそれらにかかる欲求が対応しない場合にはそれらが無視されうるという一般的見解を私は固執したい。幼児期体験への関係も、神経症患者の分析において得られた種々の暗示から確実にたぐり出されるように思う。だがこの世の中を生きてゆくあいだに、ほかのどんな意味があの諸刺激の記憶に結びついてくるかということ——おそらくこれらの夢の類型的な現われにもかかわらず人によってそれぞれちがった意味があるのだと思われるが——これは私にはいうことができない。だからいつかうまい実例の慎重な分析によってこの間隙《かんげき》を埋めたいと思っている。飛行・墜落・抜歯などの夢は実に頻繁に見られるのにもかかわらず、私が材料不足を嘆くのを見て、変だと思うひともあるかもしれないが、実は私が夢判断というテーマに注意しだして以来、私自身こういう種類の夢を見た覚えがないのである。私が手に入れることのできる神経症患者の夢のすべてが解読できるわけのものではなく、また、それらの夢の隠れた最後の意図まで探りえないことも決して稀ではないのである。神経症形成に参加していて、神経症が治癒《ちゆ》したときにふたたび活動しはじめるところのある種の心的な力が分析の行く手にたちふさがって、最後の謎《なぞ》の正体を窺《うかが》わせないのである。

(γ)　試験の夢

卒業試験を受けて、高等中学校《ギムナージウム》の課程を終了した人は誰も、いつまでもしつっこく試験を内容とする不安な夢を見る。試験に落第してもう一遍原級を繰返さなければならないという例の夢である。ドクターの学位を持っているひとにはこれがすこし形を変え、自分が口述試験に合格していないことになっている。するとわれわれは、ねむりながらもそれに抗議を申しこむ、いや己《おれ》はもう数年前から開業しているのだとか、いや現に大学の無給講師を勤めているではないかとか、役所の課長をしているではないかとか。ところがそんな抗議をしてもだめなのである。さてこの試験に落第する夢は、われわれが幼年時代に、してはならないことをして受けた罰への消し去りがたい記憶なのであって、それがわれわれの修業期の二つの接合点において、つまり厳格な試験の「怒りの日なり、彼《か》の日は」において、われわれの心の中にふたたび新たなものになってくるのである。神経症患者の「試験恐怖」もまた幼児期の不安恐怖に結びついて増大する。われわれが学校生徒たることをやめてしまったのちは、われわれに罰を下すのはもはやわれわれを訓育する両親や学校の先生ではない。それからのちのわれわれの教育を引受けるのは、人生の容赦することなき因果の連鎖なのだ。そうなるといまやわれわれは、われわれがあることをきちんとやらず、まともに済ませなかったりした結果、われわれはそのために罰せられるだろうと予想したり、また、責任の重圧を感じたりするたびごとに、高等中学校の卒業試験や大学卒業のときの口述試

――試験に臨んで、十二分の自信を持っていられるる者はそうめったにいはしないのであるから。

　私は試験夢のもうすこしつっこんだ解明を、精神分析のことに明るい同僚の指摘に負っている。このひとがあるとき、学問上の話をしていてこんなことをいってくれた。つまり彼の知るかぎりでは、卒業試験の夢は、その試験に合格した人間にかぎって現われてくるものであって、それに失敗した者はこの夢を見ないというのである。その後次第にたしかめられたことであるが、あくる日に何か責任ある仕事と、それに対して非難をこうむる可能性とが予期されるような場合に見る不安な試験夢は、そういうわけで、大きな不安が不当なものであったことが知れ、事の成行きによって不安が解消されたような過去の一事件（訳注　たとえば、試験）を捜し求めているのかもしれない。これは覚醒時《かくせいじ》の検問所による夢内容誤解のきわめて著しい実例ではあるまいか。「しかし己は、このとおりもうちゃんとドクターになっているではないか」云々《うんぬん》という、夢に対する憤慨と解釈される抗議は、実際には夢が贈ってくれる慰めなのであって、その本当の意味はこうなのではあるまいか、「君は何も明日のことを怖《おそ》れる必要はないのだ。思い出してみたまえ、君はむかし卒業試験をひどく不安に思ったが、しかし何のこともなかったではないか。それに今では君はもうドクターなのだ」というようなことであろう。しかし、われわれが夢のせいにしている不安恐怖は、日中体験残滓《ざんし》に発したものなのである。

私は自分自身、また他人について、この解釈を吟味してみた。吟味のケースはそうたくさんあったわけではないが、しかしすべて一致していた。たとえば、私は法医学の口述試験には落第した。この試験のことはただの一度も夢に見たことがない。これに反して植物、動物、化学の試験を受けている夢はこれまでに何度見たかしれない。いずれも全然自信がないままに試験に臨んだのであったが、運がよかったのか、試験官のお情けかで、どれも無事に及第した。高等中学校時代の試験では、きまって歴史の試験の夢を見る。歴史の試験には堂々と合格したのだが、しかしそれは私の親切な歴史の教授が――別の夢の片目の救い手、三七ページ参照――私が先生に出した答案紙に、三問のうちの真ん中の問題に爪《つめ》で筋をつけて、この問題の解答は大目に見てくださいという意を籠《こ》めたのを見落さなかったからこそのことである。高等中学校の卒業試験は受けずに退学して、のちその追試験に合格、さらにその後士官試験に落第して士官に成れずにいる患者が私に話してくれたのだが、彼は前の試験の夢は頻繁《ひんぱん》に見るが、士官試験の夢は見たことがないそうである。

夢判断に対して、試験の夢もまたあの難点を、つまり私が前に多くの類型夢の一特色だといっておいたあの難点をつきつける。夢を見た本人がわれわれに提供してくれる連想材料だけでは、夢判断を行うのに十分ではない。この種の夢をよりよく理解しようと思うならば、実例をもっと豊富に蒐集《しゅうしゅう》しなければならない。最近のことだが私は、「君はもうちゃんとドクターじゃないか」というような抗弁は慰藉《いしゃ》を含んでいるばかりでなく、ある非難をも暗示しているというたしかな印象を受けた。それはこんな非難であろう、「君は今もうかなりの歳《とし》だし、もう人の世も永いこと見てきたわけだが、それでもまだそんなばかげたこと、子供じみたことをやらかすのか」かかる自己批判と慰藉とが混合していたほうが、試験夢の潜在内容によりよく釣り合うのであろう。そうだとすると、「ばかげたこと」や「子供じみたこと」のゆえになされる非難が、上に分析してみた実例若干において、叱責《しっせき》を受けた性的行為の反復繰返しに関係していたとしても、それはもはや怪しむに足りないのである。

「高等中学校卒業試験の夢」を最初に分析したのはW・シュテーケルであって、この夢は必ず性的試煉《しれん》と性的成熟とに関係しているというのが彼の意見である。私もこれを実地に幾度かたしかめてみることができた。

VI 夢の作業

夢がわれわれに提起するいろいろな問題に片をつけようとする従来の試みはすべて、われわれの記憶の中に残っている夢の顕在内容から直接に出発して、この顕在内容から夢の意味を探ろうとするか、あるいは最終的な夢判断を断念するような場合は、その夢に関する意見を、夢内容を指摘することによって基礎づけようとするか、そのいずれかであった。しかしわれわれ一派は、そこに全然ちがった事情を想定する。われわれは、夢内容と、われわれの観察の諸結果とのあいだに、ひとつの新しい心的材料を挿入《そうにゅう》する。われわれの研究方法によって得られた潜在夢内容ないしは夢思想が、つまりその新しい心的材料なのである。夢の顕在内容からではなしに、夢の潜在内容かられわれは夢の解釈を展開させたのであった。そこでわれわれはこれまでには存在しなかったひとつの新しい課題に直面する。すなわち、潜在内容に対する顕在内容の関係を探究し、かつはたしていかなる過程を通じて潜在内容が顕在内容へと成り変ってゆくかを跡づけるというのがその新しい課題である。

とは、夢思想（潜在内容）Traumgedanken と夢内容（顕在内容）Trauminhalt とは、同一の内容を種類のちがった二つの国語でいい現わした二つの文章のごときものである。あるいはこういったほうがいいかもしれない、夢内容（顕在内容）は、ある夢思想（潜在内容）を別の表現方法に翻訳したようなものであって、この別の表現方法の記号や組みたて法則を知ろうと思うならば、原典と翻訳とを照らしあわせてみなければならない。潜在内容は、それと知らされればわれわれに直ちに納得のゆくような性質のものである。これに反して顕在内容の方は、いわば一種の象形文字で綴《つづ》られていて、われわれはこの象形文字記号の一つひとつを潜在内容の言葉に翻訳してみなければならない。もしわれわれがこれらの象形文字記号を、その記号関係に従って読もうとせずに、その形象価値に従って読もうとしたならば、必ず迷路に踏みこむにちがいないのである。たとえばこんな判じ絵があるとする。一軒の家が描いてある。その家の屋根にはボートが一艘《そう》のっかっている。それから字がひとつ書いてあって、それにさらに駆けている人物の姿がひとつ描いてあり、この人物には頭がなくて、ただ略符号《アポストローフ》がついているだけというような判じ絵である。この判じ絵を真正直に受けとれば、事物のこういう組合せや、その各部分には全然意味がないという批評を加えることもできよう。ボートが屋根の上にくるはずはない。頭のない人間は駆けることなどできるものではない。それに、人間のほうが家より大きく描いてあるのも変だ。この全体がどこかの景色を現わそうとしているのだとしたら、ここに書いてあるばらばらの文字など、自然界に見られるべきものではないから、この場合不適当きわまりない。ところで私がこの絵の全体およびその細部に対して、今いったような文句をつけないで、描かれている事物の一つひとつを、ある綴り字なり、なんらかの意味においてそこに描かれている形象で、表現可能であるような語なりに置き換えてみるならば、そのときはじめてこの判じ絵は正解しえられるのである。この置き換えによってえられるいくつかの語は、もはや無意味なものではなく、もっとも美しくもっとも意味深い詩の一句を表現しうるのである。さて夢（顕在内容）はこういう判じ絵のようなものなのである。そして夢判断の領域におけるわれわれの先輩たちは、判じ絵を真正直に一枚の絵として解釈しようとする誤りを犯してきたのである。一枚の絵としてこれを見れば、こういう判じ絵が無意味で無価値であることは、むろん彼らのいうとおりなのである。

A　圧縮の作業

夢内容（顕在内容）と夢思想（潜在内容）とをくらべてみてまず第一に気がつくの

は、そこに非常に大がかりな圧縮の作業が行われているということである。夢の顕在内容は巨大で中身の豊富な夢思想にくらべるならば、簡略で貧弱で言葉少なである。夢は紙に書いてみればわずか半ページほどの分量しかなくとも、夢思想を含む分析はその六倍、八倍、十二倍ものページ数を必要とする。むろんこの比例は夢によって異なるが、私が調べてみたかぎりでは、この比例の意味には何の変りもない。普通ひとは、表面的な夢内容を完全な材料だと考えてしまって、そこに行われる圧縮の程度を低く見積りがちなのであるが、分析を進めてゆくと、夢の背後に隠された新しい思想がいくらも出てくるものである。われわれは、ある夢を完全に分析したという確信に到達することは決してないということは前にもいっておいたはずだが、これで大体満足だし疎漏《そろう》はあるまいと思っているときさえも、今まで知られることのなかった意味が、同じ夢の中から出てくるというようなことすらよくある。だから圧縮がどの程度まで行われているかは、厳密にいえば定めがたいのである。われわれはこう主張する。「顕在内容と潜在内容とのあいだのアンバランスからして、夢形成にさいしては心的材料に対してたいへんな圧縮が加えられたものと考える」これに対しては、一見まことにもっともらしい駁論《ばくろん》が提起される。つまりわれわれは、一晩中随分たくさん夢を見たように思うが、その大部分のものは忘れてしまったというような気になることがよくある。そうだとすると、眼を覚ましてからも憶《おぼ》えている夢は、もしわれわれが見た夢全部を完全に憶えていたなら、おそらく潜在内容と同じだけの分量であったと思われる夢全体のわずかな残り滓《かす》にすぎないのではあるまいか、というのがその駁論であるが、この駁論はたしかに一面の真理を含んでいる。事実われわれは、眼を覚ました直後に夢を思い出そうと努めるならば、見た夢をかなり詳細に復原しうるのだし、夢の記憶は時間が経過するにつれて次第々々に穴だらけなものになってゆくのであるから。とはいえしかし、思い出せるよりももっとたくさんの夢を見たという感じが実はひとつの錯覚に基づいていることもしばしばあるということを否定するわけにはゆかない（この錯覚がなぜ起るかは、あとで説明することにしよう）。のみならず、夢の作業における圧縮という仮説は、夢が忘れられることもあるという事実によってなんの影響もこうむらない。なぜならこの仮説は、夢の一つひとつの保存されて残った部分に属しているところの表象群によって証拠だてられるからである。夢の大部分が事実上忘れ去られているのならば、そのためにわれわれには夢思想の、ある新しい系列への道を辿《たど》ることができなくなってしまうだろう。われわれの記憶から抜け落ちた夢の諸部分も、残存部分の分析によってすでに知られている夢思想にのみ関係を持っていはしないかという期待は、ゆえなき期待だとしなければならない。*

＊数多くの夢研究家が夢における圧縮を指摘している。デュ・プレルは「夢において表象系列の圧縮過程が起っているということは絶対確実である」といっている（八五ページ）。

夢の分析にあたって、夢の顕在内容の一つひとつの要素は、人を実に種々雑多な思いつきへと導いてゆくが、その大量の思いつきの集団を顧みるとき、おそらく読者諸君はつぎのような原理的な疑問を持たれることであろうと思う。すなわち、夢の分析にさいしてあとから思いつくようないっさいの事柄を夢の潜在内容と見なすべきかどうか、つまりそれらいっさいの観念がはたしてすでに睡眠時中活動していて、夢形成に協力したのかどうかという疑問がそれである。それとも分析にさいして浮んできた思いつき、観念は、あとから付け加えられた新しいものであって、夢形成には参加していなかったのではあるまいか、という疑問がそれである。この反論には条件づきでしか賛成できない。一つひとつの観念結合が、分析のときになってはじめて生じたということはどの道正しいが、しかしそういう新しい観念結合は、すでに潜在内容中にそれとはちがった形で結合されていたような観念のあいだにしか起りえないということはこれを絶対に疑いえないのである。この新しい観念結合は、別の、もっと深いところにある結合方法の存在によって可能にされたところの、いわば間道、近道のごときものなのである。分析にさいして新たに発見された大量の観念集団については、それらはすでに夢形成のさいにも活動していたのだということを承認せざるをえない。なぜかというと、夢形成とは関係がないように見えるこういう諸観念の連鎖を辿ってゆくと、われわれは突如として一つの観念につき当る。それはすなわち、夢の顕在内容中にもなんらかの形で出ている観念であり、しかもそれなくしては夢の分析が不可能になってしまうような、そのくせかの観念連鎖に手がかりを求めなければとうてい発見できかねるような、そういった一観念なのである。この問題についてはたとえば上に引用した植物学研究論文の夢を思い出していただきたい。私はあの夢をとことんまで分析してはみせなかったが、それでもあの夢は、夢の驚くべき圧縮作業のいかなるものであるかを明瞭《めいりょう》に物語っていると思う。

さてそうなるとわれわれは、夢みることに先だつ睡眠時中の心的状態をいかに考うべきであろうか。すべての観念が並列的に存在しているのであろうか、あるいはそれらの諸観念は順次に現われてくるのか、あるいはいくつかの観念がそれぞれの中心点の周囲に同時に群がっていて、それらがあとになって合流するのであろうか。ここでぜがひでも夢形成にさいしての心的状態をはっきりとさせておくという必要は今のところまだすこしもないと私は考える。ただしわれわれは、相手は無意識的思考だということを忘れてはなるまい。その思考過程は、われわれが故意に、また、意識の支配下に行うところの反省思索によってわれわれの内部に認知する思考過程とは、当然別種のものでありうることを忘れてはなるまい。

しかし、夢形成がひとつの圧縮作業のうえに成り立っているという事実は確固不動のものである。さて、この圧縮ということはどういうふうに行われるのか。

発見された夢思想（潜在内容）のうち、そのごくわずかなものだけしか、そこに属する観念要素のひとつによって夢の中に表現されていないということを思うならば、この圧縮ということは省略という方法によって行われると結論すべきであろう。つまり夢というものは、それら夢思想の忠実な翻訳でもなければ、一点一画をすらおろそかにせぬその投影図でもなく、そのひどく不完全な、穴だらけの再現なのである。この見解は（ほどなくわかるように）非常に不十分なものである。だがさしあたりわれわれはこの見解に立脚して、さらにこう質問してみよう、「全体の夢思想のうちの、わずかなものだけが夢内容（顕在内容）の中に採用されるのだとすれば、そのさい行われる選抜試験の規準となる条件はいかなるものであろうか」と。

これを知るには夢内容（顕在内容）の諸要素に注意を向けなければなるまい。なぜならそれら顕在内容の諸要素は、われわれが今求めている諸条件に叶《かな》ったものに相違ないからである。この諸条件を発見するためのもっとも好都合な材料は、その形成に当って特に強度の圧縮が行われた夢がそれであろう。そこで私は二九一ページに報告しておいた夢を採用することにした。

一 「植物学研究書の夢」

夢内容 《私は植物(それが何であるかははっきりさせてない)のある種類について一冊の研究書を書いた。その書物は私の眼前に置かれてある。私は今ちょうどページを繰って、綴りこんである一枚の彩色図版を見る。この書物には、その植物の乾燥標本がひとつ添付されている》

この夢のもっとも顕著な要素は植物学上の研究書である。これは夢を見た前日の印象に関係している。私はある書店のショー・ウィンドーで、実際に「シクラメン」属に関する研究書を目撃した。夢の中には、研究書ということと、その植物学への関係のみが出てきて、シクラメンということは出てこない。「植物学研究書」は直ちに、私がかつてものしたコカインに関する研究に結びつく。コカインから観念結合は一方では祝賀論文集や大学の実験室での若干の出来事への線を辿り、他方ではコカインの利用に貢献するところのあった友人の眼科医ドクター・ケーニヒシュタインへの線を辿る。ドクター・ケーニヒシュタインはさらに、前日の夕方私がこの友人と行なった会話、しかし中断させられた会話を連想させ、また、医者同士のあいだで診療を受けた場合に報酬をどうしたらいいかという複雑な考えを連想させる。ところでこの会話こそ本来の積極的な夢刺激源である。シクラメン研究書も同様に現実的な意味を持つものではあるが、それは副次的性質のものにすぎない。すると夢に出てきた「植物学研究書」は日中の二つの体験間の、中間的な共通物であることがわかる。つまりそれは、どうでもいいような日中印象の中からそのままの形で夢の中に採用され、かつ自由自在な連想結合によって、心的に意味深い一体験と結びあわされたのである。

しかしながら「植物学研究書」という合成観念のみならず、その合成観念の構成要素たる「植物学」と「研究書」という二つのものもまたそれぞれ別々に、幾多の結合によって深くふかく本来の夢思想の迷宮中へと入ってゆくのである。「植物学」ということには、ゲルトナー(園芸師の意あり)教授・彼の花の咲いたような夫人・フローラ(花の意あり)という名の私の婦人患者・私が忘れられた花の話をしたあの婦人などへの記憶が結びついている。ゲルトナーはここでまた事新たに実験室やケーニヒシュタインとの会話を思い起させる。ケーニヒシュタインとの会話ではふたりの婦人患者のことが話題に上った。例の花の一件の婦人から観念の筋道はわきに分岐して、私の妻の好きな花へと走ってゆく。妻の好きな花にいたる道の、もうひとつ別の出発点は、日中に瞥見《べっけん》した研究書の標題（シクラメン）にある。そのほか、「植物学」は私の高等中学時代の一挿話《そうわ》や大学時代のある試験のことを思い出させるし、ケーニヒシュタインとの会話中に出てきた私の道楽という新しいテーマは、私が冗談に自分の好きな花といっている朝鮮薊《あざみ》を媒介にして、忘れられた花から発する観念系列に結びついてゆく。「朝鮮薊」の背後には、一方にはイタリアの思い出が、また他方にはそれをもって私が（爾来《じらい》すっかり馴染《なじ》んでしまった）書物への関係を結びはじめたところの少年時代の一場面への思い出が立っているわけである。だからして「植物学」というのは、夢の中で無数の観念系列が交叉《こうさ》しあう交叉点なのである。それらの観念系列があの会話において正当にも連絡づけられていることを私は確言しうる。われわれはさながら、かの織工の見事な手練を見るごとき、ある観念製作工場の只中《ただなか》に立ったようなものだ。

（一体思想の工場も
機屋《はたや》の工場のやうなもので）、

一足踏めば千万本の糸が動いて、
梭《ひ》は往《い》つたり来たりする、
目に止まらずに糸が流れる、
一打打てば千万の交錯が出来ると云《い》ふわけだ。

ゲーテ『ファウスト』(鷗外《おうがい》訳による)

ところで「研究書」は研究書で、私の研究の片寄っていることと、私の書物道楽の金のかかることとの二つのテーマに関係している。以上の吟味からわれわれは、「植物学」と「特殊研究書《モノグラフィー》」という二要素が夢の顕在内容中に採用されたのは、それらが多数の夢思想(潜在内容)と自由自在に接触することができるからなのだという印象を受ける。これら二要素は非常に多くの夢思想が関係しうる交叉点を表現しているからである。夢分析(夢判断)に関していえば、これら二要素は多義的だからなのである。どうとも解釈がつくからなのである。われわれはまた、この説明の根底にある事実をつぎのようにいいあらわすこともできる。「夢の顕在内容の要素の一つひとつは、夢の潜在内容の中にあっては多面的に、重層的にその代弁者を持っている」

それ以外の夢内容（顕在内容）の諸成分について、夢思想（潜在内容）中でのそれらの代弁者の有無を検討するならば、われわれはもっといろいろのことを知ることができる。私が開いた彩色図版（二九六ページ参照）は、私の研究に対する同僚たちの批評という新しいテーマや、私の道楽という、すでに夢の中に表現されているテーマや、彩色図版のある本のページをむしりとって遊んだ私の幼年時代の思い出などに結びつくし、植物乾燥標本は植物乾燥標本集についての高等中学校時代の体験に結びついて、その記憶をことさらに強調する。つまりそれやこれやで夢思想と夢内容とのあいだに成立している関係がどういう性質の関係であるかがわかるわけである。夢の諸要素が夢思想によっていくとおりにも規定を受けているばかりでなく、一つひとつの夢思想がまた夢の中では、それぞれに幾人もの代弁者を所有しているのである。夢の（顕在内容中の）一要素から連想の道はいくつもの夢思想へと走っており、ひとつの夢思想から道はいくつもの夢の要素へと走っている。だから夢形成は、個々の夢思想、あるいは夢思想のある一群が自分たちの簡略化されたものを夢内容として提供し、さらにそのつぎの夢思想が（ちょうどある選挙区の人々のあいだから代議士がひとり選び出されるといったように）やはり自分を簡略化したものを代表者として夢内容の中へ送りこむというような具合に行われるのではなくて、夢思想の群全体が一種の推敲《すいこう》を受ける。そしてこの推敲吟味によって、ちょうど候補名簿による代議士選挙制度のようにかなりの支持者のある要素、また、もっとも支持者の多い要素が、夢内容の中へ入ってゆく資格を獲得するという具合なのである。どんな夢をこういう方法で分析してみても私はつねにつぎのような、いつも同じ原則が実証されるのを発見する。すなわち夢の要素というものは夢思想の全体から作りあげられるということ、および夢要素のどのひとつも、それぞれいくつかの夢思想に関係を持っているということである。

今ここに夢内容と夢思想とのあいだの相互関係がことさら巧妙に絡《から》みあっている新しい実例をひとつあげて、この実例によって、夢内容と夢思想との関係を実証してみるのもむだではあるまい。それは私が閉所恐怖症の治療をしてやったある男子患者の夢である。この特に巧妙な夢の業績に、私がなぜつぎに記《しる》すような標題をつける気になったかは、ほどなく判明することと思う。

二「美しい夢」

《彼は大勢の人と一緒にX通りへ馬車を走らせた。X通りにはちょっとした料理店がある（これは実際と符合しない）。その料理店では芝居をやっている。彼は見物人になったり、役者になったりする。しまいに、また町の方へ出るのだから着物を着換えなければいけないということになった。そこにいた人たちの一部は平土間へ行けといわれ、他の一部は二階へ上がれといわれた。すると争いが起った。二階の連中は、下の連中がぐずぐずしているために下へ降りられないといっておこっている。兄は二階にいて、彼は階下にいる。彼は混雑がひどいので、兄に対して腹をたてた（この部分、不明瞭）。とにかくここに到着したとき、すでに階上へ行く者と階下にとどまる者とははっきりときまっていて、区分けされていた。それから彼は、町の方へ向って丘の上を走っているX通りを、ひとりで越えていった。歩いてゆくのがひどく難儀で辛《つら》くて、動けなくなりそうだった。中年の男がひとり道づれになって、イタリア王の悪口をいった。丘のはずれにきたころには、さっきよりずっと楽に歩けるようになった》

登りの辛さは、ひどくはっきりと感じられたので、眼が覚めてからも、夢かうつつかと疑ったほどだった。

顕在内容から見ると、これはあまり賞《ほ》めた夢ではない。いつものやり方にさからって、分析を、夢を見た本人がもっともはっきりと感じた部分からやりはじめてみることにする。

夢見られ、かつまたおそらくは実際に感じられたと思われる辛さ、すなわち呼吸困難の下に行われた難儀な登行は、この患者が数年前に実際に示した症状のひとつであって、これはその当時、他の諸症状と関連して（たぶんはヒステリー性の偽装だったらしい）結核症に関係づけられて考えられたものである。すでにわれわれは露出夢からして、夢独自のこの歩行困難の状況を知っているわけで、この場合にもやはり、この歩行困難の状況は常時用意されている一材料としてなんらかの他の事柄を表現する目的のために利用されているということがわかる。最初は難渋だったが、しまいには楽になったという夢内容の一部分は、この夢を患者からきいているうちに、ドーデの『サッフォー』の有名な見事な書きだしを私に思い出させた。あの小説では、ある男が恋人をかかえて階段を登ってゆく。最初は恋人のからだがまるで羽毛のように軽やかなのだが、上に行くにつれて次第に重たくなってゆく。この場面は、身分の低い、過去の曖昧《あいまい》な女に真剣に恋をしてはならないといってドーデが青年たちを戒めようとした、あの男女関係の経過を典型的に表現している。*患者がすこし前にある女優と恋愛関係に陥り、やがてまたこの関係を解消させていたことを私は知っていたけれども、私の夢判断上の思いつきが患者によって是認されようとは期待していなかった。それにまた『サッフォー』ではこの患者の夢とは事情が逆になっている。夢のほうでは最初が辛くて、あとは楽になる。小説中の、最初には楽だと思われたことが最後には重たい厄介物になるということはただ象徴のために用いられているにすぎない。ところが患者は、自分が前の晩に見た芝居の筋にこの解釈がぴったりあっているというので、私はびっくりしてしまった。それは『ヴィーンの場末』という外題《げだい》の芝居で、はじめは堅気だったある娘が商売女になり、身分の高い人たちとのあいだに関係を生じ、そのために「高みに登る」が、しかし最後には次第に「低いところへ下ってゆく」という身の上を取扱ったものであった。この芝居は私の患者に、何年か以前の別の芝居を思い起させた。それは『段から段へ』という外題の芝居で、その広告には幾段かから成っている階段の絵が描かれていたという。

* 詩人のこういう表現を評価するために、夢象徴の章に報告しておいた「階段の夢」の意義を考えられたい。

さらに分析を進めよう。X通りには実際に、彼が最近因縁深い関係をむすんだ女優が住んでいた。しかしX通りには料理店はない。だが彼がこの婦人のために夏の一部分をヴィーンで過したとき、ヴィーン郊外の小さなホテルに投宿（車を降りる）した。ホテルを出て馬車にのり、彼は馭者《ぎよしや》に向って「虱《しらみ》にたかられなかったのがせめてものの仕合せだったよ」といった（ついでにいうと、虱にたかられるというのも彼の恐怖症のひとつであった）。すると馭者は、「こんなところに泊れるもんですか。大体ホテルなんていうもんじゃない。実はほんの飯屋（小料理屋）なんですからね」といったという。

この宿という一語は患者にたちまちある詩の一節を思い出させた。

いみじくもやさしき宿に
われは近ごろ客となりぬ。

このウーラントの詩の「宿」とは、しかし一本の林檎の樹陰である。すると別の詩が患者の観念の連鎖を紡《つむ》ぎだす。

ファウスト（娘と踊りつつ）
いつか己《おれ》や見た好い夢を。（直訳すれば「美しい夢」・訳者）
一本林檎《りんご》の木があつた。
むつちり光つた実が二つ。
ほしさに登つて行つて見た。

美人
そりや天国の昔から
こなさん方の好きな物。

女子に生れて来た甲斐《かひ》に、
わたしの庭にもなつてゐる。

（鷗外訳による）

林檎の木、林檎の実の意味については説明の必要はあるまい。そういう美しい乳房こそ、それによってこの女優が私の患者の心をとりこにした数々の魅力の中の第一等のものでもあったのである。

このように分析してみると、この夢は幼年時代の一印象に関係を持っていることがよくわかる。そうだとすればこの夢は、今では三十に手が届こうというこの男の乳母《うば》に関係しているにちがいなかった。子供にとっては、乳母の乳房は事実上飯屋である。乳母もドーデの『サッフォー』も、つい最近に棄《す》てた恋人への暗示として夢の中に出てきたのである。

夢内容中には、患者の兄も出てくる。しかも兄は上に、いて、弟である患者自身は下、にいる。これもまた事実上の関係の逆である。なぜなら兄は、私のきいたところでは社会的な地位を失って、私の患者はそれを保っているからである。患者は夢を語るさいに兄は上にい、自分は「平土間」にいるということを避けた。そういっては強すぎることになるからなのである。なぜならわが国では、ひとが財産や地位を失ってしまうと、「下へ降りた」という言い回しが零落したという意味に使われるように、そのひとは今「平土間」だという。しかしこの実際の事情が夢では逆になっているということには何かそこに意味がなければならない。この逆転はまた夢思想と夢内容とのあいだにある関係にも当てはまるにちがいない。この逆転をいかに解すべきかについてはしかるべき手がかりがある。この患者が丘を登ってゆく条《くだり》もまた『サッフォー』の場合とは逆になっているが、その条を示す夢の最後の部分に、この手がかりが与えられている。そうすると、この逆転がどういう意味の逆転であるかが容易にわかる。つまり『サッフォー』では男が、自分に対して性的関係にある女をかかえているのだが、夢思想では問題はつまり逆に男をかかえる女にあるのであって、そしてそういう場合は、ただ幼年時代においてのみ起りうるのであるから、それは明らかにまた、乳呑児《ちのみご》を重そうに抱きかかえている乳母に関係する。という次第で、この夢の結末は、サッフォーと乳母とを、同一の暗示で表現するのに巧みに成功しているわけなのである。

詩人ドーデがサッフォーという名前を、サッフォーの生地と伝えられるレスボス島のある風習と無関係にではなく選んでいるように、人々が上と下とで何かやっているという夢の部分は、この患者の心を占領して、抑圧された欲望として、彼の神経症と大いに関係のあるところの、性的内容の空想を指示しているのである。夢の中に表現されているものが空想であって、実際にあった出来事の記憶ではないということ、これは夢判断そのものによって示すことはできない。夢判断というものは、われわれにただ思想内容を提供するにとどまっていて、その思想内容の現実性の確認という仕事はこれをわれわれにいっさい任せているのである。実際にあった事件と空想されただけの事件は夢においては——夢ばかりでなく、夢という心的所産よりももっと重大な心的所産の成立にあってもそうなのだが——さしあたりはまず、同一価値のものとして現われる。「大勢といっしょに」というのは、われわれがすでに知っているように秘密を意味する。兄は、「遡源《さくげん》空想作用」によって幼年時代の一場面中に置かれたところの、後年のすべての恋仇《こいがたき》の代表者にほかならない。イタリア王を罵《ののし》る紳士という挿入物《そうにゅうぶつ》は、最近の、それ自体ではさしたる意味のない一体験を媒介にして、身分の低い人間が上流社会へ割りこんでゆくことに関係している。それはあたかも、ドーデが青年に向って与える警告の横に、それとよく似たところの、乳呑児に当てはまる警告を添え置こうとでもしているかのようである。*

* 患者の乳母に関係を持つ状況の空想的性質は、この患者の場合乳母はすなわち母親であったという、客観的にたしかめられた事情によって証明される。それはそれとして、乳

母の乳を吸うことができたという状況を、もっとよく利用すればよかったのにという話の、若い男の残念がった気持（三四九ページ）を想起していただきたい。この気持がたぶんこの夢の源泉なのであろう。

夢形成にあたって行われる圧縮の段階を説明するのに好都合な第三例として、ある中年婦人の夢の部分的分析の結果を報告することにする。この婦人は精神分析の治療を受けている。重い不安状態に苦しんでいる当然の結果として、この婦人の夢にも性的な観念材料が豊富に含まれている。それと知って、この患者は最初驚きも怖《おそ》れもした。私はこの夢を徹底的に分析するわけにはゆかないから、夢材料が、はっきりとした関連を持たないままにいくつかの群に分裂するように見えるのもまたやむをえない。

三　「黄金虫の夢」

夢内容　《彼女は箱に黄金虫を二匹入れておいたことを思い出す。外に出してやらないと、窒息するだろう。蓋《ふた》をあける。虫はげんなり弱っている。一匹は開いている窓から外へ飛んでいった。もう一匹は観音開きの窓の扉で押しつぶされた。彼女は誰

かに窓をしめろといわれて窓をしめたからである（嫌悪《けんお》感《かん》の現われ）》

分析　夫は旅行中である。十四歳になる娘がわきの寝台でねむっている。彼女のコップの中に蛾《が》が一羽落ちこんでいることを、寝る前に娘が彼女に注意してくれた。しかし彼女は蛾を取出すことを忘れてしまったので、翌朝、蛾の死んでいるのを見てかわいそうに思った。前の晩に彼女は、いたずら小僧たちが一匹の猫を熱湯の中へほうりこんで、その猫がもだえ苦しむという話を読んだ。これら二つが、それだけではさしたる意味もない夢形成のきっかけである。動物虐待というテーマはなおも彼女の心を占領する。何年か前、娘が避暑先で、ひどく動物を虐待《ぎゃくたい》したことがある。娘はそのころ蝶《ちょう》の蒐集《しゅうしゅう》をやっていて、蝶を殺すために彼女に砒素をくれとせがんだ。あるときなど、蛾がからだにピンを刺されたまま永いこと部屋の中を飛び回るというようなこともあった。また別のときには、繭《まゆ》をかけさせるために飼っておいた幼虫の餓死しているのが発見されたこともある。この娘は、それよりももっと幼かったころには、かぶと虫や蝶の羽根をむしりとって遊ぶ癖があった。今ならとてもそんな無惨《むざん》なことはやれないであろうが。とても気のやさしい娘になっているのである。

　この対照が彼女を考えこませた。この対照は、エリオットの『アダム・ビード』のうちに描写されているような、外観と心根とのあいだにある対立矛盾を思い起させた。

美しいが虚栄心の強い愚かな娘、醜いが心根の美しい娘という対照関係である。ばかな娘を誘惑する貴族、清い心を持ち、清らかな振舞いをする労働者。うわべと中身とはちがうものだ。彼女が肉欲的な願望に責め苛《さいな》まれていることを、誰がうわべだけから見てとれるだろうか。

娘が蝶の蒐集を始めた同じ年に、その地方一帯が黄金虫（訳注　直訳すれば「五月のかぶと虫」）の大群に苦しめられた。子供たちは腹をたてて、黄金虫をつかまえてむごたらしく押し潰した。そのころ彼女は、黄金虫の羽根をむしりとってから胴体を食べてしまう男を見た。彼女自身は五月生れで、結婚も五月であった。結婚後三日目に彼女は実家の両親に宛《あ》てて、自分はたいそう幸福だという手紙を認《したた》めた。ところが実は決して幸福ではなかったのである。

夢の前の晩、彼女は古手紙を引っぱり出して、その中の真面目《まじめ》なのや滑稽《こっけい》なのを家の者に読んできかせた。娘のころの彼女に言い寄ったピアノの教師のひどく滑稽な手紙であるとか、彼女を崇拝するある貴族の手紙であるとか。*

＊　これが本来の夢刺激源である。

彼女は、自分の娘のひとりがモーパッサンの子女教育上好ましからぬ本をこっそり手に入れて読んでいたことについて自分自身を責めた。* 娘がかつてせがんだ砒素は『ナバブ』中のドゥ・モラ公に青春の力を取戻してくれた砒素の丸薬を思い出させた。

＊ つぎのごとく補足すべきか、「そういう本は若い娘には毒である」彼女自身、若いころ、禁断の書物を多量に読んだ。

「外に出してやる」（自由にしてやる）に対しては、彼女はモーツァルトの『魔笛』中の一節を思い出す。

お前に愛を強《し》いることはできないが、
けれどもお前を自由にはしてやらぬ。

『黄金虫』についてはクライストの『ケートヒェン』の一句が思いついた。*

おん身はわたしにまるで黄金虫のように惚《ほ》れこんでいる。

＊ 観念系列はさらに同じ詩人の戯曲『ベンテジレーア』に通じている。すなわち愛人に対する残忍がそのテーマである。

そのあいだに『タンホイザー』の「おん身は邪《よこしま》なる欲情に燃えたるがゆえに――」の文句が入ってくる。

彼女は旅行中の夫の安否を気づかって日々を送り迎えている。旅先で夫の身の上に不慮の災難がふりかかりはせぬかという恐怖は、日中のいろいろな空想になって現われてきた。すこし以前のことであるが、彼女は分析診療中に、自分の無意識的な想念中に夫の「老人臭さ」についてのある不平がふくまれているのを発見した。この夢が隠蔽《いんぺい》している願望思想は、私がつぎのような話をここに書いておけばもっともはっきりと読者に理解されるだろうと思う。すなわち彼女はこの夢を見る数日前に、何か仕事をしている最中に突然心の中にある命令の文句が浮んできた。そしてびっくりした。それは自分の夫に対する命令だった。「首をくってしまえ」というのがそれであった。あとでわかったが、そのことの起る二、三時間以前に、彼女は何かの本で、縊死《いし》のさいには陰茎がひどく勃起《ぼっき》するということを読んだのであった。こういう勃起に対する願望が、この驚き呆《あき》れさせるような変装の下に、一時抑圧を免れて外に顔を出したのである。「首をくってしまえ」というのは、「どんなことをしても構わないから陰茎が勃起するようにしてもらいたい」というのと同じ意味である。『ナバブ』中のドクター・ジェンキンスの砒素《ひそ》丸薬もつまり陰茎勃起のための一手段である。しかし彼女はまた、もっとも強力な性欲刺激剤たるはんみょうはかぶと虫を潰して作る（いわゆるつちはんみょうかぶと虫）ということも知っていたのである。この夢内容の主要部分はつまりこういう事柄を目ざしているのである。

彼女は、窓をあけておく、しめておくということではいつも夫と言い争っていた。彼女は窓をあけてねむるのを好み、夫は窓をしめてねむるのを好んだ。げんなり弱っているのは、日ごろ彼女が不平に思っている夫の主要症状である。

ここに報告した以上三実例においては、夢要素の多面的な関係を際《きわ》だたせるために、夢要素のそれぞれが夢思想の中に復活してくる部分に傍点を付しておいた。しかし以上三つの夢はどれも完全に分析され終ってはいないので、夢内容の夢思想への多面的関係を証拠だてるためには、その詳細な分析を報告しておいた夢を例に採るほうがいいだろうと思う。その目的で、私はここにもう一度「イルマの夢」を持ち出すことにする。この夢を観察すれば、夢形成にあたって圧縮の作業が一個以上の手段を使用しているということが容易に理解されるであろう。

夢内容の主人公は私の患者イルマで、このイルマは現実のイルマそのままの姿で夢の中に現われてくるから、イルマその人だといってもいい。ところが、私がイルマを窓ぎわで診察するときの状況は、別の人物の記憶から採ってこられている。すなわち、夢思想の示すごとき、私がイルマをその人と取換えたいと考えている別の女性がそれである。イルマの咽《のど》にディフテリア性の苔被《たいひ》が見られるという範囲内では、これは私に自分の長女に対する心配を思い出させるから、イルマは私の娘を表現していることになる。ところがこの私の娘の背後には、同じ名前という関係で結合されて、別のひとり、中毒のために死んでしまった女性患者の姿が隠れているのである。夢が進行するにつれて、イルマという人間の意味に変化が起ってくる（しかし夢の中のイルマの姿形は元のままなのである）。イルマは私たちが小児施療所《せりようしよ》の外来患者診療で取扱っている子供たちのひとりになる。その診療にあたっては、同僚たちは各々《おのおの》の精神的素質の相違を示す。こういう移行は、明らかに私の娘という観念を媒介として可能になったのであろう。口をひらくのをいやがるということによって、イルマは私がかつて診察した別の婦人を暗示するとともに、さらに同じ関連において私自身の妻をも暗示していることになる。そのうえ、私が彼女の咽喉部《いんこうぶ》に発見した病的な諸変化の中において、私はそれら以外のたくさんの人物への暗示を総合しているわけなのである。

イルマという一人物を追求してゆくうちに私が出会うこととなったこれらすべての人物は、夢の中に現実そのままの姿形で現われてはこない。彼らは夢の中の人物「イルマ」の背後に隠れている。こうしてイルマは、むろん相矛盾する諸特性を具《そな》えた一個の総合像へと作りあげられているのである。イルマは、圧縮作業のために棄《す》て去られた別の幾人かの人物の代表者となり、私は私でこれら幾人かの人物についてあれこれと思い出すことを、すべてイルマという一人物の身の上に起らしめているのである。

私は、ふたりあるいはそれ以上の人物の目ぼしい特性を一個の夢の像のうちに統合することによって、別のやり方でも夢圧縮のために一個の総合人物を作りあげることができる。私の夢の中に出てきたドクター・Mはそのようにしてできあがった一人物である。なるほどこの人物は、ドクター・Mという名前を持ち、ドクター・Mのごとく話したり振舞ったりするけれども、この人物のからだの特徴や病的症状は、実は別の人物、つまり私の長兄のそれなのである。蒼白《あおじろ》い顔色ということだけは、Mにも長兄にも現実に共通している一点であるから、この点だけは二重に規定されている。私の「伯父の夢」に出てくるドクター・Rもまた、やはりこういう混合人物である。しかしRの場合は夢の中の像が別の仕方で作られている。私は、一方の人物が所有している特徴を、他方の人物が所有している特徴と結びあわせて、そのためにある人物の記憶像中から若干の特徴を削り取ったのではなくて、ガルトンが家族写真をつくるさいに採った方法、つまり二つの像を重ねあわせたのである（そうすると両者に共通の特徴はいっそう強く出てくるのに反して、両者それぞれの相異なる特徴のほうは相殺しあって消滅してしまい、複合写真の中ではそこはぼんやりしてしまう）。そんなわけで「伯父の夢」では、ブロンドのひげが、二人物に共通し、そのためにひとつに融《と》けあって強調された特徴として際だつのである。このひげはさらに、髪が白くなるという関係によって媒介されて、私の父および私自身への暗示をも含んでいる。総合人物、混同人物の作製は、夢における圧縮作業の主要な作業手段のひとつである。この問題はのちに別の関連において論ずることになろう。

「注射の夢」の中の「赤痢《デュゼンテリー》」という思いつきもまた同様多面的にも規定を受けているのであって、一方ではディフテリーという言葉と言いちがいを生じやすいその同音性、また他方ではヒステリー症と誤診されたところの、私が東洋への旅に出してやったあの患者への関係がそれぞれこの「赤痢」という観念に結びついている。同じ夢の中に「プロピレン」ということが出てくるのも、圧縮ということの興味ある実例と見なしてよかろう。夢思想の中にあったのは「プロピレン」ではなくて「アミレン」であった。それは、夢形成における単純な移動 Verschiebung ということではないかというひとがあるかもしれない。事実、これはその移動なのだが、この移動は、つぎの補足的分析によってわかるように、圧縮の目的に奉仕している。私がしばらくこの「プロピレン」という言葉に注意をとどめていると、音のよく似た「プロピレーエン」という言葉が念頭に浮ぶ。しかしプロピレーエンという建物はアテネにあるばかりでなく、ドイツのミュンヘンにもある。この夢を見るより一年以前に私は当時重病に罹《かか》っていた友人をミュンヘンに訪《たず》ねたことがある。夢の中で「プロピレン」に続いて「トリメチラミン」なる語が現われてきたことを考えれば、この友人のことが夢思想中に含まれていることは論をまたない。

この夢の場合にも、また別の夢の場合にも、夢を分析してみると、本来はその価値をまったく相異《あいこと》にする諸観念系列が、あたかも同価値的なものであるかのように取扱われて観念結合を行うという注目すべき事情があるが、今ここではその事情を詳しく見ることなく、そのままにしておいて、夢思想中のアミレンが夢内容ではプロピレンによって代用されるという、その過程をもっとはっきりさせてみることにしよう。

さて一方には私の友人のオットーを中心とする観念群がある（このオットーは私を理解せず、私を不当だと考え、そして私にアミレンの匂《にお》いのするリキュール酒を贈ってくれた人だ）。他方には、ベルリンの友人ヴィルヘルムを中心とする観念群がある（ヴィルヘルムは私を理解している。私のやり方を正しいといってくれるであろう。また、私が非常に多くの貴重な報告、ことに性的事象の化学に関する報告を負っている人である）。この両観念群は対照関係によって結合されている。

オットーの観念群で私の注意をことさらに惹《ひ》くものは、この夢を私に見させた最近のきっかけによって規定されていて、「アミレン」は、夢内容に利用さるべくあらかじめきまっているところの、これら特に適当な諸要素に属している。豊富な観念群「ヴィルヘルム」はまさにオットーとの対照関係によって生気づけられていて、その群の要素のうちでは、「オットー」の観念群中すでに喚《よ》び起されているところの要素を思わせるようなものが特に強調される。この夢全体において私は、私に不快の念を覚えさせる一人物から離れて、私が望みのままにその一人物に対抗させることのできる別の一人物に頼り、また、一つひとつの点について、不快な敵に向って私の味方を呼び出して対抗させている。つまりたとえばオットー群における「アミレン」は、ヴィルヘルム群中においても化学の問題圏から何か似よりの記憶を呼び起そうとする。すなわち「トリメチラミン」が多方面からの支持を受けて、夢内容中に入ってくる。「アミレン」とてもそのまま形を変ずることなく夢内容の中へ入ってこようと思えばこられたわけであろうが、しかし「アミレン」はヴィルヘルム群の優勢の前に負けてしまう。というのはこの名称が包含している記憶圏中から、「アミレン」に対して二重の規定を与えるような一要素が選び出されるからである。「アミレン」は容易に「プロピレン」を連想させる。この「プロピレン」に向って「ヴィルヘルム」群中から、プロピレーエンを持ったミュンヘン市が接近してくる。「プロピレン」「プロピレーエン」において、上記二つの観念圏が相会する。そうして今やこの中間的な要素は、妥協したような形で夢内容の中へ入ってくるのである。こうしてここに、いくつものの規定を甘受する一個の中間的な共通物が作りあげられたことになる。こう考えてくると、ある要素がいくとおりにも規定を受けている（諸方面にそれぞれ糸を引いている）ということこそ、それが夢内容中に入りこむのを容易にしているにちがいないということがこのうえなくはっきりと理解されるであろう。こういう中間物形成の目的をもって、注意力の方向がその本来指向していたものから、手近かに連想されるものへと移動したのだということは疑いを容《い》れない。

注射の夢を吟味することによって、われわれはすでに、夢形成における圧縮過程を多少は概観することができた。われわれは、夢思想の中ではいろいろの形を採って現われている要素からの一要素の選択、新たな統一的形象の形成（総合人物、混合形成物）、中間的な共通者の作製などが、夢の圧縮作業の個々の特色であることを知りえた。しかし、なんのために圧縮というようなことが行われるのか、また、圧縮は何ものの要求に基づいて行われるのか、こういう問題は、夢形成における心的諸過程を総括的に把握しようと試みる機会がきたときにこれを考えてみることにしよう。そして現在のところは、夢思想（潜在内容）と夢内容（顕在内容）とのあいだの注目すべき一関係としての圧縮というものを確認しただけで満足するとしよう。

夢の圧縮作業の有様は、この作業がこれから圧縮しようとする対象に言葉と名称とを選び与えるときにもっとも明瞭《めいりょう》になるのである。夢というものはしばしば言葉を事物のごとくに取扱う。そして言葉は、事物の表象と同じような合成作用を経験する。滑稽《こっけい》な、そして奇妙な造語は、そういう夢の所産である。

(一) あるとき、同僚のひとりが論文を私に送ってきた。その論文は近世のある生理学上の発見を（私の見るところでは）あまりにも高く評価しすぎていて、ことに誇大な言辞で論じたてたものであった。その夜、私は、明らかにこの論文に関係している一文章を夢に見た。《これはまったくノレクダール norekdal な文体だ》最初私はこの合成語をどう分解していいかわからなかった。「途方もない」kolossal とか「法外な」pyramidal というような形容詞の最上級を洒落《しゃれ》てもじったものだということは疑いえなかった。しかしこれがどこから出てきた言葉なのかはわからなかった。やっとのこと、この難物はイプセンの有名な二戯曲『ノラ』と『エクダール』という二つの名称に分解された。私がその最近の論文を夢の中でこんなふうに批評したところの、その同じ人間が新聞に書いたイプセン論を私は以前読んでいたのである。

(二) 女性患者の短い夢。この夢はばかげた言葉結合に終る。彼女は夫といっしょにどこかの農村のお祭りに行っている。そうして《今にみんなマイストルミュッツ玉《とう》蜀黍《もろこし》 Maistollmütz になっておしまいになりますわ》といいながら、彼女は夢の中で、玉蜀黍 Mais のお菓子、一種のポレンタ Polenta のことかしらとぼんやりと考えている。分析してみると、この語は、玉蜀黍 Mais ―― 乱痴気騒ぎ toll ―― 男狂いの mannstoll ―― オルミュッツ Olmütz（地名）と分解され、これらの語はすべて、親《しん》戚《せき》の人たちと食事のときに交わした会話の名残《なごり》であった。玉蜀黍 Mais の背後には、ちょうど今開催されている記念博覧会への暗示のほかに、マイセン Meissen（一羽の鳥を現わしたマイセン産の陶器の置物）、ミス Miss（彼女の親戚にあたるイギリス婦人は、オルミュッツ Olmütz に向って旅だっていった）、ミース mies 冗談にいわれるユダヤ人の俗語の「いやな、気持のわるい」などという言葉が隠れていた。そして観念や連想脈絡の長い糸が、この奇妙な言葉のかたまりが持っているどの綴《つづ》りからも出ているのであった。

（三）　若い男の夢。この男は前の晩、知人の訪問を受けた。訪客は夜遅く呼び鈴を鳴らして、名刺を置いて帰った。《ある事務員が夜遅く屋内電信機を修繕するために待っている。その男が行ってしまってからも、電信機は、継続的にではないが断続的に鳴りつづけている。下男がその男をまた連れてくる。男はいう、「不断トゥーテルライン tutelrein な方々がこんな故障を直すことができないなんて変ですね」》

この夢の無意味な動因は、ただ夢の諸要素のひとつを覆《おお》い隠しているにすぎないことは明白である。そもそもこの動因が意義を帯びえたのは、それがこの男の昔の一体験と関係を持ちえたからである。ところでその昔の一体験というのも、それだけではたいした意味のないものなのだが、この男の空想によって代表的な意義を与えられたのである。父親といっしょに過した幼年時代、彼はあるとき寝ぼけてコップの水を床にこぼした。そのために屋内電信機の電線が濡《ぬ》れて、継続的に電鈴が鳴って父親のねむりを妨げた。継続的に鳴る音は濡れるということと関連するところから、継続的に鳴る音は滴のたれることの表現に使用されたのである。しかしトゥーテルラインという語は三方向に分解される。そして夢思想中に代表者を持つ三つの観念を指向している。トゥーテル Tutel はクラーテル Kuratel のことで「後見」の意味である。つぎにトゥーテルは（おそらくは、トゥッテル Tuttel）女の乳房を現わす俗語である。ライン rein（清潔な）は、床を濡らすことと大いに関係があり、かつはまたこの男の家族の一員が持っている名前のひとつを暗示するところのツィムマーライン Zimmerrein（室内清潔）という語を作り出すために、屋内（室内）電信機 Zimmertelegraph の最初の綴り字、屋内（室内）Zimmer を受継いだのである。*

* 綴りをこんな具合に分解したり合成したりすることは――これこそ本当に綴り字の化学

だが――覚醒時中《かくせいじ》では、われわれがいろいろな冗談をいうときによく用いる手段である。「いちばん安く銀を手に入れるのには、ポプラ（Silberpappeln で、Silber は銀、pappeln はおしゃべりの意だが、Silberpappeln でポプラの意になる）の並木道へ行って、黙れといって、おしゃべり（pappeln）がやんだら、あとに残った銀を持ってくればいい」最初私のこの著書を読んでくれた批評家は、この著書の中に出てくるところの夢を見た本人である人たちには、どうもすこし頓知《とんち》がありすぎるように思う、といって非難した。この非難は、この批評家以外の読者もまた繰返したく思う非難であろう。この非難は、夢を見た本人に関係しているかぎりは正しい非難だが、もしこれが夢判断を行なっている私自身に向けられたものだったとしたら、これはいわれのないものだといわざるをえない。私は平生まことに機知に乏しい人間なのである。私の見た夢が機知に富んでいるとしたら、それは私自身が実際に機知に富んでいるということの証明ではなくて、夢を作りだす独特の心理学的諸条件からしてそうなるのである。そしてこのことは「機知に富んだもの」・「滑稽なもの」の理論と密接な関係を有する。夢が機知縦横であるのは、夢というものには自己の思想を真っ直《ま》ぐ《す》に、また、率直に表明する道が開かれていないからなのである。夢はやむをえずして機知的たらざるをえないのである。私の患者たちの見る夢は、私自身の夢と同じように、いやそれ以上に、機知的な、冗談めかした印象を与えるであろう。ともあれ、あの非難が動機となって、私は、機知の技巧を夢の作業と比較しようと思いたって、一九〇五年には『機知とその無意識への関係』（全集第六巻）を公《おおやけ》にすることになった。

（四）私の見たかなり長い混乱した夢で、船旅をいちおうの中心点にしている夢がある。その中でつぎの寄港地はヒヤジング Hearsing さらにそのつぎのはフリース Fliess ということになっていた。このフリースのほうはB市に住んでいる私の友人の名前で、私はよくそこへ出かけてゆくことがあった。しかしヒヤジングのほうは、ヴィーン近郊のいくつかの地名（ヒーツィングとかリージングとかメートリングとか〔メーデリッツ Medelitz はラテン語では meae deliciae で、この名の意味は「私の喜び」meine Freud である〕（訳注 Freud フロイトはいうまでもなくこの著者フロイトという名前と同じもの）と、それから英語のヒヤセイ hearsay（風説）とから合成されたものであろう。英語のヒヤセイのほうは誹謗《ひぼう》の意があり、かつまた、日中の些細《ささい》な夢刺激源と関係を持つ。それはザークトエア・ハットエアゲザークト（訳注 Sagter Hatergesagt で、人名らしく見せかけた言葉の洒落で、その意味はザークトエアのほうは「彼はいう」ハットエアゲザークトのほうは「彼はいった」で、「彼はいう、彼はいった」氏というほどの洒落である）という名前の、悪口屋の一寸法師が書いた『パンフレット』誌中の詩であった。語尾綴りイング -ing のフリース Fliess という名前への関係によって、フリッシンゲン Vlissingen という語ができあがる。これは私の弟がイギリスから私たちのところへやってくるときに通過する寄港地の名前である。さてこのフリッシンゲンを英語にするとフラッシング flushing（訳注 ほおなどを赤らめる意の）となり、この語は私が診療している「赤面恐怖症」の女性患者を連想させ、また、そのために私が腹をたててしまったところの、この神経症に関するベヒテレフの最近の一論文をも連想させる。

（五）　私の別の夢。これは二つの別々の部分から成りたっている。その第一の部分は、アウトーディダスケル　Autodidasker　という、はっきりと記憶に残っている一語である。第二の部分は、「このつぎN教授に会ったら、『先日あなたにその病状のことで御相談申上げたあの患者は、まったくあなたがご推察なさったとおり、実際はある神経症に罹《かか》っていたにすぎなかったのです』といわなければなるまい」という短い単純な内容の、二、三日前に私が考えていたこととぴったり一致するものであった。さてこの新造語「アウトーディダスケル」Autodidasker　は、それが複雑な意味を含むか、あるいはそれを代理しているかのどちらかだという要求を満足せしめなければならないのみならず、また、その意味は、私が眼を覚ましてからのちふたたびそう決心したこと、つまりN教授に今いったような賛意を表明しようということともうまく関連を保つものでなければならない。

ところで、アウトーディダスケル　Autodidasker　はあっさりとアウトール　Autor（著述家、筆者）・アウトーディダクト　Autodidakt（独学者）・ラスケル　Lasker

（人名）に分解される。このラスケルという人名には、ラッサール Lassalle という別の人名が結びつく。これら各語の最初のものは夢の（この場合は重要な）動因に導いてゆく。つまり私は自分の妻に、ある有名な著述家の書物を幾冊か持ってきてやった。私の弟はこの著述家と知合いであった。また仄聞《そくぶん》するに、この人は私と生れ故郷をともにしていた（J・J・ダヴィートのことである）。ある夜のこと、妻は私を相手に、ダヴィートの短編小説の一編の中に描かれている才人の零落する感動的な話から受けた深い印象を話題に上せた。それから私たちの話題は、私たちの子供らのうえに認められる才能の現われというテーマに転じた。読んだばかりの小説にすっかり影響されていた妻は、子供らに関するある憂慮を洩《も》らしたが、私は「そういう危険こそまさに教育によって避けられるものなのだ」といって妻を慰めたのである。その夜、私の思念はこのテーマをさらに追求し、妻の憂慮を私の憂慮とし、それにその他いろいろの事柄をからみつかせた。ダヴィートが私の弟に向って、結婚に関していった一意見は、私の考えにひとつの別の道を示した。この別の道は夢の中にも現われてきた。この道は、私たちが非常に親しくしている一婦人が結婚後赴《おもむ》いたブレスラウ市に通ずるものであった。私の夢思想の核心を成していた憂慮というのは、女のために身を滅ぼすというのであったが、この憂慮に対して私はブレスラウ市ではラスケルとラッサールという実例を見いだしていた。この二実例は、災厄を招くこの影響の二つの途《みち》を同時に私に対して示すものであった。* これらの考えを要約するところの「女を選べ」ということは、今いったのとは別の意味で私に、アレクサンダー Alexander という名の未婚の弟のことを思い出させた。そこでこういうことに私は気づく、アレクサンダーを短くいうと普通アレックスというのだが、このアレックス Alex はラスケル Lasker を逆にしたもののように響くということ、それからこの契機は私の考えにブレスラウ市を経由する迂路《うろ》を教えるのに協力しているのに相違ないということである。

* ラスケルは進行麻痺《まひ》、つまり女から移された伝染病（黴毒《ばいどく》）のために死んだし、ラッサールはある婦人のことで決闘して、命を失った。

私がここで行なっているような名前や綴りを相手の戯《たわむ》れには、しかしさらに、もっと深い意味がふくまれている。それは弟のために幸福な家庭生活を望む気持を現わしているのである。しかもつぎのような方法で。つまり、私の夢思想に内容的には近いものであるに相違ないゾラの芸術家小説『創作』において、ゾラは明らかに自己自身およびその家族の幸福を挿話《そうわ》風《ふう》に描き入れているが、彼自身はこの作品中にサンド

Sandozという名前の人物として登場してくる。ゾラはこの変名をつぎのような具合に作りあげたのにちがいない。(それは子供たちがおもしろがってよくやることだが)ゾラZolaをさかさに書くとAlozになる。しかしゾラは、それではまだあまりはっきりしすぎていると思ったのか、アレクサンダーAlexanderという名の頭綴りでもあるところのアルAlを、同じくこのアレクサンダーの第三綴サントsandと取換えたのである（訳注 Alexanderは分綴すればAl-ek-sand-erとなり、sandはしたがって第三綴りになる）。こうしてサンドSandozができあがったのである。つまり私の夢の中のアウトーディダスケルもやはりこんなふうにしてできあがった新造語なのである。

私がN教授に向って「私たちふたりが診《み》たあの患者は、ある神経症をわずらっているにすぎないのです」といおうという私の空想は、つぎのようにして夢の中へ入りこんできた。すなわち、インターンを終える直前、私はどうにも診断のつかない患者にぶつかった。重症の、おそらく脊髄《せきずい》の病的変化だと思われる器質的疾患だった。とはいえ、それを証明することはできなかったのである。私としては、もしこの患者が、性的病歴陳述をこれほどにもきっぱりと拒否していなかったならば(これがなければ神経症という診断は下しかねるのだから)、神経症と診断して、いっさいの困難に結着をつけたいところであった。そこで私は困りぬいて、私が人間的にもっとも尊敬している医師（この人は私以外の人たちからも同様に尊敬されていた）に救いを求めた。私はまたこの人を学者としてももっとも尊重していたのである。彼は私のいうところをきき、それももっともだといい、そして最後にこういったのである。「もうすこし観察してごらんなさい。ひょっとすると神経症かもしれない」神経症の病因に関しては彼が私と意見を異にしているのを私は承知していたから、私は彼の言葉に異を唱えるのを差控えはしたが、しかし私は自分の不信をあえて隠そうとはしなかったのである。それから数日して私は患者に向って、こんな具合ではとても私の手に余るから、どこかほかの医者を訪ねてみたらどうかといってやった。すると驚いたことに、患者は私をだましてきたことを詫《わ》びて、ただあまり恥ずかしかったものだから何もいわなかったのだと白状した。そして彼は、私が予期していたところの、それをきいてはじめて神経症という診断を下すことのできるところの性的病因のポイントを私に告げたのである。私はほっとした。しかし同時に恥ずかしくなった。私は、相談を持ちかけたN教授が患者の病歴などとは無関係に事態をより正しく見抜いていたことを認めざるをえなかった。それでこんどN教授に会う機会があったら、「あなたが正しく、私が間違っていました」といおうと考えていたのである。

　さて私は夢の中で、まさにこのことを実行したわけである。しかし、私が間違っていたということを白状するのであれば、それがいったいどうして願望充足となりえようか。しかしそれがまさしく私の願望なのである。私は自分の憂慮が杞憂《きゆう》であればいいと思っていたのである。あるいは、妻があんな憂慮をいだいていたので、私までがそれを夢の中では自分の憂慮にしてしまったのであるが、私はそういう妻の憂慮が杞憂であればいいがと願っていたのである。夢の中の「正しかった・間違っていた」ということが関係しているテーマは、夢思想にとって実際に重要であるところのものとそう離れてはいなかったのである。つまり器質的障害と、女のため、本来は性生活のための機能障害とでは、そのどちらがよりいいだろうかというテーマがそれである。すなわち脊髄癆性《せきずいろうせい》進行麻痺《まひ》（ラスケルの場合）か、それとも神経症（ラッサールの破滅の仕方は前者によりもこの神経症のほうにより近いものを持っているというわけではないが）か、そのどちらを採るかという二者択一が夢の主題だったのである。

このしっかりと組みたてられた（そしてよく分析してみると意味明白な）夢の中で、N教授が一役演じているのは、この類似性および「私が間違っていたのならいいが」という願望のゆえにのみならず、――ブレスラウおよびブレスラウで結婚生活を送っている私たちの知人の家族へのN教授の関係のためでもなく――教授と私との立会い診察に結びつくつぎのような一小事件あるがゆえなのであった。私が相談をしにいったとき、N教授は上に書いたような意見を述べて医学上のことを済ませてしまってから、個人的なことを私にたずねはじめた。「いまお子さんはいくたりです？」——「六人おります」——敬意と憂慮との入りまじった表情。——「お嬢さんですか、それとも坊ちゃん？」——「ちょうど三人ずつです。まあそれが私の誇りでもあり財産でもあるわけなのです」——「しかしね、気をおつけなさいよ、娘のほうには大概問題はないんだが、男の子は教育上、手こずらせますからな」——これに対して私は、今までのところはたいへん順調にいっていると答えはしたものの、実をいうと、ついさきほどの「その患者は神経症ではあるまいか」というN教授の意見同様に、私の男の子たちの将来に対するこの第二番目の診断を受けて内心やや不安になってきた。これら二つの印象が、その近接関係・体験によってひとつのものに統一されたのである。そして私は、神経症の話を夢の中に採用することによって、その話に教育について交わした話の代理を務めさせたのである。この教育に関する話は、のちに私の妻が洩《も》らした憂慮にきわめて近い関係を持っているから、これは夢思想と（神経症の話よりも）よりいっそう密接な関連を持っているのである。そんなわけで、男の子の教育上の困難という問題ではN教授がひょっとすると正しいのではあるまいかという私の不安すらも、「そういう憂慮をいだいた私のほうが間違っていてくれたのならいいが」

という私の願望の表現の背後に隠れることによって、やはり夢内容の中に入ってきたのであった。この空想はそのままの形で、さきの二者択一の対立的二項の表現に役だっている。

(六) マルツィノフスキーに拠《よ》る一実例。「早朝、私は夢うつつのあいだに非常におもしろい言語圧縮を経験した。ほとんど思い出せないばらばらなことを夢に見ているうちに、私は自分の眼前にまるで書かれているように、印刷されているように、ひとつの言葉を見いだして呆然《ぼうぜん》とした。それはエルツェフィーリッシュ erzefilisch という語で、私の意識的記憶中に他の諸部分とはまったく無関係に残存している一文章中の言葉なのである。その文章はこうである、「それは性的感覚に対してエルツェフィーリッシュに作用する」私はすぐ、これはエルツィーエリッシュ erzieherisch (教育的に) が本当だろうと思ったが、あるいはエルツィフィーリッシュ erzifilisch ではあるまいかと疑いはじめた。そのとき、ジフィリス Syphilis (黴毒《ばいどく》) という言葉が思い浮んできた。そこで私は、まだ半睡状態で分析を始めながら、この病気とは個人的にも職業上からも何の関係も持たない自分の夢の中へ、どうしてこういうものが紛れこんできたのだろうと頭を悩ました。すると、Iの代りに出てきたEを説明すると同時に、昨日の夜、うちの女家庭教師 Erzieherin に促されて売笑問題を論じたということをも説明するものとして、エルツェーレリッシュ erzehlerisch という語が念頭に浮んだ。事実私はそのとき、あまりまともな発育を示していない彼女の感情生活への教育的 erzieherisch な顧慮からして、彼女に対してこの問題をいろいろと説明してやった挙句《あげく》、ヘッセの『売笑論』を貸し与えた。すると突然、ジフィリス Syphilis（黴毒）という語は文字どおりに解せられるべきではなく、いうまでもなく性生活への関係において「毒」Gift の代用として用いられていたのだということがわかった。だから上記の一文は、翻訳してみると、つぎのようなまったく筋の通ったものになるのである、「私は、私の話 Erzählung《エルツエールング》 によって、私の女家庭教師 Erzieherin《エルツイーエリン》 の感情生活に対して、教育的 erzieherisch《エルツイーエリッシュ》 にはたらきかけようとしたのだが、しかし、そんなことをすることが同時に有害に（毒を与えるように）vergiftend はたらきはしないだろうかという懸念《けねん》をいだいた」――エルツェフィーリッシュ＝エルツェー――（エルツィー――）（エルツェフィーリッシュ）Erzefilisch＝erzäh――（erzieh）（erzefilisch）」

　夢の語変造は、妄想症《パラノイア》に見られる周知の語変造や、ヒステリー症および強迫観念にも見られる語変造に酷似している。ある時期にあっては言葉を事実何か品物のように取扱って、新語を造り出したり技巧的な文章構造を考え出したりする子供の言語技術は、夢並びに神経症にとって、この意味では共通の源泉を成している。

夢におけるばかげた言語形成物の分析は、夢の作業の圧縮能力を示すための絶好の材料である。私が実例をすこししかあげなかったからといって、こういうことは稀《まれ》にしか起らないと思ったり、例外的にしか看取されない現象だなどと思ってはならない。逆にこれは非常に頻繁《ひんぱん》に見られる現象なのである。しかし夢判断は精神分析的治療に結びつかざるをえないので、ごくわずかな実例が注目され報告されているにすぎないのであって、また、その報告された分析も多くの場合はただ神経症病理学の玄人《くろうと》にしか理解されないことになる。意味不明の新造語「スヴィングヌム・エルヴィ」Svingnum elvi を含んだドクター・フォン・カルピンスカの夢（『国際精神分析学雑誌』第二巻、一九一四年）もその一例である。なおつぎのごとき場合にも触れておく価値がある。つまり夢の中に、本来はそれ相当の意味を持った言葉が出てくるが、しかしこの言葉からはその本来の意味が失われていて、そこには、それらに対してその語があたかも（意味のない）言葉のような関係をしか持たないさまざまの別の意義が総括されているという場合である。V・タウスクが報告している十歳男児の「範疇《はんちゅう》」Kategorie の夢がそれである（『幼児性欲の心理学のために』、『国際精神分析学雑誌』第一巻、一九一三年）。この場合「範疇」は女性性器を意味し、「範疇に入れる」

kategorieren はほぼ放尿の意味である。

ことさらはっきりと夢思想から区別される会話が夢の中に出てくるときには、その会話は夢材料中の記憶されている会話から出ているというのが例外のない通則である。会話の文句は元のままの形を保っているか、あるいは言い回しに些少《さしよう》のずれがあるかのどちらかである。また夢の会話が種々の会話の記憶から綴《つづ》りあわされていることもよくある。その場合は文句は元のままでも、意味のほうが曖昧《あいまい》になっていたり、別のものになっていたりすることが多い。夢の中の会話は、しばしば、記憶されている会話が、それをきっかけに行われたところの一事件への単なる暗示として使われていることも多い。*

* 私は最近、上述の通則に対する唯一《ゆいいつ》の例外を、強迫観念に悩まされてはいるけれどもそれ以外の機能は正常で、知能も非常に発達しているある若い男について発見した。彼の夢の中に出てくる話は、ひとからきいたり、あるいはまた、自分がしたりしたものに由来せず、覚醒時《かくせいじ》にただ変形させられてのみ意識にのぼってきたところの、彼の強迫観念の歪曲《わいきょく》されていない文句に照応するものであった。

B 移動の作業

読者は、夢の圧縮作用を示す実例を検討しているうちに、これとは別の、おそらく同じように意義深い関係の存在することにすでに気づかれたにちがいない。夢内容中では本質的な成分として現われ出ている諸要素が、夢思想中では決して同じ役割を演じてはいない、ということはすでにいっておいたが、これに対する対立的な考え方として、この命題を逆にしてみることもできる。夢思想中では明らかに本質的な内容と見なされるものが、必ず夢内容中に現われてこなければならないということはないのである。夢（夢内容・顕在内容）は、いわば、夢思想のそれとは別の中心点を持っている。その内容は夢思想のそれとは別の諸要素をその中心点として持っている。だからたとえば「植物学特殊研究書の夢」では、夢内容の中心点は明らかに「植物学」という一要素であるが、夢思想では問題は、同業者間の義務的なやりとりから生ずるわずらわしさやいざこざにあり、さらに進んでは、私が自分の道楽にあまりにも多くの犠牲を払いがちだという非難にあるのであるが、「植物学」という要素は、もしもそれが一種の対立性によって漠然《ばくぜん》と関係づけられていなかったとするならば、夢思想のこの核心の中にはそもそも座席を見いだしえなかったはずのものである。なぜなら植物学が私の愛好する研究科目だったことはただの一度もなかったのであるから。患者の「サッフォーの夢」では登り・下り・上にいる・下にいるが中心点になっている。しかし夢は低いところにいる人間に対する性的関係の持つ危険を問題にしている。だから夢思想の諸要素中のひとつだけが、しかもこれが不似合なほどに拡大されて、夢内容の中に入っているように見える。「黄金虫の夢」でもそうであって、この夢は性欲の残忍さに対する関係をテーマにしており、なるほど残忍という要素は夢内容中にふたたび顔を出しているけれども、別のものに結合されていて、そこではなんら性欲についてはふれられておらず、だから本来の関連から引きちぎられ、そのために何か無縁なものに形を変えられている。さてまた「伯父の夢」では、この夢の中心点を成すブロンドのひげは、われわれが夢思想の核心だとした立身出世の願望に対するいっさいの意味ある関係を失っているように見える。そこでこういう夢が、そこには移動ということが行われたのだという印象を与えるのもはなはだもっともなことといわざるをえない。しかし「イルマの注射の夢」は今見たような実例の正反対の夢であって、この夢では、夢形成にさいして個々の要素が、それらが夢思想の中で占めている位置を要求しえているように思われる。夢思想と夢内容とのあいだにあるところの、こういう新しい、その意味のまったく不定であるような一関係を知ると、われわれは最初これを訝《いぶか》しく思わずにはいられない。われわれがノーマルな生活のある心的過程において、ひとつの観念が他の多くの観念の中から抜き出されて、意識に対して特別の生彩を持つようになったのを認めた場合、われわれは、このようにその存在を顕著ならしめた観念には特に高度の心的価値（関心のある度合）があると見るのがつねである。さてどういうものが夢思想のうちでもっとも価値の高い要素であるかについてはなんらの疑問もあるまい。われわれの判断がそれを直接われわれに語り告げるからである。ところがそういう本質的な、強い関心をもって強調された要素が、あたかも価値なき要素のごとくに取扱われて、夢思想の中では明らかに価値度の低かった別の要素がそれらの代りに夢内容中に現われてくるという場合が珍しくはない。これを見てわれわれは最初、個々の観念の心的強度*は夢選択にとってはそもそも考慮に入れられることなく、それら諸観念の多かれ少なかれ多面的な被規定性のみが考慮に入れられるというような印象を受ける。夢思想の中で重要であるものが夢内容の中へ入ってくるのではなくて、いろいろな形で夢思想の中に含まれていたものが夢内容の中へ入ってくるというふうに思われるであろう。しかしこの仮説によっては、夢形成の理解はさして促進されはしない。なぜかというと、いくとおりにも規定されているという契機と、独自の重要さを持っているという契機とが、夢選択において意味の同じものとしては作用しえないで、意味の異なったものとしてはじめて作用しうるということはにわかに信じられないであろうからである。夢思想中でのもっとも重要な観念は、それが中心点のようになって、そこから個々の夢思想が四方八方に流れ出てゆくのであるから、夢思想の中ではもっとも頻繁《ひんぱん》に繰返し現われてくるものにちがいない。それなのに夢はこの強くアクセントをつけられた・多面的に支持された要素を拒否し、そして、ただ多面的に支持されているという特色のみを有するにすぎない別の要素を夢内容中に採用することがあるのである。

* ある観念（表象）の心的強度・価値度・関心のアクセント等は、いうまでもないことであるが、感性的強度・表象されるものの強度とは別ものと考えるべきである。

読者はおそらく、この難点を克服するために、夢内容の多面的被制約性 Überdeterminierung（訳注 多方面に向って糸を引いているということ）を吟味したさいに受けたところの、あの別の印象を利用しようと思うであろう。おそらく、すでに多くの読者が、夢内容の多面的被制約性は自明のことだから決して重大な発見ではないと判断しているであろうと思う。いうまでもないことであるが、分析にさいしては夢の諸要素から出発して、そしてこれら諸要素に結びつくいっさいの思いつきを記録するのであるから。だから、そんなふうにして得られた観念材料中には、まさにこれらの諸要素がことさら頻繁にふたたび見いだされるというのも何ら怪しむに足りないことだ、と考える読者は多いことであろうと思う。ところで私はこの抗議に服するわけにはゆかない。しかしこの抗議にやや似てきこえる一事をいっておこうと思う。すなわち、分析が明るみに出す観念の中には、夢の核心から遠いところにたっていて、何かある目的のためにわざとそこに挟《はさ》みこまれたもののように際《きわ》だって見える観念がたくさんある。これらの観念の存在理由は容易にそれとわかる。つまりこれらの観念は、夢内容と夢思想とを結びつけているのである。結びつけるといっても、無理やりに結びつけたり、わざとらしく結びつけたりすることがよくある。そして、もしこれらの観念が分析中にどしどし棄《す》て去られてしまうとしたならば、夢内容の構成要素にとっては、多くの場合、多面的被制約性のみならず、そもそも夢思想による十分な制約さえもが欠け落ちるということになるであろうと思う。こうしてわれわれはつぎのごとく結論せざるをえない、すなわち、夢選択に決定を与えるところの多面的制約ということは、なるほど必ずしも常に夢形成の第一次的契機ではないが、しかししばしばわれわれがまだ知ることができずにいるある心的な力の二次的な所産なのだということである。しかしこの多面的制約（被制約）ということは、何といおうとも夢の中へ個々の要素が入ってくることにとっては意義重大なポイントであるに相違ない。なぜならそれは、それが夢材料から援助を受けて生じてくる場合でも、その作製にはある程度の努力が払われているということが観察されるからである。

するとこんなふうにも考えられるであろう、すなわち、夢の作業にはある心的な力がはたらいている。そしてこの力は、一方では心的に価値度の高い諸要素からそのエネルギーを剝奪《はくだつ》し、他方では多面的制約の途を通じて、価値度の低い諸要素を変じて新しい・価値ある諸要素に作り変える。そしてこの新しい諸要素が夢内容中に入ってくる、というふうに考えられる。事情がもしこのようであるならば、夢形成においては個々の要素の心的強度の転移 Übertragung および移動 Verschiebung が行われるということになる。夢内容の額面と夢思想の額面とのあいだにある相違は、すなわちこの転移と移動とが行われた結果にほかならない。このように想定される過程が、まさに夢の作業の主要部分である。この過程は夢の移動作用と名づけられてしかるべきであろう。夢の移動作用と圧縮作用とは、われわれがそれらの活動に夢の形成を帰せしむべきふたりの職工なのである。

夢の移動作用の諸事実中に発現する心的な力は容易に認識することができると思う。

夢内容がもはや夢思想の核心に相似ることなく、夢がただ無意識界の夢願望の歪曲《わいきょく》をのみわれわれに伝えるということは、このような移動の結果なのである。しかしわれわれはすでに夢歪曲について知っている。われわれは夢歪曲を、観念生活中にあってひとつの心的検問所が別の心的検問所に対して行うところの検閲の結果だと見た。夢移動はこの歪曲を達成するための主要手段のひとつである。「それによって利益を収めるものが、それを行なったのである」。夢移動は、内部心的防衛であるところの、あの検閲の影響によって起ると考えて差支《さしつか》えない。*

* 夢歪曲を検閲に帰せしめることが私の夢理論の核心点であるから、私はここにリュンコイスの『あるリアリストの空想』（ヴィーン、第二版、一九〇〇年）に収められた『うつつの夢』という小説の最後の部分を紹介しておく。そこには図らずも私の考えの要点が描写されているのである。「辻褄《つじつま》の合わぬ夢を見たことの決してないという不思議な性質を持ったある男について」……「『君のすばらしい特性、つまり、覚めているときと同じような夢を見るというその特性は、君の徳、善意、公平、真理愛によっているのだ。君に関することいっさいを私にわからせてくれるものは、君の本性の道徳的な明晰《めいせき》さなのだ』

相手は答えた、『己《おれ》が正しく考えているとすると、人間は誰しも己のように創《つく》られているのではあるまいかと思うのだ。そして何人も荒唐無《こうとうむ》稽《けい》な夢など見るはずはないと思うのだ。熱にうかされた夢なんかではなしに、あとからちゃんと話すことのできるほどにはっきりと憶《おぼ》えている夢には、必ずある意味があるのだ。意味がなければ可笑《おか》しいくらいのものなのだ。なぜって、矛盾しあうものが、どうしてひとつのものに統一されるだろうか。時間と空間とがまぜこぜになることはよくあるけれども、そうだからといって夢の本当の内容はすこしも変りはしないのだ。なぜかというと、時間と空間とは夢の本質的な内容にとってはたしかに何の意義もないからなのだ。われわれは眼を覚ましているときだって、ときにはそんなふうになるではないか。童話だとか、たくさんの大胆で意味深い空想の産物のことを考えてみたまえ。ああいうものに対して、『ばかげているなんていうのは、つまりはばか者だけなのさ。なぜなら、ああいうものがばかげているなんていうことはありうべからざることなのだからね』

友はいった、『本当にね、君が今己の夢を解いてくれたように、そんなふうに世間の人がみんな正しく夢を解くことができたらいいんだがね』

『むろんそれは容易な業ではあるまい。しかし本人がすこし注意深くしていれば、それはおそらくできない相談ではないのだ。――ではたいていなぜそれができないのか。つまり君たちの夢の中には、何か隠されたものが潜んでいるらしいのだね。何かこう特別な、複雑な不純なもの、考えたってつかまえることのできないような何か一種の秘密が君たちの本性の中にあるらしい。だから君たちの夢はたいていの場合無意味で、ときによれば全然ばかげたものなのではあるまいか。しかしいちばん奥深いところは、決してそんなふうじゃないと思う。いや、そんなふうではありえないのだ。なぜかというと、眼を覚ましているのも、夢を見るのも、いつだって同じ人間なのだからね』」

夢形成にあって移動、圧縮、多面的制約などの諸要素がどのような具合に入り乱れあうのか、また、どの要素が主導的要因となり、どの要素が従属的要因となるのか、この問題の論究はのちの機会に譲ろうと思う。われわれはさしあたっては、夢の中に入りこんでくる諸要素が充《み》たさなければならない第二の条件として、つぎの一事をいっておこう。すなわち、それらの諸要素は抵抗の検閲をくぐりぬけていなければならないのである。しかしこれからさきわれわれは夢判断にさいしては夢移動ということを、疑うことのできぬ事実として考慮に入れてゆこうと考える。

フロイト
高橋義孝
下坂幸三訳

精神分析入門（上・下）

自由連想という画期的方法による精神分析の創始者がウィーン大学で行なった講義の記録。フロイト理論を理解するために絶好の手引き。

ニーチェ
竹山道雄訳

ツァラトストラかく語りき（上・下）

ついに神は死んだ――ツァラトストラが超人へと高まりゆく内的過程を追いながら、永劫回帰の思想を語った律動感にあふれる名著。

ニーチェ
竹山道雄訳

善悪の彼岸

「世界は不条理であり、生命は自立した倫理をもつべきだ」と説く著者が既成の道徳観念と十九世紀後半の西欧精神を批判した代表作。

ニーチェ
西尾幹二訳

この人を見よ

ニーチェ発狂の前年に著わされた破天荒な自伝で、〝この人〟とは彼自身を示す。迫りくる暗い運命を予感しつつ率直に語ったその生涯。

カフカ
高橋義孝訳

変身

朝、目をさますと巨大な毒虫に変っている自分を発見した男――第一次大戦後のドイツの精神的危機、新しきものの待望を託した傑作。

カフカ
前田敬作訳

城

測量技師Kが赴いた〝城〟は、厖大かつ神秘的な官僚機構に包まれ、外来者に対して決して門を開かない……絶望と孤独の作家の大作。

プラトーン
田中美知太郎
池田美恵 訳

ソークラテースの弁明・クリトーン・パイドーン

不敬の罪を負って法廷に立つ師の弁明「ソークラテースの弁明」。脱獄の勧めを退けて国法に従う師を描く「クリトーン」など三名著。

プラトーン
森 進一 訳

饗 宴

酒席の仲間たちが愛の神エロースを讃美する即興演説を行い、肉体的愛から、美のイデアの愛を謳う……。プラトーン対話の最高傑作。

ルソー
青柳瑞穂 訳

孤独な散歩者の夢想

十八世紀以降の文学と哲学に多大な影響を与えたルソーが、自由な想念の世界で、自らの生涯を省みながら綴った10の哲学的な夢想。

ショーペンハウアー
橋本文夫 訳

幸福について
―人生論―

真の幸福とは何か？　幸福とはいずこにあるのか？　ユーモアと諷刺をまじえながら豊富な引用文でわかりやすく人生の意義を説く。

ヤスパース
草薙正夫 訳

哲 学 入 門

哲学は単なる理論や体系であってはならない。実存哲学の第一人者が多年の思索の結晶と、〈哲学すること〉の意義を平易に説いた名著。

ソポクレス
福田恆存 訳

オイディプス王・アンティゴネ

知らずに父を殺し、母を妻とし、ついには自ら両眼をえぐり放浪する――ギリシア悲劇の最高傑作「オイディプス王」とその姉妹編。

D・ウィリアムズ
河野万里子訳

自閉症だったわたしへ

いじめられ傷つき苦しみ続けた少女は、居場所を求める孤独な旅路の果てに、ついに「生きる力」を取り戻した。苛酷で鮮烈な魂の記録。

J・ラヒリ
小川高義訳

停電の夜に

ピューリッツァー賞
O・ヘンリー賞受賞

ピューリッツァー賞など著名な文学賞を総なめにした、インド系作家の鮮烈なデビュー短編集。みずみずしい感性と端麗な文章が光る。

R・ブローティガン
藤本和子訳

アメリカの鱒釣り

軽やかな幻想的語り口で夢と失意のアメリカを描いた200万部のベストセラー、ついに文庫化！　柴田元幸氏による敬愛にみちた解説付。

I・マキューアン
小山太一訳

アムステルダム

ブッカー賞受賞

ひとりの妖婦の死。遺された醜聞写真が男たちを翻弄する……。辛辣な知性で現代のモラルを痛打して喝采を浴びた洗練の極みの長篇。

中村能三訳

サキ短編集

ユーモアとウィットの味がする糖衣の内に不気味なブラックユーモアをたたえるサキの独創的な作品群。「開いた窓」など代表作21編。

A・M・リンドバーグ
吉田健一訳

海からの贈物

現代人の直面する重要な問題を平凡な日常生活の中から取出し、語りかけた対話。極度に合理化された文明社会への静かな批判の書。

カミュ
窪田啓作訳
異邦人
太陽が眩しくてアラビア人を殺し、死刑判決を受けたのちも自分は幸福であると確信する主人公ムルソー。不条理をテーマにした名作。

カミュ
清水徹訳
シーシュポスの神話
ギリシアの神話に寓して〝不条理〟の理論を展開、追究した哲学的エッセイで、カミュの世界を支えている根本思想が展開されている。

カミュ
宮崎嶺雄訳
ペスト
ペストに襲われ孤立した町の中で悪疫と戦う市民たちの姿を描いて、あらゆる人生の悪に立ち向うための連帯感の確立を追う代表作。

カミュ
高畠正明訳
幸福な死
平凡な青年メルソーは、富裕な身体障害者の〝時間は金で購われる〟という主張に従い、彼を殺し金を奪う。『異邦人』誕生の秘密を解く作品。

カミュ
大久保敏彦
窪田啓作訳
転落・追放と王国
暗いオランダの風土を舞台に、過去という楽園から現在の孤独地獄に転落したクラマンスの懊悩を捉えた「転落」と「追放と王国」を併録。

カミュ・サルトル他
佐藤朔訳
革命か反抗か
人間はいかにして「歴史を生きる」ことができるか——鋭く対立するサルトルとカミュの間にたたかわされた、存在の根本に迫る論争。

サルトル
伊吹武彦他訳
水いらず
性の問題を不気味なものとして描いて実存主義文学の出発点に位置する表題作、限界状況における人間を捉えた「壁」など5編を収録。

シュリーマン
関 楠生訳
古代への情熱
—シュリーマン自伝—
トロイア戦争は実際あったに違いない——少年時代の夢と信念を貫き、ホメーロスの事跡を次々に発掘するシュリーマンの波瀾の生涯。

フルトヴェングラー
芳賀 檀訳
音と言葉
ベルリン・フィルやヴィーン・フィルでの名演奏によって今や神話的存在にまでなった大指揮者が〈音楽〉について語った感銘深い評論。

ボーヴォワール
青柳瑞穂訳
人間について
あらゆる既成概念を洗い落して、人間の根本問題を捉えた実存主義の人間論。古今の歴史や文学から豊富な例をひいて平易に解説する。

ルナール
岸田国士訳
博物誌
澄みきった大気のなかで味わう大自然との交感——真実を探究しようとする鋭い眼差と、動植物への深い愛情から生み出された65編。

R・カーソン
青樹簗一訳
沈黙の春
自然を破壊し人体を蝕む化学薬品の浸透……現代人に自然の尊さを思い起させ、自然保護と化学公害告発の先駆となった世界的名著。

ゲーテ
高橋義孝訳
ファウスト（一・二）
悪魔メフィストーフェレスと魂を賭けた契約をして、充たされた人生を体験しつくそうとするファウスト——文豪が生涯をかけた大作。

ゲーテ
高橋義孝訳
若きウェルテルの悩み
ゲーテ自身の絶望的な恋の体験を作品化した書簡体小説。許婚者のいる女性ロッテを恋したウェルテルの苦悩と煩悶を描く古典的名作。

高橋健二訳
ゲーテ詩集
人間性への深い信頼に支えられ、世界文学史上に不滅の名をとどめるゲーテの、抒情詩を中心に代表的な作品を年代順に選んだ詩集。

高橋健二編訳
ゲーテ格言集
偉大な文豪であり、人間的な魅力にもあふれるゲーテ。深い知性と愛情に裏付けられた言葉の宝庫から親しみやすい警句、格言を収集。

T・マン
高橋義孝訳
トニオ・クレーゲル
ヴェニスに死す
ノーベル文学賞受賞
美と倫理、感性と理性、感情と思想のように相反する二つの力の板ばさみになった芸術家の苦悩と、芸術を求める生を描く初期作品集。

T・マン
高橋義孝訳
魔の山（上・下）
死と病苦、無為と頽廃の支配する高原療養所で療養する青年カストルプの体験を通して、生と死の谷間を彷徨する人々の苦闘を描く。

トルストイ
木村浩訳
アンナ・カレーニナ（上・中・下）
文豪トルストイが全力を注いで完成させた不朽の名作。美貌のアンナが真実の愛を求めるがゆえに破局への道をたどる壮大なロマン。

トルストイ
原卓也訳
クロイツェル・ソナタ
悪魔
性的欲望こそ人間生活のさまざまな悪や不幸の源であるとして、性に関する極めてストイックな考えと絶対的な純潔の理想を示す2編。

トルストイ
原久一郎訳
光あるうち光の中を歩め
古代キリスト教世界に生きるパンフィリウスと俗世間にどっぷり漬った豪商ユリウス。二人の人物に著者晩年の思想を吐露した名作。

トルストイ
工藤精一郎訳
戦争と平和（一〜四）
ナポレオンのロシア侵攻を歴史背景に、十九世紀初頭の貴族社会と民衆のありさまを生き生きと写して世界文学の最高峰をなす名作。

トルストイ
原卓也訳
人生論
人間はいかに生きるべきか？ 人間を導く真理とは？ トルストイの永遠の問いをみごとに結実させた、人生についての内面的考察。

トルストイ
木村浩訳
復活（上・下）
青年貴族ネフリュードフと薄幸の少女カチューシャの数奇な運命の中に人間精神の復活を描き出し、当時の社会を痛烈に批判した大作。

ハムレット
シェイクスピア
福田恆存訳

シェイクスピア悲劇の最高傑作。父王の亡霊からその死の真相を聞いたハムレットが、深い懐疑に囚われながら遂に復讐をとげる物語。

オセロー
シェイクスピア
福田恆存訳

イアーゴーの奸計によって、嫉妬のあまり妻を殺した武将オセローの残酷な宿命を、鋭い警句に富むせりふで描く四大悲劇中の傑作。

リア王
シェイクスピア
福田恆存訳

純真な末娘より、二人の姉娘の甘言を信じ、すべての権力と財産を引渡したリア王は、やがて裏切られ嵐の荒野へと放逐される……。

マクベス
シェイクスピア
福田恆存訳

三人の魔女の奇妙な予言と妻の教唆によってダンカン王を殺し即位したマクベスの非業の死！　緊迫感にみちたシェイクスピア悲劇。

リチャード三世
シェイクスピア
福田恆存訳

あらゆる権謀術数を駆使して王位を狙う魔性の君主リチャード――薔薇戦争を背景に偽善と偽悪をこえた近代的悪人像を確立した史劇。

アントニーとクレオパトラ
シェイクスピア
福田恆存訳

シーザー亡きあと、ローマ帝国独裁の野望を秘めながら、エジプトの女王クレオパトラと恋におちたアントニー。情熱にみちた悲劇。

ヘッセ
高橋健二訳

春の嵐

暴走した橇と共に、少年時代の淡い恋と健康な左足とを失った時、クーンの志は音楽に向った……。幸福の意義を求める孤独な魂の歌。

ヘッセ
高橋健二訳

デミアン

主人公シンクレールが、友人デミアンや、孤独な神秘主義者の音楽家の影響を受けて、真の自己を見出していく過程を描いた代表作。

ヘッセ
高橋健二訳

知と愛

ナルチスによって、芸術に奉仕すべき人間であると教えられたゴルトムント。人間の最も根源的な欲求である知と愛を主題とした作品。

ヘッセ
高橋健二訳

荒野のおおかみ

複雑な魂の悩みをいだく主人公の行動に託し、機械文明の発達に幻惑されて己れを見失った同時代人を批判した、著者の自己告白の書。

ヘッセ
高橋健二訳

シッダールタ

シッダールタとは釈尊の出家以前の名である。本書は、悟りを開くまでの求道者の苦行を追いながら、著者の宗教的体験を語った異色作。

ヘッセ
高橋健二訳

車輪の下

子供の心を押しつぶす教育の車輪から逃れようとして、人生の苦難の渦に巻きこまれていくハンスに、著者の体験をこめた自伝的小説。

新潮文庫最新刊

安部公房著
（霊媒の話より）題未定
―安部公房初期短編集―
19歳の処女作「（霊媒の話より）題未定」、全集未収録の「天使」など、世界の知性、安部公房の幕開けを鮮烈に伝える初期短編11編。

松本清張著
空白の意匠
―初期ミステリ傑作集(二)―
ある日の朝刊が、私の将来を打ち砕いた――。組織のなかで苦悩する管理職を描いた表題作をはじめ、清張ミステリ初期の傑作八編。

宮城谷昌光著
公孫龍　巻一　青龍篇
群雄割拠の中国戦国時代。王子の身分を捨て、「公孫龍」と名を変えた十八歳の青年の行く手に待つものは。波乱万丈の歴史小説開幕。

織田作之助著
放浪・雪の夜
―織田作之助傑作集―
織田作之助――大阪が生んだ不世出の物語作家。芥川賞候補作「俗臭」、幕末の寺田屋を描く名品「蛍」など、11編を厳選し収録する。

松下隆一著
羅城門に啼く
京都文学賞受賞
荒廃した平安の都で生きる若者が得た初めての愛。だがそれは慟哭の始まりだった。地べたに生きる人々の絶望と再生を描く傑作。

河端ジュン一著
可能性の怪物
―文豪とアルケミスト短編集―
織田作之助、久米正雄、宮沢賢治、夢野久作、そして北原白秋。文豪たちそれぞれの戦いを描く「文豪とアルケミスト」公式短編集。

新潮文庫最新刊

早坂吝著

VR浮遊館の謎
—探偵AIのリアル・ディープラーニング—

探偵AI×魔法使いの館！ VRゲーム内で勃発した連続猟奇殺人!? 館の謎を解き、脱出できるのか。新感覚推理バトルの超新星《スーパーノヴァ》！

E・アンダースン
矢口誠訳

夜の人々

脱獄した強盗犯の若者とその恋人の、ひりつくような愛と逃亡の物語。R・チャンドラーが激賞した作家によるノワール小説の名品。

本橋信宏著

上野アンダーグラウンド

視点を変えれば、街の見方はこんなにも変わる。誰もが知る上野という街には、現代の魔境として多くの秘密と混沌が眠っていた……。

G・ケイン
濱野大道訳

AI監獄ウイグル

監視カメラや行動履歴。中国新疆ではAIが〝将来の犯罪者〟を予想し、無実の人が収容所に送られていた。衝撃のノンフィクション。

高井浩章著

おカネの教室
—僕らがおかしなクラブで学んだ秘密—

経済の仕組みを知る事は世界で戦う武器となる。謎のクラブ顧問と中学生の対話を通してお金の生きた知識が身につく学べる青春小説。

早野龍五著

「科学的」は武器になる
—世界を生き抜くための思考法—

世界的物理学者がサイエンスマインドの大切さを語る。流言の飛び交う不確実性の時代に、正しい判断をするための強力な羅針盤。

新潮文庫最新刊

道尾秀介著
雷神
娘を守るため、幸人は凄惨な記憶を封印した故郷を訪れる。母の死、村の毒殺事件、父への疑惑。最終行まで驚愕させる神業ミステリ。

道尾秀介著
風神の手
遺影専門の写真館・鏡影館。母の撮影で訪れた歩実だが、母は一枚の写真に心を乱し……。幾多の嘘が奇跡に変わる超絶技巧ミステリ。

寺地はるな著
希望のゆくえ
突然失踪した弟、希望《のぞむ》。誰からも愛されていた彼には、隠された顔があった。自らの傷に戸惑う大人へ、優しくエールをおくる物語。

長江俊和著
出版禁止 ろろるの村滞在記
奈良県の廃村で起きた凄惨な未解決事件……。遺体は切断され木に打ち付けられていた。謎の手記が明かす、エグすぎる仕掛けとは！

花房観音著
果ての海
階段の下で息絶えた男。愛人だった女は、整形し、別人になって北陸へ逃げた――。「逃げる女」の生き様を描き切る傑作サスペンス！

松嶋智左著
巡査たちに敬礼を
現場で働く制服警官たちのリアルな苦悩と逆境からの成長、希望がここにある。6編からなる人間味に溢れた連作警察ミステリー。

Title : DIE TRAUMDEUTUNG (vol. I)
Author : Sigmund Freud

夢《ゆめ》判《はん》断《だん》(上)

新潮文庫　フ-7-1

昭和四十四年十一月十日発行
平成十七年八月二十五日六十二刷改版
令和六年四月五日七十一刷

訳者　高《たか》橋《はし》義《よし》孝《たか》

発行者　佐藤隆信

発行所　株式会社新潮社
郵便番号　一六二―八七一一
東京都新宿区矢来町七一
電話　編集部(〇三)三二六六―五四四〇
読者係(〇三)三二六六―五一一一
https://www.shinchosha.co.jp

価格はカバーに表示してあります。

乱丁・落丁本は、ご面倒ですが小社読者係宛ご送付ください。送料小社負担にてお取替えいたします。

印刷・東洋印刷株式会社　製本・加藤製本株式会社

© Taeko Takahashi 1969 Printed in Japan

ISBN978-4-10-203803-1 C0111